Die weibliche Seite des Buddha

Agnes Pollner

Die weibliche Seite des Buddha

Ein Lesebuch

Theseus Verlag

Theseus im Internet: www.Theseus-Verlag.de

Bibliografische Information der Deutschen Bibliothek
Die Deutsche Bibliothek verzeichnet diese Publikation in der
Deutschen Nationalbibliografie;
detaillierte bibliografische Daten sind im Internet über
http://dnb.ddb.de abrufbar.

ISBN 978-3-7831-9535-4

Originalausgabe

Umschlaggestaltung: Morian & Bayer-Eynck, Coesfeld, www.mbedesign.de
Gestaltung und Satz: Ingeburg Zoschke, Berlin
Kohlezeichnungen von © Petra Karoline Genster 2008
Druck: Freiburger Graphische Betriebe
Printed in Germany

Gedruckt auf alterungsbeständigem Papier mit
chlorfrei gebleichtem Zellstoff.

Inhalt

Teil drei: Yogini und Dakini – Die Frauen des Vajrayana

Hinweise zur Lektüre des Buches

Leserinnen und Leser, die die Geschichten ohne Erläuterungen lesen möchten, können sich daran orientieren, dass die Geschichten durch eine andere Schrifttype optisch hervorgehoben wurden. (Siehe dazu auch S. 50, »Wie man das Buch benutzen und genießen kann«.)

Zur Schreibweise der fremdsprachigen Begriffe

Für Sanskrit- und Pali-Begriffe wurde die vereinfachte Umschrift ohne Diakritika verwendet, für chinesische Begriffe die Wade-Giles-Umschrift, und tibetische Begriffe wurden gemäß ihrer Aussprache wiedergegeben.

Vorwort von Sylvia Wetzel

Mit großer Freude lege ich dieses Lesebuch über die weisen Frauen im Buddhismus in Ihre Hände. Frauen gehörten zwar nie zum Mainstream des Buddhismus, aber sie befassten sich in allen Jahrhunderten und Kulturen mit den Lehren des Buddha und seiner Nachfolger und Nachfolgerinnen. Sie übten diese Lehren selbst, und sie versorgten Mönche und Nonnen, Einsiedlerinnen und Einsiedler mit Essen und Kleidung. In den Zeiten und Regionen, wo Frauen Zugang zu Besitz und Bildung hatten, förderten sie Nonnen und Mönche im großen Stil durch den Bau von Klöstern und durch großzügige Geld-, Nahrungs- und Kleiderspenden. Dort, wo einflussreiche Frauen wie die Königin Shrimala den buddhistischen Orden unterstützten, gibt es bis heute überlieferte Aufzeichnungen, die ihre Lehren enthalten.

Zu allen Zeiten gehörten Frauen auch zu der kleinen Gruppe derer, die die Lehren des Buddha mit Leib und Seele übten und Befreiung und Erleuchtung erlangten. Die buddhistischen Überlieferungslinien nennen viele große Praktizierende. In der Regel sind das die Namen großer Männer, und nur sehr selten sind darunter Frauen zu finden. Geschichten über weise Frauen gibt es viele, aber oft bleiben sie namenlos. Sie heißen »die Frau«, »die Alte« und »die Nonne«. Eine Zen-Lehrerin in Los Angeles war es Ende des 20. Jahrhunderts leid, immer nur die Namen der männlichen Ahnen zu rezitieren, und so stellte Wendy Egyoku Nakao Sensei, inzwischen zur Roshi in der Linie von Maezumi Roshi ernannt, eine Liste buddhistischer Frauen aus allen Jahrhunderten für eine Liturgie zusammen. Heute, am Anfang des 21. Jahrhunderts, werden im Zen Center von Los Angeles die männliche und die weibliche Linie im Wechsel angerufen, und dieses Beispiel macht Schule.

In einem Meditationskurs zur Grünen Tara zum Jahreswechsel 2002/2003 erzählte Agnes Pollner mit großem schauspielerischen Talent die ersten drei Geschichten weiser Frauen im Buddhismus. Im Laufe der nächsten Jahre hörten wir viele weitere. Inspiriert von der englischen Version aus dem Zen Center Los Angeles erstellte Agnes Pollner eine deutsche Anrufung an die großen weisen Frauen. Diese Fassung nennt die Namen der Frauen der ersten Stunde, der Zeitgenossinnen des Buddha, einige bekannte Frauen aus dem indischen Mahayana und viele Übende aus dem indischen und tibetischen Vajrayana. In mehrtägigen Kursen rezitieren wir diese Anrufung der großen weisen Frauen täglich, und Agnes Pollners Geschichten füllen die Namen unserer spirituellen Ahninnen mit immer mehr Bedeutung.

2004 schlug ich ihr vor, einige dieser Geschichten aufzuschreiben. Sie stellte zunächst eine Sammlung von Kurzbiografien zusammen und schrieb schließlich die ausführlichen Geschichten auf. Das Ergebnis halten Sie jetzt in den Händen.

Die anschaulich erzählten Geschichten eignen sich gut zum Vorlesen. Sie sind in drei Teile gegliedert, die den drei großen Strömungen des Buddhismus entsprechen: Früher Buddhismus, Mahayana, Vajrayana. Ausführliche Erläuterungen des geistes- und zeitgeschichtlichen Hintergrunds unterstützen das Verständnis. Die Geschichten machen Mut, denn sie zeigen, wie Frauen unbeirrt und kreativ große Hindernisse auf dem Weg überwinden und ihren Weg zum Erwachen mit Ausdauer und Geduld, mit Frechheit und Humor gehen.

Mit ihrem Buch inspiriert uns Agnes Pollner dazu, auch in den schwierigen Umständen unseres Lebens befreiende Elemente zu entdecken, und zeigt uns, wie wir traditionell überlieferte Geschichten aus einem neuen Blickwinkel sehen können: aus dem Blickwinkel der Frauen.

Traditionelle Listen von Überlieferungslinien enthalten zwischen neunzig und hundert Namen von Männern. Das entspricht den rund neunzig Generationen seit der Zeit des historischen Buddha vor zweieinhalbtausend Jahren. Die Anrufung der großen weisen Frauen enthält in der englischen Fassung 82 Namen, in der deutschen Fassung 73. Das Buch erzählt die Geschichten von etwa siebzig Frauen. Es gibt im Buddhismus natürlich weit mehr Frauen, die den Weg bis zum Ende gegangen sind und Befreiung und Erleuchtung erlangt haben. Einige Namen kennen wir und einige nicht. Aber auch wenn wir ihre Namen nicht kennen, haben sie doch gelebt und geübt, und auch das wirkt auf uns. Daran erinnern wir, wenn wir die Anrufung allen Frauen widmen, »die gesehen wurden und nicht gesehen, deren Namen vergessen wurden oder nicht genannt«.

Lesen Sie die Geschichten der weisen Frauen leise und laut. Lesen Sie sie anderen vor. Und freuen Sie sich über den Mut und die Ausdauer der Frauen, die den Weg zum Erwachen gingen und gehen.

Jütchendorf, im Juni 2008 *Sylvia Wetzel*

Arya Tara

In einem anderen Zeitalter, als der Buddha Trommelklang lehrte, lebte eine Prinzessin mit dem Namen Yeshe Dawa, mondengleiche Weisheit. Ihr Herz und Sinn war erfüllt von dem Wunsch, zum Wohle aller Wesen zu wirken und zu erwachen, und so vertiefte sie sich leidenschaftlich in die Lehren des Buddha und übte sich Tag und Nacht in Meditation. Sie machte gute Fortschritte, und eines Tages hatte sie eine Verwirklichungsstufe erreicht, die sie befähigte, auszuwählen, in welchem Körper und von welchen Eltern sie im nächsten Leben geboren werden wollte.

Gute Nachrichten verbreiten sich schnell, und bald wusste es das ganze Land. Alle begannen zu feiern. Viele Menschen kamen, um Yeshe Dawa zu gratulieren, darunter auch die Gelehrten und weisen Männer aus den umliegenden Klöstern und Universitäten. Sie verbeugten sich tief vor der jungen Frau, strichen sich ihre Bärte und sagten zu ihr: »Wir freuen uns sehr, dass du nun nicht mehr, wie die meisten von uns, von den Winden des Karma hin und her geschleudert wirst. Dein Erwachen ist sicherlich nahe! Du kannst jetzt die günstigsten Voraussetzungen dafür schaffen, indem du dich in deinem nächsten Leben als Mann inkarnierst, dann wird es dir sicherlich gelingen!«

Die Prinzessin lächelte die weisen Männer freundlich an und antwortete: »Vielen Dank für eure guten Wünsche, aber das werde ich nicht tun. Es gibt viele, die in männlichen Körpern Erwachen gesucht und gefunden haben, aber nur wenige, die dies in einem Frauenkörper tun. Deswegen gelobe ich heute an dieser Stelle, mich in allen meinen Leben bis zur Erleuchtung und darüber hinaus, bis alle Wesen befreit sind, einzig in Frauenkörpern zu inkarnieren und als Frau zu erwachen.«

Und so geschah es. Ihr Erwachen verwandelte Yeshe Dawa zu Arya Tara, der Befreierin und freien Frau, die als Frau Erleuchtung erlangte, zum Wohl und zur Inspiration aller Frauen und natürlich auch der Männer.

Einleitung

> »Wenn ich über die Praxis von Frauen nachdenke, beginne ich damit, das Offensichtliche zu bestätigen: Über unermesslich lange Jahre, Hunderte, Tausende, Millionen, Milliarden von Kalpas haben Frauen geübt, sich manifestiert, Verwirklichung erlangt und den Weg des Buddha vollendet.«
>
> *Sensei Wendy Egyoku Nakao*[1]

Doch wo sind sie, diese Frauen? Wo stehen ihre Namen, wo die Namen ihrer Lehrerinnen, und wo sind ihre Taten und Fähigkeiten dokumentiert?

Ganz gleich, ob wir im Osten oder im Westen einen buddhistischen Meditationsraum betreten, es blicken die eindrucksvollen Gesichter männlicher Meister auf uns herunter, mitten unter ihnen der Lehrbuddha unseres Zeitalters, Buddha Shakyamuni. Bilder von Frauen, die solche Verehrung genießen, kann man mit der Lupe suchen. Auch die Büchereien quellen über von Unterweisungen und den Lebensgeschichten berühmter Männer. Wo aber stehen die Bücher mit den Geschichten der Frauen, ihren Einsichten und Lehren?

In den Texten, die in buddhistischen Zentren in Ost und West gelehrt und verwendet werden, sucht man Frauen und ihre Namen meist vergeblich. Buddhistische Lehrer sprechen gerne von großen Übenden wie Milarepa, Guru Rinpoche, Hakuin und Bodhidharma, sie zitieren ihre Texte und Lieder, sie loben die Ausdauer, die Kühnheit und das Mitgefühl dieser Männer, aber Geschichten oder gar Lehrtexte von Frauen? Sendepause! Fast könnte man meinen, es hätte nie Frauen gegeben, die den Weg verwirklichten. Ist Sensei Egyokus Behauptung also reine Spekulation?

Nein, denn spätestens seit Tsültrim Alliones Buch *Tibets weise Frauen*, das 1984 erschienen ist, wissen alle, die es wissen möchten: Es gibt sie, die Frauen, die vor uns übten. In ihrem Buch präsentiert Tsültrim Allione eine Auswahl von Lebensgeschichten tibetischer weiser Frauen, die von der Tradition zwar überliefert worden waren, denen männliche Übersetzer und Übende bis dahin aber keine besondere Beachtung geschenkt hatten. Die Geschichten und Gestalten von Frauen im Buddhismus sind wie Perlen, die vergessen und unbeachtet in das staubige Halbdunkel des hintersten Winkels der patriarchalen Geschichtsschreibung rollten. Seit Tsültrim Alliones *Tibets weise Frauen* sind eine Reihe weiterer Bücher erschienen, die die Geschichten weiblicher Übender in den Fokus stellen. Der Weg in das allgemeine Bewusstsein ist für Veröffentlichungen wie diese aber immer noch weit.

Ahninnen

In allen buddhistischen Schulen werden die Lebensgeschichten derjenigen, die den Weg zum Erwachen vor uns gegangen sind, eifrig gelesen, erzählt und studiert. Sie sind eine wichtige Inspirationsquelle für die eigene Entwicklung. Außerdem enthalten die meisten traditionellen Übungstexte einen Abschnitt mit den Namen der spirituellen Ahnen, auf die sich die Praxis oder die jeweilige Schule beruft und die dann bis zu Buddha Shakyamuni oder einer anderen Verkörperung des erwachten Prinzips zurückgeführt werden. Diese sogenannten »Liniengebete« werden rezitiert, um das Vertrauen derer, die jetzt üben, zu stärken. Durch die Linie sind die Übenden in der Gegenwart an die lebendige Weisheit des Erwachens all derer, die sie in der Vergangenheit verwirklicht haben, angeschlossen. Diese Verbundenheit in der Gegenwart garantiert, dass die lebendige Lehre auch in der Zukunft nicht verschwinden wird.

Wie ermutigend aber können solche Rezitationen für eine Frau sein, die täglich diese Gebete hört und spricht, in dieser Aufzählung aber nicht einen einzigen weiblichen Namen entdecken kann?

Wie stärkend und inspirierend können Geschichten, ja sogar eine ganze Tradition, wirklich auf Frauen wirken, wenn sie keine Legenden über erwachte Frauen erzählen und ihre Weisheitstexte nicht zitieren? Wenn es keine Identifikationsangebote für Frauen als Heldinnen von Geschichten des Erwachens gibt?

In der Vorbereitungszeit zu ihrer Lehrautorisierung in der Soto-Zen-Tradition verbeugen sich die Anwärter und seit einigen Jahren auch die Anwärterinnen täglich mindestens dreimal vor jedem der einundachtzig Patriarchen dieser Schule. Am zweiten Tag dieser Übungszeit saß die amerikanische Zen-Lehrerin Sensei Wendy Egyoku verzweifelt ihrem Lehrer Glassmann Roshi gegenüber: »Wo sind die Frauen?«, fragte sie und fragte es von da an jeden Tag, immer wieder: »Wo sind die Frauen?«

Da ihr niemand diese Frage beantworten konnte, machte sie sich auf, um nach ihren weiblichen Vorfahren innerhalb der Tradition zu suchen, in der sie selbst lehren sollte. Ihre ersten Schritte führten sie in die neblige Grauzone, in der sich Frauen immer bewegen, wenn sie in ihrer religiösen Tradition nach ihrem Frausein fragen: »Oft trauen sich Frauen nur, davon zu flüstern, fast so, als würde die Tatsache, darüber zu sprechen, einen Mangel an Verständnis dem Dharma gegenüber zeigen. Aber wenn wir in die Weisheit der Nichtdualität erwachen, erwachen wir dann nicht auch in die ganze Fülle des Menschseins?« Das heißt: Erwachen wir nicht auch in das Frausein hinein? Diese Frage schien zunächst in der Leere zu verhallen, doch dann schenkte die Suche ihr eine Inspiration: »Eines Tages, als ich im Bauch eines *United Jet* über das Land flog, kamen mir Worte über meine weiblichen Vorfahren in den Sinn, und ich habe sie für euch aufgeschrieben und freue mich darauf, sie mit euch zu erforschen.«

Diese Worte formten sich zu einem weiblichen Liniengebet, einer Anrufung der »Matriarchinnen«, wie Sensei Egyoku es nannte. Das Gebet stellt Frauen der Vergangenheit, die in der buddhistischen Lehre Impulse setzten, aber auch solche, von denen nicht mehr als ein Name davon zeugt, dass es sie gegeben hat, zum ersten Mal in den Umkreis ihrer Schwestern und Lehrerinnen. Man beginnt, die Fülle an Frauen und Geschichten zu ahnen, die zweitausendfünfhundert Jahre Übung hervorgebracht haben. Regelmäßig rezitieren seitdem die Übenden des Zen-Centers Los Angeles dieses weibliche Liniengebet. Ich stelle mir vor, wie es klingt, wenn die Namen dieser Frauen laut und volltönend zum ersten Mal in der Geschichte des Buddhismus die große Halle mitten in dieser modernen Millionenstadt anfüllen.

Erste Inspiration

Mittlerweile tönt dieser neue Klang auch aus deutschen Meditationshallen. Im *PraxisNetzwerk TaraLibre* rezitieren wir mit unserer Lehrerin Sylvia Wetzel allabendlich in jedem Retreat die Anrufung der »großen weisen Frauen«[2]. Im Jahr 2000 hatte mir eine Dharma-Freundin aus den USA die Anrufung der »Matriarchinnen« mitgebracht. Es war wie die Erfüllung einer Sehnsucht, die ich noch gar nicht zu formulieren gewagt hatte. Bislang waren mir über unsere Dharma-Ahninnen nur versprengte Fetzen hier und dort begegnet. Dieses einfache DIN-A4-Blatt war wie der Schlüssel zu einem zusammenhängenden Gewebe weiblicher Gestalten und Einflüsse.

Wer waren all diese Frauen, deren Namen mich von dem Papier auffordernd anschauten? Welche Informationen mochte es über ihr Leben und Üben noch geben? Wie hatten diese Frauen ihren Weg zum Erwachen gestaltet? Wie hatten sie gesprochen und widersprochen?

Wie eine Forscherin an einem unbekannten Ort in der Wüste packte ich meinen Spaten aus, begann zu graben und wurde fündig. Aus dieser Neugier, der ich zunächst nur für meine eigene Praxis nachging, wuchs mit der Zeit eine beträchtliche Materialsammlung. Interpretationsansätze und kulturkritische Betrachtungen zu den Fundstücken entwickelten sich. Sylvia Wetzel hat mich durch ihren frauenfreundlichen buddhistischen Ansatz und ihre Thesen dazu ermutigt und mir auch einen Schutzraum geboten. Im Klima ihres Praxismandalas und angeregt durch ihren Mut, zu fragen und zu forschen, konnten diese Samenkörner reifen und wurden schließlich in Vorträgen im Rahmen buddhistischer Seminare und Tagungen getestet.

Weibliche Spurensuche ist traditionsübergreifend

Mit diesem Buch möchte ich dazu anregen, Verbindungen zwischen den Frauen, von denen es erzählt, zu erkennen. So beschreibt es auch ihr gesellschaftliches und religiöses Umfeld und lässt eine Welt lebendiger Symbole und Bedeutung entstehen. Es möchte zum Schmökern einladen, zum Stöbern und zur Freude am Verstehen in den unterschiedlichen Landschaften und Kulturen der buddhistischen Tradition.

Weibliche Spurensuche ist traditionsübergreifend, sie muss es sein, schließlich sind auch die Beiträge von Frauen in allen Schulen und Kulturen traditionsübergreifend marginalisiert worden. Jetzt soll sich der Teppich weiblicher Weisheit wieder ungehindert und farbig aufrollen dürfen, von den Zeitgenossinnen des Buddha über die Frauen der Mahayana-Sutras, die Zen-Geschichten des Mumonkan bis hin zu den tantrischen Yoginis.

Dabei geht es auch darum, einen Überblick über das Mitwirken von Frauen an der Entwicklung des Buddhismus zu geben. Eine ganze Reihe interessanter Veröffentlichungen zu Frauen im Buddhismus sind in den letzten Jahren erschienen, sie konzentrieren sich aber meist auf einzelne, eingegrenzte Bereiche. *The First Buddhist Women* von Susan Murcott zum Beispiel spezialisiert sich auf die Zeitgenossinnen des Buddha, Tsültrim Alliones *Tibets weise Frauen* präsentiert ausschließlich Quellentexte der tibetischen Tradition, wohingegen der weit ausgelegten Sammlung von Joko Tisdale *Women of the Way* jeglicher Hinweis auf Tantrikerinnen fehlt.

Ich möchte mit diesem Buch Frauen der unterschiedlichen Traditionen und Jahrhunderte miteinander in Beziehung setzen und damit auch buddhistische Geschichte aus weiblicher Sicht beleuchten. Das Gros der bisherigen Veröffentlichungen ist außerdem in englischer Sprache erschienen, und nur wenig davon wird jemals auf Deutsch zugänglich sein. Es sind in erster Linie wissenschaftliche Arbeiten mit entsprechender Fragestellung, dem dazugehörigen Jargon und philologisch hieb- und stichfesten wörtlichen Übersetzungen der überlieferten Texte.[3] Solche Quellentexte sind meist auch sperrig, und darum habe ich mich für eine freie Nacherzählung entschieden, die die Qualität der Texte als gute Geschichten wieder zugänglich macht. Ich habe nach Identifikationsfiguren für übende Frauen Ausschau gehalten, nach weiblichen Vorbildern auf dem Weg zum Erwachen, nach Stoff für Legendenbildung also, und so manches Fundstück wartete nur darauf, in diesem Sinne angemessen präsentiert zu werden.

Drei stärkende Einsichten

Die Perspektive einer Geschichte des Buddhismus aus weiblicher Sicht, die inspirierende Gegenwart der vielen Frauen, über die ich erzählen konnte, und das Nachdenken über eine Abstammungslinie der weiblichen Übungstradition haben drei stärkende Einsichten hervorgebracht:

1. Frauen, die jetzt in der buddhistischen Tradition üben, kommen auch als Frauen nicht aus dem Nirgendwo, sie haben Wurzeln.
2. Praktizierende Frauen heute müssen nicht alles neu erfinden, sie können an den Praxisgeschichten weiblicher Übender überprüfen, wie die Lehren auf Frauen wirken.
3. Es ist ein großes Glück, wenn Frauen im Dharma von Frauen lernen können.

Frauen, die jetzt in der buddhistischen Tradition üben, kommen auch als Frauen nicht aus dem Nirgendwo, sie haben Wurzeln.

Wenn wir damit beginnen, in der Geschichte buddhistischer Schulen weibliche Namen und Geschichten auszugraben, gähnen uns zunächst nur Lücken an. Da, wo eine Frau und ihre Geschichte sein sollte, ist Leere. Und wenn hier und da von einer weiblichen Praktizierenden die Rede ist, dann wurde ihr Name wahrscheinlich nicht überliefert. Andere Frauen, die zum Beispiel berühmte Männer unterrichteten und deren Namen bekannt sind, werden in den Liniengebeten und heiligen Geschichten nicht genannt. In einem anderen Fall finden sich vielleicht ein Name und eine Geschichte, aber nichts ist aus dem weiteren Umfeld der Frau bekannt – es bleibt im Dunkeln, wer ihre Lehrerinnen waren, woher sie stammte, ob sie mit anderen Frauen übte und wer diese waren. Die Geschichte einer eindrucksvollen Lehrerin und Yogini steht oft so vereinzelt in der Landschaft, als wäre sie ganz unvermittelt von einem anderen Stern gefallen. Das alles sind bekannte Schwierigkeiten, die denen begegnen, die sich auf irgendeine Weise mit der Geschichte von Frauen beschäftigen. Wie kommt man hier weiter?

Die feministische Geschichtsforschung setzt mittlerweile darauf, die Lücken selbst über Zusammenhänge Auskunft geben zu lassen. Man sieht sich die Gestalt der Lücken genauer an und überlegt, was sich daraus schließen lässt. Dass zum Beispiel eine Frau allein in einer ausschließlich männlichen Landschaft steht, muss nicht zwangsläufig bedeuten, dass sie ein Einzelfall ist. Viel wahrscheinlicher ist sogar, dass so eine »Ausnahmefrau« aus einem größeren Umfeld weiblichen Übens und Denkens herausragt. Hinter jeder Frau, die es in die offizielle Geschichtsschreibung schaffte, steht also, so können wir annehmen, eine ganze Gruppe anderer Frauen, deren Namen vergessen wurden. Gehen wir von so einer Überlegung aus, öffnet sich aus jedem versprengten Frauennamen der Geschichte ein Fenster in ein Umfeld von

Frauen hinein, das eine Vergangenheit und eine Zukunft hatte. So lässt die Gestalt der Lücke ein ganzes Gewebe erahnen.

Laut zu denken und auszusprechen, dass praktizierende Frauen nicht aus dem Nirgendwo kommen, sondern Vorfahrinnen hatten, die existierten, selbst wenn ihre Namen vergessen oder ausgelassen wurden, stärkt das Vertrauen von Übenden jetzt und kann dazu beitragen, Gefühle des Mangels und Nichtgenügens aufzulösen.

Praktizierende Frauen heute müssen nicht alles neu erfinden, sie können an den Praxisgeschichten weiblicher Übender überprüfen, wie die Lehren auf Frauen wirken.

Sicherlich können für Frauen auch die Lebensgeschichten und Erfahrungen männlicher Praktizierender inspirierend sein. Kann eine Frau aber einer weiblichen Protagonistin begegnen, die sich auf den Weg der spirituellen Suche macht, Schwierigkeiten überwindet und zuletzt Befreiung erlangt, muss sie nicht erst vom Geschlecht dieser Hauptperson abstrahieren. Durch die Geschichten der Frauen können wir außerdem mehr darüber erfahren, wie buddhistische Übungen und Lehren in der Vergangenheit auf weibliche Übende wirkten und wie sie damit umgingen. Ich möchte dazu einige Punkte anführen, die mir beim Vergleich der Geschichten weiblicher Übender mit denen männlicher aufgefallen sind:

Körperlichkeit

»O Yogini, die du das Tantra gemeistert hast.
Der menschliche Körper ist die Grundlage
Für das Erlangen der Weisheit
Und die Körper der Männer und Frauen
Sind in gleicher Weise dazu geeignet,
Wenn aber eine Frau über starke Motivation verfügt,
Ist ihr Potenzial höher.«[4]

So spricht der tantrische Meister Padmasambhava zu seiner Partnerin Yeshe Tsogyal.

Körperlichkeit spielt in der Umsetzung der Lehren bei weiblichen Übenden eine ganz andere Rolle als bei männlichen. Das ist schon bei den Zeitgenossinnen des Buddha zu erkennen. Während ihre männlichen Kollegen die Vergänglichkeit gerne in einem Gegenüber und hier vorzugsweise im anderen Geschlecht betrachten, beziehen die Frauen die Lehren über Vergänglichkeit direkt auf ihre eigenen Körper. Dieses unmittelbare Einbeziehen der eigenen Körperlichkeit fördert existenzielle Einsichten, die in den Texten der betreffenden Frauen dann durchaus selbstironisch klingen können. In späteren Epochen des Buddhismus nutzen Frauen Sinnlichkeit als Weg zum Erwachen für sich und andere. In ihrer Körperlichkeit wirken sie nährend, heilend oder auch einfach so betörend, dass man nicht anders kann, als ihnen einfach zum Erwachen zu folgen. Im tantrischen Buddhismus eröffnet das Wissen der Frauen um Körper und Sinnlichkeit den für beide Geschlechter gemeinsamen Weg der Intimität.

Vorbilder im eigenen Geschlecht

Weibliche Übende suchen sich Vorbilder im eigenen Geschlecht. Sie nehmen also andere Frauen in ihrem Umfeld wahr, von denen sie lernen können und denen sie vertrauen. Schon in den Liedern der ersten Frauen, die erwachten, ist oft voller Freude von einer anderen Frau die Rede, die geholfen hat, den entscheidenden Schritt zu tun. Ihre männlichen Zeitgenossen beziehen sich dagegen fast ausschließlich auf den Buddha als Vorbild. Im Mahayana drängen dann starke Gestalten wie die Königin Shrimala (s. S. 156) oder Miao-shan (S. 224), die später zur Bodhisattva Kuan-yin wurde, in den Vordergrund. Ihr Erscheinen und die Art und Weise, wie diese eigenwilligen Frauen in den Texten präsentiert werden, zeigt, dass es ein Umfeld von Frauen gegeben haben muss, das nach solchen weiblichen Vorbildern Ausschau hielt. Im tantrischen Buddhismus herrscht das Bild des übenden Paars vor, wir wissen aber auch von Zusammenkünften tantrischer Yoginis zu spirituellen Festen, bei denen sich Frauen hauptsächlich an anderen Frauen orientierten.

Unsichtbarkeit

Die vorwiegend gering geachtete Stellung der Frauen in buddhistischen Ländern machten sich weibliche Übende zunutze. Da sie selbst und ihre Aktivitäten sowieso meistens nicht beachtet wurden, konnten sich Frauen gesellschaftlich »unsichtbar« machen und in diesem Freiraum ihrer Übung nachgehen. Besonders einfach war das für alte Frauen und Frauen aus sozialen Randgruppen. Im tantrischen Buddhismus suchen Frauen dann ganz bewusst solche Lebensformen, um ungestört praktizieren zu können. Hatten sie später Verwirklichung erreicht, konnten sie sich, wenn sie wollten, auch wieder »sichtbar« machen, wie es zum Beispiel in der Geschichte von Shunyatadevi, der Reiskuchenverkäuferin oder der Yogini Tiloma in diesem Buch erzählt wird.

Yogi Milarepa als Modell

Tibetische Lehrer stellen gerne die Lebensgeschichte des Yogi Milarepa als Modell eines spirituellen Lebensweges vor und ermuntern ihre Schüler und Schülerinnen, sich daran zu orientieren. Besonderes Gewicht wird dabei auf die Beziehung Milarepas zu seinem Lehrer Marpa gelegt. Marpa lädt dem jungen Mann eine unsinnige und knochenbrechende Aufgabe nach der anderen auf, bevor er überhaupt darüber reden will, ob Milarepa von ihm Unterweisungen erhalten kann oder nicht. Auf diese Weise baut der Schüler mehrere Häuser mit eigenen Händen, nur um sie umgehend auf das Geheiß des Lehrers wieder abzureißen. Als Marpas Frau, Damema, dem übel zugerichteten jungen Mann helfen will, bekommt auch sie den Zorn ihres Mannes zu spüren. So geht es eine ganze Weile, bis schließlich Milarepa eines Tages überraschend zu den Belehrungen zugelassen wird und tiefe Inspiration erfährt. Danach praktiziert er viele Jahre einsam in einer Höhle und erlangt schließlich Erleuchtung.

Warum aber quält ihn sein Lehrer so? Milarepa kommt aus Furcht vor den Folgen seiner schlechten Taten zu Marpa. Er hatte sich zuvor aus Rachegefühlen der schwarzen Magie zugewandt und mehrere Menschen umgebracht. Marpa, so wird erklärt, will durch das, was er von ihm verlangt, die Verbohrtheit des Schülers abschleifen und in ihm das Vertrauen zum Lehrer, jenseits aller Vernunft, verankern.

Ähnlich trägt es sich auch in der Geschichte eines anderen viel zitierten Yogi, Naropa, zu. Auch er hatte zwölf Jahre lang unsinnige, entwürdigende und lebensbedrohende Anforderungen seines Lehrers Tilopa zu ertragen, bis dieser ihm durch den Schlag mit einer Sandale auf den Kopf zum Erwachen verhalf. Naropa war vorher der Beste einer Eliteuniversität gewesen, er bildete sich viel auf sein Wissen ein und war durch seinen verschulten Geist offensichtlich über lange Zeit nicht in der Lage, auf anderen Ebenen als auf der des Intellekts empfänglich zu ein.

Schaut man sich dagegen die Geschichten der Frauen an, wird man keine einzige finden, in der einer Schülerin derartiges von einem Lehrer zugemutet worden wäre. Vielleicht, so könnte man einwerfen, waren die Schülerinnen den männlichen Lehrern nicht wichtig genug, um sich derart zu engagieren, aber das erzählen die Geschichten nicht. Die meisten Lehrer, von denen die Rede ist, bemühen sich sogar außerordentlich um ihre Adeptinnen. So erschien Buddha Shakyamuni eigens vor der Königin Shrimala, weil ihre Worte von so tiefer Überzeugung geprägt waren. Padmasambhava setzte sich mit seinem Leben für seine Schülerinnen Mandarava und Yeshe Tsogyal ein, auch wenn er letzterer gegenüber nicht immer besonders viel Feingefühl an den Tag legte. Als Yeshe Tsogyal nach Jahren des Einsiedlerlebens in der Wildnis zu ihm zurückkehrte und ihm zu Füßen sank, war seine Reaktion nicht gerade überschwänglich: »Oh, da bist du ja, ich dachte, du wärest tot.«

Dennoch, die Beziehungen von Frauen zu ihren Lehrern und Lehrerinnen verliefen anders als die ihrer männlichen Kollegen. Das hat sicherlich auch damit zu tun, dass Frauen auf ganz anderen Wegen zum Dharma fanden. Frauen trauten sich eine kriminelle Energie wie die von Milarepa gar nicht zu, sie hätten sie mangels Gelegenheit auch nicht umsetzen können, und zu den intellektuell verbildenden geistlichen Universitäten hatten sie sowieso keinen Zugang.

In den Geschichten der Frauen kristallisiert sich folgendes Muster heraus: Weiblichen Übenden begegnen Widrigkeiten schon viel früher auf dem Weg, noch bevor sie überhaupt einen Lehrer oder eine Lehrerin gefunden haben, und die Schwierigkeiten kommen meistens von außen. Die Gesellschaft, ihre soziale Situation oder Menschen, die über sie Macht haben, versuchen die Frauen daran zu hindern, sich überhaupt der spirituellen Übung zuzuwenden. Sie sollen heiraten, das Haus führen und sich ansonsten an die geltenden Normen halten. Die schwersten Auseinandersetzungen finden dabei statt, der Fremdbestimmtheit zu entkommen. Haben Frauen aber diesen Konflikt für sich entschieden, mit dem Dharma Kontakt hergestellt und »angebissen«, kann ihr Erwachen erstaunlich schnell und mühelos sein. Das tiefe Vertrauen in den Lehrer oder die Lehrerin – sie ist als spirituelle Bezugsperson leider nur selten überliefert – können Frauen allem Anschein nach leichter aufbauen. Oft genügt ein kurzer Kontakt, der in tantrischen Geschichten auch eine sexuelle Begegnung sein kann. »Frauen sind gegenüber Männern im Vorteil« – zu dieser Überzeugung gelangte auch die indische Meditationsmeisterin Dipa Ma. »Ihr Geist ist viel feiner und beweglicher … für Männer ist das vielleicht schwer zu verstehen, weil sie Männer sind. Aber der Buddha war ein Mann, und Jesus war auch ein Mann, also gibt es auch für die Männer ein bisschen Hoffnung.«[5]

Viele Geschichten stellen weise und verwirklichte Frauen so dar, als seien sie immer schon auf diese Weise in der Welt gewesen, ohne ihre spirituelle Herkunft zu beschreiben oder infrage zu stellen. Die Frauen sind eben einfach weise oder erwacht, aus sich selbst heraus, und wer das nicht erkennt, ist selbst schuld.

»Es war früher so und ist auch heute so: Frauen haben allgemein ein tieferes Vertrauen als Männer. Und sie sind beharrlicher in der Praxis«, beobachtete auch der tibetische Lehrer Bokar Rinpoche in den neunziger Jahren des 20. Jahrhunderts, und er zieht Schlüsse für uns heute daraus: »Der Grund, warum sich im Westen mehr Frauen für den Buddhismus interessieren als Männer, liegt sicher darin, dass die Frauen einen leichteren und direkteren Zugang zu Vertrauen und Hingabe haben. Auch haben sie einen viel offeneren Geist als die Männer auf dem spirituellen Weg.«[6]

Frauen im Dharma sind unkonventionell

Vielleicht ist dieser offenere Geist auch ein Ergebnis der Auseinandersetzung mit den verschärften Schwierigkeiten, die Frauen überwinden mussten, um überhaupt praktizieren zu können? Denn Frauen, die in der Vergangenheit ihr Leben dem Dharma widmen wollten, stellten sich damit in den meisten Fällen außerhalb jeder Konvention. Das gilt nicht nur für die Lebenswege der Frauen in den für uns exotischen Kulturen des Ostens. Geschichten »heiliger« Frauen aller Kulturen, sei es in Ost oder West, beschreiben niemals eine soziale Norm. Sie bergen immer kulturellen und/oder spirituellen Sprengstoff, schon allein dadurch, dass die handelnden Subjekte Frauen sind. Der Widerspruch zu den gegebenen Normen steckt bereits in der Tatsache, dass diese Frauen einem Leben der religiösen Suche und damit meist einer Frauengemeinschaft oder dem Einsiedlerinnenleben den Vorzug gegenüber der geforderten Eingliederung in die Familien geben. Nicht zu heiraten, allein oder in einer gleichgeschlechtlichen zölibatären Gemeinschaft zu leben, unabhängig zu handeln und nur in den Buddhas oder Gott die höchste Instanz für das eigene Verhalten zu sehen stößt fast immer auf Widerspruch. Dabei sind Frauen in patriarchalen Systemen besonderem Druck ausgesetzt, und darum verlangt der Sprung in diese

Art des Lebens eine besondere Entschlossenheit von ihnen, die durchaus befreiend wirken kann. Erfreulicherweise gibt es auch bei den Frauengeschichten Ausnahmen von dieser Regel, wie zum Beispiel in Shrimaladevis Fall. Deren Eltern finden ihre Tochter so intelligent und begabt, dass sie sich nichts Besseres vorstellen können, als sie mit der buddhistischen Lehre bekannt zu machen und selbst alles dafür tun, dass das geschehen kann. Im Sutra von Shrimaladevis Löwengebrüll gibt es folgerichtig auch nicht den allerleisesten Hinweis darauf, dass irgendjemand es erstaunlich finden könnte, eine Frau in der Gegenwart und zur Freude des Buddha lehren zu sehen. Diese Rolle einzunehmen erscheint für eine Frau hier ganz natürlich.

Es ist ein großes Glück, wenn Frauen im Dharma von Frauen lernen können.

»Es ist wichtiger, Lehrmeisterinnen zu haben, als Rechte zuerkannt zu bekommen«, erkannten die Frauen der *Libreria delle Donne* in Mailand in den achtziger Jahren des 20. Jahrhunderts. Es ist wahr: In allen Geschichten dieses Buches, in denen auch nur andeutungsweise davon berichtet wird, wie Frauen von anderen Frauen lernen, geschieht etwas Besonderes. »(…) Die Beziehung zu einer Person des eigenen Geschlechts (fördert) das Vertrauen in die eigenen Fähigkeiten in einem Ausmaß, wie das Beziehungen zu Personen des anderen Geschlechts selten können. Lehrerinnen sind der unwiderlegbare Beweis für Frauen, dass geistige Entwicklung für sie möglich ist,« hebt Sylvia Wetzel in ihrem Buch über Frauen und Freiheit hervor[7]. Frauen haben durch diese Beziehung die Möglichkeit, anderen Frauen Kompetenz zuzuschreiben, etwas, was in der Gesellschaft, die sie umgibt, wenig Raum hat. Außerdem empfangen sie das, was diese andere Frau ihnen geben kann, mit Dankbarkeit und Wertschätzung. Diese Herzensöffnung macht es für die lernende Frau möglich, auch in sich das Potenzial einer solchen Kompetenz, die in letzter Konsequenz »Erwachen« heißt, zu erkennen. Indem sie lernt, eine andere Frau, auch wenn diese gesellschaftlich und kulturell noch so sehr abgewertet erscheint, auf diese Weise wertzuschätzen, lernt sie auch, sich selbst wertzuschätzen. Im Kontext des Dharma bedeutet das, Lehrerin und Schülerin können in dem Gegenüber der anderen Frau und in sich selbst das Potenzial des Erwachens erkennen und sich darauf beziehen.

Welche Kraft aus solch einer Beziehung sprudeln kann, wird spürbar, wenn man daran denkt, welche Bedeutung und Wirkung die Lehrlinie für jede buddhistische Schule hat. Über achtzig Generationen dieser machtvollen Beziehung zwischen Männern bis zurück zu Buddha Shakyamuni – das ist eine enorme Schubkraft für das Vertrauen des einzelnen Übenden. Weibliche Lehrbeziehungen im Dharma konnte ich dagegen in den Geschichten nur über maximal drei Generationen verfolgen, dann scheint der Faden der Überlieferung immer wieder zu reißen. Aber immerhin wissen wir aus den Bruchstücken, dass es diese Art von Beziehung zwischen Frauen überhaupt gegeben hat. Die Lücken sollten uns nicht davon abhalten, eine Kontinuität zu spüren, die darunter lebendig ist.

Auch in den männlichen Lehrlinien gibt es mitunter größere zeitliche Lücken. Da muss dann ein bestimmter Meister auf magische Weise einige hundert Jahre gelebt haben, damit die Rechnung noch aufgeht. Daran wird aber auch deutlich, dass es bei dieser spirituellen Abstammungslinie nicht um eine gut gelöste Rechenaufgabe mit Jahreszahlen oder um, in diesem Sinne, »harte Fakten« geht. Viel wichtiger ist das Vertrauen in die ungebrochene Weitergabe des tiefen Wissens, das aus den Lehren und Übungen in den einzelnen Menschen lebendig wird. Die Linie ist ein kraftvolles Symbol dafür. Diese Sicht ermutigt dazu, auch in den Bruchstücken eine weibliche Verwirklichungslinie zu erahnen und sich davon tragen zu lassen.

Warum aber sollte es für Frauen oder auch für Männer überhaupt wichtig sein, nach Frauen als Trägerinnen der Weisheit Ausschau zu halten? Zur Verdeutlichung möchte ich eine Legende aus der europäischen Kultur erzählen.

Demeter und Kore – der zerrissene Blick

Der griechische Mythos von Demeter und Kore[8] erzählt, wie der Blick zwischen Mutter und Tocher zerrissen wurde und wie dadurch die Welt aus den Fugen geriet.[9]

Die Göttin Demeter ist eine Erscheinung der großen Mutter, der Quelle, der alles entspringt.[10] Ihre Macht ist die des Hervorbringens, und dieses Geheimnis übermittelt sie nach ihrem eigenen Ermessen dem Kosmos. Diese Macht des Hervorbringens beinhaltet jedoch auch die Macht, nicht hervorzubringen, wie der Mythos zeigt.

Demeter ist eine autonome Urkraft, sie vertritt die mütterliche Macht, die der gesamten Natur eingeschrieben ist. Sie hütet das »Zur-Welt-kommen«, das durch den Wortstamm *nasci*, lateinisch »geboren werden«, im Begriff »Natur« noch zu erkennen ist. Die Göttin Demeter hat eine erwachsene Tochter, Kore. Gemeinsam stehen sie für das mütterliche Kontinuum: Im Geborenwerden zeigt sich der Mensch in zwei Geschlechtern, geboren aber werden sowohl Mann als auch Frau von einer Frau. Das Kontinuum, auf solche Weise zur Welt zu kommen, fließt aus der anfangslosen Zeit und setzt sich in die Unendlichkeit fort, solange eine Mutter eine Tochter hat, die diese Potenzialität weitertragen kann. Mehr ist dafür nicht erforderlich.

Zwischen der Mutter und der Tochter herrscht kein Klima der Dominanz, sondern es ist eine Beziehung, in der die eine die Bedeutsamkeit der anderen für sich und die Welt erkennt und achtet. Diese Beziehung drückt sich in den antiken Darstellungen von Demeter und Kore durch einen Blick auf Augenhöhe aus.

Eines Tages wird Kore von Hades, dem Herrscher der Unterwelt, überfallen, vergewaltigt und in sein Reich entführt. Die verzweifelte Mutter sucht sie überall, alle stellt sie zur Rede, selbst Zeus, den Vater ihrer Tochter. Aber keiner will etwas gesehen oder gehört haben. Daraufhin setzt Demeter den anderen Teil ihrer Macht ein: Sie hört auf hervorzubringen. Auf der Erde verdorren die Pflanzen, versiegen die Quellen, und Mensch und Tier werden unfruchtbar. Durch das Elend der Wesen auf der Welt unter Druck geraten, drängt Zeus, der bis dahin die Tat seines Verbündeten gedeckt hatte, den Totengott Hades, einzulenken und der Mutter die Tochter zurückzugeben. Kore hat aber schon von der Frucht der Unterwelt gegessen und so ist es ihr verwehrt, ganz auf die Erde zurückzukehren. Die Hälfte des Jahres muss sie ab jetzt unten bei dem Mann Hades und den Toten bleiben.

Kore wird der Natur und damit ihrer Mutter gewaltsam entrissen, sie verschwindet aus ihrem Blickfeld. Der Kontakt zwischen Mutter und Tochter, der sich in diesem gegenseitigen Sehen ausdrückte, ist gerissen. Als Folge davon hört Demeter auf hervorzubringen, und alles erstirbt. Das bedeutet also, dass die Kraft hervorzubringen darauf beruht, dass Mutter und Tochter sich sehen. Dieser Blickkontakt wurde, wie der Mythos berichtet, an der Schwelle zwischen matrifokaler Ordnung und patriarchaler Machtübernahme gewaltsam getrennt, und das mütterliche Kontinuum wurde dem Reich des Todes unterworfen. Und an dieser traurigen Stelle, so scheint mir, stehen wir heute immer noch. »Im unheilvollen Haus des Mannes, wo man die Geborenen Sterbliche nennt«, formuliert die Philosophin Adriana Cavarero[11], »sind Mutter und Tochter nun allein und voneinander getrennt.«

Wie kann dieser Riss heilen, damit »Zur-Welt-bringen« wieder geschehen kann?

Indem Mutter und Tochter sich wieder mit den Blicken suchen und finden. Dies gilt im besonderem Maße für die symbolische Mutter-Tochter-Beziehung und ihre bedeutsame Gestalt in der Konstellation als spirituelle Lehrerin und Schülerin. Der Blick der beiden kann sich wiederfinden, wenn wir in die Richtung des Geborenwerdens schauen. Im Sinne des mütterlichen Kontinuums bringt uns immer das Weibliche hervor, und die Ausrichtung des Blicks in diese Richtung macht es leicht, auch im spirituellen Kontext Frauen zu entdecken, denen wir dankbar sein und mit Wertschätzung begegnen können. Darum ist es wichtig, dass wir nach Frauen als Trägerinnen und Übermittlerinnen der Weisheit Ausschau halten und sie sichtbar machen, damit Frauen nicht länger allein und voneinander abgetrennt im Unheil verharren.

Diese Welt ist eine gute Welt, um zu erwachen

Geschichten von Übenden und ihrem Erwachen sind dazu da, andere zu inspirieren und zu ermutigen, ebenfalls zu erwachen. Aus buddhistischer Sicht eignet sich unsere Welt dafür hervorragend. Diese Haltung verdutzt Menschen aus westlichen Kulturen, die den Buddhismus für eine Weltanschauung halten, die in erster Linie das Leidhafte der Existenz betont. So eine Interpretation liegt für uns ja nahe, sie ist uns aus unserer christlichen Kultur bekannt, die diese Welt als Jammertal beschreibt und wahres Glück nur im Jenseits erkennen mag.

Die Buddhisten begründen ihre positive Sicht auf die Welt so: Erstens sieht man ja, dass viele Menschen aus dieser Welt heraus erwacht sind, also muss sie sich folgerichtig dafür eignen, und zweitens sind im menschlichen Bereich der Existenz Glück und Leid gerade richtig verteilt, um das Erwachen zu fördern. Es ist genug Leiden vorhanden, sodass wir motiviert sind, einen Weg aus dem Leiden zu finden. Gleichzeitig kennen aber auch alle Menschen Glück und Freude, sodass wir Zugang zu tiefer Inspiration haben, die uns zeigt, wohin uns unser Weg führen soll.

Diese Mischung schafft die günstigsten Voraussetzungen zur Erleuchtung. In den Geschichten erfahren wir, wie Übende sie auf unterschiedliche Weise erfolgreich nutzen, und man kann sich von den guten Ideen der Vorbilder auf dem Weg inspirieren lassen. So sind die Geschichten nicht nur schöne und erbauliche Unterhaltung für einen gemütlichen Abend, sondern mit ihnen können und sollen Menschen, die auf dem Weg vorankommen wollen, auch praktizieren. Es ist durchaus möglich mit ihrer Hilfe zu erwachen.

Dass die Geschichten ein solches Potenzial in sich tragen, macht deutlich, warum sie als »Befreiungsgeschichten« – auf

Sanskrit *vimoksha* genannt und *namthar* auf Tibetisch – bezeichnet werden. Sie sind Beispiele dafür, wie die Befreiung von allen äußeren und inneren Zwängen gelingen kann. Sie zu hören, weiterzuerzählen und immer wieder zu lesen verbindet mit der Inspiration dieser Befreiung, die andere vor uns verwirklicht haben.

Buddha Shakyamunis Befreiungsgeschichte als Maßstab der Authentizität

Elemente der Befreiungsgeschichte des Buddha Shakyamuni sind Bestandteil fast jeder anderen Befreiungsgeschichte und weisen damit auf die Authentizität des Erwachens der Hauptfigur hin. Wiederkehrende Motive, die in unterschiedlichen Spielarten in den Geschichten vorkommen, sind:

- eine einschneidende Enttäuschung, eine Lebenskrise, die Fragen nach dem wahren Sinn des Lebens auslöst;
- das Weggehen aus dem gewohnten Leben. Die Person verlässt ihre Familie und ihre Heimat. Dieses Weggehen kann auch als eine Abkehr vom bisherigen Leben und ein Hinwenden zu einer religiösen Lebensweise dargestellt sein;
- eine Phase der Askese, der Entbehrung und der Anstrengung;
- eine Lehrerin, ein Lehrer taucht auf. Die Lebensgeschichte des Buddha betont, dass er seine Lehrer weiterhin verehrte, obwohl sie ihm das letztliche Erwachen nicht zeigen konnten;
- ein »mittlerer« Weg zeigt sich, der nicht der Askese verhaftet ist, aber auch nicht dem Sinnesleben;
- müheloses Erwachen.

Nicht in jeder Befreiungsgeschichte sind alle Motive enthalten, besonders wenn ein großer Teil der Geschichte, wie es oft bei weiblichen Hauptfiguren der Fall ist, gar nicht erzählt wird. Für die Leserin und den Leser kann es spannend sein, die verschiedenen Elemente in den Geschichten aufzuspüren.

Wie man mit den Befreiungsgeschichten übt

In das Mandala des Erwachens eintreten

Eine Geschichte, die beschreibt, wie jemand den Weg zum Erwachen gemeistert hat, führt ohne theoretische Umwege direkt in die Welt des Erwachens hinein. Sie rollt ein Panorama auf, in dem Erwachen und Befreiung als lebendige Hintergrundstrahlung aufleuchten und in dem man ohne große Anstrengung erwachten Wesen begegnen und sie kennenlernen kann. Liest oder hört jemand so eine Geschichte, dann kann sie so wirken, als sei die betreffende Person tatsächlich in den Radius des Erwachens gelangt. Denn, um Erwachen zu verstehen, ist es nötig, dem Erwachen wirklich und lebendig in einer Person zu begegnen. Das war im Buddhismus von Anfang an so: Man begegnete dem Dharma, indem man dem Buddha begegnete.

Der Heldin wirklich begegnen

Die Geschichte einer Person macht uns auf innige Weise mit ihr bekannt, durch ihre Lebensgeschichte enthüllt sich uns auf eindrückliche Weise, wer diese Person ist oder war, und ihre Taten füllen sich mit Bedeutung. Die Philosophin Hannah Arendt führt in ihrem Werk *Vita Activa* eingehend aus, wie und warum sich einzig in ihrer Geschichte zeigen kann, wer die Person wirklich ist. Sie überlegt: »Handelnd und sprechend offenbaren die Menschen jeweils, wer sie sind, zeigen aktiv die personale Einzigartigkeit ihres Wesens, treten gleichsam auf die Bühne der Welt, auf der sie vorher so nicht sichtbar waren. (…) Da Menschen nicht von Ungefähr in die Welt geworfen, sondern von Menschen in eine schon bestehende Menschenwelt hineingeboren werden, geht das Bezugsgewebe menschlicher Angelegenheiten allem einzelnen Handeln und Sprechen voraus, sodass sowohl die Enthüllung des Neuankömmlings durch das Sprechen wie der Neuanfang, den das Handeln setzt, wie Fäden sind, die in ein bereits eingewebtes Muster geschlagen werden und das Gewebe so verändern, wie sie ihrerseits alle Lebensfäden, mit denen sie innerhalb des Gewebes in Berührung kommen, auf einmalige Weise affizieren. Sind die Fäden erst zu Ende gesponnen, so ergeben sie wieder klar erkennbare Muster, bzw. sind als Lebensgeschichten erzählbar.[12] (…) Der einzige Jemand, den sie [die Lebensgeschichte; Anm. d. A.] enthüllt, ist und bleibt der Held [in unserem Fall die Heldin; Anm. d. A.] der Geschichte, dessen *Wer* sich nur im Medium des Erzählbaren und daher ex post facto[13] in einer Greifbarkeit und Bedeutungsfülle darstellt, die der ungreifbar flüchtigen und doch unverwechselbar einzigartigen Manifestation entspricht, in der die Person durch Handeln und Sprechen einer Mitwelt gegenwärtig ist. Wer jemand ist oder war, können wir nur erfahren, wenn wir die Geschichte hören, deren Held er [oder sie; Anm. d. A.] selbst ist, also seine Biografie.«[14]

Vertiefen durch Wiederholen

Traditionell wird empfohlen, eine Befreiungsgeschichte sehr oft zu lesen und mit ihr eine Zeit lang zu leben. Der tibetische Lehrer Khenpo Tsultrim Gyamtso rät seinen Schülerinnen und Schülern zu mindestens zwanzig Durchgängen. Durch die häufigen Wiederholungen werden die Bilder und Symbole der Befreiung ein Teil der Bilderwelt, die Taten und Worte der Heldinnen und Helden färben unweigerlich auf unseren eigenen Ausdruck und die Handlungsfähigkeit in der Welt ab.

Über ihre Lebensgeschichte kann man sich also intensiv mit einer Yogini oder einem Yogi der Vergangenheit verbinden. Ihre Unterweisungen sind in ihrem »Handeln und Sprechen« enthalten, wie Hannah Arendt es ausgeführt hat.

Wirkung im Sterben

Gibt es so eine besondere Verbindung zu einem der Vorbilder auf dem Weg, dann kann die jeweilige Befreiungsgeschichte auch im Sterbeprozess unterstützen und leiten, wenn sie der sterbenden

Person in der Phase des Übergangs in den Tod vorgelesen wird. Die tibetische Tradition nennt das »Befreiung durch Hören«[15]. Die Verbindung mit der Hauptperson und ihrem Weg zum Erwachen dient im Sterben als Leitfaden und soll dabei unterstützen, im nächsten Leben ebenso zu handeln wie die Hauptfigur der Befreiungsgeschichte und zu erwachen.

Kontemplation über das Handeln der Heldin

Die Lebensgeschichten der Frauen auf dem Weg zum Erwachen aus 2500 Jahren buddhistischer Praxis zeigen recht unterschiedliche Pfade und Lösungen auf. Jede Geschichte bietet ganz eigene Antworten auf die Fragen, die uns beim Lesen in den Sinn kommen. Wir fragen uns zum Beispiel: Wie ist diese Frau mit Widerständen umgegangen, wie hat sie sich durchgesetzt oder sich befreit? Was hat jene Praktizierende auf sich genommen, um ihren Weg zu finden, wie viel Geduld, wie viel Entbehrung konnte sie ertragen? Was löst es in mir aus, wenn ich davon lese? Abwehr, Wut, Faszination? Vielleicht taucht sogar Mutlosigkeit auf: So wie diese Yogini zu handeln, denken wir vielleicht, das ist doch nicht zu schaffen, man kann doch nicht einfach jahrelang in einer Höhle verschwinden? Andererseits – bedeutet es denn Versagen, wenn man es nicht genauso macht?

Die Geschichten sind keine direkte Aufforderung, es genauso zu machen. Nur wenige Yoginis sind in einer einsamen Berghöhle wirklich gut aufgehoben, besonders, wenn sie nicht die dafür passende Ausbildung haben, die ihnen ermöglicht, in Extremsituationen zu überleben, wie es bei Yeshe Tsogyal der Fall ist. Eher kann es produktiv sein zu überlegen, was es bedeuten könnte, wenn man solche Erzählungen beispielhaft auf das eigene Leben überträgt. Worum geht es in der Geschichte im Kern? Geht es darum, etwas loszulassen, was hindert? Oder noch eindeutiger Prioritäten zu setzen?

Wenn wir in dieser Weise Fragen stellen und die Empfindungen und Gedanken bemerken, die bestimmte Szenen in uns auslösen, dann lernen wir unsere gewohnheitsmäßigen Muster besser kennen und verstehen tiefer, was Erwachen für uns bedeuten kann. Übt man auf diese Weise mit den Geschichten, nutzt man sie zur Einsichtsmeditation.

Entschlossenheit und Hingabe

Wenn uns in den Befreiungsgeschichten immer wieder Szenen begegnen, in denen Frauen mit ganzer Kraft Schwierigkeiten überwinden, scheinbar unüberwindliche Hindernisse bewältigen und dafür bis an die Grenzen des Erträglichen gehen, dann drängt sich der Eindruck auf, dass es auf die eine oder andere Weise solch einer Energie und Entschlossenheit bedarf, um zu erwachen. Jede Frau, deren Geschichte hier erscheint, begibt sich irgendwann auf ihre ureigenste Weise mit Leib und Seele auf den Weg. Diese Hingabe aus ganzem Herzen bringt in ihr tiefes Vertrauen hervor, das wiederum der Nährboden für Weisheit ist. Wenn wir mit den Geschichten und ihren Heldinnen vertraut werden, färben auch ihr Mut und ihre Offenheit auf uns ab und werden sich so in unserem Leben ausdrücken, wie es unserer Persönlihkeit entspricht.

Die Grenze des Fassbaren

In den Befreiungsgeschichten scheinen Momente unbegrenzter Offenheit auf, ja, man hat den Eindruck, als seien diese Momente der eigentliche Kernpunkt der Geschichte. Plötzlich geschieht etwas, was unsere Vorstellung überschreitet, sprengt und uns an die Grenze des Fassbaren führt. Da zerreißt ein einziger Satz, ein einziger Blick den Schleier der Verwirrung, Frauen verwandeln sich in Männer und Männer in Frauen, der Schrei: »Nichts bewegt sich!«, weckt eine Gruppe Pilger augenblicklich auf, ein Wasserkrug zerbricht, und eine Frau ist erleuchtet. Jede dieser Geschichten enthält solche Momente, in denen einem der Mund vor Staunen offensteht. Begegnen wir ihnen immer und immer wieder, beginnen sie, in unser Leben hineinzuwirken. Vielleicht steigt die Frage in uns auf, was das eigentlich für ein Universum ist, in dem so etwas geschehen kann?

Ist das alles auch wahr?

Soll das heißen, diese Geschichten sind wirklich wahr? Es sind doch Legenden, und das bedeutet, sie sind historisch unfassbar, einfach erfunden. Es lässt sich doch gar nicht mehr eindeutig beweisen, dass diese Frauen tatsächlich gelebt haben und auch noch erwacht sind. Wo sind die überprüfbaren Daten und objektiven Aufzeichnungen? Der gesunde Menschenverstand sagt uns, dass diese Geschichten nichts weiter als eine clevere pädagogische Erfindung sind, »fromme Märchen« eben.

Es ist richtig, die Existenz der Frauen dieses Buches lässt sich kaum zweifelsfrei nachweisen, ebenso wenig wie die Existenz eines gewissen Jesus von Nazareth und seiner Mutter Maria. Auch von ihnen, wie übrigens von allen Menschen, die wir nicht persönlich gekannt haben, wissen wir nur durch Erzählungen und Aufzeichnungen Dritter etwas. Und je tiefer in der Vergangenheit das Leben dieser Menschen liegt, desto mehr Generationen der Überlieferung liegen zwischen uns und ihnen. So ist eigentlich alles, was wir über andere Menschen wissen, eine Geschichte, die jemand auf die eine oder andere Weise weitererzählt hat. Manchmal gibt es als Garnierung Jahreszahlen oder eine Zuordnung zu einer bestimmten historischen Strömung, aber was wissen wir eigentlich damit? Selbst wenn man sich auf bestimmte historische Fakten geeinigt hat: Wie diese Fakten interpretiert werden, wird immer der jeweilige Zeitgeist und die jeweils herrschende Kultur bestimmen, dafür gibt es in der Vergangenheit genügend Beispiele.

Wie Hannah Arendt es in dem oben zitierten Abschnitt darlegt, zeigt sich in der Geschichte, die ein Mensch hinterlässt, wer er ist. Diesem »Wer« im Kontext des Weges zum Erwachen zu begegnen, darum geht es in den Befreiungsgeschichten. In allen Heiligenlegenden in Ost und West stehen nicht historische Fakten im Mittelpunkt, sondern die Begegnung mit einem besonderen Menschen und dem individuellen spirituellen Weg. Realistisch dargestellte Familienszenen und soziale Umstände mischen sich dabei mit Bildern aus Traum, Vision und Mythos. Die Trennungslinie zwischen psychischer und materieller Realität ist in ihnen nicht so genau definiert. Das Legendäre und vielleicht sogar Märchenhafte, die ständige Grenzüberschreitung zwischen Faktischem und Fantastischem fungiert dabei als Mittel, diese besondere Wahrheit zu transportieren. Die Kernpunkte jeder Befreiungsgeschichte, das Erkennen der wahren Natur des Geistes und das Erwachen, lassen sich durch Fakten und Jahreszahlen sowieso nicht darstellen. Die Geschichten spielen damit, uns über eine unsichtbare Grenze zu locken, hinein in eine Welt der erwachten Sicht. Und dabei geht es natürlich genau um diesen Punkt: Was kann ich für wahr halten? Kann man etwas tatsächlich für wahr halten, dann ist es auch als Wahrheit für uns wirksam. Ich kann zum Beispiel erzählen, ich hätte eine Tasse Tee gemacht, indem ich einen Teebeutel in heißes Wasser gehängt habe. Selbst wenn es nicht wirklich stimmt, wenn ich es nie getan habe und alles nur erfunden ist, kann jemand, der das für wahr hält und es ausprobiert, gute Ergebnisse damit erzielen. Wichtig scheint also auch zu sein, auf welcher Grundlage ich jemandem glaube, was sie oder er erzählt, und in welchem Kontext die Geschichte steht.

Damit möchte ich aber nicht den Eindruck erwecken, dass es die Frauen des Buches tatsächlich nie »wirklich« gegeben hat, ganz im Gegenteil: Ich halte legendenhafte Überlieferungen für weit aussagekräftiger, als Jahreszahlen oder Grabinschriften es je sein können. Wenn die Lebensgeschichte einer Person im Umfeld eines spirituellen Weges von Generation zu Generation weitererzählt und ausgeschmückt wird, sind es einerseits die symbolhaften, legendären Elemente, die den Kern der Erzählung weitertragen. Auf der anderen Seite ist es die Person selbst und ihr einzigartiges Leben, das diese Wahrheit für diejenigen, die mit ihr in Berührung kommen, lebendig macht. In diesem Sinne hat es jede der Frauen wirklich gegeben und es gibt sie immer noch.

Annäherung, Nacherzählung, Struktur

Ich habe mich den Geschichten als Frau genähert, die selbst diesen Weg geht. Meine Perspektive als Übende hat letztlich bestimmt, wie ich die jeweilige Geschichte erzählen konnte.

Wie bin ich vorgegangen?

Zunächst habe ich das Material gesichtet und die Quellen, soweit sie mir in Übersetzung zugänglich waren, studiert. Vieles konnte ich den Sutras und Tantras entnehmen und den Buchveröffentlichungen, die es zu diesem Thema schon gibt, wie Susan Murcotts *The First Buddhist Women*, Joko Tisdales *Women of the Way* und Miranda Shaws *Passionate Enightenment* und einige andere. Manche Details habe ich aus mündlichen Erzählungen von Lehrerinnen und Lehrern erfahren. Des Weiteren haben mich kulturkritische und frauenfreundliche Interpretationsansätze inspiriert, insbesondere von Sylvia Wetzel, Adriana Cavarero, Lama Tsültrim Allione und Thomas Cleary. Im Anhang finden sich Quellenangaben und auch Hinweise darauf, wo man den Wissendurst weiter stillen kann.

Die Geschichten aus der weiblichen Perspektive erzählen

Nicht alle Geschichten, die in diesem Buch zu lesen sind, sind genauso in den Quellen wiederzufinden. Von Frauen, die hier ihren Platz als Protagonistinnen eingenommen haben, wird in den Quellen oft nur nebenbei, als schmückendes Beiwerk einer männlichen Hauptfigur, berichtet. In solchen Fällen, habe ich die Gestalt der jeweiligen Frau aus ihrer Schattenstellung in der offiziellen Überlieferungslage herausgeschält und mich gefragt, wie eine Geschichte aussehen würde, die sie in den Mittelpunkt stellt. Dabei habe ich mich von Geschichten anderer Frauen aus ihrem Umfeld und dem buddhistischen Kontext informieren lassen. Ein gutes Beispiel dafür, wie sich das in einer Geschichte ausdrückt, ist Shunyatadevi. In dem Mahayana-Sutra, in dem ihre Geschichte mit enthalten ist,[16] hat sie zwar etwas zu sagen, aber keinen Namen. Ihre Eigenständigkeit als Figur ist dadurch in Gefahr, von der Funktion, die sie für ihr männliches Gegenüber im Text hat, verschluckt zu werden. Darum habe ich ihr für das vorliegende Buch einen Namen gegeben und versucht, die Geschichte, die eigentlich aus männlicher Perspektive aufgerollt ist, aus ihrer Perspektive zu sehen und auch so zu erzählen.

Ähnlich bin ich auch an die Figur der Tiloma herangegangen. Die Dakini, deren Schatten so drohend auf das Buch des eifrig studierenden jungen Mönchs fällt, ist in der Überlieferung ebenfalls namenlos. Das macht sie eher zu einem allgemeinen Prinzip als zu einer erkennbaren individuellen Gestalt. In der Beschäftigung mit ihrer Figur tauchten nach und nach Hinweise darüber auf, wer diese Dakini gewesen sein könnte. Schließlich wurde klar, dass es sich bei ihr nur um die Gefährtin des Yogi Tilopa handeln konnte, der ebenso wie Saraha den Namen seiner tantrischen Partnerin angenommen hatte. Also führte mich sein Name zum Namen der vormals namenlosen Lehrerin und Dakini. Mir ging es darum, auch hier die Geschichte einer weiblichen Hauptfigur zu erzählen und sie ganz bewusst aus ihrer Funktion für den Mann, auf die sie die traditionelle Version der Geschichte reduziert hatte, herauszuholen. Damit habe ich in Tilomas Geschichte auch formal experimentiert und sie als inneren Monolog dieser Dakini gestaltet.

Dass es gleichzeitig mehrere Versionen der Wahrheit geben kann, illustrieren zwei nebeneinander existierende Varianten der Geschichte, aus der die Figur der Frau Pfeilmacherin stammt. Beide werden in der tibetischen Tradition als wahr überliefert. Einig sind sich beide Versionen darin, dass sie ihren Gefährten, den Yogi Saraha, zum Mittelpunkt der Erzählung machen und die

Frau in der Geschichte wieder einmal namenlos bleibt. Während die eine Variante aber von einer Frau weiß, die Pfeilschnitzerin war und die Saraha als Lehrerin aufsuchte, ist in der anderen nur von einer Dienerin die Rede, einer »reizenden Assistentin« also, die dem Mann auf dem Weg zur Erleuchtung das Essen kocht. Die irritierende Inkongruenz der beiden Versionen fällt einem Blick, der sich in erster Linie an den männlichen Figuren orientiert, nicht weiter auf. Halte ich aber Ausschau nach den Frauen und ihren Geschichten, werde ich darüber stolpern, mir die Sache genauer ansehen und meine Schlüsse daraus ziehen. Gerade in diesem Fall ist der Versuch, die Rolle der Frau in der Geschichte zu marginalisieren, überdeutlich. Die männliche Hauptfigur erhält nämlich ihren Namen Saraha erst im Laufe des Geschehens, nachdem sie mit der Pfeilmacherin zusammengekommen ist. Zu Beginn der Geschichte war sie noch ein Mönch und trug den Namen Rahula, später lebt sie mit ihrer Lehrerin zusammen und orientiert sich mit ihrem neuen Namen an dem ihren: Saraha, »der, der den Pfeil abschießt«.

Der Buddhismus ist in seinen Hauptströmungen von patriarchalen Strukturen geprägt. Frauen werden darum meist in ihrer dienenden und ergänzenden Funktion für die männlichen Helden beschrieben und auch festgeschrieben. Wir haben aber vom Standpunkt feministischer Forschung und weiblicher Freiheit aus die Möglichkeit, diese Sichtweise von ihrer »schiefen« Perspektive des patriarchalen Blicks zu befreien und einen subjektiven Standpunkt weiblicher Hauptfiguren zu rekonstruieren. »Die feministische Wissenschaftskritik zweifelt an der Objektivität eines Teils bisheriger Denkprämissen, Methoden und Zielsetzungen der offiziellen Wissenschaft und macht (…) die schiefe Perspektive der androzentrischen Sichtweise bewusst«, analysiert die Psychotherapeutin Carola Meier-Seethaler und fordert: »Die androzentrische Brille verzerrt dabei nicht nur die Wahrnehmung des weiblichen Lebens, sondern auch die männliche Eigenwahrnehmung und den Blick auf die Realität insgesamt. Es braucht also einen Perspektivwechsel.«[17]

Miranda Shaw hat in ihrem Buch über tantrische Yoginis so einen Perspektivwechsel vollzogen und weibliche Subjektivität zum Ausgangspunkt ihrer Betrachtungen gemacht. Diese veränderte Perspektive förderte zutage, dass Frauen aktiver als bisher angenommen an der Gestaltung und den Inhalten der buddhistischen Lehren mitgewirkt haben. »Die Ergebnisse dieser Studie unterscheiden sich von denen anderer, weil sie von anderen Grundannahmen und historischen Prinzipien ausgeht. Einer der Leitgedanken ist, dass Frauen sich selbst als Subjekt ihres eigenen Lebens erfahren, ganz gleich, wie die Männer sie sehen mögen. (…) Eine Geschichte der Frauen muss versuchen herauszufinden, wie Frauen ihr eigenes Leben gewertet haben (…).«[18] Die inspirierenden Vorbilder dieser schreibenden und denkenden Frauen und die These, dass letztlich jede Geschichtsschreibung eine Interpretation der Fakten, also eine »Geschichten-Schreibung« ist, haben mich ermutigt, mit den Frauenfiguren dieses Buches in dieser Richtung zu experimentieren.

Wenn ich die Frauengestalten aus ihrem Schattendasein des »schiefen Blicks« patriarchaler Perspektive befreie, geht es darum, ihre Geschichten wiederzuentdecken, sie zu re-konstruieren. Die Philosophin Luce Irigaray bringt auf den Punkt, was das für Frauen bedeuten kann, die sich um einen Zugang zum »Göttlichen« bemühen: »Die Männer haben sich männliche Ideale geschmiedet, auch um sich gegenüber dem mütterlichen Universum zu definieren. Leider haben sie gleichzeitig die weiblichen Modelle ausgelöscht. Heute müssen wir, um uns die Möglichkeit einer vollendeten menschlichen Identität zu geben, weibliche Ideale wiederfinden, zum Beispiel göttliche Bilder der Frau, der Liebenden, der Mutter und allgemeiner eine Sprache, die uns entspricht. (…) Aber wir Frauen sollten nicht das dekonstruieren, was wir nicht haben, wir sollten eher etwas erschaffen. Wir sollten unsere Ketten und unsere Gefängnisse zerstören, aber wir sollten unsere Identität, auch die göttliche, errichten, und sie überall dort suchen, wo es noch Spuren und Überreste davon gibt. Wir können nicht eine Identität für uns erfinden, ohne uns

Darstellungen dieser Identität zu schaffen. Ich kann mich nicht damit zufriedengeben, einfach zu wiederholen: Ich will göttlich werden – ich brauche Bilder, Worte, die mir als Unterstützung, als Rahmen, als Hilfe dienen, die ich nehmen, danach lassen, dann wieder aufnehmen kann.«[19]

In diesem Sinne re-konstruieren die Geschichten dieses Buches einerseits Vorbilder für suchende Frauen auf dem spirituellen Weg. Andererseits weisen sie auch auf das hin, was die Überlieferung intakt gelassen hat, auf Spuren weiblicher spiritueller Identität, die immer noch gut zu erkennen sind, wenn man danach sucht, wie es zum Beispiel die Legende um Yeshe Dawa, die zu Buddha Tara wurde, über Jahrhunderte transportiert hat.

Der Aspekt der Freiheit

Am allerwichtigsten war mir, in jeder Geschichte den Aspekt der Freiheit zu finden und mich in der Erzählung davon leiten zu lassen. Ein guter Leitsatz war mir dabei folgende Bemerkung der zeitgenössischen tibetischen Lehrerin Yeshe Khandro: »Wenn Frausein hilft, dann nutze es, wenn es hindert, dann schau, ob du es auch als Hindernis nutzbar machen kannst.«

Mit anderen Worten: Nicht die widrigen Umstände und Hindernisse, denen Frauen immer wieder ausgesetzt waren, wenn sie sich auf den spirituellen Weg begeben wollten, haben mich als solche interessiert, sondern die Art und Weise, wie eine bestimmte Heldin Lösungen dafür gefunden hatte. Es hat mich inspiriert, die Frauen aus einer Perspektive zu beschreiben, die ihre Fähigkeiten, ihre Stärke und Offenheit herausstellt. In den Interpretationsvorschlägen, die ich zu manchen Geschichten anbiete, lade ich die Leserinnen und Leser immer wieder ein, diesen Standpunkt der Freiheit einzunehmen, wenn sie die Geschichte auf sich wirken lassen.

So eine Haltung, die sich auf das Inspirierende am Handeln anderer ausrichtet, verweist auf das Gebet der sieben Zweige, einer der buddhistischen Kerntexte. Der vierte Zweig dieses Gebets heißt: »Freue dich an dem Guten, das andere vollbringen.« Wenn wir in Heiligenlegenden eintauchen, nehmen wir diesen Standpunkt ganz wie von selbst ein, wir richten uns auf das Gute aus, oder, anders gesagt, auf den Aspekt der Freiheit!

Fülle und Grenzen

An einem Sommertag im Jahr 2004 begann ich mein erstes Schreib-Retreat. Allein im Haus von Freunden in der Eifel breitete ich meine Materialien, Bücher, Kopien und Notizen um mich herum auf dem Holzboden aus. Eine lange Zeit saß ich so, umgeben von einem Kreis angefüllt mit Worten, Namen und Geschichten, und staunte, welcher Reichtum da vor mir lag. In den darauffolgenden Tagen produzierten meine ersten Versuche, die Frauengestalten zu sichten und zu ordnen, große Papierbögen, die mit Namen und Kurzkommentaren in verschiedenen Farben über und über beschrieben waren. Pfeile, die die Geschichten und Gestalten in Untergruppen zu verbinden suchten, überkreuzten sich in heillosem Wirrwarr. Und da wurde mir noch ein weiterer Punkt klar: Ich würde eine Auswahl treffen müssen. Das war bitter und süß zugleich. Süß, weil eindeutig feststand, dass es dort, wo wir es bisher gewohnt waren, eine gähnende Leere zu sehen, eine solche Fülle von Geschichten gab. Bitter, weil es bedeutete, dass ich eine ganze Reihe von Geschichten nicht würde erzählen können. Ich brauchte also Kriterien, nach denen ich die Geschichten auswählen konnte.

Welche Geschichten passen in das Buch?

Bei der Auswahl der Geschichten orientiere ich mich an folgenden Kriterien:

- Die Heldinnen sind prägende buddhistische Figuren, Lehrerinnen oder hervorragende Übende, wie zum Beispiel Mahaprajapati oder Yeshe Tsogyal.

- Es sind Geschichten und Charaktere, die sich besonders gut dazu eignen, den Aspekt der Freiheit zu illustrieren.
- Es gibt bisher noch kein oder wenig Material zu der betreffenden Frau in deutscher Sprache. Übende, über die Lama Tsültrim Allione in ihrem Buch *Tibets weise Frauen* geschrieben hat, habe ich demzufolge nicht in mein Buch aufgenommen, ausgenommen die Yogini Machig Labdrön, von der ich aber eine andere Version ihres Lebens erzähle.

Strukturell folge ich der Entwicklung der buddhistischen Strömungen durch die Jahrhunderte; die Tradition stellt sie als die drei Drehungen des Rades der Lehre dar. Dabei entspricht jede Drehung einer besonderen Entwicklung von Lehr- und Praxisinhalten in der buddhistischen Geschichte. Diese Drehungen als historische, linear aufeinanderfolgende Schritte zu sehen ist allerdings nur eine der Möglichkeiten, die Lehren zu verstehen. Ein Verständnis, das der dritten Drehung, also der Vajrayana-Sicht entspricht, ist auch bereits in den allerfrühesten buddhistischen Lehren zu erkennen, wenn man mit »Vajrayana-Augen« auf sie schaut. Mahayana und Vajrayana, so könnte man sagen, sind also auch in den frühen Lehren bereits enthalten.

Die drei Drehungen und ihre verschiedenen Ansätze können auch die Entwicklung im Verständnis einer Praktizierenden darstellen, wie es sich im Laufe ihrer Praxis entfaltet. Weil es aber unserem westlichen Ordnungsgefühl entgegenkommt, eine Entwicklung historisch betrachten zu können, bin ich dieser Logik in der Anordnung meiner Kapitel gefolgt.

Jeder Drehung des Rades und den Frauen, die dabei mitwirkten, ist ein Teil des Buches gewidmet. Er beginnt mit einer kurzen historischen Darstellung und erläutert dann Elemente und Themen der jeweiligen Lehranschauungen, die für das Verständnis der Geschichten in ihrem Bedeutungszusammenhang wichtig sind. Dabei liegt mein Augenmerk besonders auf den Aspekten, die das Leben und Üben der Frauen betreffen.

Der erste Teil speist sich hauptsächlich aus der Quelle der Lieder der Therigatha, den Befreiungsgeschichten der Zeitgenossinnen des Buddha. Der zweite Teil folgt der Ausbreitung der Mahayana-Lehren in Indien, China und Japan. Hier treten Frauen aus den Mahayana-Sutras auf, die ersten Nonnen aus China und ihre Schwestern in der Schule des Ch'an sowie die Nonnen, Poetinnen und Hausfrauen des japanischen Zen. Im dritten Teil werden die Geschichten der tantrischen Yoginis Indiens und Tibets erzählt. Ihre Quellen sind die Legenden der Mahasiddhas, Kolophone und Liedtexte aus tibetischen Textsammlungen und Biografien im eigentlichen Sinne.

Wie man das Buch benutzen und genießen kann

Man kann in dieses Buch eintauchen, wie man ein schönes Fest genießt. Uns begegnen interessante, anregende und bewegende Menschen, und wir hören uns an, was sie zu erzählen haben. Die Geschichten außergewöhnlicher Frauen können auch unabhängig von einem tiefer gehenden Interesse am spirituellen Weg des Buddhismus fesseln.

Wer möchte, kann sich aber auch Schritt für Schritt in die Geschichte des weiblichen Buddhismus hineinbegeben. Oder vielleicht schlägt man das Buch jedes Mal an einer anderen Stelle auf und lässt sich beim Schmökern überraschen. Andere wiederum freuen sich darauf, sich die Geschichten vorlesen zu lassen – auch dazu eigenen sie sich. Vielleicht lässt die eine oder andere Befreiungsgeschichte das Herz höher schlagen, dann können wir sie noch einmal lesen und immer wieder, bis wir sie schließlich selbst anderen weitererzählen können.

In den Kommentaren und Einleitungen zu der jeweiligen Geschichte weise ich auf Zusammenhänge hin, die mir wichtig erscheinen. Man kann dies als Anregung nehmen, um das Verständnis zu vertiefen, Symbole und Motive zu erkennen, sie in den einzelnen Geschichten wiederzufinden und um Querverbindungen herzustellen. Die Nacherzählungen in diesem Buch können zum Ausgangspunkt für das Studium der Quellentexte werden, die sie inspiriert haben, oder auch zu anderen Formen kreativen Ausdrucks inspirieren. Die Anmerkungen sind hierbei als weitere Anregungen zu verstehen.

Schließlich können die Geschichten und ihre Heldinnen ein Teil unserer Praxis werden, indem sie dazu beitragen, unser Verständnis des Dharma zu vertiefen, und uns im Leben, im Tod und im Erwachen begleiten.

Es gibt keine Befreiung, wir sind schon frei

In den Mahayana-Schriften taucht plötzlich eine Wendung auf, die verblüfft. Vimokshas werden plötzlich »vorgetäuschte Befreiungsgeschichten« genannt! Was ist damit gemeint? Die Befreiungsgeschichten täuschen die Befreiung in dem Sinne vor, als es in Wirklichkeit keine Befreiung geben kann. Wir sind schon längst frei, wir waren es von Anfang an und werden es immer sein. Nur unsere Verwirrung spiegelt uns Fesseln, Einschränkungen und Grenzen vor. Die Befreiungsgeschichten sind ein eindrucksvolles, dramatisches Schauspiel, das in die Welt des Erwachens hineinlockt und uns ermutigen will, dem zu vertrauen, was wir dort entdecken. Bis wir letztendlich vollkommen verstehen, dass wir, um frei zu sein, nicht einen Schritt weit mehr gehen müssen.

»Weißt du nicht, dass Verwirrung
Nichts anderes ist als Weisheit?
Und dass die reinste aller Blüten
Aus dem Schlamm auftaucht?
Wenn jemand kommt und mich fragt, was ich mache:
Nachdem ich Grütze gegessen habe und Reis,
Wasche ich meine Schale aus.

Sei sorglos, vollkommen sorglos!
Du kannst den ganzen Tag
Wie ein unschuldiges Kind im Sand spielen,
Aber du solltest immer die Wahrheit
Deines ursprünglichen Gesichts kennen!
Trifft dich der Schlag, den der Stock
Des Patriarchen austeilt,
Tötet er dich, wenn du nichts zu sagen weißt,
Sagst du etwas, tötet er dich auch.
Was wirst du zu guter Letzt tun,
Wenn du nicht bei Nacht reisen darfst,
Aber im Morgengrauen ankommen sollst?«

Benming, Dharma-Erbin des Ch'an-Meisters Yuan Wu K'o Ch'in, schrieb dieses Gedicht kurz vor ihrem Tod im Jahr 1141.[20]

Teil eins

Die Frauen der ersten Stunde

1
Wie die Frauen des frühen Buddhismus lebten und übten

»… da fand ich eine Frau, der ich vertraute.«
Vaidehi, Zeitgenossin des Buddha

Die Therigatha und die Frauen, die Befreiung erlangten

Frauen waren von Anfang an dabei, schon in den ersten Augenblicken der buddhistischen Bewegung, als der Buddha unter dem Bodhi-Baum erwachte. Sie hatten dieses Ereignis mit vorbereitet und es möglich gemacht. Sie prägten als seine ersten Schülerinnen die Geschichte und die Lehren des Buddhismus. Die Frauen, von denen in diesem Kapitel die Rede ist, übten allesamt zu Lebzeiten des Buddha, erwachten und begleiteten ihn. Ihre Lieder und die Geschichten ihrer inneren und äußeren Befreiung sind in einer für die buddhistische Welt einmaligen Textsammlung bis zum heutigen Tag überliefert: in den Therigatha, den Versen der Frauen, die in Weisheit alt wurden. Diese weibliche Weisheit gehört also zum Fundament buddhistischer Sichtweise. Die Sammlung umfasst dreiundsiebzig Gedichte oder Lieder von Frauen, die ihren Weg zur Befreiung beschreiben.[21] Das Wort *Gatha* bedeutet »Vers« oder »Lied«. Der Pali-Begriff *Theri*, »die Alten«, steht für die »Frauen, die in Weisheit alt wurden«. Man könnte auch sagen, Frauen, denen nachkommende Generationen für ihre Weisheit Respekt erweisen und von denen sie lernen können.

Diese Texte von Frauen gehören zu den allerersten Zeugnissen buddhistischen Lebens.[22] Die Autorinnen der Therigatha, die Theris, lebten am Ursprung der buddhistischen Lehre, und mit ihren Versen sind Frauen als Mitbegründerinnen des buddhistischen Lebens dokumentiert. Durch ihre Verse haben wir Zugang zu ihren spirituellen Errungenschaften und den Lebenswegen, die sie dahin führten. Es sind Frauen, die den Buddha persönlich kannten und in seiner Gegenwart und zu seiner Lebenszeit Befreiung erlangten. Einige sind sogar mit ihm verwandt: seine Ziehmutter Mahaprajapati, seine Cousine Sundari-Nanda und seine Ehefrau Yasodhara. Auch andere Frauen aus dem Haushalt des Siddharta Gautama, seine Nebenfrauen und die seines Vaters sind Übende der ersten Stunde. Über fünfhundert Frauen aus der Sippe der Shakya treten allein mit Mahaprajapati, die als erste Frau vom Buddha ordiniert wird, in den neu gegründeten Nonnenorden ein.

Einige von ihnen wird der Buddha später als spirituell gleichwertig bezeichnen, wie zum Beispiel die Lehrerin Dhammadinna.

Aus den Texten der Therigatha strömt eine Fülle von Informationen über das Leben dieser Frauen, die das Gesicht des Buddhismus von Anfang an mitprägten. Ihre Lebensgeschichten, die Hindernisse, mit denen sie zu kämpfen hatten, ihre Freuden und ihr Erwachen sind heute, 2500 Jahre später, immer noch lebendig. Dreiundsiebzig Geschichten sind erhalten, aber sicherlich gab es weit mehr Frauen, die zu dieser Zeit übten, erwachten und ihre Lieder sangen. Die Verse, die wir heute kennen, wanderten zunächst 600 Jahre lang in mündlicher Überlieferung von Mund zu Ohr. Erst im 1. Jahrhundert nach Chr. wurde überhaupt damit begonnen, buddhistische Texte aufzuschreiben. In den Hunderten von Jahren dazwischen sangen die Übenden die Verse und Lieder, lernten sie auswendig und gaben sie auf diese Weise sorgfältig an die nachfolgende Generation weiter.

Um ein Lied ohne Textvorlage auswendig zu lernen, muss man es viele Male hören und mitsingen. So kann es sich tief in das Gedächtnis eingraben. Dennoch sind vermutlich viele Verse verloren gegangen. Nicht alle Lieder wurden gleich oft gesungen, Teile wurden vergessen oder eine bestimmte Überlieferungslinie verkümmerte. Die Verse, die dann aufgeschrieben wurden und bis heute erhalten geblieben sind, gehören sicherlich zu denjenigen, die Übende vieler Generationen für besonders wichtig und bedeutsam hielten; sei es, weil sie eine wichtige Belehrung enthalten, sei es, weil sie an eine ganz bestimmte Frau, eine Lehrerin und ein Vorbild erinnern oder weil die Geschichte der jeweiligen Frau für andere eine besondere Inspiriation darstellte, schwierige Situationen in ihrem Leben zu meistern.

Wie in mündlichen Überlieferungstraditionen üblich, folgen die Verse in der Originalsprache einem bestimmten Rhythmus und einem Versmaß, damit man sie sich besser merken kann. In der Übersetzung ist es schwierig, diesen Aspekt wiederzugeben, aber manchmal wird sogar in der deutschen Sprache ein Rhythmus daraus.

In diesem Kapitel erzähle ich Geschichten der Frauen der Therigatha und stelle einige ihrer Lieder vor. Natürlich musste ich dabei eine Auswahl treffen. Der Anfang war leicht. Hier muss Mahaprajapati stehen, die Ziehmutter des Buddha, die durch ihre Entschlossenheit den Frauen einen Platz in der neuen Bewegung verschaffte. Dann wurde es schon schwieriger – es gibt so viele schöne Geschichten. Weil aber nicht alle Frauen in diesem Buch Platz haben konnten, habe ich einerseits Frauen ausgewählt, die mir besonders gut gefallen, und solche, die jeweils eine ganze Gruppe der Frauen der Therigatha repräsentieren können. Es treten auch zwei Frauen auf, deren Geschichten nicht in den Therigatha aufgeschrieben sind, ohne die das Erwachen des Buddha aber nicht hätte stattfinden können: Maya, die leibliche Mutter des späteren Buddha, und Sujata, die ihm zu essen gab, bevor er sich unter den Bodhi-Baum setzte, um zu erwachen.

Alle Wesen können erwachen, auch Frauen?

Nach seinem Erwachen unter dem Bodhi-Baum hielt es der Buddha anfangs für unmöglich, das, was er erkannt hatte, an andere weiterzugeben. Es schien gleichzeitig zu einfach und zu tiefgründig zu sein. Aus Mitgefühl für alle Wesen entschied er sich, es dennoch zu versuchen, und begegnete seinen ersten Schülern. Damit setzte er etwa 2500 Jahre vor unserer Zeit das Rad der Lehre in Bewegung. Dieses »erste Drehen des Rads« umfasst das, was der Buddha innerhalb seiner fünfzigjährigen Lehrtätigkeit an Schülerinnen und Schüler weitergab. Diese Lehren werden unter den Begriffen »Hinayana« oder auch »Theravada«, die Lehre der »Alten«, zusammengefasst.[23]

Der frühe Buddhismus setzte der herrschenden Gesellschaftsordnung eine Vision entgegen, in der sich Menschen als gleichwertig begegnen können; in ihrem Streben nach Erwachen sind alle gleich. Ein ähnlicher Ansatz findet sich auch im Urchristentum und im frühen Islam. Auf dem Weg zum Erwachen werden alle Standesunterschiede aufgehoben. Alle weltlichen Orientierungen werden zurückgelassen und damit auch alle gewohnten Ansichten über sich und andere. Das gilt für Menschen, die ein Leben als Ordinierte wählen, ebenso wie für alle anderen. Ob König, Mörder, Hetäre oder Asketin, alle behandelte der Buddha gleich, mit gleichem Respekt und mit gleichem Klarblick. Der buddhistischen Auffassung nach können alle fühlenden Wesen erwachen, unabhängig von ihrer Rasse, ihrem Status und auch unabhängig von ihrem Geschlecht – ein provokanter Ansatz in einer Gesellschaft wie der indischen, deren Fundamente auf dem Kastensystem und der patriarchalen Bevormundung der Frau ruhten. Für die Frauen war es eine Chance, Wege zu finden, der Sehnsucht nach einem spirituellen Leben nachzugehen. Der Brahmanismus, Vorläufer des Hinduismus, der Religion Indiens, aus der der Buddhismus hervorging, bot Frauen kaum Möglichkeiten, ein religiöses Leben außerhalb der Familie zu führen oder eine religiöse Ausbildung zu erhalten. Das sollte sich mit dem Buddhismus – nach ein paar Startschwierigkeiten – ändern. Nach anfänglichem Widerstand gelang es einer Gruppe von fünfhundert Frauen unter der Führung von Mahaprajapati, einen Nonnenorden in der buddhistischen Bewegung zu etablieren. Somit hatten sie auch ein Recht auf Ausbildung und Betreuung gewonnen und eine Lebensvision außerhalb der Familie geschaffen.

Außerdem hatte der Buddha in der Auseinandersetzung um die Gründung dieses Nonnenordens deutlich und unumstößlich erklärt, Frauen seien in der Lage, vollständig zu erwachen. Sich mit so einer Perspektive auf den buddhistischen Weg machen zu können eröffnete allen Frauen ganz neue Möglichkeiten. Dennoch war es keineswegs so, dass es in dieser Phase nur als Ordinierte möglich gewesen wäre, den Weg zu gehen oder zu erwachen. Von einer ganzen Reihe von Frauen wird berichtet, dass sie erwachten, bevor sie überhaupt in den Orden eintraten. Gleichwertig zum Ordensleben übten Männer und Frauen außerdem von Anfang an als Waldasketinnen und -asketen, selbst dann, wenn sie vom Buddha vorher in den Orden aufgenommen worden waren.[24] Dies war ja die traditionelle Form des Asketentums, und auch der Buddha ist, als er erwachte, kein Mönch gewesen. Der »Wald« ist dabei sowohl wörtlich wie auch symbolisch zu verstehen. Er bedeutet zunächst, dass die Übenden abseits der Zivilisation in der Einsamkeit lebten. Im Weiteren steht er aber auch dafür, dass dies ein geistiger Ort sein kann, ein Ort, an dem die Werte der buddhistischen Lehre gelten und nicht Werte, die ein Festhalten an Samsara fördern. Die Theri Dantika war so eine »Wald-Yogini«. Sie erlebte tiefe Einsicht und wusste genau, was sie zu tun hatte: »Ich ging in den Wald und richtete mein Herz aus.«[25]

Weibliche Übende vor dem Buddha

Als der Buddha auf die viermaligen Bitten Mahaprajapatis hin einen Nonnenorden zuließ, war das allerdings nicht die erste Gelegenheit für indische Frauen, ihr Leben ganz einem spirituellen Weg zu widmen.[26]

In vorbuddhistischer Zeit gibt es bereits vereinzelt Hinweise auf Frauen, die spirituelles Ansehen genossen. Es werden Rishikas, Seherinnen und Brahmavadinis, weise Frauen erwähnt. »Die Hinweise sind rar, und diese Frauen kommen einem wie Meteore vor. Sie tauchen plötzlich aus dem Nirgendwo auf und verschwinden wieder, ohne eine Spur zu hinterlassen. Aber Frauen werden ja nicht in einem Vakuum Seherinnen, spirituelle Lehrerinnen oder Weise genannt, sondern in einem Kontext, der unterstützt, was sie leisten«[27], heißt es bei Susan Murcott. Ich denke, sie hat recht: Wenn auch nur einzelne Hinweise erhalten sind, so kann man doch davon ausgehen, dass es eine ganze Tradition weiser Frauen gab, obwohl ihre Namen und die Details der Tradition verdeckt oder verschwunden sind. Wir stehen vor dem Gewebe weiblicher Geschichte, und auf den ersten Blick scheint es nur aus Lücken zu bestehen. Aus dem richtigen Blickwinkel betrachtet, füllen sich die Lücken jedoch mit Farben und Mustern.

Die arischen Einwanderer, die ungefähr um 1500 v. Chr. nach Indien eindrangen, errichteten eine patriarchale Gesellschaft und ein männliches Pantheon über der ursprünglich matrifokalen Gesellschaft im Industal. Während dieser Umbruchphase war das kulturelle Klima für Frauen noch günstig. Mädchen wurden genauso wie Jungen in der Pubertät initiiert und konnten danach die heiligen Texte, die Veden, studieren. Als verheiratete Frauen teilten sie die vedischen Rituale mit ihren Männern. Sogar unverheiratete Frauen konnten Opferrituale vollziehen. All das natürlich nur, wenn es sich um Frauen der höchsten Kaste handelte.

Einige dieser Frauen waren Dichterinnen, Gelehrte oder Lehrerinnen und verfassten Hymnen des Rig Veda, der ältesten religiösen Schriften Indiens. Wir kennen die Namen von Apala, Vishvavara und Ghoaa. Aus den Texten der Veden wissen wir von Gargi und Maitreyi, die im 9. vorchristlichen Jahrhundert lebten. In ihnen begegnen wir zwei Frauen, die ihren Wissensdurst nicht zähmen wollten. Gargi, so wird erzählt, war dem großen Weisen Yajñavalkya ebenbürtig. Wahrscheinlich hatten die beiden im selben Ashram studiert. In einer Versammlung stellt sie ihm so viele bohrende Fragen, dass er zuletzt bittet: »Gargi, frag mich nicht mehr, du fragst das, wonach man nicht fragen soll.« Gargi gab vorerst nach, kam aber später wieder und forderte Yajñavalkya erneut heraus: »O Yajñavalkya, so wie ein Sohn eines Kriegers von

Kasti oder Videha seinen Bogen spannt, zwei spitze Pfeile ansetzt und in die Schlacht zieht, so habe ich mich erhoben, um dich mit den zwei besten Fragen anzugreifen.«[28] Sie wollte eben genau nach dem fragen, wonach man nicht fragen soll!

Maitreyi war Yajñavalkyas Frau. Als er ihr mitteilte, er habe beschlossen, von nun an als Wanderasket durchs Leben zu gehen, fragte sie ihn: »Was weißt du über das, was jenseits des Todes ist?« Und Yajñavalkya gab alles an seine Frau Maitreyi weiter, was er darüber wusste.

In der Zeit zwischen 1000 und 500 v. Chr., also in den Jahrhunderten vor der Geburt des Buddha, verschlechterte sich die Situation für die Frauen. Die drawidische Urbevölkerung war in die unterste der vier Hauptkasten[29] bzw. Gesellschaftsgruppen, die Shudras, gedrängt worden und verrichtete als Bedienstete in den arischen Haushalten jetzt die Arbeit, die zuvor Frauensache gewesen war. Das bedeutete Statusverlust sowohl für die Arbeitsbereiche, die traditionell bisher von Frauen verrichtet wurden, wie auch für die Frauen selbst, die mit diesen Arbeiten auch ihre Kompetenzbereiche verloren: Einerseits verschlechtert sich das Ansehen dieser Tätigkeiten, weil es jetzt »nur« Dienertätigkeiten waren, die früher der Hausfrau zustanden, andererseits verloren Frauen Bereiche, in denen sie bestimmen und gestalten konnten, das heißt auch sichtbar dazu beitragen konnten, dass es der Familie gut ging. Die drawidische Kultur, die matrifokal ausgerichtet war und in der Frauen eine starke Verehrung genossen, wurde immer weiter in den Untergrund gedrängt. Es herrschte Apartheid der Bevölkerungsgruppen. Mischehen zwischen der drawidischen und der arischen Bevölkerung waren verboten. Diese Getthoisierung unterstützte aber andererseits den Erhalt der matrifokalen Inhalte über die folgenden Jahrhunderte hinweg. Später wurden sie in den tantrischen Strömungen Indiens wieder lebendig.

Die Jains

Die Ausgrenzung von Frauen und den unteren Kasten im Brahmanentum bereitete den Boden dafür, dass sich nichtbrahmanische Sekten bildeten, unter ihnen die Jains und später die Sangha des Buddha. Der Buddha kannte die Jain-Sekte gut. Er hatte jahrelang selbst als Wanderasket unter ihnen gelebt. Beide Gruppen, die Jains und die Buddhisten, vertraten offensiv ein Menschenbild, das allen unabhängig von Kaste und Geschlecht die gleiche Würde zusprach. Menschen aller gesellschaftlichen Schichten sollten gleichberechtigt zusammenleben – Kaufleute, Brahmanen, Kurtisanen neben Witwen und Fürstensöhnen. Auf der Suche nach der Befreiung galten keine weltlichen Kategorien und Rollenbilder. Frauen konnten in der Gruppe der Jains (fast) alle Funktionen einnehmen und ihre Fähigkeit zu erwachen wurde nicht in Frage gestellt.[30]

Das indische Trainingssystem für Yogis und Yoginis funktionierte noch bis in die Neuzeit nach demselben althergebrachten Muster: Lehrer und Lehrerinnen der Jains oder auch anderer Gruppierungen scharten für Belehrungen Schüler und Schülerinnen um sich, die dann später allein oder in kleinen Gruppen weitertrainierten.

Die Anfänge der Jain-Sekte, liegen schon etwa zweihundert Jahre vor dem Erscheinen des Buddha Gautama. Frauen strömten in Scharen zu den Jains, denn einer ihrer Meister, Parsavantha, hatte ausdrücklich bestätigt, dass Frauen fähig sind, das höchste Ziel der Vervollkommnung zu erreichen.[31]

Eine Aussage, die der Buddha zunächst ebenfalls unterstrich, an der die buddhistische Doktrin in den darauffolgenden Jahrhunderten aber immer wieder ins Stottern kam. In der Sekte der Jains konnten Frauen Sadvis, also Wanderasketinnen, sowie Lehrerinnen und Predigerinnen sein. Als Praktizierende der Jain-Sekte traten sie in der Öffentlichkeit uneingeschränkt auf.[32]

In diesem Zusammenhang macht es wirklich stutzig, dass es der aufkeimenden buddhistischen Bewegung so schwer fiel, den

Frauen einen Platz in ihrer Ordensgemeinschaft zu geben. Oder wollten sich die Männer um den Buddha, zumindest im Nachhinein, dezidiert von der Jain-Sekte abgrenzen?[33]

Frauen in der frühen buddhistischen Bewegung

Welche Bedingungen fanden Frauen zu Lebzeiten des Buddha vor, wenn sie sich für seinen Weg entschieden?

Das Leben in einem Frauenkörper galt als schwierige Bedingung. Zwar hatte der Buddha ohne Zweifel bestätigt, dass Frauen Arhatschaft erreichen können, was sie in der Folge dann auch in Scharen taten. Trotzdem sind ihnen durch ihren weiblichen Körper bestimmte Schritte auf der »Karriereleiter« eines Erwachten versagt: Es herrscht die Ansicht vor, dass sie nicht Lehrbuddha eines Zeitalters werden können. Dessen Körper wird explizit als ein männlicher beschrieben.[34]

Allgemein herrscht in der Frühzeit des Buddhismus die Auffassung vor, die auch noch bis in die heutige Zeit quer durch alle Schulen vertreten wird, dass Frauen durch das Leben, das ihnen ihr Geschlecht auferlegt, eine sehr viel schwierigere Ausgangsposition auf dem Weg zum Erwachen haben. Sie sind an ihre Kinder, die Familie und in der patriarchalen Gesellschaft an den Schutz und die Bevormundung durch Männer gebunden. Es ist für sie dadurch viel schwieriger, sich von sozialen Zwängen zu befreien, sich vom weltlichen Leben abzuwenden und sich ganz dem Weg zum Erwachen zu widmen. Erst mit dem Mahayana gewinnt die Überzeugung an Gewicht, dass das alltägliche Leben ein Teil des Weges ist und viele gute Möglichkeiten zum Üben und Erwachen bietet. Die tantrischen Lehren werden diesen Weg dann noch ausdrücklicher formulieren.

Die indische Gesellschaft sagte Frauen außerdem nach, emotional instabil zu sein. Auch das würde den Weg zum Erwachen erschweren. Es ist ein Vorwurf gegenüber Frauen, den wir ebenso aus der westlichen Welt kennen. Emotionale Unausgeglichenheit kann man wohl jeder unterdrückten Gruppe nachsagen, die nicht schon in Apathie verfallen ist.

Es ist wahr, in den Lebensgeschichten der Theris spiegeln sich oft herzzerreißende Lebensdramen mit allen dazugehörenden Gefühlen: Glücksrausch, Heulen und Zähneklappern. Haben die Frauen aber erst einmal an der Angel des Dharma angebissen, kann von Instabilität keine Rede mehr sein.

Welche Übungen und Lehren erwarteten die suchenden Frauen, die sich der buddhistischen Bewegung anschlossen? In den Meditationen und Kontemplationen des frühen Buddhismus steht das achtsame Betrachten der Vergänglichkeit, des Leidens und des Nicht-Ich im Mittelpunkt. Auch die Einhaltung der Shilas, der ethischen Regeln, ist eine zentrale Lehre. Es ist ein Übungsweg der Weltabkehr. Ein betont einfaches, asketisches Leben reduziert die Erfahrungen der Sinneswelt so weit wie möglich, um Ablenkungen aus der Übung herauszuhalten und den Geist nicht aufzuwühlen. Das Ziel des Weges ist, frei von den geistigen Giften, Gier, Hass und Unwissenheit, zu werden. Wer diese Freiheit erlangt hat, wird als ein oder eine »Arhat« bezeichnet,[35] jemand, für den oder die das Leiden beendet ist. Die Texte des Pali-Kanons bezeichnen das Erreichen der Freiheit oft als »Aufhören der Begierden«. Diese ernüchternde Aussage drücken die Frauen in den Befreiungsliedern der Therigatha in poetischen Bildern aus: Die Lampe erlischt, das große Dunkel ist zerrissen, das ist mein letzter Körper, das Feuer ist erstickt, der Pfeil ist herausgezogen, oder die Bürde ist abgelegt.

Das Ideal der Weltabkehr

Die Übungen des frühen Buddhismus behandeln das Leben in der Welt als Hindernis auf dem Weg zum Erwachen. Dieses Hindernis wird oft als Schlingen dargestellt, die – von Frauen, Sexualität und Familienleben ausgehend – den Mann, der all das hinter sich lassen will, festhalten und fesseln. Das Beste ist, einen klaren Schnitt zu machen. Siddharta Gautama ließ seine Familie und damit auch sein früheres bequemes Prinzenleben im Palast in einer Nacht hinter sich, um sich ganz seiner spirituellen Suche zu widmen, und kreierte damit ein Ideal für den frühen Buddhismus. Der Aufbruch in die »Hauslosigkeit« galt für einen wahrhaft Suchenden als einer der wichtigsten Schritte in das spirituelle Leben hinein. Das ist für alle monastischen Traditionen immer noch so. Man lässt damit alle Bindungen und Verpflichtungen hinter sich, die vom Übungsweg ablenken könnten. Andererseits muss man sich auch von allen Annehmlichkeiten und Sicherheiten trennen.

Die Lehren waren ja in erster Linie an den Adressaten »Mann und Mönch« gerichtet, und um diesem zu helfen, die Entscheidung wirklich zu vollziehen, heben die Texte den trügerisch gefährlichen Charakter der Beziehungen zu Frauen besonders hervor. Sie stehen symbolhaft für die hinderliche Anhaftung an allem Vergänglichem, für das, wovon man sich lossagen und was man am besten vollständig aus dem Leben verbannen sollte. Das Weibliche verschmilzt dabei mit der »unspirituellen« Welt an sich, dem Niedrigen, Körperlichen, dem, was verführt, was die Sinne und Begierden erregt und verwirrt. Indem sich die Männer und Mönche von der Welt und den Frauen abwenden, ja, sie »verteufeln«, entsteht ein Gegensatzpaar, das den geistigen Weg gegen weltliches Leben polarisiert. Diese Trennung wird kulturell durch Bekämpfen, Abspalten und Verurteilung des »Schlechten« aufrechterhalten.

Spätere Generationen sehen das Ideal eines Praktizierenden kritisch, der dem Leben im »Sumpf« des familiären Alltags entflieht, um spirituelles Weiterkommen anderswo zu suchen. Ein zeitgenössisches Gedicht aus dem 20. Jahrhundert formuliert diese Kritik poetisch:

Klage eines Laien

»Schäm dich, Shakyamuni, du hast
Das Vorbild geprägt,
Von zu Hause fortzugehen.
Hast du gedacht, es wäre nicht da –
Im schönen Gesicht deiner Frau,
Im Lachen deines Kindes?
Hast du gedacht,
Du müsstest anderswohin gehen,
Um es zu finden?
Ts, ts.
Ich bin hier,
Werter Herr,
Um dir zu zeigen,
Dass es nicht nötig ist,
Auch nur ein Sechzehntel
Eines Zentimeters fortzugehen –
Bleib hier – von den Ellenbogen tropft Seifenwasser.
Bleib hier – Sabber auf deiner Brust.
Bleib hier – Dampf steigt in gemächlichen Spiralen aus
Haferbrei auf.
Armer Shakyamuni – da sitzt er unter dem Bobaum
Kilometerweit weg von zu Hause,
Und Venus schien die ganze Zeit.«[36]

Für Frauen bedeutete das Ideal der Hauslosigkeit Qual und Chance zugleich. Wie auch im christlichen Kulturkreis mussten Frauen oft schwere Kämpfe ausfechten oder Zwangsverheiratungen ertragen, bevor ihnen der Ausstieg aus der gesellschaftlichen und familiären Kontrolle in das spirituelle Leben gelang. Davon erzählen viele der Gedichte des Therigatha. Dass es aber überhaupt diesen Weg jenseits der Familie gab, bot für Frauen, im Westen wie im Osten, eine einzigartige Gelegenheit, geistige Interessen zu entwickeln, ihre Fähigkeiten zu entfalten und sich auf andere Frauen zu beziehen, indem sie von ihnen lernen konnten oder selbst für sie Vorbildrolle übernahmen.

Der innere Feind

Die Vergänglichkeit des Körpers spielt in den Texten beider Geschlechter eine zentrale Rolle. Im frühen Buddhismus gehört es zu den Hauptübungen, die Veränderungen des Körpers durch Alter, Krankheit und Verfall zu betrachten. Zu den klassischen Formen dieser Übung, die im Sattipattanasutta, dem Sutta der Übung der Achtsamkeit, beschrieben werden, gehört es, einen Leichnam in seinen Verfallsstadien zu beobachten. Darüber finden sich bei den Mönchen eine ganze Reihe von Versen. Die Körper, über die sie sprechen und deren Widerlichkeit und Unappetitlichkeit sie dabei in großer Ausführlichkeit beschreiben, sind ohne Ausnahme weibliche Körper. Nicht ein einziges Mal hören wir einen Mönch schildern, was er erlebt, wenn er einen männlichen Körper als Meditationsobjekt nimmt. Die Bedeutung dieser Tatsache drängt sich auf. Die Gefahr, vom Körper verführt zu werden, lauert draußen, ist auf das andere, abgespaltene, die Frau projiziert. Es geht für den Mönch darum, die Begierde nach einem anderen Körper, dem Körper der Frau, und damit nach der gesamten sinnlichen Welt auszulöschen. Und diese Begierde scheint vor allem im anderen, weiblichen Körper dort draußen zu sitzen.[37]

Für die weiblichen Praktizierenden stellt sich diese Übung ganz anders dar. Keines ihrer Lieder beschreibt, wie eine Nonne den Zerfall eines männlichen Körper betrachtet, um sich Vergänglichkeit zu verdeutlichen und Begierde abzutöten. Es sind durchweg die eigenen, und zwar die lebenden Körper, die die Theris in dieser Art betrachten. Dabei sind auch ganz andere Gefühle im Spiel, es klingt eher nüchtern und realistisch, wie sie davon singen, dass der einst so schöne Körper altert und verfällt.

»Ich hatte den Körper einer Königin,
Jetzt ist er kümmerlich, hinfällig, eine klapprige Hütte,
Wo der Putz abfällt.
Traurig, aber wahr.«[38]

Deutlich tritt hier eine Struktur hervor, die alle patriarchalen Kulturen prägt. Für den Mann ist als Auseinandersetzung ins Außen verlagert, was für die Frau ein verinnerlichter Feind wird, ein Kampf mit sich selbst. Dieser verinnerlichte Feind kann in zwei unterschiedliche Richtungen wirken, als Fluch und als Chance. Er kann in Frauen Minderwertigkeitsgefühle hervorrufen, Misstrauen und Abscheu gegenüber dem eigenen Körper. Er kann aber auch das Erleben der Vergänglichkeit zu einer befreienden Erfahrung am eigenen Leibe machen. So verwandelt er sich zu einem Mittel der Selbsterkenntnis, das sich direkt auf die eigene Existenz bezieht und unmittelbar wirkt.

Adelheid Hermann-Pfand weist auf einen weiteren Aspekt hin, der für alle »Geistesreligionen« gelten kann. Sie führt aus: »Die buddhistische Negativbewertungen der Frau (...) sind von der Identifikation der Frau mit der Natur her zu verstehen, die hier, wie in allen geistesorientierten Religionen als minderwertig gilt und beherrscht oder besiegt werden muss und diese Eigenschaft auf die Frau überträgt, sodass die Unreinheit des Leibes (auch des männlichen) auf die Frau projiziert und diese für die menschliche Natur- und Triebhaftigkeit (auch die des Mannes) allein oder überwiegend verantwortlich gemacht wird«.[39] Diesen Aspekt kennen wir sehr gut auch aus unserer eigenen Kultur.

In der buddhistischen Legendenbildung wird schon von Anfang an eine Gegenbewegung dazu sichtbar, in der es um die Aussöhnung mit dem weiblichen Bereich und der Körperlichkeit geht. Die Geschichte von Sujata und dem Milchreis erzählt das besonders eindringlich. Dazu hat sicher auch die positive Besetzung des weiblichen Körpers in der indischen Kultur beigetragen. Sie ließ sich trotz der Abwertung der Frauen in alltäglichen Bereichen der Gesellschaft nicht nachhaltig unterdrücken.

Der äußere Feind

Im 5. Jahrhundert verfasst der Mönch Dhammapala einen Kommentar zu den Therigatha und ergänzt jedes Lied mit einer Geschichte. Die Lebensumstände der jeweiligen Frau werden dabei kurz umrissen, und es wird erzählt, was sie auf den Weg zur Befreiung brachte. Durch diesen Kommentar des Dhammapala ist eine Fülle von spannenden Legenden und Anekdoten, die sich über diese sechs Jahrhunderte um die Figuren der einzelnen Frauen gerankt hatten, für uns zugänglich.

Im Vergleich zu ihren männlichen Kollegen der Theragatha erfahren wir von den Frauen viel mehr Persönliches. Wir hören von ihren Beziehungen zu Eltern, Schwiegereltern und Ehemännern, von ihren familiären Tragödien, dem Verhältnis zum eigenen Körper und auch von den Anfechtungen, denen sie in ihrem spirituellen Leben ausgesetzt sind. Innere und äußere Kämpfe spielen in den Liedern eine große Rolle. Im Vergleich dazu verläuft der männliche Weg um einiges geradliniger. Die Mönche berichten mitunter von großer Verwirrung und leidvollen Situationen in ihrem Leben, bevor sie den Buddha trafen. Aber haben sie einmal angedockt, gibt es keine wirklichen Gefahren mehr. Außer natürlich der, von Frauen verführt zu werden!

Das Leben einer Theri dagegen ist auch noch mit Herausforderungen aller Art gespickt, wenn sie sich mit Leib und Seele dem Weg zum Erwachen verschrieben hat. Immer wieder wird erzählt, wie eine Frau diesen Anfechtungen mit großem Mut und Unbeirrbarkeit begegnet. Uppallavanna ist eine von ihnen. Sie antwortet einem Angreifer, der sie im Wald überrascht und droht, sie zu vergewaltigen, so:

»Und gäbe es tausend Vergewaltiger,
Kein einziges meiner Haare
Würde sich aufstellen oder zittern.
Was kannst du mir denn antun?«[40]

Der Angreifer entpuppt sich als Mara, Personifizierung von Zweifel und negativen Kräften. Er will sie vernichten, indem er sie von innen besetzt, sodass er als Feind für sie nicht mehr fassbar ist. Sie antwortet ihm:

»Mein Geist ist mein eigen.
Ich bin die Straße der Macht gegangen
Und habe die drei Weisheiten gefunden.
Die Lehren des Buddha haben sich erfüllt.«[41]

Mara löst sich auf, und Uppallavanna geht ihres Weges.

Eine andere Nonne, Subha, die für ihre Schönheit berühmt war, trifft auf einen Mann, der sie umschmeichelt und mit Komplimenten überschüttet. Sie sagt ihm klar und deutlich, dass sie für seine Avancen nicht zu haben ist. Er hört ihr Nein nicht, geht einfach darüber hinweg, und als er schließlich eine heiße Rede über die erotische Wirkung ihrer Augen über sie ergießt, reißt sich Subha kurzerhand die Augen heraus und sagt: »Hier, nimm die schönen Augen!« Da »erlosch seine Leidenschaft augenblicklich, und er bat sie um Verzeihung«[42]. Der Buddha gab Subha später ihre Augen wieder zurück.

Ein besonders unverschämter Angriff ist es, zu behaupten, Frausein sei gleichbedeutend mit Unfähigsein. Wir sehen, wie gelassen und gewitzt diese Frau vor 2500 Jahren dem Angreifer den Wind aus den Segeln nahm:

»Mara nähert sich der Nonne Soma.
›Die da von Weisen erreicht werden kann, die schwer zu erlangende Stätte[43], sie kann nimmermehr von einem Weibe mit Zweifingerverstand erreicht werden!‹

Soma antwortet ihm: ›Was sollte Weibsein denn bedeuten, wenn das Denken gut gesammelt ist, wenn das Wissen vorhanden ist bei einer, die die höchste Weisheit schaut? Wer daran denkt: ich bin eine Frau, ich bin ein Mann, oder bin ich überhaupt etwas, zu dem darf Mara sprechen!‹«[44]

Frauen als Vorbilder für Frauen

Beziehungen zu anderen Frauen spielen eine herausragende Rolle in den Gedichten der ersten Buddhistinnen. Es ist ihnen wichtig, sich an den positiven Beispielen, die andere Frauen geben, zu orientieren. Die Männer, die in das Mönchsleben eintraten, hatten mit der Figur des Buddha ein klar umrissenes, lebendiges Vorbild, mit dem sie aufgrund ihres gemeinsamen Geschlechts ihre Berufung und die asketische Übung teilen konnten. Für die Frauen im Orden schien es aber nicht so leicht zu sein, diese Vorbildfunktion des Buddha auf ihr spirituelles Leben zu übertragen. Ihre Liedern erzählen davon, wie sie sich Modelle in ihrem eigenen Geschlecht schufen. Sie fanden sie in starken Lehrerinnen, deren Worte sie hören und verstehen konnten. Sie fanden sie in Weggefährtinnen, die Vertrauen in ihnen erweckten, und in tiefen spirituellen Freundschaften.

Chanda, eine Schülerin der Lehrerin Patachara, singt davon, was es bedeutet, so eine Frau zu treffen:

»Mir ging es schlecht,
Witwe,
Ohne Kinder, ohne Freunde,
Keine Verwandten, die mir Essen oder Kleidung
Gegeben hätten.

Ich war Bettlerin mit Stock und Schüssel
Und zog
Von Haus zu Haus,
In Hitze und Kälte,
Sieben Jahre lang.

Aber dann traf ich eine Nonne,
Die hatte ihr eigenes Essen und Trinken.
Und ich ging zu ihr hin und sagte:
›Nimm mich mit ins hauslose Leben.‹

Es war Patachara.
Aus Mitgefühl hat sie mir geholfen,
Als Nonne zu leben.
Sie hat mich ermutigt
Und zum höchsten Ziel angespornt.

Ich habe ihren Rat beherzigt.
Er fiel auf guten Boden.«

Diese Lieder ermutigen, sich andere Frauen zum Vorbild zu nehmen und von ihnen zu lernen. Kompetenz, die eine Frau anderen Frauen zuschreibt, stärkt das Vertrauen, es auch selbst so weit bringen zu können.

Die Lehrerin

Es gibt aus der frühen Sangha viele Zeugnisse darüber, dass es selbstverständlich war, wenn Frauen andere Frauen unterrichteten[45], wie es übrigens auch zu gewissen Zeiten in Nonnenklöstern des Christentums üblich war. Immer wieder wird von besonders herausragenden öffentlichen Lehrreden einzelner Frauen berichtet, wie im Fall von Dhammadinna und Sukha. In den frühen buddhistischen Nonnengemeinschaften finden wir den Titel *Achariya*, »Lehrerin«, und als Unterkategorie *Upajiha*, »die Meisterin«, die auch Ordination erteilt. Da diese Titel überliefert sind, gab es natürlich auch Frauen, die sie ausfüllten.

Die Kriterien, die Lehrende in der Gemeinschaft der Mönche qualifizierten, galten auch bei den Nonnen. Um eine Position als Lehrende einzunehmen, waren Erfahrung und Kompetenz auf dem Übungsweg gefordert. Das konnte von denen, die lernten, auch immer wieder angemahnt werden.

Die Frauen der Nonnen-Sangha aber betonen noch eine dritte Fähigkeit, die das Lehren und Lernen zum Erfolg bringt: Vertrauen in die Lehrende.[46] Eine Lehrerin, so heißt es in einem Gedicht, soll »meines Vertrauens würdig« sein. Uttama bezeichnet ihre Lehrerin Patachara als »eine Nonne, der ich vertrauen konnte«. Das Vertrauen ist die Kraft, die die Schülerin befähigt, wirklich zu verstehen. Das Vertrauen schafft das Band, eine Beziehung entsteht, in der sich die Lernende wirklich öffnen kann.

Erfahrung und Kompetenz einer Lehrenden fördern das Vertrauen in sie. Letztendlich aber ist es eine ganz individuelle Entscheidung, welche Person Vertrauen hervorruft und welche nicht. Die Frauengemeinschaft etabliert mit diesem dritten Kriterium schon von Anfang an den Weg zum Erwachen als einen Weg der persönlichen Erfahrung und als einen Weg der Beziehung. Die Frauen erkennen die Unterschiedlichkeit und Individualität der Menschen auf dem Weg an und betonen den hohen Stellenwert des Vertrauens und der Bezogenheit auf andere.

Was bedeutet Befreiung für die Frauen der Therigatha?

Befreiung bedeutet im frühen Buddhismus grundsätzlich die Befreiung von den Geistesgiften und allem Leiden. Dies geschieht durch tiefe Einsicht in das Wesen der Existenz, die unbeständig, vergänglich und ohne festes Ich ist. Im Zustand des Befreitseins, der Arhatschaft, ist der Mensch den Zwängen des Daseinskreislaufs enthoben und wird, sobald er den Körper verlässt, nie mehr wieder im Kreislauf der Existenzen einen Körper annehmen. Für die Frauen der Therigatha gilt diese Sichtweise natürlich auch, aber in ihren Geschichten blitzt auch noch ein anderer Aspekt auf.

Das Lied von Chanda, das ich auf Seite 70 vorgestellt habe, lobt eine andere Frau, die kompetent ist, Rat geben kann und selbstständig lebt. Chanda singt davon, dass sie einer Frau begegnet, die ihr eigenes Auskommen hat, einer Frau, die außerhalb der Familie überleben kann, einer unabhängigen Frau. Ein bemerkenswerter Zustand für eine Frau in der traditionellen indischen Gesellschaft. Befreiung hat für die Frauen der Therigatha also auch diesen unverwechselbaren Geschmack: Eigenständigkeit. Die Theris kamen alle aus gesellschaftlich und sozial unfreien Verhältnissen. »Von einem Mädchen, einer jungen Frau und auch einer älteren darf nichts unabhängig getan werden. In der Kindheit ist sie ihrem Vater untertan, in der Jugend ihrem Gatten und wenn ihr Herr stirbt, dann ihren Söhnen, eine Frau soll nie unabhängig sein.« So steht es in den Gesetzen des Manu, die die Normen für die indische Gesellschaft dieser Zeit niederlegten.[47] Die Theri Isidasi erzählt, wie eingeengt und unfrei das Leben einer Ehefrau in der damaligen Zeit aussehen konnte:

»Morgens und abends verbeugte ich mich tief
Vor meinem Schwiegervater und meiner Schwiegermutter.
Wenn ich meinen Mann, seine Schwestern, seine Brüder
Oder sogar nur seine Bediensteten sah,
Zitterte ich und stand auf.
Ich versuchte, es ihnen allen recht zu machen,
Mit ihren Lieblingsspeisen und -getränken
Und gab allen, die ihnen zustehende Portion.
Ich stand früh auf und ging in das Zimmer meines Gatten,
Ich hatte mich selbst bereits gewaschen, und
Schon an der Türschwelle zeigte ich ihm meine Verehrung.
Kamm, Spiegel, Seife und Schmuck brachte ich ihm,
Als wäre ich eine Dienerin.
Ich kleidete ihn an, kämmte und wusch ihn.
Ich kochte seinen Reis, ich wusch die Töpfe aus,
Ich sorgte mich um ihn wie eine Mutter
Um ihren einzigen Sohn.
Und obwohl ich alles für ihn tat,
Eine demütige und liebevolle Sklavin für ihn war,
Tugendhaft und immer früh auf,
War mein Ehemann ohne Gefühl für mich.
Er ging zu seinen Eltern und sagte:
Ich ziehe aus. Ich kann nicht mit Isidasi
Im gleichen Haus leben!«[48]

Für Isidasi wird diese Demütigung und die darauf folgende Vertreibung aus dem Haus der Schwiegereltern der rettende Wendepunkt in ihrem Leben. Diese Krise katapultiert sie direkt hinein in das spirituelle Leben. Sie erlangt Befreiung von ihrer Existenz in Furcht und Unfreiheit, im weltlichen wie auch im tieferen Sinn. So eine Befreiung von Einengung und »Versklavung« bedeutet für die Theris einen großen Sieg und kann ekstatische Freude auslösen, wie bei Mutta:

»Frei, frei, endlich frei,
Ich bin außer mir vor Freude,
Frei von den stinkenden Töpfen,
Frei von der Küchensklaverei
Und frei von meinem Mann,
Der mich so anwidert,
Dass ich nicht mal ertragen kann,
seinen Sonnenschirm zu sehen!

SsssssT – mit einem Zischen
Sind Gier und Hass verflogen.

Und dieselbe Frau, ich,
Sitze jetzt unter einem Baum:
Ah, Glückseligkeit –
Meditiere darüber als Glückseligkeit.«

Viele Lieder sprühen vor solch unbändiger Freude darüber, den Weg in das Dharma gefunden zu haben und damit eine Perspektive der Freiheit. Für die indischen Frauen zur Zeit des Buddha war es kein leichter Schritt, sich aus der Vernetzung mit der Familie zu befreien und in die »Hauslosigkeit« zu gehen. Diese Lebensform war für Frauen keine gesellschaftlich anerkannte Alternative zum Leben in der Familie. Für Männer dagegen war ein Weg der religiösen Berufung durch das Brahmanentum etabliert und genoss hohes Ansehen und Glaubwürdigkeit. Das vereinfachte natürlich den Übergang in ein asketisches Leben. Für Frauen aber war dieser Schritt ungleich radikaler und erforderte sehr viel mehr innere Stärke und Mut. »Es ist keine Frage, dass die Frauen, die den Entschluss fassten, sich der buddhistischen Sangha anzuschließen, damit gegen die herrschenden sozialen Normen verstießen«, bemerkt Susan Murcott in ihrem Buch über die ersten buddhistischen Frauen.[49] Umso wichtiger war es für diese Frauen, lebendige Vorbilder anderer Frauen zu kennen, die diesen mutigen Schritt schon gewagt hatten und voller Freude von der anderen Seite aus Mut machen konnten. Und davon singen und erzählen die Gathas der Theris.

Die Geschichten

Mahaprajapati, Führerin der Vielen

Am Anfang aller Geschichten steht Mahaprajapati, die den nachfolgenden Frauen den Weg eröffnete.

Sie war die Schwester von Maya, der Mutter Siddharta Gautamas, und die zweite Frau seines Vaters, des Königs Shuddhodana. Maya starb sieben Tage nach der Geburt von Siddharta. Mahaprajapati stillte den kleinen Sohn ihrer Schwester und zog ihn wie ihren eigenen auf. Ihr leiblicher Sohn Nanda wurde später ein Mönch des Buddha, ebenso Rahula, Siddhartas Sohn, den er als Säugling bei seiner Hauptfrau Yasodhara zurückgelassen hatte. Auch Yasodhara trat später in den Nonnenorden ein. Mahaprajapati war die unbeirrbare, mutige Führerin der Frauen, die in der Nachfolge des Buddha darum baten, einen Frauenorden gründen zu dürfen. Ihrer Entschlossenheit verdanken wir die Tatsache, dass Frauen noch zu Lebzeiten des Buddha ihre Praxis vertiefen und diese Weisheit an die nächsten Generationen weitergeben konnten. Dreimal hatte sie bereits den Buddha gebeten, einen Orden für Frauen zuzulassen und damit den Frauen, die ihr Leben der buddhistischen Übung widmen wollten, die gleichen Möglichkeiten zu eröffnen wie den Männern. Dreimal war ihre Bitte abgelehnt worden, und sie war unverrichteter Dinge wieder nach Hause zurückgekehrt. Diese Geschichte handelt davon, wie es ihr gelang, das Schicksal zu wenden.

Mithilfe der Meditationsanweisungen des Buddha erlangte Mahaprajapati später, wie viele ihrer Mitschwestern, vollkommenes Erwachen. Die fünfhundert Frauen, die mit ihr den Orden begründeten, unterwies und betreute sie allesamt. Es heißt, dass sie im Alter von einhundertzwanzig Jahren starb.

Als sie sich entschloss, den Buddha zum vierten Mal zu bitten, war die Situation im Palast unerträglich geworden. Alle Zimmer, die Höfe und auch die Gärten waren überfüllt, die Vorratskammern leer gegessen. Auf jedem Fleckchen Erde saßen und lagen Frauen, fünfhundert oder mehr mochten es sein. Viele hatten Angst, andere hatten sich schon aufgegeben. Kinder kletterten und balgten sich zwischen den lagernden Frauen oder hingen ihren Müttern erschöpft im Arm. Ein Flüchtlingslager der Frauen der glorreichen Sippe der Shakya. Das also war die Stunde der »großen Führerin«!

Mahaprajapati, große Führerin der Vielen. Die zierliche Frau blinzelte unter der sengenden Nachmittagssonne, als sie auf die Treppe trat. Ihr silbernes Haar fiel ihr in einem langen Zopf über den Rücken, ein leuchtender Kontrast auf ihrem dunkelblauen seidenen Sari. Der Hofastrologe hatte ihr diesen Namen vor mehr als fünfzig Jahren in die Wiege gelegt. Niemand konnte sich damals so recht einen Reim darauf machen, warum er diesen Namen ausgewählt hatte. Wen sollte eine Frau schon anführen? Jetzt wusste sie es.[50]

Von der obersten Stufe aus ließ Mahaprajapati den Blick über die vielen hundert erschöpften und fragenden Frauengesichter gleiten, die sich ihr zuwandten. Den Buddha noch ein viertes Mal herauszufordern, nachdem er schon dreimal abschlägig geantwortet hatte, war respektlos. Man könnte meinen, sie hätte nicht genug Vertrauen in seine Urteilskraft. Immerhin war er ja der Buddha. Dreimal fragen und dann die Antwort annehmen, wie auch immer sie sei, das war die Regel. Viele seiner Schüler würden es ihr sehr übel nehmen, wenn sie sich darüber hinwegsetzte. Aber was sollte sie sonst tun? Es gab keinen anderen Ausweg aus ihrer hoffnungslosen Lage. Und sie wusste mit der tiefen Gewissheit des Herzens, dass viele der Frauen, die sich in ihrem Haus versammelt hatten, ausdauernd und hingebungsvoll den Weg zum Erwachen gehen würden. Sie hatten ja nichts mehr, an dem sie in der Welt hängen konnten, hatten alle Erwartungen längst hinter sich gelassen. Und sie suchten nach Antworten auf die brennenden Fragen, die Krieg und Verlassenwerden in ihnen aufgewühlt hatten. Wenn sie nur einen

Orden gründen könnten, wenn ...! Dann hätten sie beides: ein Zuhause und einen Weg.

Es war die letzten Jahre nicht leicht gewesen. Mahaprajapati lehnte ihren Kopf an eine der Säulen und fühlte die Erschöpfung wie eine bleierne Müdigkeit in ihren Gliedern. Siddhartas Flucht aus dem Palast damals, mitten in der Nacht, hatte den Hof in Aufruhr versetzt. Ihr Mann, der alte Fürst Shuddhodana, hatte getobt und geflucht. Dann hatte er Suchtrupps ausgeschickt, die das ganze Land nach dem Prinzen durchkämmten. Der Prinz blieb verschwunden, und der König versteinerte in seinem Gram. Die Zeit danach wurde zu einem mühseligen Alptraum für Mahaprajapati. Nichts konnte Shuddhodana aufheitern oder erfreuen. Das Leben am Hof kam zum Stillstand. Es vergingen Jahre, bis sie wieder etwas von Siddharta hörten. Wundersame Geschichten wurden über ihn erzählt: dass er ein Buddha geworden sei, einer, der erwacht ist. Mahaprajapatis Herz klopfte, wenn sie daran dachte. Sie hatte die erste Gelegenheit ergriffen, ihren geliebten Ziehsohn wiederzusehen. Heimlich hatte sie sich zusammen mit ihrem Sohn Nanda aus dem Palast gestohlen, um Siddharta bei einer seiner Versammlungen wenigstens von fern zu erblicken. Und was sie dort sah und hörte, stellte ihr ganzes Leben auf den Kopf und tilgte jeden Rest von Vorwurf über den verlorenen Sohn aus ihrem Herzen. Mit einem Mal wusste sie, dass sie bei der Wahrheit angekommen war. Sie machte erste Versuche, so zu meditieren, wie sie es Siddharta hatte erklären hören. In ihrem Herzen nannte sie ihn immer noch so, auch wenn er jetzt keinen Namen mehr brauchte. Sie dachte immer und immer wieder über das, was sie gehört hatte, nach. Mit Nanda konnte sie darüber sprechen, und langsam lichteten sich die Nebel der Verzweiflung.

Doch eines Tages war Nanda verschwunden. Er war dem Buddha als Bettelmönch gefolgt. Mahaprajapati konnte es verstehen, und doch weinte sie. Wieder einmal blieb sie allein zurück. Andere Frauen kamen zum Hof und erzählten aus ihren Familien ähnliche Geschichten. Ihre Männer, ihre Söhne, ja, manchmal sogar alle männlichen Mitglieder eines ganzen Haushalts strömten dem neu gegründeten Mönchsorden des Buddha zu. Als Shuddhodana, der alte Fürst, starb, spitzte sich die Lage für die Frauen weiter zu. Wegen des lange schon schwelenden Streits mit den benachbarten Sippen um Wasserrechte brachen kriegerische Auseinandersetzungen aus.

Alle Männer, die nicht dem Buddha gefolgt waren, packten jetzt ihre Waffen aus, die Felder lagen brach und die Verbrennungsstätten rauchten. So verloren die Frauen ihre Männer an den Krieg und an den Buddha.

Zunächst waren es nur vereinzelte Frauen aus der Verwandtschaft gewesen, die im Palast bei Mahaprajapati um Obdach baten. Dann wurden es immer mehr. Der Palast war ihre letzte Zuflucht, denn kein einziger männlicher Verwandter war ihnen zum Schutz geblieben, und sie wussten einfach nicht, wohin. Es waren so viele, die Frauen, Töchter und Enkelinnen des alten Fürsten, die Frauen und Nebenfrauen des Prinzen Siddharta, die Frauen und Töchter der Brahmanen und Großbauern aus der Gegend. Aber auch viele arme Bauersfrauen und Bettlerinnen mit ihren Kindern waren gekommen, um bei ihr Schutz und Rat zu suchen. Alle waren verwirrt und voller Furcht. Wie sollte das Leben weitergehen? Auch Mahaprajapati war jetzt ganz ohne männlichen Beistand. Zuletzt war auch ihr Großneffe, Siddhartas Sohn Rahula, seinem Vater als Mönch gefolgt. Jetzt hatte sie keine männlichen Verwandten mehr am Hof. Niemanden mehr, der die Führung übernehmen konnte, außer ihr selbst.

Mahaprajapati holte tief Luft und richtete sich auf. »Ich nehme Zuflucht zum Buddha. Es gibt Leiden, aber es gibt auch den Weg aus dem Leiden. So hat er es uns gelehrt. Es gibt nur diesen Weg! Es ist zwar gegen jede Regel der Vernunft, aber trotzdem vertraue ich darauf, dass das Beste geschieht.« Dann rief sie ihre Töchter und Nichten zu sich. Eine Bewegung ging durch die Menge der Frauen. »Sagt allen, dass wir nach Vaishali aufbrechen, um uns dem Buddha zu Füßen zu werfen. Viele von uns haben großes Leid erfahren. Nur der Buddha kann uns den Weg aus dem Leiden zeigen. Wir werden es noch einmal versuchen.« Wind war aufgekommen und zerrte an den bunten Saris.

Fünfhundert Frauen in safrangelb gefärbten Gewändern. Staubbedeckt. Die Köpfe kahl geschoren. Barfuß. Blasen und tiefe Risse in den Fußsohlen. Viele von ihnen trugen Kinder, die längst aufgehört hatten zu weinen. Über zweihundert Kilometer waren sie gewandert. Ihre Verpflegung hatten sie erbettelt und am Straßenrand geschlafen. Jetzt stiegen und stolperten sie in einer langen Reihe von Vaishali den Hügel zur Kutagara-Halle empor, Mahaprajapati an ihrer Spitze. Vor den Stufen zur Halle setzten sie sich auf den rissigen Boden. Schweigend.

Ananda, der nächste Vetraute des Buddha, erschien in der Tür. In seinem Gesicht jagten sich Erstaunen und Schrecken. Mahaprajapati stand mühsam auf und verbeugte sich. »Du weißt, Ananda, warum diese Frauen mit geschorenen Köpfen und mit safrangelben Kleidern hier sitzen. Dreimal hat der Buddha es abgelehnt, dass Frauen in die Sangha aufgenommen werden und einen Nonnenorden gründen dürfen. Wir sind jetzt hier. Schau uns an. Wir sind entschlossen, wir haben Vertrauen. Wir kennen nur diesen einen Weg aus dem Leiden. Darum sind wir jetzt hierher gekommen, ohne auf Mühen und Schwierigkeiten Rücksicht zu nehmen. Hilf uns!« Ananda nickte, und Tränen standen ihm in den Augen. »Ich werde tun, was ich nur kann.« Er drehte sich um und ging ins Haus, um mit dem Buddha zu sprechen. Die Frauen warteten.

Es wird berichtet, dass Ananda im Inneren des Hauses den Erwachten erneut dreimal darum bat, Frauen in die Sangha aufzunehmen. Und wieder wies ihn der Buddha dreimal ab.

Hier hätte die Geschichte nun wirklich zu Ende sein müssen. Endgültiger kann eine Absage gar nicht sein. Aber aus der Sackgasse, in der es nichts mehr zu hoffen oder zu erwarten gibt, hat Ananda plötzlich eine zündende Idee. Es ist ein ganz erstaunlicher Einfall. Er stellt die Frage nach der Frauen-Sangha noch einmal auf ganz andere Weise. Eben noch ließ Ananda mutlos den Kopf hängen. Im nächsten Moment weiß er, was er sagen muss: »Wenn Frauen erlaubt würde, einen Orden zu gründen, losgelöst von ihren Familien zu leben und den Lehren zu folgen, wenn man ihnen also die Gelegenheit dazu gäbe, genauso wie die Mönche zu üben und zu leben, wären Frauen dann fähig, die vier Ebenen der Verwirklichung, also Arhatschaft zu erreichen?« Und diesmal antwortet der Buddha mit Ja.

Dieses Ja öffnet die Tür. »Wenn dem aber so ist«, so tastet sich Ananda weiter, »wie kann dann der Buddha gerade Mahaprajapati ihre Bitte verweigern?« Fast scheint es jetzt, als würde Ananda dem Buddha eine Moralpredigt in Sachen Dankbarkeit halten: Wenn alle Frauen, sofern sie nur die richtigen Bedingungen haben, Arhatschaft erlangen können, so fragt er, wie ist es dann möglich, dies auch nur einer einzigen zu verweigern? Und ganz besonders einer Frau, die so viel für den Buddha getan hat wie Mahaprajapati? Ohne sie hätte er ja nicht überlebt, als seine Mutter gestorben war. Sie hat ihn genährt, sie hat für ihn gesorgt und ihn aufgezogen. Durch diese selbstlose Fürsorge hat sie ihm das Erwachen in seinem menschlichen Körper überhaupt erst ermöglicht. Wie kann der Buddha dieser Frau, ohne die er nicht wäre, was er nun ist, den Weg zum Erwachen versagen?

Daraufhin, so heißt es, habe der Buddha zugestimmt, den Frauen einen Platz in der Sangha zu geben. Allerdings nur unter der Bedingung, dass die Frauen bereit wären, acht zusätzliche Regeln, die sie unter die Autorität der Mönche stellen, anzunehmen. Als Ananda mit dieser Nachricht zu Mahaprajapati vor die Tür kam, zögerte sie nicht einen Augenblick, diese Bedingungen anzunehmen. Sie war in ihrem weltlichen Leben bis jetzt auch von Männern abhängig gewesen. Diese Regeln machten für sie keinen großen Unterschied. Das einzig Wichtige war die Zusage, dass Frauen im Orden des Buddha ein Zuhause in der Hauslosigkeit finden konnten.

Und das war, nach dem Willen des Buddha, Mahaprajapatis Ordination: dass sie die Regeln stellvertretend für alle Frauen annahm. Damit wurde sie die erste Bhikshuni oder buddhistische Nonne in der Nachfolge des Buddha. Und allen Frauen, die sich mit ganzem Herzen dem Dharma widmen, ging sie auf diesem Weg als Führerin der Vielen voran.[51]

Frauen verderben das Dharma …

Erst mehr als fünfhundert Jahre nachdem der Buddha seinen menschlichen Körper verlassen hatte, nach seinem Parinirvana, wurden seine Lehrreden niedergeschrieben. In der Zwischenzeit wurden sie mündlich weitergegeben. In fünfhundert Jahren kann einiges geschehen, und es ist anzunehmen, dass nicht alles, was wir in den frühen Schriften finden, ausschließlich die Weisheit des Buddha ist. Hier haben sich auch Gedanken und Meinungen der jeweiligen Mönche, die die Texte aufschrieben, abgebildet, und es waren wohl allesamt Mönche, die hier für eine in erster Linie männliche Leserschaft Texte bereitstellten.

Ich denke, hier haben wir es mit einer solchen Stelle zu tun. Diese ganze Geschichte der doppelten dreimaligen Ablehnung riecht gewaltig nach patriarchalem Ressentiment. Man muss sich nur einmal die Begründung für die zusätzlichen Regeln, die für die Nonnen gelten sollen, ansehen[52]. Hier wird folgende Argumentation angeführt: Ohne die Aufnahme von Frauen würde die Sangha tausend Jahre überdauern. Da nun aber Frauen zugelassen werden, wird die Dauer und Blüte auf nur fünfhundert Jahre verkürzt. Die zusätzlichen Regeln für den Nonnenorden sollen das drohende Unheil eindämmen.

Solche Aussagen der Pali-Texte werden in einer zeitgenössischen freien Nacherzählung der Lebensgeschichte des Buddha vollkommen kommentarlos weitergegeben.[53] Als ich diese Stellen las, konnte ich es kaum glauben.

Im Licht der Lehren des Buddha betrachtet, macht die ganze aufwändige Geschichte überhaupt keinen Sinn. Man kann es einfach nicht besser sagen als die Zen-Lehrerin Sallie Jiko Tisdale:

»Ich glaube einfach nicht, dass das die Position des Buddha war. Ich sage das nicht leichtfertig, sondern aus dem Herzen der Praxis: so einer vergänglichen und veränderlichen Eigenschaft (wie dem Geschlecht), ein so großes Gewicht zu geben, die Hälfte der Menschheit vom Orden auszuschließen, die Wahrheit den menschlichen Begierden unterzuordnen, widerspricht dem ganzen Rest der Lehren.«[54]

… und erreichen Arhatschaft

> »Frauen, die in die Hauslosigkeit gegangen sind und dem Dharma folgen und der Übung, die durch den Wahrheitsfinder verkündet wurde, sind fähig, die Früchte des Stromeintritts und die Früchte des Einmalwiederkehrens und die Frucht des Nichtmehrwiederkehrens oder der Vervollkommnung zu erreichen.«
>
> *Buddha Shakyamuni*[55]

Das wirklich Gute an dieser Geschichte ist, dass damit die genaue und unumstößliche Aussage aus dem Mund des Buddha vorliegt, dass Frauen ohne Wenn und Aber Arhatschaft erreichen können.

Vielleicht brauchte es diese Sackgasse der zweimal dreimaligen Ablehnung, damit Ananda der Sprung der Inspiration auf eine andere Ebene des Fragens gelang. Und da das in der Gegenwart des Buddha geschah, war es sicherlich die Weisheit des Erwachten, die diese Frage in Ananda aufwirbelte, damit die Antwort in der Welt sei. Sobald die Theris jedenfalls diese Bestätigung hatten, regnete es weibliche Arhats en gros. Im Sanskrit hat sich dennoch keine weibliche Form des Begriffs »Arhat« gebildet. Es dauert oft lange, bis offensichtliche Tatsachen in der Sprache einen Ausdruck finden.

Mahaprajapatis zweite Bitte

Die Geschichte von der Schwierigkeit, einen Nonnenorden einzurichten, wird oft erzählt. Mit wechselnden Schwerpunkten, je nachdem, ob man nun das drohende Unheil, das von Frauen ausgeht, hervorheben möchte, oder deren Mut und Entschlossenheit. Seltener erzählt wird, wie Mahaprajapati einige Jahre später dem Buddha ihre zweite Bitte vortrug. Die Geschichte ihrer zweiten Bitte zeigt meiner Ansicht nach deutlich, dass es sich um einen später eingefügten Text handeln muss. Ganz offensichtlich geht es hier den Verfassern darum, im Vergleich mit anderen spirituellen Schulen nicht als unseriös dazustehen: Wenn selbst die Lehrer des falschen Dharma so etwas nicht zulassen, dann könnte man sich ja in Misskredit bringen.

Mit ihrer zweiten Bitte an den Buddha versuchte Mahaprajapati, die Aufhebung der ersten Regel der zusätzlichen acht zu erwirken. Diese Regel besagt, dass selbst die älteste und ehrwürdigste Nonne sich vor dem allerjüngsten und unerfahrensten Mönch zu verbeugen hat – eine Regel, die in der buddhistischen Welt unter Ordinierten immer noch gilt und von westlichen Praktizierenden, weiblichen wie männlichen, als großes Hindernis empfunden werden kann.

Mahaprajapati trägt ihre zweite Bitte Ananda vor. »Ich möchte eine Sache vom Buddha erbitten, Ananda. Es wäre gut, wenn der Buddha es erlauben würde, dass Verbeugungen, das Aufstehen in der Gegenwart von anderen, Respektbezeugungen und die richtige Ausführung von Pflichten zwischen den Bhikkus und den Bhikkhunis gleichberechtigt gemäß der Seniorität im Orden stattfinden könnten.«

Und der verehrungswürdige Ananda ging zum Buddha (und wiederholte ihre Worte für ihn).

»Das ist unmöglich, Ananda, und ich kann es nicht gestatten. Nicht einmal die Lehrer des falschen Dharma erlauben so ein Verhalten in Bezug auf Frauen; wie viel weniger kann dann der Tathagata[56] so etwas zulassen?«[57]

Wer könnte im Ernst annehmen, der Buddha hätte irgendwann so etwas Kleinkariertes von sich gegeben?

Das Bild der nährenden Mutter

In der Auseinandersetzung um die Zulassung eines Nonnenordens argumentiert Ananda gegenüber dem Buddha, der Buddha solle doch bedenken, was Mahaprajapati für ihn an Mutterstelle getan habe. Nachdem feststand, dass Frauen, was die Fähigkeit zu erwachen angeht, gleichwertig sind, weist Ananda jetzt auf eine ganz besondere Mitwirkung der Frau an dem Erwachen des Buddha hin: Sie hat ihn versorgt und genährt. Er beschwört damit die in Indien kulturell verankerte Verehrung der Mutter herauf, die auch vor dem Buddha nicht Halt macht.

Um seiner früh verstorbenen Mutter Maya zum Erwachen zu verhelfen, unternimmt der Buddha eine weite Reise. Er sucht Maya im Tushita-Himmel auf, wo er für sie und alle Götter und Göttinnen dort das Dharma-Rad dreht, sodass alle dadurch Befreiung erlangen. Von einer ähnlichen Anstrengung seinem Vater gegenüber ist nichts bekannt.[58] Seine Rückkehr aus dem Tushita-

Himmel wird in buddhistischen Ländern als großer Feiertag begangen. Der Ort Samkasya, wo der Buddha wieder auf unsere Erde herabstieg, gilt als einer der wichtigsten Pilgerorte in Indien. Auch von den zwei Hauptschülern des Buddha sind ähnliche Geschichten bekannt.[59]

Die Erinnerung an Mahaprajapatis Fürsorge lässt sich als Anerkennung der weiblichen Mitwirkung am Erwachen generell interpretieren. Ohne das Gebären und die Fürsorge der Mütter und Frauen könnte kein Wesen heranwachsen, gedeihen und letztlich Buddhaschaft erlangen. Frauen können erwachen, sie haben zum Erwachen des Buddha entscheidend beigetragen, und ihre Fähigkeit zu nähren und zu fördern bildet die Grundlage für das Erwachen aller Wesen in menschlicher Gestalt. Diese Argumente zusammen haben, so will es die Geschichte, die Wende in der Haltung des Buddha bewirkt.

Sujata und der Milchreis

Frauen spielten mit ihrer Fürsorge eine große Rolle auf Siddhartas Weg zur Erleuchtung. Mindestens genauso wichtig aber scheint für sein Erwachen auch zu sein, das Weibliche – und zwar sowohl im eigenen Inneren als auch im Außen – grundsätzlich annehmen zu können und sich dafür zu öffnen. Sujatas Geschichte steht nicht in den Therigatha, denn sie und ihre Freundinnen waren keine Nonnen. Sie waren und blieben einfache Dorffrauen, die diese essenzielle Zutat zum Erwachen des Buddha beisteuerten. Das Lalitavistara-Sutra[60] berichtet, wie der zukünftige Buddha zu ihnen fand:

Als Siddharta Gautama nach Jahren der asketischen Übung so abgemagert war, dass er einem lebenden Leichnam gleichsah, erschraken die Götter, die über ihn wachten. Jahrelang hatte seine tägliche Ration aus einem einzigen Reiskorn, einer Wacholderbeere und einem Sesamkorn bestanden.

Durch die Kraft seiner Entschlossenheit und Askese hatte er fünf Schüler um sich versammelt, die versuchten, ihm nachzueifern. Sechs Männer im tiefen Wald, verbissen auf der Suche nach der Wahrheit, die sie durch die Überwindung ihrer Körperlichkeit finden wollten. Sechs grimmige Gesichter, sechs ausgemergelte Körper.

In ihrer Sorge wandten sich die Götter an eine Frau. Sie war die Einzige, die hier helfen konnte. Maya, die leibliche Mutter von Siddharta, war sieben Tage nach der Geburt ihres Sohnes gestorben und weilte jetzt unter den Göttern im Tushita-Himmel. Kaum hatte sie von dem Zustand ihres Sohnes vernommen, erhob sie sich aus dem Götterreich und erschien vor dessen verwunderten Augen. »Erinnere dich daran, wer du bist!«, eröffnete sie die mütterliche Standpauke, »Du bist nicht irgendwer! Du kannst nicht einfach dein Leben wegwerfen! Dir ist vorhergesagt, zu erwachen und das Dharma in diese Welt zu bringen. Das ist von unfassbarer Wichtigkeit für alle fühlenden Wesen, und du setzt das durch diese übertriebene Askese aufs Spiel! Glaubst du nicht, es reicht jetzt damit? Hast du dir nicht zur Genüge bewiesen, dass du Mut und Entschlossenheit hast? Hast du deinen Körper nicht genug geknechtet? Und was hat es dir gebracht? Du bist fast tot, aber immer noch nicht erwacht!«

So oder so ähnlich mag Königin Maya zu Siddharta, ihrem Sohn, gesprochen haben. Sicher ist, ihr Eingreifen wirkte. Siddharta Gautama änderte den Kurs. Er wandte sich wieder der Welt zu und begann sich mit seinem Körper und den Frauen zu versöhnen.

Aufgerüttelt durch die Ermahnungen seiner Mutter, spürte er plötzlich, wie sein Körper, sein ganzes Wesen, nach Nahrung schrie. Er verabschiedete sich von seinen Schülern und machte sich auf, den Wald der Askese zu verlassen. Die Schüler erschraken über die offensichtliche Schwäche ihres Lehrers. Als die erste Verunsicherung vorbei war, bissen sie die Zähne noch fester aufeinander und wandten ihm verächtlich den Rücken zu. Mit diesem falschen Guru wollten sie nichts mehr zu tun haben.

Siddharta trat aus dem Wald. Kaum konnte er sich aufrecht halten. Vor ihm auf der sonnenbeschienenen Wiese graste eine Kuhherde. Zwischen ihnen leuchteten die bunten Tücher von Frauen auf, die gerade beim Melken waren. Die warme Luft wehte ihr Lachen und Singen herüber. Siddharta war es, als käme ihm etwas Halbvergessenes wieder in den Sinn, etwas von

Leichtigkeit und Freude, von Tanz. Sujata, die Tochter des Dorfältesten, sah den ausgemergelten Mann zuerst, der aus dem Schatten der Bäume auf die Wiese wankte. Er sah aus wie ein tanzender Geist. Und doch lief sie zu ihm, ohne zu zögern, ihre Freundinnen hinterher. Sie stützten ihn und halfen ihm, sich zu setzen. Er blickte in ihre glänzenden Gesichter und spürte, wie sein Herz erwachte. Sie gaben ihm von ihrem Proviant zu essen, warmem, süßem Milchreis. Siddharta nahm die Schale in die zitternden Hände und aß. Erinnerungen, Gerüche, Gesichter. War es die Freude, die ihm gefehlt hatte?

Sujata, die vor ihm kniete, spürte, dass dieser Mann mehr war als ein gewöhnlicher Bettler. Und sie dachte bei sich: »Möge dieser Bodhisattva, nachdem er diese Speise von mir empfangen hat, vollständiges und vollkommenes Erwachen erlangen und ein Buddha werden!« Als er gegessen hatte und sie und ihre Freundinnen zufrieden waren, dass es ihm gut ging, luden sie ihn ein, am nächsten Tag zum Essen in ihr Dorf zu kommen.

Am nächsten Tag kam Siddharta, wie versprochen, zu Sujata ins Haus. Es erwartete ihn ein reiches Mahl und eine große Runde von Frauen, Sujata natürlich, dann Bala, Balgupta, Vijayasena, Atimuktakamala, Sundari, Kunbhakari, Uluvillika und Jatilika. Und noch viele andere, deren Namen nicht aufgeschrieben wurden.[61] Alle freuten sich über seinen Besuch und die Gelegenheit, ihm etwas geben zu können. Der Abend war anscheinend ein voller Erfolg, denn es wird berichtet, dass der zukünftige Buddha Sujata seine Schwester nannte und ihr Belehrungen gab.

Mit diesem Essen, das er bei den Frauen erhielt, machte der Buddha wirklich Frieden mit der Welt. Er hatte seine Frauen am Fürstenhof und seine Stiefmutter bei Nacht und Nebel verlassen, als er zu seiner Suche aufgebrochen war. Die Welt der Frauen und der Sinnlichkeit war für ihn damals ein Symbol für das unerwachte Leben gewesen. Jetzt, nach Jahren in der Welt der männlichen Askese, konnte er die offenen Arme der nährenden und gebenden Seite des Daseins wieder annehmen. Welch ein Gegensatz zu den fünf Männern, seinen ehemaligen Schülern, die weiterhin im Wald saßen und Selbstkasteiung übten. Siddharta war sich jetzt sicher, auf dem richtigen Weg zu sein: »Jetzt, da Sujata mir

Essen dargebracht hat, kann es keinen Zweifel mehr geben: Nachdem ich davon genommen habe, werde ich die vollkommene, höchste und vollständige Erleuchtung eines Buddha erlangen.«

Sujatas Geschichte zeigt, dass erst die Versöhnung mit der weiblichen Seite es Siddharta ermöglicht, seine Kräfte vollständig zu entfalten. Ihre Geschichte wird nicht in allen Texten, die das Leben des Buddha zum Thema haben, erzählt. Im Lalitavistara-Sutra wird sie ausführlich beschrieben. Hier finden sich auch noch weitere Einzelheiten über die weibliche Mitwirkung am Erwachen des Buddha.[62] Das Lalitavistara-Sutra wurde um die Zeitenwende von anonymen Mönchen aus Quellen der mündlichen Tradition zusammengestellt. Dabei haben die Autoren offensichtlich versucht, den Legenden und Geschichten, die sie vorfanden, Sinn zu geben.

Ganz anders dagegen der Text des Buddhacharita, ein Sutra-Text, der etwa zur gleichen Zeit entstand. Ein einziger Autor, der Mönch Ashvagosha, verfasste diese Schilderung der Lebensgeschichte des Buddha. In seiner Version wird die weibliche Mitwirkung auf ein Minimum reduziert. Was herauskommt, wirkt wie eine offizielle, bereinigte Fassung eines Mönches für seine Mönchsbrüder. Man kann also an diesem Punkt sehen, dass es sich hier um die Interpretation Ashvagoshas handelt, und das bestätigt wiederum die Vermutung neuerer Forschungen, dass solche Veränderungen auch von anderen Mönchen, die Texte zusammenstellten, vorgenommen wurden.[63] Dieser Vergleich zeigt noch einmal ganz deutlich, dass es in den buddhistischen Schriften viele nebeneinander existierende Stränge gibt. Manchmal ergänzen sich die Aussagen, manchmal widersprechen sie sich. Gerade im Bereich der Legenden und Geschichten bleibt der Stoff schillernd. Dass sich die weibliche Mitwirkung, die Anerkennung und Wertschätzung der menschlichen Frauen und Göttinnen trotz der Bereinigungsversuche früher Ideologen in einigen Texten behaupten konnten, spricht für die Kraft dieser Aussagen.

Mahaprajapati jedenfalls lässt keinen Zweifel am weiblichen

Beitrag zum Erscheinen des Buddha. Sie nimmt in ihrem Lied des Erwachens ausdrücklich darauf Bezug. Es endet mit einer Würdigung ihrer Schwester Maya:

Ich habe den Buddha gesehen,
Und das ist mein letzter Körper.
Ich werde nicht mehr
Von Geburt zu Geburt gehen.
Seht die Schülerinnen und Schüler,
Alle zusammen,
Ihre Energie, ihre aufrichtige Hingabe.
Das ist Lobpreis für alle Buddhas.
Maya hat den Gautama geboren,
Uns allen zum Wohl.
Sie hat den Schmerz
Der Kranken und Toten
Vertrieben.[64]

Patachara und die Familientragödie

Im Therigatha singen viele Frauen davon, wie ihre Familien durch Tod, Streit und Unheil zerstört werden. Ein Drittel der achtzehn Ehefrauen in der Textsammlung haben ihre Kinder verloren. Andere werden verstoßen oder leben in schrecklichen Verhältnissen. In Patacharas Geschichte scheinen sich alle nur möglichen Qualen einer Frau der damaligen Gesellschaft aufzutürmen.

Es ist dabei nicht nur der emotionale Aspekt, der diese Verluste so entsetzlich macht. In der traditionellen indischen Gesellschaft hatten Frauen ohne den Schutz eines Mannes oder der Familie einfach keine Überlebensmöglichkeit. Der Wahnsinn von Patachara hat auch diesen Hintergrund. Nach dem Tod ihrer Familie gibt es für sie tatsächlich kein Leben mehr. Frauen, denen so etwas zustößt, sind im tiefsten Sinn nackt und ohne Identität. Wer so vor den Buddha tritt, ist für diese Begegnung weit offen.

Patachara stammte aus einer Bankiersfamilie in Savatthi. Ihre Eltern hatten für sie eine standesgemäße Heirat geplant, Patachara aber verliebte sich in einen ihrer Hausdiener, und die beiden flohen in eine entlegene Gegend, um ihre Liebe zu leben. Als die Geburt ihres ersten Kindes nahte, wünschte sich Patachara, in ihr Elternhaus zurückkehren zu können, um das Kind dort zur Welt zu bringen. Ihr Mann sträubte sich und versuchte, sie davon abzuhalten. Sie aber machte sich eines Tages, als ihr Mann nicht zu Hause war, einfach allein auf den Weg. Als ihr Mann ihr Verschwinden bemerkte, lief er ihr nach und versuchte sie einzuholen. Unterwegs hatten bei Patachara schon die Wehen eingesetzt, und er erreichte sie gerade noch rechtzeitig, um ihr helfen zu können, das Kind auf die Welt zu bringen. Alle drei kehrten nun wieder in ihr Dorf zurück. Als Patachara zum zweiten Mal schwanger wurde, hatte sie wieder den unwiderstehlichen Wunsch, das Kind in ihrem Elternhaus zu gebären. Wieder wollte ihr Mann davon nichts hören, und wieder nahm sie hochschwanger Reißaus, ihr erstes Kind an der Hand. Auch diesmal holte ihr Mann sie ein, als gerade die Wehen einsetzten.

Inzwischen war ein Unwetter aufgekommen. Donnergrollen und erste Regenschauer gingen auf die kleine Gruppe nieder. Patachara konnte sich nicht mehr aufrecht halten. Am Wegrand überließ sie sich den Wehen, unter fauchendem Sturm und dem Heulen ihres ersten Kindes. Um seine Familie zu schützen, stürzte sich ihr Mann ins Gebüsch. Er wollte Zweige für eine notdürftige Hütte sammeln. Erst am Morgen, als der Sturm sich legte, hatte Patachara wieder Kraft genug, um zu bemerken, dass er nicht zurückgekommen war. Allein, mitten im Sturm und in peitschenden Regenfluten hatte sie ihr zweites Kind zur Welt gebracht. Die ganze Nacht hatte sie sich schützend mit ihrem Körper über die beiden Kinder gelegt, um Regen und Sturm abzuhalten, unfähig zu denken oder sich zu bewegen. Jetzt begann sie sich nach ihrem Mann umzusehen und fand ihn tot im Gebüsch, unweit der Stelle, an der sie die ganze Nacht ausgeharrt hatte. Eine Schlange hatte ihn im Unterholz gebissen. Einen Tag und eine Nacht blieb sie ohnmächtig vor Schmerz und Erschöpfung neben dem Weg liegen. Dann raffte sie sich auf, nahm ihre Kinder und setzte die Wanderung zu ihrem Elternhaus fort.

Sie gelangten an einen Fluss. Sonst war er leicht zu durchwaten, jetzt aber hatte das Unwetter ihn so reißend und tief gemacht, dass Patachara nicht wagte, beide Kinder auf einmal hinüberzutragen. Also ließ sie das ältere Kind am diesseitigen Ufer zurück und trug das Neugeborene hinüber. Dort legte sie es auf einen Blätterhaufen und watete wieder in den Fluss zurück, um das andere Kind zu holen. Als sie mitten im Fluss war, und sich noch einmal zu ihrem Neugebornen umdrehte, sah sie, wie ein Raubvogel auf das Kleine herabstieß und es mit seinen Krallen ergriff, um es davonzutragen. Voller Verzweiflung schrie sie laut auf. Der Vogel ließ sich davon nicht stören und trug das Neugeborene mit sich fort. Das ältere Kind aber, das bis dahin geduldig auf der anderen Seite gewartet hatte, hielt diesen Schrei für den Ruf der Mutter, ihr entgegenzukommen. Die Wassermassen trugen es mit sich fort, noch bevor die Arme der Mutter es ergreifen und retten konnten.

Irgendwie gelangte Patachara schließlich nach Savatthi, in ihren Heimatort. Ohne Mann, ohne Kinder, zerschunden an Leib und Seele. Als sie sich der Stadt näherte, kam ihr eine Frau entgegen, die sie erkannte. Sie lief auf sie zu: »Wie geht es meinen Eltern?« Die Frau schaute zu Boden: »Frag mich etwas anderes.« »Aber nein, das ist das Einzige, was mich interessiert! Wie geht es ihnen?« »Also gut, wenn du es wirklich wissen willst: Du weißt ja, wie die Götter es gestern regnen ließen. Euer Haus ist eingestürzt und hat deine ganze Familie unter sich begraben. Auf diesem Scheiterhaufen dort drüben brennen ihre Gebeine.«

Diese letzte Schreckensnachricht brach Patacharas Herz und Verstand. Von diesem Moment an ging sie nur noch im Kreis, sie vergaß, wer sie war, die Kleider fielen ihr nach und nach in Fetzen vom Körper. Sie bemerkte es nicht und ging weiter im Kreis. Sie schlief in Abfallhaufen, sprach nicht mehr, und alle Menschen machten einen großen Bogen um die Verrückte, die nach Leid und Tod roch.

Eines Tages hieß es, der Buddha sei mit seinen Leuten in der Gegend. Viele strömten zu ihm. Auch die immer noch im Kreis gehende Patachara wurde vom Sog der Menge mitgeschwemmt. Als die Mönche um den Buddha die stinkende Verrückte entdeckten, versuchten sie sie schnell aus der Versammlung zu entfernen. Sie fanden, eine verwirrte Frau sei ein ungeeigneter Anblick für den Buddha und würde nur von den Lehren ablenken. Der Buddha aber hatte sie schon längst gesehen und ging ihr nach. Er stellte sich ihr auf ihren ewigen Kreisbahnen in den Weg und sprach sie an: »Schwester, komm wieder zu dir.« Sie blieb stehen. Sie schaute an sich herunter und sah, dass sie nackt war. Jemand warf ihr ein Tuch zu. Aber mit dem Bewusstsein kehrte auch die unerträgliche Verzweiflung zurück. Mühsam hob sie den Kopf und schaute dem Buddha ins Gesicht: »Hilf mir!«, stieß sie hervor.

Und der Buddha antwortete ihr: »Ich bin keiner, der dir hilft. In deinen unzähligen Leben vor diesem hast du schon mehr Tränen für geliebte Menschen vergossen, als Wasser in den vier Meeren ist. Wenn du stirbst, kann dir aber keiner deiner Lieben helfen. Und so ist es auch hier auf der Welt. Kein Mensch, und sei er dir noch so nah, kann dir wirklich helfen. Du selbst aber kannst es.«

Diese Worte und die Gegenwart des Buddha berührten Patachara im Innersten ihres Wesens. Sie erwachte. Sie bat um die Ordination und wurde noch am selben Tag in den Nonnenorden aufgenommen.

Patacharas Geschichte ist eng verwoben und teilweise vermischt mit der Geschichte einer anderen Frau, die ebenfalls durch den Verlust des Liebsten ihren Verstand verlor und vom Buddha geheilt wurde. Ihre Geschichte ist sehr bekannt:

Kisagotami

Kisagotami heiratete aus armen Verhältnissen[65] in eine reiche Familie ein, von der sie sehr schlecht behandelt wurde, bis sie endlich den ersehnten Stammhalter zur Welt brachte. Der Sohn brachte ihr nach Jahren der Demütigung Status und Respekt. Was für eine Katastrophe, als das Kind starb! Kisagotami konnte die Leiche des Kindes nicht loslassen und wanderte mit dem toten Sohn im Arm ziellos durch die Straßen. Mitfühlende Menschen führten sie zum Buddha, der ihr eine scheinbar einfache Aufgabe gab: Wenn sie es fertig brächte, ihm ein weißes Senfkorn aus einem Haushalt zu bringen, in dem noch nie jemand gestorben war, dann würde er ihren Sohn wieder lebendig machen. Kisagotami klopfte an jeder Haustür an, verzweifelt versuchte sie, so ein Senfkorn zu finden, aber in jedem Haus schüttelten die Leute traurig den Kopf: Bei uns nicht. Irgendwann bohrte sich die Wahrheit zu ihrem Herzen durch: Der Tod kommt zu jedem.

Sie brachte die Leiche ihres Kindes zum Begräbnisplatz und bat darum, in den Nonnenorden aufgenommen zu werden.

In einem der Lieder der Therigatha[66] singen Kisagotami und Patachara miteinander darüber, wie sie aus tiefster Verzweiflung erwachten. Kisagotami beginnt:

»Der Pfeil ist herausgezogen.
Ich habe meine Last abgelegt.
Was getan werden musste, wurde getan.
Schwester Kisagotami hat das gesagt,
Mit freiem Geist.«

Und Patachara antwortet:

»Ich habe gesehen,
Wie die Schakale auf dem Friedhof
Das Fleisch meiner Söhne fraßen.
Meine Familie ist ausgerottet,
Mein Ehemann tot.
Verachtet war ich und ausgestoßen.
Ich habe das gefunden, was nicht stirbt.«

Die Lehrerin Patachara

Patachara reift durch ihre Heilung zu einer eindrucksvollen Lehrerin heran. Sie versteht, was die Frauen bewegt und welchen Weg sie vor sich haben. Es wird erzählt, dass fünfhundert Frauen, die um Ordination gebeten hatten, Patachara um Belehrung baten. Sie fasst das, was sie verstanden hat, für sie in folgende Worte:[67]

»Du schreist: Mein Sohn!
Du weißt nichts über sein Woher und Wohin.
Du trauerst,
Aber wer weiß, wo er herkam?
Alles, was lebt, ist so.
Du würdest nicht über sein Kommen und Gehen trauern,
Wenn du das verstehen würdest.
Er kam ungebeten,
Er ist wieder fort,
Und du kannst nichts machen.
Er muss von irgendwoher gekommen sein
Und lebte nur ein paar Tage.

Er kam über eine Straße
Und geht über die andere.
Er ist fort aus der menschlichen Welt,
Aber seine Reise wird weitergehen.
Er kam. Er ging.
Was gibt es da zu weinen?«

Und ihre Schülerinnen antworten:

»Sie hat mir den Pfeil herausgezogen,
Der in meinem Herzen verborgen war,
Den Schmerz um meinen Sohn.

Ich war ohnmächtig vor Schmerz.
Sie hat das von mir geschleudert.
Jetzt ist es vergangen,
Ich bin frei und ohne Sehnsucht.«

Patacharas Erwachen

Wir wissen nicht, ob dieses Lied des Erwachens von derselben Patachara stammt. Man könnte sich aber vorstellen, dass sich das ursprüngliche Erwachen in der Gegenwart des Buddha in ihr im Alltag so vertiefte:[68]

Alles hatte ich richtig gemacht,
Jeden Rat meines Lehrers befolgt.
Ich war nicht faul und auch nicht stolz.
Warum fand ich keinen Frieden?

Beim Füßewaschen
Sah ich das Wasser aus der Schüssel
Die Böschung hinunterfließen.
Ich konzentrierte den Geist,
So wie man ein gutes Pferd trainiert.

Dann nahm ich eine Lampe
Und ging in meine Zelle.
Ich machte mein Bett
Und setzte mich darauf.
Mit einer Nadel drückte ich
Den Docht herunter.

Als das Licht ausging,
War mein Herz frei.

Die Anfangszeilen des Lieds beschreiben eine nervtötende Situation, wie sie viele Meditierende kennen: Man hat sich so bemüht, alles richtig zu machen, ein »braves Mädchen« zu sein, und trotzdem klappt es einfach nicht.

Das nächste Bild zeigt eine Alltagssituation. Die Meditation ist vorbei. Eine Frau wäscht sich die Füße, entspannt sieht sie dem Wasser zu, das an ihren Füßen hinunterrinnt, doch plötzlich geschieht etwas, wie von selbst. Es ist, als könnte sie mit einem Mal genauer sehen. Das kleine Rinnsal des Waschwassers, das den Hang hinunterläuft, immer weiter, ist genau wie das Fließen der Gedanken und Impulse im Geist. Es ist einfach, mit dieser Bewegung zu verschmelzen, mitzufließen. Wenn die Anstrengung des »Richtig-machen-Wollens« wegfällt, zeigt sich die Wahrheit von selbst. Durch die Übung ist sie auf diesen Moment gut vorbereitet, ihr Geist ist geschmeidig wie ein »gut trainiertes Pferd«. Ist das Pferd gut trainiert, sind Reiterin und Reittier eins. Sie tun, was sie tun, ohne Anstrengung.

Dann geht die Frau zu Bett, wie jeden Tag. Sie löscht das Licht, und plötzlich ist ihr Herz frei. Es ist wieder eine ganz kleine Bewegung, die alles verändert. Patacharas Lied erfasst diesen Augenblick mikroskopisch genau. Keine Pauken und Trompeten, kein Glorienschein, fast ein bisschen enttäuschend, dieses Erwachen.

Dhammadinna, die große Lehrerin

Dhammadinna ist nach den Worten des Buddha die größte Lehrerin unter den Theris. Danach gefragt, wie er die Lehrreden Dhammadinnas bewerte, antwortet er: »Dhammadinna verfügt über Weisheit und Wissen. Hättet ihr mich gefragt, ich hätte nicht anders geantwortet.« Damit bestätigt er ihre Aussagen als *Buddhavaccana*, als »Worte, die direkt aus dem erwachten Zustand fließen«. Es bedeutet also, ihr Wort ist so gut wie das des Buddha! Dhammadinna muss also als Lehrerin eine ungeheure Ausstrahlung gehabt haben. Es wird erzählt, sie habe vor großen

Menschenmengen gesprochen, und ihre Schülerinnen haben sie wohl sehr verehrt. Eine von ihnen schreibt über ihre Erfahrungen mit Dhammadinna:

»Kein Seelenfrieden – nicht einen Moment.
Ich denke immer nur an Liebe.
Die Arme ausgestreckt nach irgendjemandem,
Heule ich wie eine Verrückte.
Aber ich hörte Dhammadinna lehren.
Sie zeigte mir Vergänglichkeit.
Ich setzte mich hin und meditierte.«[69]

Offensichtlich hielt Dhammadinna Lehrreden, die sich ausdrücklich an Frauen richteten. Es ist ein Lehrgedicht von ihr überliefert, das sich aufgrund der grammatikalischen Endungen im Pali eindeutig an eine weibliche Zuhörerschaft richtet. Dhammadinna lehrt die Frauen:

»Ohne Unterlass das Ende des Leidens herbeisehnen,
Angefüllt mit Achtsamkeit – so ist es recht.
Wenn das Herz nicht an den Dingen hängt,
Sagen wir: ›Diese Frau ist in den Strom eingetreten.‹«[70]

Dhammadinnas Weg in das Dharma ist unspektakulär. Fast zufällig geriet sie in die Sangha und eigentlich nur aus Angst vor dem Alleinsein.

Ihr Mann hatte den Buddha lehren gehört und war begeistert. Er erklärte seiner Frau noch am selben Abend, er hätte beschlossen, umgehend Mönch zu werden. Dhammadinna erschrak. Sie wollte auf keinen Fall allein zurückbleiben. Sie hatte zwar noch nichts vom Buddha gehört, aber die Angst, allein zu bleiben, war stärker als alles andere. Und so lief sie frühmorgens am nächsten Tag zum Versammlungsplatz der Sangha des Buddha und bat darum, die Nonnengelübde ablegen zu dürfen.

Von diesem Tag an schaute sie nie mehr zurück. Kopfüber tauchte sie in das Dharma, um als Arhat wieder zu erscheinen. Ihr Mann dagegen hatte seine Begeisterung nicht einmal ansatzweise in die Tat umgesetzt. Als Dhammadinna nach einigen Jahren wieder auf ihn traf, war er immer noch nicht Mönch und keinen Schritt weitergekommen. Beeindruckt von der Verwirklichung seiner Frau, bat er Dhammadinna, ihm doch zu erklären, was Meditation eigentlich sei. Ihre wunderbare Antwort war: »Meditation ist, das Herz auszurichten.«

Ambaphali und Vimala

Kurtisane und Nonne – zwei Lebensmodelle wie es gegensätzlicher nicht geht? Ganz im Gegenteil, die beiden haben viel gemeinsam.[71] Beide leben außerhalb der Familienbande und bewegen sich relativ unabhängig in der Männerwelt. Die Kurtisane und die Nonne entsprechen auch in ihrer Sexualität nicht den Normen eines traditionellen patriarchalen Ehegefüges, in dem die Frau einem einzigen Mann gehört und ihm gehorcht – die Nonne dadurch, dass sie keinen Mann will, und die Kurtisane, indem sie alle nimmt. Dass die Gesellschaft diese Ähnlichkeit auch sah, bestätigt die Rechtssprechung der damaligen Zeit. Verbrechen gegen Frauen dieser Gruppen wurden als rechtlich gleichwertig angesehen und selbstverständlich weniger hart bestraft als Verbrechen gegenüber anderen Frauen, die einem Mann gehörten.[72] Trotzdem war die größere Unabhängigkeit für viele Frauen erstrebenswert. Für die Kurtisane kam noch hinzu, dass sie, um erfolgreich zu sein, gebildet und gescheit sein musste. Sie war also in Tanz, Gesang und Literatur ausgebildet. Für ihren Erfolg und ihr Überleben waren natürlich auch politisches Wissen, Diplomatie und Geschäftssinn wichtig. In Ambaphalis Geschichte finden wir diese Elemente wieder. Und auch ein großes Maß an Wertschätzung, ja fast Verehrung, das dieser Frau als glückverheißender Tochter der Baumnymphen entgegengebracht wird. Im Gegensatz zu Passagen im Pali-Kanon, die weibliche Sinnlichkeit als gefährlich einstufen und sie drastisch negativ bewerten, hat der Buddha selbst keine Berührungsängste mit Frauen, auch nicht mit Kurtisanen und Prostituierten. So hält er Ambaphali gegenüber Wort, obwohl ihm dadurch eine Einladung von politisch und gesellschaftlich hoch angesehenen Gastgebern entgeht. Unweigerlich denkt man an Jesus und seine Offenheit gegenüber Prostituierten. In der Nonnen-Sangha des Buddha leben außer Ambaphali noch eine ganze Reihe anderer Kurtisanen und verführerischer Frauen, wie zum Beispiel Vimala, Addhakasi, Padumavati und Jenti.

In späteren Phasen des Buddhismus treten diese Frauen noch ganz anders auf. Ein Mahayana-Sutra beschreibt die Kurtisane Vasumitra als Bodhisattva und Lehrerin. Sie führt die Wesen durch Küsse zum Erwachen. In den tantrischen Geschichten begegnen uns sinnliche Frauen ganz offen als Lehrerinnen und yogische Praktizierende, porträtiert als unabhängige, starke Frauen. Männliche Schüler müssen sich anstrengen, um von ihnen in ihre Weisheit und ihr verfeinertes Körperwissen eingeführt zu werden. In Uddiyana, dem Land der Dakinis und weisen Frauen, existierte eine Überlieferungslinie, in der die Prostituierte Parani sechste Linienhalterin war.[73]

Ambaphali, Schützerin des Mangobaums

Ein Gärtner des Königs fand das Baby eines Morgens. Es lag friedlich in der Wurzelmulde eines blühenden Mangobaums. Als das strahlend schöne Kind vor den versammelten Hof gebracht wurde, waren sich alle einig: Dieses kleine Mädchen war eine Tochter der Yakshis, der Baumgöttinnen, und auf wundersame Weise geboren. Und so nannten sie es Ambaphali, Schützerin des Mangobaums. Das Mädchen wuchs heran, und wie zu erwarten war, erblühte es in Schönheit. Dazu zeigte sich bei der jungen Frau ein ganzer Strauß guter Eigenschaften: Intelligenz, Geschicklichkeit, Musikalität und eine außerordentliche Anziehungskraft. Als sie das heiratsfähige Alter erreichte, begannen die Prinzen der umliegenden Fürstentümer, ihre Schwerter zu wetzen. Jeder wollte dieses Kleinod besitzen. Sie zu erringen hieß nicht nur, die schönste Frau weit und breit heimzuführen – sie in der Nähe zu haben bedeutete auch Wohlstand und Frieden. Denn irgendetwas an ihr war besonders glückbringend. Seit sie in Vesali an jenem Morgen gefunden worden war, blühten in dieser Stadt die Geschäfte, und es hatte nicht ein einziges Mal an Nahrung oder Wasser gemangelt. Alle in dieser Stadt waren zufrieden und glücklich. Jeder der Prinzen war also entschlossen, er wollte diese Frau bekommen und seine Konkurrenten bis zum letzten Blutstropfen bekämpfen.

König Bimbisara, der Herrscher von Vesali, hatte seit vielen Nächten kein Auge mehr zugetan. Ein solcher Streit würde die ganze Region verwüsten und letztendlich alle gegen ihn aufbringen. Jede Nacht trat König Bimbisara, von quälenden Grübeleien getrieben, auf seinen Balkon. Er sah in den Sternenhimmel und spürte, es war nicht nur diese Sorge, die ihn Nacht für Nacht nicht schlafen ließ: In Wahrheit wollte er Ambaphali nicht verlieren. Der Gedanke, sie nicht mehr um sich zu haben, war unerträglich. Aber heiraten konnte er sie nicht. Die enttäuschten Bewerber würden sich in ihrer Wut zusammenrotten und Vesali verwüsten.

In einer dieser Nächte schien es ihm plötzlich, als flüsterten ihm die rauschenden Mangozweige etwas zu: Wenn Ambaphali nicht einem allein gehören konnte, dann musste sie allen gehören! Das war die »salomonische« Lösung – König Bimbisara machte Ambaphali zur »Stadtkurtisane«. Unter seinem Schutz ließ sie sich in der Stadt nieder und empfing die Männer, die um ihre Gunst warben und mit denen sie sich einlassen wollte.

Ambaphali schlüpfte geschmeidig in diese Rolle, als wäre sie für sie erfunden. Sie wirkte wie eine Göttin der Fülle und des Friedens in Vesali. Zeitgenössische Berichte beschreiben sie als »schön, gut anzusehen, bezaubernd. Sie hatte die allerschönste Haut. Sie konnte sehr gut tanzen und singen und beherrschte das Lautenspiel. Viele begehrten sie und suchten sie auf, und sie bekam fünfzig Kahapanas die Nacht. Durch sie strahlte die Stadt Vesali noch heller!«[74] Und so war es. Keiner konnte ihr widerstehen.

Auch der König nicht, er war der Vater ihres ersten Kindes. Sie konnte alles haben, was sie nur wollte, aber merkwürdig, es schien ihr nicht sehr viel zu bedeuten. Es war, als würde sie in all ihrer Fülle und Lebendigkeit warten, als würde sie auf den einen, den besonderen Mann warten, durch den sie endlich erfahren könnte, wer sie wirklich war.

Zu dieser Zeit war König Bimbisara schon ein Verehrer des Buddha. Und er war es, der Ambaphali als Erster von ihm und seiner Lehre erzählte. Alles, was sie darüber hörte, faszinierte sie. Das war kein Mann wie die Prinzen, Fürsten, Minister und reichen Kaufleute, die bei ihr ein und aus gingen. Die waren nur auf ihr Vergnügen aus, machten sich Sorgen um ihr Ansehen und hatten in Sachen »Weisheit« bestenfalls ein paar Bonmots zu bieten. Der Buddha schien aus einem anderen Holz geschnitzt. Das konnte der Mann sein, der die Antwort auf ihre Fragen hatte.

Sie hatte dafür gesorgt, dass sie es als Erste erfuhr, sollte sich der Buddha mit seinem Gefolge der Stadt Vesali nähern. Als es so weit war, ließ sie alles stehen und liegen, bestieg ihre Sänfte und befahl ihren Dienern, so schnell sie konnten dem Buddha entgegenzulaufen.

Es war gerade um die Mittagszeit, und die Mönche des Buddha sahen sich nach einem geeigneten Ort zur Rast um, als Ambaphalis Tross auf sie stieß. Sie beugte sich aus ihrer Sänfte: »Bitte lasst euch doch in meinem Mangohain nieder, er ist nicht weit von hier«, bot sie den Mönchen an. Die sahen sie scheu an, auf Abstand bedacht. Das war eine von diesen Frauen, vor denen man sie immer gewarnt hatte. Aber die ausladenden Mangobäume des Hains, nicht weit von der Straße, winkten mit willkommenem Schatten. Und so folgten sie ihr unter die kühlen Zweige. Als Ambaphali den Buddha inmitten der Schar von Mönchen erblickte, lief sie auf ihn zu und warf sich ihm zu Füßen. »Ich bitte Euch,« rief sie, »erfüllt mir den Wunsch, Euch und Euer Gefolge morgen bewirten zu dürfen.«

Sie spürte, wie sein Blick auf ihr ruhte, während ihr Kopf die Erde vor seinen Füßen berührte. Jede ihrer Poren spürte diesen Blick, der so anders war als der, mit dem Männer ihr sonst begegneten. Und als der Buddha sagte, er werde ihre Einladung annehmen, wusste sie, dass sie sich auf eine Verabredung eingelassen hatte, die ein unbekanntes Glück versprach. »Deine Absicht ist rein, und dein Geist ist ebenfalls durch seine Reinheit sehr stabil.« Das waren die Worte, die er ihr mit auf den Weg gab.

Kaum hatte Ambaphalis Sänfte den Mangohain verlassen, trabten Träger mit noch reicher geschmückten Sänften keuchend auf der staubigen Straße auf die Versammlung des Buddha zu. Da der König ein Verehrer der neuen religiösen Bewegung war, beeilten sich die Honoratioren der Stadt, dem Buddha ihre Ehrerbietung zu zeigen und ihn und sein Gefolge für den kommenden Tag zum Essen einzuladen. Wie groß war ihre Verblüffung, als sie hörten, der Buddha habe bereits die Einladung der Kurtisane Ambaphali angenommen. Er hatte es ihr versprochen, und dabei blieb es.

Am nächsten Tag also wanderten der Buddha und seine Mönche in die Stadt. Ganz Vesali war auf den Beinen, um zu sehen, wie diese heiligen Männer im luxuriösen Freudenhaus der Kurtisane verschwanden.[75]

Wir wissen nicht, was genau sich bei diesem Essen zugetragen hat, aber es muss sich eine grandiose Verführung abgespielt haben. Diesmal aber war Ambaphali die Verzauberte. Als der Buddha wieder aufbrach, hatte sie ihm nicht nur den wundersamen Mangohain als Aufenthaltsort für seine Gemeinschaft geschenkt,[76] sie hatte auch sich selbst gegeben, mit Haut und Haaren.

Einige Tage später war sie aus der Stadt verschwunden und trat in die Gemeinschaft der Nonnen ein. Den Körper als vergänglich zu erkennen, das war die Übung, durch die sie Befreiung erlangte. Das war es auch, was sie die anderen Frauen durch ihr Befreiungslied lehrte: Wenn ich Vergänglichkeit aufspüre, bin ich der Wahrheit nahe. Denn jede Strophe ihres Lieds endet mit der Zeile: »Das ist die Lehre von einer, die die Wahrheit spricht.«

Vimala, die Prostituierte

In der Geschichte von Vimala[77] treffen wir auf das klassische Gegensatzpaar, Asket und sinnliche Frau, hier als Mönch und Prostituierte. Beide Figuren brauchen einander im Rahmen der Geschichte. Im Spiegel der jeweils anderen gewinnen sie ihre Plastizität. In der traditionellen Interpretation sieht die Position der Frau natürlich schlechter aus. Sie ist die Verwirrte, die alle Energie in ihren Körper und ihre Sinnlichkeit steckt. Selbst Mönchen gegenüber zögert sie nicht, ihre üblen erotischen Tricks auszupacken. Sie verkörpert für die Mönche des frühen Buddhismus die unerwachte, behindernde, klebrige Seite. Unheil droht von ihr, das Unheil, wieder in den Sumpf der Begierden gezogen zu werden. Es lassen sich genügend Textstellen finden, in denen über die Körperlichkeit von Frauen stark abwertend gesprochen wird. Die drastische Ausdrucksweise dieser Textpassagen ist, so denke ich, in erster Linie als Pädagogik für einen neuen zölibatären Mönchsorden zu sehen. Weiblichkeit in dieser Form zu beschreiben ist in der indischen Kultur nicht selbstverständlich und wird auch in den späteren Formen des Buddhismus wieder verschwinden. Abbildungen von sinnlich schönen Frauen an Tempeln der frühen buddhistischen Zeit verbreiten durchgehend eine ganz andere Botschaft. Die heftige Reaktion auf weibliche Körperlichkeit in der frühen mönchischen Bewegung zeigt aber noch etwas anderes. Es hebt die große Macht hervor, die von Frauen und ihrer Sinnlichkeit ausgeht und die für alle Beteiligten spürbar ist.

Vimala, die Prostituierte, ist in ihrer Geschichte eine Machtfrau. Sie liebt die Macht, die Macht der Erotik, die Macht über Männer und die Macht über Frauen. Das zentrale Thema ihrer Befreiungsgeschichte ist nicht der Kampf um die Tugend des Mannes und die Beschämung der sinnlichen Frau. Mir scheint es hier vielmehr um die Überwindung von Stolz und Überheblichkeit zu gehen. Vimala erscheint mir zu Anfang einsam in all ihrer Herrlichkeit und Selbstverliebtheit. Allein sehen wir sie dann am Ende mit ihrer Bettelschale unter dem Baum, geborgen in Freiheit und Offenheit. Hier ihre Geschichte:

Ich kannte das Gewerbe so gut wie keine andere. Hatte es schon mit der Muttermilch aufgesogen. Was ich als Kind schon alles gesehen habe! Ich hatte nie Illusionen über die Liebe. Ich habe schon früh durchschaut, dass Männer dumme Tölpel sind. Man hält ihnen ein Stück duftendes Fleisch hin, und sie applaudieren wie dressierte Affen! Oh ja, ich weiß, das ist nichts für so manches zarte Öhrchen einer jungen Nonne hier. Aber ihr wolltet doch wissen, wie ich zum Buddha kam, und ich kann diese Geschichte nur auf meine Weise erzählen.

Also, sagen wir mal so, als ich alt genug war, in das Gewerbe einzusteigen, wusste ich genau, was bei Männern ankommt und wie man sie weich kriegt. Ich habe meinen Beruf eigentlich mehr als Kunst des Jagens verstanden. Du musst die Gewohnheiten deiner Beute kennen und im richtigen Moment zuschlagen. Wenn die ehrenwerten Männer der Stadt vor mir auf die Knie gingen, habe ich es genossen. Ich war berühmt für meine Liebeskunst und kassierte Spitzenpreise. Das glaubt ihr mir jetzt wohl nicht mehr, was? Ha, wenn ich Lust dazu hätte, könnte ich auch jetzt noch mit den Hüften wackeln, dass euch Hören und Sehen vergeht! Damals war ich natürlich jünger und ziemlich gut gebaut. Es kam schon mal vor, dass der eine oder andere ohnmächtig wurde, wenn ich meinen Strip hinlegte. Aber eigentlich war das viel zu leicht erlegte Beute. Langweilig. Das Lachen blieb mir im Hals stecken.

Jeden Abend trat ich, noch bevor das Geschäft richtig losging, vor mein Haus. Das war der schönste Moment des Tages. Eingeölt mit duftenden Essenzen, lehnte ich an der warmen Wand neben meiner Tür. Noch gehörte meine Schönheit mir.

Meine Haut schimmerte bronzefarben im Abendlicht. Die schwarzen Locken kitzelten mich an der Hüfte. Der leuchtende Stoff meines Oberteils spannte über den Brüsten. Ich fühlte mich wie eine schöne Tigerin, die gelangweilt und träge mit halb geschlossenen Augen daliegt und dann, im nächsten Moment hellwach, mit ausgefahrenen Krallen die Spur der Beute aufnimmt.

Ich war die unumstrittene Königin des Reviers. Die anderen Frauen hielten gebührenden Abstand. Als ich anfing, da hatte noch die eine oder andere versucht, mir blöd zu kommen. Ich schickte dann einen gewissen Typen bei ihnen vorbei, der machte ihnen klar, wer hier die Herrin ist. Die hatten alle sowieso keine Klasse, billiger Abschaum, stümperten mit primitiver Erotik herum. Ich hab mit keiner von ihnen geredet. Aber sie waren immer noch besser als die braven Hausfrauen, deren Männer sich bei mir amüsierten. Die waren noch stolz auf ihr besseres Sklavenleben. Dabei konnten sie sich erst recht nicht aussuchen, mit wem sie ins Bett steigen wollten! Ja, schaut nicht so betreten, ihr wisst doch, dass das stimmt! So habe ich jedenfalls damals gedacht. Ich wollte nicht so eine sein. Ich wollte mein Schicksal in der Hand behalten. Ob ich nicht einsam war, wenn ich alle anderen so verachtete? Natürlich! Aber an der Spitze ist es einsam, oder?

Aber das ist sowieso längst Vergangenheit, seit diesem Abend, an dem ich Moggallana begegnete. Und das wollte ich euch ja eigentlich erzählen, wie es kam, dass ich jetzt hier mit kahlem Kopf unter einem Baum sitze.

An diesem Abend war ich wie gewohnt vor das Haus gegangen. Es war noch früh und ich genoss die Stille vor dem Sturm. Gerade an diesem Abend fand ich mich mal wieder besonders gut gelungen. Und ich dachte noch: Selbst wenn jetzt ein Heiliger daherkäme, er hätte keine Chance gegen ein ausgefuchstes Weibsstück wie mich, und ich lachte in mich hinein.

Ich ließ den Blick die Gasse hinunterschweifen. Alles war leer und ruhig in der abendlichen Dämmerung. Nur ein einzelner Mann kam langsam durch die Schatten der Häuser heran. Ich seh es noch vor mir, als wäre es heute. Er ging sehr langsam und aufrecht. Er hielt den Blick gesenkt. Um seine magere Brust hing ein safranfarbenes, zerfetztes Gewand. Da war er also, mein Heiliger!

Ich wurde wach und fuhr die Krallen aus. Dass er nicht so aussah, als hätte er Geld in der Tasche, störte mich nicht. Diese Trophäe wollte ich mir an so einem schönen Abend über das Bett hängen. Ich ließ ihn nahe herankommen, ohne mich zu bewegen. Als ich wusste, dass er jetzt nahe genug war, um mich spüren und riechen zu können, schnellte ich mit einer anmutigen Bewegung von der Wand und stellte mich ihm in den Weg. Er blieb sofort stehen. Er hielt den Blick weiter gesenkt. Aber mein Geruch und das leise Klingeln der Fußketten hatten seine Sinne gefangen. Das spürte ich genau. So standen wir uns gegenüber. Eine Weile. Ich wartete. Die schön verschlungene Melodie eines Liebeslieds kam mir in den Sinn. Ich summte sie leise. Da hob er den Blick und sah mich an. Er kämpfte, doch, ich bin mir sicher, dass er nicht kalt blieb. Das sage ich nicht aus Eitelkeit. Auch mir pochte das Blut in den Ohren. Wir atmeten beide tief. Dieser Moment erschien mir wie eine Ewigkeit. Es war ein bewegungsloses Duell.

Dann hielt ich es plötzlich nicht mehr aus. Mein Arm machte eine Bewegung, wie um ihn zu fassen. Im selben Augenblick wurde sein Blick kalt. Der Bann war gebrochen, und ich wusste, ich hatte zum ersten Mal in meinem Leben verloren.

Jahrelang hat mich seine Stimme Tag und Nacht verfolgt. Ich hörte sie beim Aufwachen und beim Einschlafen. Sie war sehr leise und ein bisschen rau: »Ein Mönch, der Reinheit anstrebt«, so sagte er zu mir, »vermeidet deinen Körper, wie man Kot vermeidet.« Dann drehte er sich einfach um und ging. Langsam und aufrecht, so wie er gekommen war. Ich bekam einen Lachanfall: »Feigling!«, habe ich ihm hinterhergeschrien. Aber noch im Schreien fühlte ich mich mit einem Mal merkwürdig hohl. Der Boden wankte unter mir, und ich sank auf der Türschwelle zusammen.

Packt eure Taschentücher wieder weg, liebe Mitschwestern, ich brauche kein Mitleid, damals nicht und auch jetzt nicht! Es war ja nicht die Beschimpfung, die mich so getroffen hatte. Da kannst du jede Nacht im Viertel Schlimmeres hören, wenn es ans Bezahlen geht! Eine, der schimpfende Männer und Beleidigungen etwas ausmachen, die überlebt nicht im Gewerbe. Nein, das war es nicht, was meine Welt ins Wanken gebracht hatte. Dass er so einfach wieder gehen konnte, das war es. Es war, als hätte jemand den Vorhang weggezogen. Meine Macht, meine Stärke war ein Irrtum! Plötzlich spürte ich mein Herz wie einen dicken Klumpen Traurigkeit in mir. Mein ganzes Leben hatte ich darauf aufgebaut, andere zu verachten. Es gab keine Menschenseele, der ich mich hätte anvertrauen können. Zum ersten Mal in meinem Leben fühlte ich mich einsam und verloren.

Innerlich brannte ich in Verzweiflung. Äußerlich machte ich einfach weiter. Bis ich es nicht mehr aushielt. Ich hatte mittlerweile herausbekommen, was für ein Heiliger meinen Weg gekreuzt hatte und dass er aus der Gemeinschaft des sogenannten Buddha stammte. Ich nahm meine Ersparnisse und suchte diesen Buddha. Ich habe es aus Ratlosigkeit und Verzweiflung getan. Ich wusste einfach nicht, wie ich weiterleben sollte.

Den Rest kennt ihr. Jede von euch, die ihr hier sitzt, hat es erlebt. Als ich den Buddha hörte, fasste ich Mut. Es hat mir gefallen, wie er lehrte, dass wir an nichts anhaften sollen. Nicht an Menschen im Außen, die uns Bestätigung geben, und nicht am Körper, nicht an inneren Bildern von uns selbst. Ich trat in den Orden ein. Und ich habe festgestellt, es ist eine viel bessere Möglichkeit, mein Geschick in der Hand zu halten. Wenn ich daran denke, wie viel Kraft ich dafür verbraucht habe, mich gegen andere abzugrenzen, mich hinter den Mauern meiner Überheblichkeit zu verschanzen. Ich dachte, ich wäre die Königin, und war doch genauso versklavt wie alle anderen.

Und jetzt? Kahlköpfig, staubbedeckt wandere ich umher und bettle um Almosen. Niemand aus meinem alten Leben würde mich wiedererkennen. Dabei bin ich dieselbe und wirklich frei! Ich brauche keine Männer mehr, nicht einmal Götter! Und das bin ich, dieselbe, die sich noch vor kurzer Zeit wie ein glitzernder Kreisel um sich selbst drehte. Dieses selbe Ich sitzt jetzt unter dem Baum. Frei. Offen. Klar.

Das ist meine Geschichte. Nichts Besonderes eigentlich, aber vielleicht hat ja noch einmal eine was davon?

Vimalas Lied[78]

»Jung,
Berauscht von meiner eigenen Haut,
Meiner guten Figur,
Meiner umwerfenden Schönheit,
Und dazu auch noch berühmt:
Ich verachtete andere Frauen.

›Dressed to kill‹
Vor der Bordelltür:
Ich war eine Jägerin
Und stellte den Tölpeln Fallen.

Und wenn ich für sie strippte,
War ich die Frau ihrer Träume.
Ich lachte, wenn ich sie so an der Leine hatte.

Heute,
Kahlköpfig,
Ziehe ich umher,
Bitte um Almosen,
Ich, genau dieselbe, die ich war,
Sitze unter dem Baum;
Ohne Gedanken.

Alle Bande
Gelöst.
Männer und Götter habe ich
Aus meinem Leben geschnitten.

Ich habe die Flammen gelöscht.«

Maya und Sela, kraftvolle Bilder weiblicher Sinnlichkeit

Frauen werden von der jungen Mönchsgemeinde des Buddha kritisch beäugt. Weibliche Schönheit ist für die Mönche ein rotes Tuch. Frauen werden in ihrer Sinnlichkeit diffamiert, geradeso, als wäre sie nur dazu da, die armen Mönche in Versuchung zu führen. Der Westen hat diese Strömung in den Texten zu Anfang kritiklos aufgenommen. Sie passt ja auch zu unserer christlichen Kultur, in der sinnliche Frauen gerne mit der sündigen Eva identifiziert werden. In der buddhistischen Welt existierte aber von Anfang an parallel zu diesen kritischen Aussagen ein ganz anderes Bild. In Ambaphalis Geschichte ist es noch lebendig. Ganz besonders deutlich ist es in der Ikonografie der frühen Tempel und Verehrungsstätten des Buddhismus zu sehen.[79] Wunderschöne sinnliche Frauen mit herrlich ausladenden Formen neigen sich den Besuchern entgegen. Die alten vorbuddhistischen Mythologien werden problemlos in das neue System aufgenommen. Diese weiblichen Gestalten werden *Salabhanjika* genannt, »Frau mit Baum«. Serenity Young beschreibt sie so: »Die erotischen weiblichen Figuren stehen ganz in sich versunken unter einem Baum. Eine Hand ist nach oben gestreckt und ergreift einen Ast. Ein Bein hat das Knie angewinkelt und der Fuß ist erhoben, um den Stamm zu berühren. Oder ein Bein hat den Baumstamm umschlungen.«[80] Eine andere Bezeichnung für diese Frauen ist *Yakshis*, »Baumgeister«. Die Verbindung der Frau mit dem Baum geht auf die alten vorbrahmanischen Religionen zurück, wurde aber nie wirklich verdrängt. So glaubte man, dass auch menschliche Frauen eng mit Bäumen verbunden sind und durch einen Blick, einen Tritt oder ihr Lachen das Erblühen und Fruchttragen eines Baumes bewirken können.[81] Die spätere Kurtisane Ambaphali wird als Baby in der Wurzelmulde eines Mangobaums entdeckt. Was könnte dieses Kind dann anderes sein, als eine Frucht eben jenes Baums, die Tochter einer *Salabhanjika*[82]? In diesem Licht erscheint auch die Legende von der Geburt des Buddha neu.

Maya gebiert den zukünftigen Buddha

Maya, hochschwanger mit dem zukünftigen Buddha, war gerade auf dem Weg in ihr Elternhaus. Ihr erstes Kind wollte die junge Fürstin im Haus ihrer Mutter zur Welt bringen. Am Rande des Wegs erstreckte sich ein herrlich blühender Hain. Maya hieß die Karawane anhalten, um einen duftenden Zweig der Ashoka-Bäume zu pflücken. In dem Moment, als sie den blühenden Zweig umfasste, spürte sie die ersten Wehen, und sie legte sich unter dem Baum nieder, um zu gebären.

Dieses Bild der Königin Maya unter dem Baum war in der buddhistischen Ikonografie sehr beliebt und weit verbreitet. Der Arm der Königin ist zu einem Ast des Baumes ausgestreckt, und Dienerinnen haben gerade ein großes Tuch entfaltet, das ihre Seite teilweise verdeckt.[83] Es ist der Augenblick, in dem sich Frau und Baum glückverheißend berühren. Der blühende Baum und die beginnende Geburt treten in Zusammenhang.

In krassem Gegensatz dazu steht eine andere Interpretation der Szene, die man auch im Westen bislang besser kennt. Das entfaltete Tuch wird nicht im nächsten Moment als Unterlage für die gebärende Frau auf dem Boden ausgebreitet. In dieser bekannteren Interpretation soll es die Seite der Königin bewusst verdecken, denn hier wird der zukünftige Buddha aus der Seite der Mutter geboren und nicht auf natürlichem Weg.

Ich denke, wenn man die Geschichte im Licht der starken Tradition der »Frau mit Baum« im alten Indien betrachtet, erscheint die erste Version ungleich reicher und sinngebender. Es wird deutlich, wie neben den Texten, die versuchen weibliche Körperlichkeit und Sexualität aus dem Bild herauszuhalten, gleichzeitig ein uneingeschränkt positives Körperbild lebendig ist. Die Salabhanjika, die Frau mit Baum mit ihrer ausladenden Sinnlichkeit, ist glückverheißend durch ihre Kraft und Fruchtbarkeit. Diese Kraft und Fruchtbarkeit kann sich auch auf das Erkennen der Höchsten Weisheit beziehen, wie die Legende aus einem früheren Leben der Nonne Sela beweist.

Sela, Frau mit Baum

Sela war die Tochter eines Königs, der selbst den Beinamen »Waldbewohner« hatte. Schon als junge Frau begegnete sie durch ihren Vater dem Buddha und schloss sich dem Orden an. Die Legende erzählt von einem ihrer früheren Leben. Damals soll ihre Ehe sehr glücklich gewesen sein. Dann aber starb ihr Mann, und sie entschloss sich zu einem asketischen Wanderleben. Sie zog unter den religiösen Gruppen umher und lehrte die Menschen ihre Lebensweisheit. Eines Tages kam sie zu einem Bodhi-Baum. Es war ein heiliger Baum, unter dem ein früherer Buddha Erleuchtung erlangt hatte. Sie trat unter den Baum und sprach: »Wenn der Buddha unübertroffen ist, dann möge dieser Baum mir seine Erleuchtung zeigen!«

Das Selbstbewusstsein, mit dem sie diesen Beweis fordert, wird uns später in der Königin Shrimala wieder begegnen. Wie bei Shrimala, zeigt diese kraftvolle Aufforderung auch bei Sela sofort Wirkung. Zwar fing der Baum nicht an zu blühen, wie bei einer »Frau mit Baum«, aber er erstrahlte golden, als stünde er in Flammen, und der Himmel leuchtete. Sela fiel auf die Knie und brachte dem Baum ihre Verehrung dar. Dann saß sie sieben Tage meditierend unter ihm, voller Dankbarkeit für den Buddha.

Fruchtbarkeit und Kraft sind bedeutsame Aspekte der letztendlichen Weisheit, *Prajñaparamita.*

Punnika, die Sklavin

Punnika wurde als Tochter eines Sklaven in den Haushalt des Brahmanen Anathapindika geboren. Sie kam also schon versklavt, unfrei, auf die Welt. Dieses Los wird sie von sich abschütteln und als vollkommen Befreite die Welt verlassen.

Die Bezeichnung *dasa,* »Sklave«, galt ursprünglich für alle »Nicht-Arier«, also auch für die indische Urbevölkerung, wie zum Beispiel die Drawiden, die von den einfallenden Ariern unterdrückt wurden. Diese Bevölkerungsgruppen wurden später zur untersten der vier Hauptkasten des indischen Gesellschaftssystems, den Shudras. Sklavinnen fanden sich im Haushalt eines arischen Herren in drei Bereichen: bei den Haushaltsarbeiten, als Nebenfrauen und als Sängerinnen oder Tänzerinnen.

Punnikas Aufgabe war das Wasserholen vom Fluss, eine schwere körperliche Tätigkeit, die viele Stunden in Anspruch nehmen konnte. Wasserholen war für alle Kasten eine traditionell weibliche Tätigkeit.[84]

Punnika bringt es fertig, der Lehre des Buddha als Sklavin zu folgen. Nicht nur, dass sie eine der wenigen Laienpraktizierenden ist, von denen erzählt wird. Ihr Arbeitstag als Haussklavin ist lang und hart, weit entfernt von der Muße einer Brahmanentochter. Und doch übt sie. Sie wendet Meditation und Einsicht bei ihrer täglichen Sklavenarbeit an. Diese Form der Praxis »im Alltag«, die wir vielleicht als Einschränkung empfinden würden, hat in ihr tiefe Einsicht hervorgebracht. Die Kraft, die daraus erwächst, schenkt ihr großes Selbstbewusstsein und Vertrauen. Niemand schüchtert sie ein, wenn es um die Wahrheit geht. Sie hat die Botschaft des Buddha gehört und nichts kann sie von ihrem Weg abbringen. Wie konnte sie aber als Sklavin überhaupt dem Buddha begegnen?

Der Brahmane Anathapindika, in dessen Haushalt Punnika lebte, war einer der hingebungsvollsten Laienschüler des Buddha. Er hatte dem Buddha und seiner Gemeinschaft den Jeta-Hain aus seinen Ländereien geschenkt. Und so ließ sich der Buddha mit seinem Gefolge immer wieder auf der Durchreise dort nieder, um zu lehren.[85] Punnika konnte den Buddha also im Haushalt ihres Herrn treffen, fast könnte man sagen, er besuchte sie zu Hause. Es wird berichtet, dass sie seine Lehrrede »das Gebrüll des Löwen« gehört hatte und seit dieser Zeit übte.

Klar und kompromisslos geht sie seitdem ihren Weg. Als sie den Brahmanen am Fluss bei seinen rituellen Waschungen begegnet, mag sie sich diesen Unsinn nicht länger ansehen. Sie, die als Frau und Sklavin eigentlich nur sprechen darf, wenn sie dazu aufgefordert wird, stellt den ehrwürdigen Mann ohne Umschweife zur Rede. Keinen Moment zögert sie, dem gesellschaftlich weit über ihr stehenden Mann, den sie eigentlich fürchten sollte, deutlich ihre Meinung zu sagen. Zielsicher legt sie den Finger in die Wunde. Ihre starken Argumente sind Ethik- und Karma-Lehren. Das Erstaunliche ist, dass ihr Gegenüber, das eigentlich zornig die Bestrafung so einer vorlauten Nichtswürdigen fordern sollte, die Sklavin als »Herrin« erkennt und sie mit Dankbarkeit überschüttet. Das also ist die Wirkung auf andere, wenn eine Frau den Buddha von Angesicht zu Angesicht gesehen hat!

Wie Punnika, die Sklavin, den Brahmanen belehrt[86]

Punnika:
Ich bin Wasserträgerin.
Auch in bitterer Kälte
Gehe ich zum Wasser hinunter,
Aus Angst, bestraft zu werden oder beschimpft
Von den vornehmen Frauen.
Also, Brahmane, wovor hast du denn
Solche Angst,
Dass du zum Wasser hinunterkommst?
Du zitterst vor Kälte an allen Gliedern.

Udakasuddhika:
Du weißt doch warum, Punnika.
Ich tue Gutes, damit Schlechtes ferngehalten wird.
Jeder, ob alt oder jung, der etwas Schlechtes
Getan hat,
Wird durch das Wasser davon befreit.

Punnika:
Wer hat dir das denn erzählt,
Dass Waschen von Schlechtem befreit?
Die Blinden führen die Blinden!
Dann würden ja alle Frösche und Schildkröten
In den Himmel kommen!
Und die Wasserschlangen und Krokodile
Und alle anderen Wasserwesen auch.
Metzger, Fischer und Fallensteller,
Diebe, Henker und andere Missetäter,
Alle würden von ihrem schlechten Karma befreit,
Wenn sie sich im Wasser waschen?
Wenn diese Strömung all deine schlechten Taten
Mit sich fortreißt,
Dann reißt sie auch deine guten Taten mit.
Dann wärst du sie beide los.
Tu das nicht,
Was dir so viel Furcht einflößt,
Dass es dich danach ans Wasser treibt.
Hör einfach damit auf, Brahmane,
Und rette deine Haut vor der Kälte.

Udakasuddhika:
Herrin,
Ich war auf dem falschen Weg,
Und du hast mich zurückgeholt.
Ich gebe dir das Gewand,
In dem ich gebadet habe.

Punnika:
Behalte es.
Ich will es nicht.
Wenn du Angst vor Leiden hast,
Wenn du nicht leiden willst,
Tu nichts Schlechtes,
Weder öffentlich noch im Geheimen.
Denn, wenn du es tust,
Wirst du dem Leid nicht entgehen,
Auch wenn du davonläufst.
Wenn du Angst vor Leiden hast,
Wenn du nicht leiden willst,
Nimm Zuflucht zum Buddha,
Zu Dharma und Sangha.
Übe dich in den ethischen Richtlinien.
Das ist gut.

Auch in ihrem Wunsch, dem Buddha nachzufolgen und Nonne zu werden, lässt Punnika sich durch die widrigen Umstände nicht einschüchtern oder entmutigen. Als Sklavin, als Unfreie, ist es für sie nicht möglich, Nonne zu werden, denn sie kann über ihr Schicksal nicht selbst entscheiden, sie gehört sich ja nicht selbst. Eine Situation, in der so manche diesen Wunsch entmutigt aufgeben würden. Nicht so Punnika!

Sie tritt vor den Buddha und trägt ihm ihren Wunsch vor, ihm nachfolgen zu dürfen. Sie bittet ihn, ihr dabei zu helfen, die Schwierigkeiten zu überwinden. Mit dem Buddha als starkem Argument im Rücken will sie ihren Herrn darum bitten, sie freizugeben und ziehen zu lassen. Und tatsächlich, der Buddha verschiebt seinen Aufbruch um einige Tage, nur um auf sie zu warten! Auch Anathapindika, dem sie gehört, kann ihrer Überzeugungskraft nicht widerstehen. Er tut, was sie sich wünscht, und nimmt sie zugleich auch noch als Tochter an. Sklavin, Brahmanentochter, Nonne – die Freiheit, die sie durch ihren Übungsweg erlangte, ist von all diesen Rollen unberührt.

Baddha Kundalakesa, die Wahrheitssucherin

Baddha kam auf einer Abkürzung in den Orden. Normalerweise mussten die Frauen und Männer zunächst eine Probezeit durchlaufen, um ordiniert zu werden. Danach war es die Sangha, die darüber entschied, ob die jeweilige Person in den Orden aufgenommen wurde. Baddha dagegen rief der Buddha nur »Ehi!« zu – »Komm!« Er kannte sie wie sich selbst.

Kahl war mein Kopf
Und Staub mein Kleid.
So zog ich umher.
Nichts hatte ich verstanden.
Was ich für falsch hielt,
War in Wirklichkeit makellos,
Was ich für wahr hielt,
War in Wirklichkeit voller Fehler.

Dann kam ich zum Buddha
Am Geiergipfel.
Ich kniete mich vor ihm nieder,
Voller Ehrerbietung.
Unsere Gesichter waren sich ganz nah.
»Komm, Baddha«, sagte er,
Das war meine Ordination.

Ein Blick. Ihre Gesichter sind sich ganz nah. Ein Blick ins Herz aller Dinge. Er erkennt sie und im selben Augenblick erkennt sie sich auch. In seinem Blick. Der ihrer ist.

Baddha, die Wahrheitssucherin. Die Haare sind ihr in dicht gekräuselten Locken wieder nachgewachsen. Die zerschlissene weiße Robe unterstreicht die Würde ihres aufrechten Körpers.

Sie ist nicht stolz darauf, dass es schon lange niemanden mehr gibt, der es in der metaphysischen Debatte mit ihr aufnehmen könnte, denn das löst ihre Fragen nicht. Schon viele Jahre lebt sie als »eine, die die Hauslosigkeit auf sich genommen hat«. Sie hat die härteste Askese ertragen, die kompliziertesten Rituale ausgeführt, aber die Frage hat sich nicht gelöst. Nichts anderes ist mehr übrig als die Frage, die Sehnsucht, anzukommen in der Freiheit.

Und dann dieser Blick. Ganz anders als der andere Blick, der sie aus ihrer freundlich behüteten Mädchenwelt katapultierte.

Eines Morgens hatte sie, wie schon so oft, von der Terrasse des Hauses ihres Vaters in Rajagriha hinuntergesehen. Es war ein herrlicher Morgen, die Dienerinnen hatten ihre Haare eingeölt und mit frischen Blüten geschmückt. Gleich würde ihr Vater kommen, um ihr vor seinem Gang in den Palast, wo es sicher wieder viele wichtige Geldgeschäfte zu besprechen gab, noch ein paar zärtliche Ermahnungen für den Tag mitzugeben: geduldig mit dem Tanzlehrer sein, das Studium der vedischen Texte ernst nehmen und nicht die Vorbereitung der Opfergaben vergessen!

Der Morgenwind war noch angenehm frisch, als sie sich über die Brüstung beugte. An der Ecke, dort, wo die Straße vom Königspalast heraufführte, liefen die Leute zusammen. Sie reckte den Hals und ihr kostbares Geschmeide machte dieses klickende, klingelnde Geräusch, das entsteht, wenn Steine und Ketten sachte aneinanderstoßen.

Jetzt war die Polizeigarde zu sehen. Sie brachten einen Verbrecher hinaus zum Hinrichtungsplatz. Sie marschierten in Formation, zwischen ihnen der Mann. Stolz sah er aus, wild und ohne Reue für das, was er getan hatte. Baddha fühlte ihr Herz klopfen. Und dann, als er ganz nahe an der Brüstung vorbeikam, an die sie sich klammerte, trafen sich ihre Blicke. Als sie ihren Schrei hörten, stürzten alle herbei, der Vater und die Dienerinnen. »Vater, wenn ich ihn bekomme, werde ich leben, wenn nicht, werde ich sterben.«

»Aber Baddha, was redest du, der Mann ist ein Straßenräuber! Es ist Satthuka, der missratene Sohn eines der Minister! Und auf dem Weg zur Hinrichtung. In einer halben Stunde wird er tot sein!«

Aber vielleicht war es gerade das, was ihn so unwiderstehlich machte. Einer, der ausgebrochen ist aus dem netten Leben, einer, der sich über alle

Moral hinweggesetzt hat, einer, der keine Autorität anerkennt, nur sich selbst? Ein dämonischer Liebhaber, oder einer, den man retten kann? Dieser eine Blick jedenfalls hatte alles verändert, sie wollte ihn, und sie ließ sich niemals von irgendetwas abbringen, was sie ins Auge gefasst hatte.

Der Vater brachte das Wunder zustande und kaufte Satthuka frei. Und noch am selben Abend öffnete sich die Tür, und er kam auf sie zu. Ihr Blick sank in seine feurigen Augen, seiner auf ihr kostbares Geschmeide. Aber nur für einen kurzen Moment, dann fiel er vor ihr auf die Knie: »O Baddha, als mich die Wachen zum Räuberfelsen hinausführten, um mich zu töten, habe ich die Felsengöttin angefleht, sie möge mich retten. Bevor wir unser Glück genießen, muss ich ihr danken. Bitte, komm mit mir.«

Wie gerne bereitete sie die Opfergaben, auch sie war von Dankbarkeit erfüllt, und als sie zum Felsen kamen und ihr zukünftiger Ehemann sie bat, ihre Dienerinnen am Fuß zurückzulassen, breitete sich süße Vorfreude auf ihrer Haut aus. Endlich konnte sie mit ihm allein sein. Wie würde er sich anfühlen? Noch mussten sie sich zurückhalten, aber bald würden sie von unten nicht mehr zu sehen sein. Hinter der nächsten Wegbiegung dann streckte er seine Hand aus und packte sie hart an der Schulter. Grob stieß er sie vor sich den Berg hinauf. »Schneller!«, fauchte er sie an.

Baddha erschrak. Sein Blick war jetzt kalt. »Was habe ich denn falsch gemacht?«, keuchte sie.

Er trieb sie weiter vor sich her. »Hast du wirklich geglaubt, dass ich dich will? Du verwöhnte Göre willst mich doch nur zu deinem Spielzeug machen. Ich habe meine eigenen Ideen. Das Einzige, was mich an dir interessiert sind die Klunker um deinen Hals.«

Sie waren oben angekommen, vor ihnen der Abgrund. Der Nachtwind zerrte an ihren Kleidern. Er befahl ihr: »Nimm all deinen Schmuck ab und wickle ihn in dein Kleid. Meinst du, ich will mir die Steine aus deinen zermatschten Gebeinen da unten zusammensuchen?«

Plötzlich war Baddhas Kopf ganz klar. Der Rausch der Begierde und des Triumphs war schon auf dem Weg nach oben verflogen. Jetzt gab es auch keine Angst mehr: »O Lieber, ich gehöre Euch ganz. Macht mit mir, was Ihr wollt. Aber lasst mich Euch noch wenigstens einmal umarmen, bevor ich sterbe, ich flehe Euch an!« Und weil männliche Eitelkeit offensichtlich bei Satthuka die räuberische Strategie übertönte, ließ er es geschehen. Sie umarmte ihn von vorne und schmiegte sich dann, als wollte sie ihn auch von hinten umarmen an seinen Rücken. Mit einer überraschenden, entschlossenen Bewegung – wie gut, dass sie jahrelang ihren Körper im Tanz geschult hatte – gab sie ihm einen Stoß, und er fiel vor ihr in die Tiefe. Einige Steinbrocken rasselten über die Felswand hinterher. Dann war es still.

Aber nicht lange. Die Felsengöttin hatte das menschliche Treiben über viele Jahrhunderte mit ständig nachlassendem Interesse verfolgt. Eine Göttin, die an so einem Ort lebt, hat schon viel gesehen, Blut, Tränen und Geschrei sind ihr tägliches Brot. Und sie war dessen müde. Seit die Arier in diese Gegend eingewandert waren – ach, wie lange war das schon her –, wurde ihr Felsen sowieso nur noch zum Töten benutzt. Ein sinnloses, ödes Schauspiel. Und wer verehrte eine Göttin wie sie denn noch wirklich mit der Hingabe, wie es früher geschehen war, als die vielen Frauen hier wohnten? Frauen gab es hier auf dem Hinrichtungsfelsen eigentlich nie zu sehen. Aber plötzlich stand da eine Frau, und sie war so wie die Frauen damals, wild und unberechenbar. Und so erstaunt war die Felsengöttin, dass sie ihre steifen Glieder streckte, aus ihrer Felsspalte lugte, applaudierte und sang: »Es kann nicht nur ein Mann der Weise sein, auch einer Frau fällt hier und da was Kluges ein.«

In dem Blick zwischen Baddha und dem Buddha leuchtet diese schreckliche Nacht noch einmal auf, in der sie vor Leidenschaft blind war und tötete. Ihr war damals nicht nach Jubeln zumute gewesen. Etwas war in ihr zerbrochen, und daraus waren die quälenden Fragen wie ein Schwarm Hornissen aufgeflogen. Was ist das für eine unglaubliche Macht, die uns hin und her schleudert, die uns das alles tun lässt? Kann es einen Weg in die Freiheit geben? Sie hatte ihre Kleider und den Schmuck abgelegt und alles auf dem Felsen zurückgelassen. Als sie fortging, hatte sie sich nicht umgeschaut. Ohne es zu wissen, hatte sie dasselbe wie Prinz Siddharta getan, als er sich am Fluss von seinem Diener verabschiedet hatte, der mit ihm nachts aus dem Palast geflohen war. Auch er ließ alles zurück und verschwand am anderen Ufer, ohne sich noch einmal umzusehen. Und als der Buddha sie jetzt ansieht, erkennt sie diesen Moment in seinem Blick wieder.

Sie hatte ihr bisheriges Leben abgestreift. Für alle, die sie kannten, war sie gestorben. Nachdem sie eine Zeit lang umhergeirrt war, traf sie auf eine Gruppe von Jains. Sie waren Wahrheitssucher, die sich mit radikalem demokratischem Anspruch gegen die hierarchische brahmanische Welt wandten. Männer aus jeder Kaste und vor allem auch Frauen – und es wurden jeden Tag mehr – konnten die Gelübde ablegen und Unterweisungen erhalten. Weit über die Hälfte der Sektenmitglieder waren Frauen. Sie waren Lehrerinnen und traten ohne Einschränkungen in der Öffentlichkeit auf. Viele von ihnen zogen allein durch die Wälder, als Wanderasketinnen. So wollte sie auch leben.

Als Baddha in den Orden der Jains aufgenommen wurde, wurde sie gefragt, welche Arte der Askese sie üben wolle. »Die strengste«, antwortete sie ohne Zögern, den Blick auf die Fragen, die in ihrem Inneren tobten, gerichtet. Der Weg der strengen Askese begann damit, dass man ihr zur Ordination alle Haare einzeln ausriss, statt sie zu scheren. Sie ließ es ohne mit der Wimper zu zucken geschehen.

Jahrelang übt sie den Jain-Weg. Eines Tages verlässt sie die Gemeinschaft. Sie hat gelernt, was es zu lernen gab. Sie ist unzufrieden, ihre Sehnsucht ist nicht gestillt, und sie macht sich auf, um andere Weisheitslehren zu suchen. Auch hier geht es ihr genauso wie Siddharta. Sie zieht von Ort zu Ort. Dort, wo sie von weisen Menschen hört, sucht sie sie auf, lernt von ihnen, studiert und meditiert, verfeinert ihr Können. Dann zieht sie weiter, immer noch nicht im Frieden. Sie kennt jetzt viele Wege zur Freiheit, aber die Freiheit haben sie ihr nicht gebracht. Eigentlich könnte sie verzweifeln, aber ihr Vertrauen, dass es eine Lösung geben wird, scheint grenzenlos. In jedem Dorf, in jeder Stadt, durch die sie kommt, steckt sie auf dem Marktplatz einen frischen Zweig in den Boden und ruft: »Wer mich zur Debatte herausfordern will, der soll den Zweig umtreten!« In der ersten Zeit hatte es noch Leute gegeben, die es versuchten. Aber jetzt gibt es schon lange niemanden mehr, der es mit ihr aufnehmen will. Nein, sie ist nicht stolz darauf. Der Zweig verwelkt, und sie zieht weiter.

Dann kommt sie in die Stadt Savatthi. Am Nachmittag weckt sie das Geschrei der Kinder: »Der Zweig ist umgetreten!« Sie tritt auf den Platz. Da sitzt ein Mann in geflickter gelber Robe. Um ihn herum hat sich bereits eine große Menschenmenge versammelt. Der Mann stellt sich als Sariputta vor. Sie begrüßen sich höflich. Sariputta scheint sehr gelassen und bietet ihr an: »Stell du zuerst deine Fragen.« Baddha beginnt, und er beantwortet alle. Längst begrabene Gefühle tauchen in Baddhas Herz auf, Verwirrung, Angst und sehnsüchtige Hoffnung. Sie schweigt, sie staunt, sie hält den Atem an. »Dann werde ich dir jetzt eine Frage stellen. Ich habe nur diese eine«, sagt der Mann. Sie nickt. »Was ist das, was man das Eine nennt?« Sie schweigt. Sie weiß nicht, warum sie nicht antworten kann, es gäbe eigentlich viel dazu zu sagen. Aber irgendetwas ist anders. Sie ist wie aus ihrer Bahn geworfen. »Wer bist du? Kann ich deine Schülerin werden?«, stößt sie hervor. Aber Sariputta schüttelt den Kopf. »Geh zu meinem Lehrer, dem Buddha, bei ihm musst du Zuflucht nehmen.«

Und da ist sie jetzt. Sie hat sich ehrfürchtig vor ihm hingekniet und den Kopf gesenkt. Als sie ihn hebt, treffen sich ihre Blicke. Es ist wie die Wucht der anderen Blicke, der Blitz des Begehrens, das Angesicht des Todes, die zerbrochene Welt.

Erkennen. Sie erkennen sich. Es ist Stille und tausend Klänge. Und da, wo die Sehnsucht war, leuchtet Klarheit. »Komm, Baddha!«, sagt er zärtlich. Und sie lacht.[87]

Teil zwei

Göttin, Königin, Straßenverkäuferin und Poetin – Die Frauen des Mahayana

Buddha Prajñaparamita

Ihr Körper leuchtet golden, und ihre Brüste sind prall angefüllt mit der Milch der Weisheit. Ruhig und klar blickt sie uns an. Sie hat vier Arme. Ein Paar Hände fügt sich in der Meditationsgeste in ihrem Schoß zusammen. Das zweite Paar hält sie ausgebreitet. Auf der geöffneten Handfläche rechts steht ein Vajra, Symbol für die Unzerstörbarkeit der Wirklichkeit, auf der linken Handfläche liegt ein Text. Die Weisheit der Prajñaparamita überschreitet Worte und Vorstellungen, und doch kann Sprache darauf hinweisen. Prajñaparamita wird »Mutter aller Buddhas« genannt. Aus ihr geht alles hervor, und alles kehrt wieder in sie zurück.

2
Die weibliche Welt des Mahayana

In diesem Teil treten die Frauen des Mahayana auf. Frauengestalten gibt es im Mahayana in Hülle und Fülle, und dieser Reichtum passt zur Vision des Mahayana, die weit ist wie der unermessliche Raum. Sie kommen jetzt auch aus verschiedenen Ländern und Kulturen, denn die buddhistische Lehre breitete sich von Indien ausgehend im asiatischen Raum weiter aus, erreichte China und von dort aus Japan. Die Kulturen dieser Länder setzten die buddhistischen Inhalte auf ihre Weise um, und das hatte natürlich auch einen Einfluss darauf, welche Türen Frauen offenstanden und wie sie als buddhistische Übende leben konnten. Eins bleibt trotz aller Unterschiede gleich: Frauen sind immer sehr erfinderisch, Schlupflöcher zu finden und zeigen große Entschlossenheit.

Zunächst erzähle ich von den indischen Frauen der Mahayana-Bewegung. Hier sind meine Quellen die großen Mahayana-Sutras wie das Lotos-Sutra und das Avatamsaka-Sutra. Dann geht es nach China und danach nach Japan. Hier stammen die Geschichten aus Biografiensammlungen Praktizierender und Lehrgeschichten des Ch'an oder Zen. Den Abschluss dieses Teils bildet die Legende der Bodhisattva Kuan-yin, die sich in China entfaltete und später den ganzen asiatiaschen Raum eroberte.

Wie auch im ersten Teil werden einige Eckdaten der Mahayana-Sicht skizziert, um den Geschichten ein Bedeutungsumfeld zu geben.

Die Vision des Mahayana

Die Vision der Mahayana-Lehren in wenigen Worten zu umreißen, eine Vision, die darauf hinzielt, die Schranken unserer gewöhnlichen Vorstellungen von Zeit, Raum und Individuum ins Unendliche aufzubrechen, ist eigentlich ein Ding der Unmöglichkeit. Die Texte erschaffen aber viele eindrucksvolle und poetische Bilder, die eine Ahnung dieser Sicht der Wirklichkeit vermitteln. Eines davon ist »Indras Netz«[88]:

Jede Welt und jedes Individuum im Universum ist ein Knotenpunkt eines kosmischen Netzes, glänzend und klar wie ein Diamant. Jeder dieser Knotenpunkte spiegelt sich perfekt in den anderen, die ihn umgeben. Die Spiegelung macht für jeden Punkt auf diesem Netz gleichzeitig sich selbst und auch das allumfassende Ganze sichtbar. In dieser unermesslichen Weite sind alle Spiegelungen – oder Erscheinungen – feinfühlig, aufeinander bezogen und miteinander verwoben. Was das praktisch für diejenigen bedeuten kann, die sich auf den Weg des Mahayana begeben, drückt ein Wunschgebet aus einem der bedeutendsten Sutras des Mahayana, dem Avatamsaka-Sutra, so aus:

»Möge ich fähig sein, in einem einzigen Atom Reine Länder der Buddhas so zahlreich wie Atome zu sehen, und dann in jedem dieser Buddhaländer Buddhas in einer Anzahl, die jede Vorstellung übersteigt – jeder Buddha sitzt inmitten einer riesigen Ansammlung von Bodhisattvas. (…) Da jedes Atom auf diese Weise angefüllt ist, ist die Spitze jedes Haares mit so vielen Buddhas angefüllt, wie es sie in allen Zeiten der Vergangenheit, der Gegenwart und der Zukunft nur geben kann.«[89] Vorstellungen wie diese sind die Grundbausteine der Sichtweise des Mahayana.

Mahayana, das »große Fahrzeug«, bezeichnet eine spirituelle Erneuerungsbewegung im Buddhismus. Erste Anfänge, wenn man sie historisch einordnen möchte, liegen um die Zeitenwende, also genau in der Zeit, zu der die Texte des frühen Buddhismus nach über fünfhundert Jahren mündlicher Überlieferung aufgeschrieben werden. Die Bewegung des Mahayana reagiert auf die Überzeugungen und Übungsweisen, die in den frühen monastischen Gemeinschaften gelten. Sie wendet sich gegen verknöcherte Sichtweisen und eine zu enge Perspektive und setzt eine Vision universellen Erwachens dagegen.

Das Ideal der Mahayana-Bewegung ist die oder der Bodhisattva[90], ein Mensch, der sein Leben, seine Praxis und sein Erwachen dem Wohl aller Wesen widmet. Der frühe Buddhismus stellt Wanderasketinnen und Ordinierte in den Mittelpunkt. In der Gesellschaft des Mahayana gewinnen Nicht-Ordinierte beiderlei Geschlechts an Bedeutung, denn das Einhalten monastischer Regeln spielt für den Weg der Bodhisattvas keine Hauptrolle. Eine Sammlung von Versen zur Lehre der Prajñaparamita führt die wichtigen Punkte für nicht ordinierte Übende auf: nicht am Besitz hängen, unangemessenen Lebenserwerb vermeiden, anderen gegenüber wohlwollend sein und sich völlig dem Dharma hingeben.[91] Praktizierende Frauen leben je nach den gesellschaftlichen Möglichkeiten in ihrem jeweiligen Heimatland manchmal eher als Nonnen, manchmal überwiegend als nicht ordinierte Übende mit sexuellen Beziehungen, Familien und Geschäften. Reginald Ray untermauert in seinem Buch über die buddhistischen Heiligen in Indien die These, dass das Mahayana keine Bewegung war, die von den Klöstern ausging. Es hatte seinen Ursprung bei den Yoginis und Yogis, die ohne Ordensgelübde fern der Zivilisation übten. So ist auch die oder der Bodhisattva nicht an irgendeinen Lebensstil gebunden.[92]

Leerheit und Mitgefühl

Diese zwei großen Themen durchziehen die Geschichten der Frauen und sind die Grundbausteine des Mahayana.

Leerheit

Leerheit bezeichnet die aufrüttelnde Erkenntnis, dass es keine festen Grundbestandteile der Wirklichkeit gibt. Alles, was man über ein Phänomen aussagen kann, sind Zuschreibungen. Für mich ist der Tisch ein Möbelstück, für den Holzwurm ist er sein Zuhause. Der Tisch ist auch nicht die Summe seiner Einzelteile, die Einzelteile sind nicht der Tisch. Was ist also dann »Tisch«?

Um den Geist auf die Erkenntnis der Leerheit[93] vorzubereiten, setzen die Mahayana-Lehren messerscharfe Logik ein, die den diskursiv denkenden Geist mit eigenen Mitteln in die Knie zwingt.[94] Die Analyse des Wesens der Phänomene wird die »Lehre vom bedingten Entstehen« genannt. Wendet man die Lehren des bedingten Entstehens in jedem kleinsten Detail des Lebens an, geht der Übenden irgendwann auf, dass es nichts außerhalb der Erfahrung des eigenen Geistes geben kann. Diese stufenweise Meditation über Leerheit[95] führt den Geist an die Grenze des Fassbaren. Und hier, im Unfassbaren, liegt die tiefe Bedeutung der Leerheit, die jede Faser des Lebens durchdringt.

Einer der wichtigsten Philosophen der Mahayana-Bewegung ist Nagarjuna. Eine Legende erzählt, wie ihm das tiefe Verständnis der Leerheit enthüllt wurde. Es geschah nicht durch die Kraft der Logik und des intellektuellen Begreifens, sondern indem er einem Traum folgte, der ihn auf einen unteridischen See hinausrudern hieß. Eine Naga-Prinzessin aus der Tiefe beschenkte ihn dort mit den Lehren der transzendenten Weisheit. Buddha Shakyamuni soll diese Lehren den mächtigen Wasserwesen, den Nagas, als Schatz anvertraut haben, bis die Menschen so weit wären, sie verstehen zu können.[96]

Hinter dem Swayambu-Stupa in Kathmandu soll es immer noch ein Haus geben, dessen mit Sindhura-Pulver beschmierte Tür zu dem unterirdischen See der Naga-Prinzessin führt.[97]

Leerheit für Frau und Mann

Mannsein und Frausein sind nicht mehr definierbar, wenn man die wahre Natur erkennt. Immer wieder diskutieren die Mahayana-Sutras und auch viele Lehrlegenden der Zen-Tradition diese These. Wenn Mannsein und Frausein vom Standpunkt der Leerheit aus nicht eindeutig definiert werden können, heißt das in der Konsequenz, dass ein männlicher und ein weiblicher Körper wie auch das jeweilige Rollenverhalten nur vorübergehende Erscheinungen sind. Da alle Erscheinungen, auch Männer und Frauen, in ihrem Kern leer und substanzlos sind, Erwachen aber jenseits des Festhaltens an diesen trügerischen Charakteristika liegt, kann das jeweilige Geschlecht der erwachenden Person keinen Einfluss darauf haben. Die Geburt in einem weiblichen Körper ist nur eine der möglichen Erscheinungsformen. Im nächsten Leben kann man sich wieder in der anderen Geschlechterrolle finden. Wie schwer das für manchen Mann zu erkennen ist, erzählen zum Beispiel die Geschichten der Naga-Prinzessin, von Shunyatadevi und die Lehrgeschichten von Mo-shan und Eshun.

Mitgefühl

Die Verbundenheit mit allen Wesen zu spüren und zu erkennen ist das andere große Thema des Mahayana. Die Erkenntnis der Leerheit dient dazu, dieses große Mitgefühl freizusetzen. Die Kraft des großen Mitgefühls, die alle Wesen durchdringt, wird Bodhicitta[98] genannt. Eine Übende auf dem Bodhisattva-Weg nimmt sich vor, alle Wesen zum Erwachen zu führen, ein Vorhaben, das dem Verstand unlösbar erscheinen muss. Alle Wesen überall, in allen Zeiten und Räumen, wie soll das gehen? Die Weisheit der Leerheit macht es möglich, zu verstehen, wie tief und wirklich die Verbindung mit allen Wesen ist und wie sie Zeit und Raum überschreitet. Das Mitgefühl schafft, auf der Basis der Weisheit der Leerheit, eine unendlich weite Perspektive. Daraus erwächst die Fähigkeit, andere wirklich zu unterstützen.

Bodhisattva

Bodhisattvas sind die Hauptakteure der Mahayana-Schriften und ihre großen Leitfiguren. In einer oder einem Bodhisattva, einem »Erleuchtungswesen«, wie es wörtlich heißt, ist der Wunsch, Erleuchtung zu erlangen, lebendig geworden. Sie oder er hat sich ganz der Kraft des großen Mitgefühls, Bodhicitta, verschrieben und sich entschlossen, dieses und alle noch folgenden Leben ganz dem Wohl der anderen zu widmen. Bodhisattvas sind aus dieser Sicht Buddhas im Entwicklungsprozess. Es können aber auch schon vollständig Erwachte mit dem Begriff »Bodhisattva« bezeichnet werden, so wird zum Beispiel Kuan-yin oft »Bodhisattva« genannt. Dann bezeichnet »Bodhisattva« ein erwachtes Wesen, das aus Mitgefühl wieder im Daseinskreislauf Gestalt annimmt, um andere besser erreichen zu können. Diese Buddhas manifestieren sich also als Wesen in der Welt und werden durch ihre Manifestation auch in die Verwirrung des Daseins hineingezogen. Oft vergessen sie dann, dass sie eigentlich schon erwacht sind, und glauben, sie hätten noch einen weiten Weg zurückzulegen. Weil sie aber eigentlich schon erwacht sind und ihre Motivation unendliches Mitgefühl ist, verlieren sie dennoch ihr Ziel nie aus den Augen. Diese Vorstellung ist Ausgangspunkt vieler Legenden. Aus der Mahayana-Sicht sind eigentlich alle Wesen in ihrem Wesenskern schon erwacht und haben es nur mehr oder weniger vollständig vergessen. Wir sind also alle Bodhisattvas und unterwegs zur Befreiung, ob wir es wissen oder nicht.

Weibliche Buddhas

Im frühen Buddhismus wird der eine, individuelle Buddha Shakyamuni verehrt, der unter dem Bodhi-Baum erwachte. Im Mahayana hingegen erscheint der eine Buddha als kosmisches Prinzip des Erwachens. Dieses Prinzip »Erwachen« kann sich als Buddhas und Bodhisattvas manifestieren, in allen Formen, in denen die Wesen es brauchen und sich wünschen. Offensichtlich war der Wunsch nach weiblichen Buddhas und Bodhisattvas sehr stark, denn nach und nach treten immer mehr von ihnen in Erscheinung, allen voran Buddha Prajñaparamita, dann Arya Tara in Indien und Tibet, Kuan-yin oder Kanzeon in China und Japan und viele andere mehr.

Im erwachten Kosmos des Mahayana tanzen unzählige Bodhisattvas und Buddhas, männliche und weibliche. Der weibliche Aspekt des Erwachens steht dabei für Weisheit, der männliche für Mitgefühl.[99]

Die Wirklichkeit des Erwachens tritt im Mahayana in Gestalt von weiblichen oder männlichen Buddhas, also als Person, auf. Nur eine Person kann die Lebendigkeit und emotionale Verbundenheit darstellen, die diese Wirklichkeit ausmachen. In diesem Sinne ist die[100] Buddha Prajñaparamita eine der wichtigsten Leitfiguren des Mahayana. Sie repräsentiert im Bildnis einer Person und Frau die alles umfassende Weisheit der Leerheit, die alle miteinander verbindet. Sie verkörpert die Weisheit, die die Übenden an das andere Ufer, das Ufer des Erwachens, hinüberträgt. Der körperliche Ausdruck dieser weiblichen Weisheit ist sinnlichschön und strahlt königliche Würde aus.

Einer ihrer Haupttexte, den die meisten Schulen des Buddhismus täglich rezitieren, ist das Herz-Sutra. Das Herz-Sutra lehrt, dass jedes Wesen die reine, ungeborene und durch nichts zu befleckende Buddha-Natur schon immer in sich trägt. Schleier der Verwirrung können sie verhüllen, aber nicht beeinflussen oder verändern. Der Weg zum Erwachen besteht darin, diese erleuchtete Essenz des Seins aufzudecken und darin zu ruhen.

Der Schoß des Erwachens

Diese erwachte Essenz des Seins, Buddha-Natur, heißt auf Sanskrit *Tathagatagarbha*, was als »Schoß der Buddhas« übersetzt werden kann. Ein weibliches Symbol bezeichnet den Raum, aus dem Erwachen hervorgeht und der das Erwachen in sich trägt.[101]

Tathagata bedeutet wörtlich, der »So-Gegangene«, einer oder eine, der oder die den Weg gegangen und angekommen ist, eine erwachte Person also. Der Sanskrit-Begriff *Garbha*[102] ruft eine ganze Palette von Bedeutungen auf. Es kann »Gebärmutter, Matrix, Embryo« oder auch »Schatz in einer Mine« heißen, »etwas Wertvolles oder potenziell Wertvolles«, »ein Behälter« oder auch

»etwas, das trägt«. *Gharba* kann auch »aus etwas heraus geboren« bedeuten, also das, was aus dem Raum des Erwachens geboren wurde.

Reine Länder

Normalerweise fühlen wir uns von der Umgebung, in der wir leben, deutlich unterschieden. Die Welt ist irgendwo da draußen, außerhalb von uns, und zwischen ihr und uns gibt es eine klare Grenze. Aus buddhistischer Sicht aber sind Körper, Geist und Umgebung untrennbar verbunden. Unsere Wünsche und Gedanken bestimmen, wie sich uns die Umwelt präsentiert, und das wiederum wirkt formend auf uns ein.

Auch die Buddhas erscheinen in einer Umwelt, die in dieser Weise mit ihnen verbunden ist und von ihnen beeinflusst wird. Ihre Umgebung entspricht ihrem Erwachtsein und der Art der Beziehung zu den Wesen, die damit einhergeht. Diese Umgebung der Buddhas wird »Reines Land« oder »Buddha-Land« genannt. Es liegt aber nicht in einem fernen Jenseits, sondern es ist immer da, wo auch die Buddhas sind. Für Wesen, die sich mit Vertrauen auf die Buddhas beziehen, wird ein Reines Land eine Wirklichkeit, in die sie eintreten können.

Alle Verbindungen, die eine Buddha auf ihrem Weg zum Erwachen mit den Wesen einging, werden jetzt zu Türen in das Buddha-Land hinein. Alle, die mit ihr verbunden waren, können in dieses Buddha-Land hineingeboren werden.

In den reinen Ländern möchte man gerne leben, sie sind mit allen erdenklichen Herrlichkeiten angefüllt. Denn alle Sinneserfahrungen der werdenden Buddha haben sich in die Schönheit und Pracht ihres Reinen Landes verwandelt.[103] Die überschwängliche poetische Sprache der Sutras versucht diese Fülle zu fassen.

Reine Länder und Frauen

In einigen buddhistischen Ländern ist die Praxis stark verwurzelt, sich die Wiedergeburt im Reinen Land von Amitabha zu wünschen.[104] Dafür, so wird gesagt, braucht man nichts anderes zu tun, als den Namen des Buddha mit vollkommener Hingabe auszusprechen. Gelingt einem das, findet man sich aber im Buddha-Land von Amitabha einer etwas merkwürdigen Situation ausgesetzt: So weit das Auge reicht, sieht man nur Männer. Alle Wesen werden in Sukhavati als Männer, ja sogar als Mönche wiedergeboren. Nun mag das von Buddha Amitabha ein mitfühlender Zug sein, so eine Welt zu kreieren. Es ließe sich diese Tatsache durchaus so interpretieren, dass Frauen, die in seinem Land jetzt als Mönche wiedergeboren werden, sich in Zukunft keine Sorgen mehr machen müssen, diskriminiert zu werden. Etwas skeptisch dagegen stimmt die Tatsache, dass Amitabha sein Buddha-Land auch mit wunderschönen Göttinnen oder Dakinis füllt. Ein merkwürdig erotisches Umfeld für eine Welt voller Mönche!

In China, wo zur Blütezeit des Mahayana häufig einflussreiche Frauen die Klöster unterstützten, sorgten die mächtigen Sponsorinnen dafür, dass Hinweise darauf, es solle in Sukhavati keine Frauen geben, aus den Texten entfernt wurden.[105] Es gefiel ihnen nicht, dass es hieß, diejenigen, die Befreiung durch Buddha Amitabha anstrebten, würden durch die Rezitation seines Namens in Männer verwandelt und könnten so in sein Reines Land kommen. Ebenso wenig gefiel ihnen, dass es in diesem Reinen Land angeblich keine Frauen gab. Für so eine Vision der glücklichen Wiedergeburt konnten sich die Stifterinnen nicht begeistern. Deshalb wurden diese Passagen in der chinesischen Version kurzerhand gestrichen.

Es gibt aber durchaus erstrebenswertere Alternativen für Frauen, zum Beispiel das Reine Land von Akshobhya. Es war eines der ersten, das beschrieben wurde, und sehr populär, bevor das von Amitabha ihm den Rang ablief. In Akshobhyas Buddha-Land[106] gibt es Männer, Frauen und Kinder. Frauen gebären dort ohne Schmerzen, heißt es. Vielleicht würden wir uns dort besser aufgehoben fühlen.

Natürlich gibt es auch noch das Reine Land von Tara, Potala. Darüber ist bisher noch nicht viel berichtet worden. Das kann sich ja noch ändern, wenn immer mehr Frauen eine Wiedergeburt in Potala anstreben.

Können Frauen erwachen? Antworten des Mahayana

Der Buddha hatte diese Frage zu Anfang mit einem eindeutigen »Ja« beantwortet.[107] Spätere Texte schränken dieses »Ja« wieder ein: Frauen können zwar Befreiung erlangen, aber eines ist ihnen doch verwehrt: Sie können sich nicht als vollkommene Lehrbuddhas eines Zeitalters, die höchste Form des Erwachens, manifestieren. Dazu, so wird argumentiert, bräuchte man nun wirklich einen männlichen Körper.

Dieser männliche Körper des Buddha wird in seinen Merkmalen genau beschrieben. Details, wie ein in den Körper zurückgezogener Penis, ein Gebiss mit vierzig Zähnen oder Arme, die bis über die Knie reichen, machen aber deutlich, dass es sich bei dem Körper eines solchen Buddha auch nicht um den Körper eines gewöhnlichen Mannes handeln kann.[108] Diese Beschreibung, die den weiblichen Körper ausgrenzen soll, ist gleichzeitig ein ebenso gutes Argument gegen den männlichen Körper als Voraussetzung zum Erwachen.

Ist Erwachen also jenseits eines männlichen oder weiblichen Körpers? Das wäre die logische Konsequenz, und vereinfacht ausgedrückt ist das der Standpunkt der Leerheit, von dem aus die Mahayana-Lehren sprechen. Männlich und weiblich sind nur Benennungen. Was ein fühlendes Wesen letztlich ist, lässt sich dadurch nicht fassen, denn alle sind in ihrem Wesenskern leer oder frei von Zuschreibungen jeder Art.

Aus dieser Leerheit heraus, frei von Zuschreibungen, zeigt sich die Wirklichkeit in einer unendlichen Vielfalt von Aspekten. Alles kann sich aus Leerheit manifestieren, auch weibliche Buddhas und Bodhisattvas und sogar Lehrerinnen, die männlichen Wesen zum Erwachen verhelfen. Beim aufmerksamen Lesen der Texte lässt sich aber nachverfolgen, dass die Umsetzung dieser Einsicht, was das weibliche Erwachen betrifft, seine Zeit brauchte. Einige Zwischenschritte waren nötig, bis erwachte Frauen schließlich ganz selbstverständlich in ihren weiblichen Körpern erwacht sein durften.

Anfangs galt noch die Voraussetzung, eine weibliche Bodhisattva brauche in jedem Fall eine männliche Wiedergeburt zur Erleuchtung. Auch wenn vorher alle Leben als Frau gelebt wurden, sollte zumindest das Leben, in dem Erleuchtung erfahren wird, ein Leben als Mann sein. Auf diese Ansicht reagiert die Legende von Arya Tara deutlich in Richtung einer Korrektur. Das Gelübde von Buddha Tara, in einem weiblichen Körper zu erwachen, ist so deutlich formuliert, weil es offensichtlich notwendig war, auf diese Schieflage hinzuweisen.

Trotzdem hält sich die Überzeugung, ein männlicher Körper bedeute eine bessere Ausgangsposition, mancherorts hartnäckig bis in die Gegenwart. Wenn heute tibetische Frauen für eine glückliche Wiedergeburt beten, meinen sie damit, eine Wiedergeburt in einem männlichen Körper. »Gute Wiedergeburt« ist in der tibetischen Sprache synonym mit »männlichem Körper«. Verschiedenste Erklärungen dazu habe ich gehört. Oft ist das Argument Mitgefühl: Frauen in der tibetischen Kultur hätten doch wirklich ein viel schwereres Leben als die Männer. Wenn man nur an das Kindbett denkt, die Hausarbeit und das Eingebundensein in die Familie. Als Mann ist es doch leichter, dem spirituellen Weg zu folgen. Also sollten Frauen sich wünschen, im nächsten Leben mit besseren Voraussetzungen zu starten. Dies sind lobenswerte Argumente, auf die Frauen der Mahayana-Sutras treffen sie aber nicht ganz zu – sie sind überwiegend Prinzessinnen und Fürstinnen –, ebensowenig wie übrigens auf die meisten westlichen Frauen.

Im Laufe der Zeit wandeln sich die Aussagen über weibliches Erwachen. In späteren Texten des Mahayana wird die Anforderung, dass es nötig sei, einen männlichen Körper für die Erleuchtung parat zu haben, mit den magischen Kräften des Erwachens von einem Moment zum anderen umgesetzt, ohne den Umweg über eine neue Geburt. So eine magische Verwandlung von Frau zu Mann geschieht in der Geschichte der Naga-Prinzessin. Ein Trick wie dieser könnte auch aus einer Science-Fiction-Serie stammen, wo so etwas dann unter die Kategorie der »Formwandler« fällt. Es ist jedoch tatsächlich ein Lösungsvorschlag der Mahayana-Sutras. Sie nutzen das Staunen und Erschrecken, das die plötzliche Verwandlung auslöst, als dramatisches Element.

Es tauchen aber auch weibliche Wesen auf, die sich schlicht und einfach weigern, ihren Körper zur Disposition zu stellen, wie zum Beispiel Shunyatadevi oder auch die Meisterin Mo-shan aus der Ch'an-Tradition Chinas. Diese Frauen werden zwar von ihrem männlichen Gegenüber aufgefordert, einen Männerkörper anzunehmen, tun es aber nicht. Diese Weigerung ist Teil der Belehrung für das männliche Gegenüber und Ermutigung zu einem neuen Selbstverständnis der Frauen.

Mo-shan argumentiert beispielsweise, sie sei doch kein Geist oder Zauberwesen, dass sie sich einfach verwandeln würde wie im Zirkus. Im Dharma gehe es schließlich um ganz andere Dinge als billige Zaubertricks. Die Geschichte von Shunyatadevi spielt frech mit der Erwartung der Leserschaft, dass eine Frau sich auf jeden Fall für den höheren Status in Bezug auf Erwachen, das heißt für einen Männerkörper, entscheiden würde, wenn es ihr aufgrund ihrer spirituellen Verwirklichungen möglich wäre. Shunyatadevi hebelt dieses Vorurteil mit dem Argument der Leerheit konsequent aus. Es gibt kein Frau- oder Mannsein als unveränderliches Merkmal. Alles ist bloße Erscheinung. Dabei fliegt die auch männliche Überlegenheit über Bord.

Schließlich schlagen wir das Shrimaladevi-Sutra auf, und das Thema ist vollständig vom Tisch. Niemand wundert sich im Geringsten darüber, dass hier eine Frau das Löwengebrüll der Tathagatas[109] ausstößt. Die Kombination »Frau sein und erwacht sein« wird als so selbstverständlich angesehen, dass darüber überhaupt nicht mehr gesprochen wird. Es ist die natürlichste Sache der Welt.

3
Die Frauen der indischen Mahayana-Sutras

Frauen als Lehrende und Wissende

Das gesellschaftliche Klima ist im indischen Mahayana weiterhin patriarchal geprägt, also stellen die Sutras Frauen, wie so oft, in erster Linie aus der Sicht von Männern dar. In den Geschichten der Naga-Prinzessin und Shunyatadevi ist der Mönch Shariputra Sprachrohr dieser männlichen Sicht und nimmt die merkwürdigen weiblichen Wesen skeptisch unter die Lupe. Im Avatamsaka-Sutra ist der Held der junge Kaufmann Sudhana. Das Sutra erzählt von seiner Pilgerschaft, auf der er fragt, sucht und seinen Lehrern und Lehrerinnen begegnet. Männliche Subjekte schauen auf die fremde weibliche Seite. Was können Frauen aus diesen Geschichten über sich erfahren?

Wenn Frauen in Geschichten dem Bild einer erwachten oder weisen Frau begegnen, können sie sich darin selbst erkennen. Diese weiblichen Figuren zeigen ein Potenzial der Entfaltung, das Frauen ermutigen und inspirieren kann. Die beeindruckenden Frauengestalten des Mahayana, die sich sowohl körperlich als auch sprachlich kompetent und machtvoll ausdrücken, weisen darauf hin, dass die Texte auch auf eine weibliche Leserschaft und weibliche Übende hin ausgerichtet sind, denen sie als Rollenvorbilder und Vision dienen.

Während die meisten spirituellen Biografien der Ära in der Mehrzahl Nonnen porträtieren, treffen wir in den Mahayana-Sutras nur selten auf eine Ordinierte. Frauen begegnen uns hier in machtvollen weltlichen Positionen, als Königinnen, Hetären, Prinzessinnen und Lehrerinnen.

Schon seit seinen Anfängen förderten und unterstützten Frauen der Laien-Sangha den Buddhismus, so gut sie konnten. In Südindien machen sich jetzt Fürstinnen für die buddhistische Lehre stark, während ihre Männer noch der Hindu-Religion angehören.[110] Frauen bietet der Buddhismus offene Türen, die die bisher herrschenden Religionen fest verschlossen hielten,[111] also ergreifen sie diese Chance. Die Fürstinnen und Edelfrauen sind gebildet und haben Einfluss auf viele Menschen, ganz besonders auch auf ihre Männer, die immer noch für die offizielle Politik zuständig sind. Das macht diese Frauen für die buddhistische Bewegung zentral, und in zentraler Position bilden sie die Sutras auch ab: als Lehrende und Wissende, als im tiefsten Sinne »edle« Frauen.

Die Geschichten

Die Naga-Prinzessin, die Shariputra zum Schweigen brachte

Der Buddha ruht in Samadhi – ein Zustand tiefer Sammlung und Ruhe, der eine Welt hervorbringt, die dem Zustand seines Erwachens gleicht. In dieser Welt ist der Buddha nicht allein. Er ist umgeben von unzähligen Wesen, Bodhisattvas, Nonnen und Mönchen, Laienübenden, Menschen und nichtmenschlichen Wesen. Es ist die Welt des Lotos-Sutra, das die herrlichen und inspirierenden Aspekte des Erwachens preist. In dieser erwachten Welt, diesem erwachten Mandala, ist Erstaunliches möglich, doch noch nicht alle Anwesenden haben die Tragweite dieser Möglichkeiten erkannt.

Unter den Versammelten sind der Mönch Shariputra und der Bodhisattva Prajñakuta. Dieser wendet sich an den großen Bodhisattva Manjushri und fragt: »Das Lotos-Sutra ist so tiefgründig, subtil und herrlich. Kann es überhaupt ein Lebewesen geben, das dieses Sutra völlig zu durchdringen vermag und dadurch schnell erwacht?« Prajñakuta hat das wohl mehr oder weniger als rethorische Frage gemeint und eine Antwort erwartet wie: »Oh nein, bestimmt gibt es so ein Wesen nicht, das Sutra ist viel zu tiefgründig dafür, völlig unmöglich.«

Manjushris Antwort aber fällt schockierend anders aus: »Doch, selbstverständlich gibt es ein solches Wesen. Es ist die achtjährige Tochter des Naga-Königs Sagara, Nagakunya.« Prajñakuta starrt den großen Manjushri ungläubig an. »Nagakunya ist klug und weise«, fährt dieser fort. »Sie hat die tiefgründigsten und wesentlichsten Lehren des Buddha erhalten und vollständig durchdrungen. Sie hat Meditation geübt und das Wesen der Dinge erkannt. Sie hat die Bodhisattva-Gelübde abgelegt und das Stadium erreicht, aus dem es kein Zurückfallen mehr gibt. Sie kann das, was sie verstanden hat, auf alle nur möglichen Arten ausdrücken, und ihr Herz ist von Mitgefühl erfüllt. Dieses Mädchen ist fähig, die höchste Erleuchtung zu erlangen.«

Nach dem ersten Schreck findet Prajñakuta jetzt wieder Worte: »Aber Manjushri, das ist doch nicht möglich! Ich habe doch selbst gesehen, wie Buddha Shakyamuni Tausende von Weltzeitaltern lang unter schwierigsten Bedingungen übte. Wie er Verdienste anhäufte und Segen ansammelte und den Weg des Bodhisattva übte, ohne zu ermüden. Es gibt in den dreitausend Millionen Weltsystemen keinen Fleck, und sei er auch nur so groß wie ein Senfkorn, an dem er nicht schon als Bodhisattva seinen Körper und sein Leben dem Wohle anderer Wesen dargebracht hätte. Und erst nachdem er das alles getan hatte, ist er vollständig erwacht. Manjushri, es ist doch vollkommen unglaubhaft, dass dieses Mädchen in der Lage sein soll, von einem Augenblick zum anderen, einfach so mit einem Fingerschnippen, zu erwachen!«

Prajñakuta hat noch nicht fertig gesprochen, da erscheint Nagakunya, die Naga-Prinzessin, vor ihm, strahlend und lebendig. Ein Raunen geht durch die Versammlung, und als sich das Mädchen respektvoll vor dem Buddha verneigt, umringen sie alle in einem weiten Kreis. Staunend lauschen sie, wie sie ihren Lobpreis an den Buddha darbringt und singt:

»Ich habe gehört und bin erwacht.
Der Buddha allein kann das bezeugen.
Ich werde die Lehren des Mahayana enthüllen
Und alle Wesen vom Leiden befreien.«

Inzwischen ist Shariputra auf sie zugekommen. Er ist einer der großen Traditionalisten unter den nahen Schülern des Buddha. Shariputra kennt seine Lehrtexte und die Vorschriften in- und auswendig. Er hat einen Riecher dafür, wenn irgendwo etwas nicht stimmt. Und bei diesem Mädchen, so eindrucksvoll es auch reden und wirken mag, kann es ja nicht mit rechten Dingen zugehen.

»Du meinst also, dass du im Handumdrehen die höchste Erleuchtung erlangt hast, was?« Grimmig schaut er auf sie herab. »Das kann ich kaum glauben! Möglicherweise bist du weit fortgeschritten auf dem Bodhisattva-

Pfad, und selbst das wäre ja schon erstaunlich. Aber erstens dauert der Weg zur vollkommenen Buddhaschaft viele Kalpas, und nur, wenn man alle Bodhisattva-Tugenden gründlich geübt hat, kann man sie verwirklichen. Und zweitens: Nehmen wir nur mal zum Spaß an, das wäre dir in so kurzer Zeit gelungen. Selbst wenn es so wäre, dann würdest du jetzt nicht als achtjähriges Mädchen vor uns stehen. Es ist in den Schriften ganz eindeutig festgelegt: Ein vollkommener Buddha kann nur sein, wer zuvor die fünf bevorzugten Stellungen innehatte. Das gehört sozusagen zum Lebenslauf. Und diese fünf Stellungen, König des Brahma-Himmels, Shakra-König, Weltenherrscher, Großkönig und Besitzer eines Buddha-Körpers, können *per definitionem* nur von männlichen Körpern ausgefüllt werden. Kannst du mir folgen, ja? Und deshalb« – und hier beugt er sich noch ein wenig weiter nach vorn und fuchtelt mit dem Zeigefinger vor ihrem Gesicht herum – »deshalb kann so ein nettes kleines Mädchen wie du, auch wenn du noch so viele Vorzüge haben magst, unter keinen Umständen das sein, was du von dir behauptest, nämlich ein Buddha!« Und tief befriedigt von dieser nahtlosen logischen Schlussfolgerung richtet sich Shariputra wieder auf und schaut sich in der Runde um.

Ohne auch nur mit der Wimper zu zucken hat Nagakunya zugehört. In der Stille, die auf Shariputras donnernde Rede folgt, nimmt sie den kostbarsten Edelstein von ihrer Stirn. Er ist kostbarer als alle dreitausend Millionen Welten. Mit einer geschmeidigen Bewegung fällt sie vor dem Buddha auf die Knie, bringt ihn dar, und der Buddha nimmt ihn einfach und direkt aus ihrer Hand.

Nagakunya schaut sich zu den Männern um: »Habt ihr gesehen, wie schnell ich meinen Edelstein dargebracht habe und wie schnell der Erhabene ihn genommen hat?«, fragt sie und blinzelt über die Schulter den Bodhisattva Prajñakuta und den Mönch Shariputra an. »Ist das nicht sehr schnell geschehen?« Prajñakuta und Shariputra sehen sie verdutzt an. »Ja, sehr schnell, sicherlich, aber ...«

»Und noch viel schneller kann ich Buddhaschaft erlangen«, unterbricht sie die beiden. »Benutzt eure magischen Kräfte, damit ihr mir folgen könnt, und seht, wie ich es mache!«

Prajñakuta und Shariputra stehen immer noch mit offenem Mund da. Im nächsten Moment verwandelt sich der Körper des Mädchens in den eines jungen Mannes. Nur ein Wimpernschlag und alle Bodhisattva-Tugenden sind geübt und vervollkommnet, und noch im gleichen Augenblick ist das südliche Reine Land erreicht. Alle können es sehen, wie sie dort auf einem Lotos sitzt, vollständig erwacht und für die Wesen des Universums lehrt.

Unzählige Menschen und nichtmenschliche Wesen in der Versammlung sehen es, ihre Herzen werden von Freude erfüllt, und sie huldigen diesem erwachten Wesen. Und unzählige Wesen erwachen selbst dadurch, dass sie sie hören und sie verstehen können, und sie erreichen das Stadium, aus dem es kein Zurückfallen in den Kreislauf der Wiedergeburten mehr gibt. Das Reine Land erzittert und bebt.

Der Bodhisattva Prajñakuta und der Mönch Shariputra aber hüllen sich in Schweigen.[112]

Über die Geschichte der Naga-Prinzessin habe ich mich lange gewundert. Wie ist denn die Pointe gemeint? Wieso verwandelt sie sich am Ende doch in einen Mann? Bestätigt sie damit nicht eigentlich Shariputras Einwände?

Sicherlich, man könnte es als ein letztes Aufbäumen männlicher Überlegenheit verstehen, dass sie sich auf ihrem Weg zum vollkommenen Erwachen im letzten Moment noch in einen Mönch verwandelt. Aber genau betrachtet, wirkt die ganze Veranstaltung eher wie ein grandioses Spektakel, das die Naga-Prinzessin eigens für den Mönch Shariputra ablaufen lässt. Wird sie nicht von Anfang an schon wie eine vollständig Erwachte eingeführt? Eigentlich hätte sie es nicht mehr nötig, noch einmal alle Stationen zu durchlaufen, die sie dorthin geführt haben.

Zum Zeitpunkt der Entstehung des Sutra war man noch davon überzeugt, dass eine Station des vollständigen Erwachens die Manifestation in einem männlichen Körper sein musste. Andere Stationen sind aber ebenso wichtig: in einem Reinen Land zu erscheinen, dort zu lehren und die Wesen zur Befreiung zu führen. Einen männlichen Körper anzunehmen ist also nur ein Element unter mehreren.[113]

Der Übersetzer und Gelehrte Thomas Cleary weist aus seiner Kenntnis des Sanskrit noch auf eine andere Interpretionsmöglichkeit hin.[114] Er argumentiert, dass die Episode der Naga-Prinzessin meist aus der chinesischen Version des Sutra zitiert wird, die, wie er meint, etwas vergröbert übersetzt. Die Sanskrit-Version lässt sich nach Cleary so verstehen, dass die Naga-Prinzessin Shariputra nur so erscheine, als sei sie männlich. Sie zeigt sich in einer Form, in der die weibliche Energie unterdrückt ist und sich vor allem die universelle Energie von Bodhicitta zeigt. Durch ihre erwachten Kräfte macht sie es allen Anwesenden möglich, sie auf diese Weise wahrzunehmen. Diese Interpretation schließt an die Idee an, dass sich die Wahrnehmenden von sich aus öffnen müssen, um eine Buddha als solche zu erkennen. Die geballte energetische und segensreiche Situation, die sich durch die Gegenwart von Buddha Shakyamuni entfaltet, macht diese Öffnung möglich.

Die Naga-Prinzessin begibt sich daraufhin zunächst in das Reine Land im Süden. Die Himmelsrichtung Süden interpretiert Cleary als einen Hinweis auf die alte matrifokale Weisheit der drawidischen Urbevölkerung, die im Süden Indiens lebte. Ihr Erscheinen im Reinen Land des Südens bedeutet für ihn, den Zustand der heiligen Weiblichkeit zu manifestieren, nicht befleckt durch gesellschaftliche Einschränkungen. Mir gefällt dieser Ansatz, er verbindet sich auch sehr gut mit dem Bild der weiblichen Nagas, die Nagarjuna in die Weisheit der Leerheit einweihen, die sie schon lange kannten. Die Naga-Prinzessin Nagakunya, so ihr Sanskrit-Name, stammt ja aus ihrer Familie. In den chinesischen Übersetzungen wird sie »Drachenmädchen« genannt.[115]

Die Geschichte von Nagakunya stammt aus dem Lotos-Sutra.[116] Dieses Sutra entwickelte eine ganz besondere Bedeutung für Frauen auf dem Weg zum Erwachen. Nicht nur im Kapitel der Nagakunya war von erwachten Frauen die Rede. Das 25. Kapitel rezitieren auch heute Nonnen in Südostasien regelmäßig, meistens täglich.[117] Es heißt »Das universelle Tor« und beschreibt, wie sich Avalokiteshvara, der Bodhisattva des grenzenlosen Mitgefühls, aus seiner männlichen Form heraus zum Wohle aller Frauen auch in weiblichen Erscheinungsformen zeigt. Das Sutra zählt dreiunddreißig Erscheinungsformen auf, sieben davon als Frau: Nonne, Laienpraktizierende, Ehefrau, Hausherrin, eine Frau mit einer Stellung am Kaiserhof, eine Brahmanin und ein Mädchen.[118]

Frauen nahmen die Aussage des »universellen Tors« als Ermutigung und Legitimierung für ihren Weg. In China erhielt der Protagonist des »universellen Tors« den Namen Kuan-yin. Seine Erscheinungsform in einem Frauenkörper schuf die Grundlage für eine dauerhafte Umwandlung dieses Bodhisattva in eine Frau. Die Bodhisattva Kuan-yin begann von dort aus ihren Siegeszug als Retterin und Befreierin aller Wesen, und ganz besonders der Frauen.

Shunyatadevi, die gute Frau der Leerheit

Diese Episode stammt aus dem Vimalakirtinirdeshta-Sutra.[119] Das Anliegen dieses Sutra ist es, den Leerheitsbegriff, so wie er aus der Sicht des Mahayana verstanden wird, zu verdeutlichen. Wieder tritt hier der Mönch Shariputra in seiner Rolle als Skeptiker auf, als Vertreter der – vom Mahayana-Standpunkt aus – begrenzten Haltung des Hinayana. Shariputra vertritt die Meinung, man könne über das Erwachen nichts sagen. Damit ist er in guter Gesellschaft: In den frühen buddhistischen Texten, den Pali-Sutras, scheint der Buddha ebenfalls dieser Ansicht zu sein: Wird er gefragt, was denn Erwachen sei, schweigt er.[120]

Das Mahayana vertritt hier eine andere Haltung. Man kann und sollte sogar etwas über das Erwachen aussagen. Das Erwachen selbst ist zwar unfassbar, wie der Rest der Wirklichkeit auch, aber Worte, Metaphern und Bilder können benutzt werden, um auf das, was nicht greifbar ist, hinzuweisen. Diese Bilder und Beispiele sind oft paradox, ja sogar schockierend und vom Verstand nicht zu erfassen.

Die Geschichte von Shunyatadevi hatte für die damaligen Leser wahrscheinlich eine solche Schockwirkung, nicht zuletzt dadurch, dass hier eine Frau die anwesenden Männer belehrt. Und nicht nur das: Sie überzeugt den Skeptiker auch auf ungewöhnliche Weise, nämlich durch eine körperliche Erfahrung.

Ich habe Belehrungen zu diesem Text gehört, in denen betont wurde, man solle bitte nicht glauben, es gehe darin um ein feministisches Thema. Das stimmt wahrscheinlich. Trotzdem ist es bemerkenswert, dass diese Episode ein Verständnis von Leerheit vermitteln will, indem analysiert und *ad absurdum* geführt wird, was man sich unter Mannsein und Frausein vorstellt. Diese Belehrung erteilt außerdem eine Frau. Auch das spricht meiner Ansicht nach für sich. Das Mahayana betont immer wieder, dass Erwachte sich in allen Formen, die den Wesen nützen, manifestieren können. Ich gehe davon aus, dass bestimmte Konstellationen in den Texten nicht zufällig gewählt wurden.

Wieder einmal haben wir es hier mit einer namenlosen Protagonistin zu tun. Im Sanskrit-Text wird die Frau des Sutra einfach nur *Devi* genannt, was man mit »Göttin« oder auch einfach nur mit »Frau« übersetzen kann. In manchen Übersetzungen wird sie als »Fee« oder »gute Frau« bezeichnet. Der Wortstamm von »Devi« ist *div*, »Himmel, leuchtend, hell«, und der Begriff ist eng mit dem lateinischen *divinus*, und dem englischen *divine*, also »göttlich«, verbunden. Die Wurzel *div* reicht aber auch noch in andere Dimensionen. Bedeutungen von »spielen, vermehren, ausbreiten, sich frei entfalten« schwingen mit, auch »Trunkenheit, Verrücktheit und Schlaf«. Diese Bedeutungsfelder vermitteln einerseits einen Eindruck vom Wesen der Devi, aber auch von dem, was sie in denen bewirkt, die sie verehren.[121]

Devi hat aber auch eine ganz alltägliche Bedeutung. Noch heute werden in Indien Frauen ganz alltäglich mit »Devi« angesprochen, so wie wir respektvoll »Frau« Müller sagen würden.

Ich stelle mir vor, die Devi dieser Geschichte war einfach die Frau des Hauses. Sie war immer schon dabei, wenn die Männer sich trafen, um zu diskutieren, nur hatte sie bis jetzt keiner bemerkt. Die Göttin sei, so heißt es in einer Version des Textes, aus der Wand des Hauses getreten. Ich finde das ein sehr treffendes Bild dafür, wie Frauen aus der Unsichtbarkeit des Nichtgesehenwerdens plötzlich hervortreten und zum Erstaunen aller sichtbar werden können. In meiner Erzählung soll sie einen Namen haben. Ich nenne sie Shunyatadevi, eine Frau, die die Leerheit in ihrer ganzen Bedeutung kennt und anwendet.[122]

Vimalakirti, ein ehemaliger Brahmane und jetzt Laienschüler des Buddha, gilt als einer derjenigen, die seine Lehre wirklich tief verstanden haben. Davon kann sich jeder überzeugen, der an einer der Versammlungen in seinem Haus teilnimmt. Hier treffen sich die klügsten und weisesten Männer der buddhistischen Gemeinde, angehende Bodhisattvas und Mönche, um ihr Verständnis von Leerheit und dem wahren Wesen der Dinge zu vertiefen.

Am Abend, wenn es kühler wird und ein leichter Wind aufkommt, geht man durch Seitengassen zu seinem Haus, das von einem herrlichen Garten umgeben ist. Die Türen des großen Salons sind geöffnet, und die Brise bewegt leicht die Vorhänge. Durch die Gänge strömt der Duft von Räucherwerk, Dienerinnen bringen Tee und schütteln die seidenen Sitzkissen auf. Allmählich füllt sich der Raum. Männer in Mönchsroben und Laienpraktizierende in kostbaren Gewändern versammeln sich in entspannter Runde um den Hausherrn. Bald wird das allgemeine Gespräch verstummen und jemand wird anfangen, Vimalakirti Fragen zu stellen. Ganz zuletzt, wenn alle schon gespannt in das Gesicht Vimalakirtis blicken, tritt eine Frau durch die Tür, Shunyatadevi, die Frau des Hauses. Unbemerkt von den anderen setzt sie sich, wie jeden Abend, in eine Ecke und verschmilzt fast mit dem Schatten der dunklen Holzwände. Sie ist unsichtbar. Nur manchmal blitzt etwas auf. Ist es ihr goldgelber Sari oder das Weiß ihrer Zähne, wenn sie plötzlich lächelt? Heute Abend stellt der Kronprinz Manjushri die Fragen. Zwischen ihm und Vimalakirti entspannt sich ein funkensprühender Dialog, der alle in Bann zieht

Wie ist das Zusammenwirken von Leerheit und der Liebe zu allen Wesen? Das ist die Kernfrage des Mahayana. Manjushri fragt: »Wie soll ein

Bodhisattva alle Wesen sehen?« – »Als leer von Eigenexistenz«, antwortet Vimalakirti und erfindet ganz neue paradoxe Bilder für die Leerheit, die allem zugrunde liegt: Wie einen aus Schildkrötenhaaren gefertigten Mantel, so soll ein Weiser alle Wesen sehen; so, wie ein Blinder Farbe wahrnimmt, wie die Erektion eines Eunuchen, wie der gerade vergangene Augenblick einer Seifenblase.

»Und wie«, fragt Manjushri, »wendet sich ein Bodhisattva allen Lebewesen zu?«

Vimalakirti antwortet: »Ein Bodhisattva sollte so denken: So wie ich durch Leerheit das Dharma verwirklicht habe, so sollte ich es auch allen Wesen weitergeben. Er wendet sich ihnen zu mit der Liebe der Tathagatas, die die Wirklichkeit verstehen, mit der Liebe, die befreit, denn sie zeigt den Weg überall; mit der Liebe, die Glückseligkeit ist, denn sie verbindet alle Wesen mit der Glückseligkeit des Buddha. Er sollte alle Wesen von ihren Verwirrungen befreien.«

»Und was ist die Ursache aller Verwirrung?«

»Falsche Vorstellungen.«

»Und deren Ursache?«

»Das, was ohne Basis ist. Alle Dinge, Verwirrung und Weisheit, beruhen auf dieser Ursache, die ohne Basis ist: der Leerheit.«

Plötzlich ein Jubelschrei! Alle Männer fahren herum und starren mit offenen Mündern in die hinterste Ecke des Raums. Ein Frauengesicht strahlt heraus. Shunyatadevi ist aufgesprungen. Ihr goldgelber Sari scheint das Zimmer mit einem warmen Leuchten zu erfüllen. »Ja, genauso ist es!«, ruft sie. »Es ist herrlich, diese Lehren zu hören. Was für eine Freude!« Und ihre Hände werfen Blüten in die Luft. Immer wieder füllen sich ihre Hände von Neuem wie von selbst. Den Blüten entströmt ein köstlicher Duft. Der ganze Raum ist erfüllt von ihren leuchtenden Farben. Die Männer drehen sich verwundert im blumenerfüllten Raum. Sachte regnen die Blumen auf die Versammelten herab, gleiten über ihre Köpfe und Schultern und dann sanft zu Boden. Aber nicht bei allen. An einigen Männern scheinen sie festzukleben. Verwundert versuchen sie sie abzuschütteln. Einige setzen dafür sogar ihre magischen Kräfte ein, aber ohne Erfolg. Die Blüten bleiben da kleben, wo sie sind. Auf den kahl rasierten Köpfen, den Händen, den Roben.

Einem der Mönche, Shariputra, scheint es besonders unangenehm zu sein. »Man sollte religiöse Menschen nicht mit Blumen belästigen. So etwas schickt sich nicht für einen Mönch.« Unwillig zerrt er an seiner Robe, eine blauweiße Orchidee klebt ihm über dem linken Ohr. »Aber verehrter Shariputra«, lacht Shunyatadevi, »warum sollten diese Blumen denn nicht schicklich sein? Diese Blumen schmieden keine Theorien, und sie teilen die Wirklichkeit nicht in Kategorien ein. Ihr aber, Shariputra, tut das. Und darum bleiben die Blüten auch an Euch kleben. Von denen aber, die nicht an den Kategorien von Gut und Schlecht anhaften, fallen sie ab.«

Shariputra dreht sich zu Shunyatadevi um. Wer ist diese Frau und warum mischt sie sich ein? Er sieht sie genauer an. Irgendwie kommt sie ihm bekannt vor. Schnell senkt er seinen Blick. Ein Mönch sollte eine Frau nicht anstarren. Stattdessen fragt er: »Wie lange seid Ihr eigentlich schon in diesem Haus?«

»Oh, ich bin schon so lange hier, wie Ihr erwacht seid.«

»Ach, dann seid Ihr schon lange hier?«

»Seid Ihr denn schon lange erwacht?«

Shariputra schweigt. Die Orchidee an seinem Ohr zittert leicht.[123]

»Ihr werdet ›Ehrwürdigster der Weisen‹ genannt.« Shunyatadevi sieht den Mönch forschend an. »Warum sprecht Ihr dann nicht? Ich habe Euch eine Frage gestellt. Warum sagt Ihr nichts?«

»Über Erwachen kann man nichts sagen. Ich weiß nicht, was ich sagen soll!«, murmelt Shariputra.

»Ich halte es für zu kurz gedacht, wenn man annimmt, man könnte auf Erwachen verweisen, indem man dazu schweigt. Alle Dinge sind gleichwertig im Licht des Erwachens, und es ist durchaus angemessen, etwas darüber zu sagen, wenn man sich anderen mitteilen will.«

»Was soll das heißen, gleichwertig!«, fährt der Mönch sie an. »Wollt Ihr etwa bestreiten, dass Erwachen die Befreiung von Hass, Gier und Unwissenheit ist? Das ist doch sicherlich etwas, was man unterscheiden muss!«

»Natürlich, Ihr habt recht«, entgegnet Devi freundlich, »aber es gibt eine weitergehende Lehre für die, die an nichts festhalten. Die besagt, dass das Wesen von Gier, Hass und Verblendung selbst Befreiung ist.«

Verwundert schaut Shariputra sie an. »Ausgezeichnet, das ist ja ausgezeichnet! Was habt Ihr denn für Verwirklichungen, was müsst Ihr alles erreicht haben, dass Ihr so sprechen könnt!«

»Nichts habe ich erreicht, nichts verwirklicht. Wer so etwas von sich sagt, versteht das Dharma nicht«, sagt Shunyatadevi ruhig. »Ich lebe einfach zusammen mit meinem Mann in diesem Haus. Dieses Haus ist vollkommen leer von allen Zuschreibungen. Deshalb gibt es hier Schätze im Überfluss, die niemals zur Neige gehen, auch wenn noch so viele Arme und Bedürftige davon nehmen. Alle Menschen, die in dieses Haus eintreten, werden nicht länger von ihren widerstrebenden Wünschen hin und her geworfen. Das Haus ist angefüllt mit den Klängen des Dharma, das tönt wie tiefes Donnern und Löwengebrüll. Musik und Gesang durchziehen die Räume; in ihnen klingt das unermessliche Dharma.«

Shunyatadevi schaut Shariputra in die Augen. Sein Gesicht ist jetzt ganz offen und entspannt. In den Pupillen seiner Augen sieht sie ihr Spiegelbild, den goldgelben Sari, die geschwungenen Hüften, ihren schwarzen Zopf, der sich über die Schulter schlängelt.

»Aber, Devi, was ich nicht verstehe, ist: Wenn Ihr ein Wesen seid, das all dies versteht, warum verwandelt Ihr Euch denn nicht aus Eurem Frausein in einen Mann? Das wäre doch viel besser für Euch!«

»Verehrter Shariputra, zwölf Jahre suche ich nun schon nach dem, was ›Frausein‹ wirklich ist. Bisher habe ich es noch nicht gefunden. Was bedeutet das eigentlich: Frausein, Mannsein? Habt Ihr das wirklich ergründet?

Ich will Euch ein Beispiel dafür geben, was ich meine. Wenn eine Zauberin durch einen magischen Trick eine Frau erschaffen würde, würdet Ihr so eine Frau denn fragen, warum sie sich nicht in einen Mann verwandelt?«

»Natürlich nicht, das kann man doch gar nicht vergleichen. So eine Frau würde ja nicht wirklich existieren! Es wäre ja nichts da, was sie umwandeln könnte!«

»Und genauso, verehrter Shariputra, existieren alle Dinge ›nicht wirklich‹. Ja, sogar wir selbst sind eigentlich nicht mehr als eine Luftspiegelung, ein Zaubertrick. Das ist es, was mit der Leerheit von Eigenexistenz gemeint ist, und so sollte ein Bodhisattva alle Wesen sehen. Und alle Wesen heißt auch sich selbst!«

Ihre Hand schnellt vor, ein Fingerschnippen und – Shariputra entfährt ein heiserer Schrei: Vor ihm steht mit einem Mal jemand, der genauso aussieht wie er selbst. Und was ist das für ein merkwürdiges Gefühl, das ihn ergreift? Das sind doch nicht seine Arme und seine Hände, die er sieht, wenn er an sich herunterschaut. Und was ist das? Die Falten eines goldgelben Sari umhüllen seine Beine!

Der Mann, der aussieht wie Shariputra und der jetzt da steht, wo vorher Shunyatadevi gestanden hatte, zuckt entschuldigend mit den Schultern: »Ein kleiner Zaubertrick, um meinen Standpunkt zu untermauern. Hoffentlich hat es Euch nicht zu sehr erschreckt? Ich habe Euch meinen Körper gegeben und mich selbst mit Eurem ausgestattet. Ein interessantes Gefühl, nicht wahr? Was, verehrter Shariputra, hindert Euch jetzt daran, Euch wieder aus diesem Frausein heraus zu verwandeln?«

Shariputra, der jetzt die goldgelbe Frau mit dem schwarzen Zopf ist, schaut Devi im Männerkörper mit weit aufgerissenen Augen an: »Ich erscheine nicht mehr in Form eines Mannes! Ich habe jetzt den Körper einer Frau! Wenn das möglich ist, dann weiß ich wirklich nicht, was ich verwandeln soll!«

»Ja, es ist doch etwas anderes, wenn man Leerheit am eigenen Körper erfährt, als nur darüber nachzudenken. Ob es nun Mannsein oder Frausein ist, alle erscheinen in der einen oder anderen Form, und Ihr jetzt eben in der Form einer Frau. Die wichtige Frage ist doch: Was sind wir wirklich? Was ist unser wahres Wesen?«

Im nächsten Augenblick findet sich Shariputra in seinem Männerkörper wieder. Mit einem Seufzer der Erleichterung nimmt er das gewohnte Gefühl zur Kenntnis. Alles scheint wieder normal zu sein. Die Arme, die Beine, Safranroben, nackte Füße. Auf seinem großen Zeh liegt eine blauweiße Orchidee.

Atemlos waren die anderen Männer im Raum dem Schlagabtausch zwischen Shunyatadevi und dem Mönch gefolgt. Jetzt umringen sie die beiden, betasten Shariputras Körper und verbeugen sich in tiefer Verwunderung vor der Frau des Hauses. Vimalakirti nimmt den erschütterten Shariputra zur Seite und spricht ihm gut zu: »Weißt du, diese Frau hat schon zweiundneunzig Milliarden Buddhas gedient. Sie hat das Ungeborene geschaut. Sie ist eine, die nie mehr in Samsara zurückfallen kann. Sie kann leben, wo sie will, aufgrund ihrer tiefen Herzenswünsche, allen Wesen zum Erwachen zu verhelfen.«

Shunyatadevi hat währenddessen, von allen unbemerkt, den Kreis der Männer längst verlassen. Sie ist schon an der Tür, als Vimalakirti sich suchend nach ihr umsieht. Sie wirft noch ein Lächeln über ihre Schulter, und ein goldenes Schimmern erfüllt den Korridor noch lange, nachdem sie verschwunden ist.[124]

Eintritt in das Reich der Wirklichkeit – Das Avatamsaka-Sutra und seine Lehrerinnen

Das Avatamsaka-Sutra ist ein Schwergewicht der Mahayana-Literatur in jedem Sinne. Die englische Übersetzung von Thomas Cleary umfasst 1500 Seiten und wiegt etwa drei Kilo. Das letzte, 39. und wahrscheinlich bekannteste Kapitel heißt »Eintritt in das Reich der Wirklichkeit«. Es ist die Chronik einer Pilgerreise, die beschreibt, wie sich der Weg der Bodhisattvas bis zum Erwachen entrollt.

Sudhana, ein Kaufmannssohn, hört in seiner Heimatstadt den großen Bodhisattva Manjushri lehren. Begeistert vom Bodhisattva-Weg zieht Sudhana aus, um Menschen zu suchen, die ihn auf diesem Weg weiterbringen können. Auf seiner Reise, die ihn schließlich in die Mitte des erwachten Universums führt, begegnet er dreiundfünzig Lehrerinnen und Lehrern. Diese »guten Freunde und Freundinnen«[125] sind alle erwacht und jeder und jede von ihnen ist auf eine besondere Art spezialisiert, den Bodhisattva-Weg zu vollenden. Der Weg kann auf unterschiedlichste Weise vollendet werden, und jeder Freund und jede Freundin verweist den staunenden Sudhana mit besten Empfehlungen an die nächste Person, die wiederum etwas ganz anderes verwirklicht hat und lehren kann. Unter ihnen sind Kaufleute, Hausfrauen, Seeleute, Wissenschaftlerinnen, Göttinnen, Handwerker, Nonnen und Kinder. Keiner und keine von ihnen nimmt für sich in Anspruch, die volle Wahrheit zu kennen, und keiner und keine versucht, den Pilger Sudhana an ein bestimmtes Dogma oder an sich als Lehrender oder Lehrende zu binden.

Einundzwanzig der Kalyanamitras, mehr als ein Drittel also, sind Frauen. Ganz selbstverständlich treten sie als ihren männlichen Kollegen gleichgestellt auf. Die Verneigung des jungen Pilgers fällt bei einer von ihnen nicht weniger tief aus, und er ist hoch motiviert, von ihnen zu lernen. Diese eindrucksvollen Frauenrunde strahlt Kompetenz und Gewissheit aus.

Das Sutra führt uns in ein erwachtes Universum, dessen wundersame Dimensionen, sei es im Garten einer Göttin oder im Haus einer Wissenschaftlerin, die Grenzen der Vorstellungskraft sprengen. Jede Lehrerin lebt in ihrer Welt, ihrem Reinen Land, das herrlich ausgeschmückt eine Fülle sinnlicher Erfahrungen darbietet.

Bäume voller Edelsteine und solche, die Musik hervorbringen, wachsen in diesen Gärten. Prächtige Blüten wiegen sich dort, die ihre Düfte in alle Himmelsrichtungen abgeben, und kostbare Baldachine schweben frei im Himmel. Die Häuser sind mit juwelenbesetzten Türmchen verziert, die »ein Lichtmeer harmonischer Farbwogen« abgeben.[126] In der Welt von Prabhuta, der Hausfrau, warten »zehnmal einhunderttausend Sitzpolster und Sessel, schöner noch als die Sitzpolster und Sessel von Königen und sogar Göttern« auf Gäste.[127] Von Prabhuta selbst geht ein »süßer Duft aus, der die ganze Stadt« erfüllt.[128] Steigt jemandem dieser Duft in die Nase, fallen Bosheit und Feindseligkeit von dieser Person ab, und alle Krankheiten werden geheilt.

Im Mahayana führt der Weg zum Erwachen nicht in Richtung Askese und einer Abschottung vor Sinneserfahrungen. Die Übung besteht eher darin, die Erfahrungen der Sinne als leer und unfassbar zu erkennen, nicht darin, ihnen auszuweichen. Alle Mahayana-Sutras quellen über von sinnlichen Details, Klängen, Farben und Formen, die auftauchen und im nächsten Moment wieder verschwunden sein können.[129] Dieses grandiose Schauspiel[130] spiegelt die vielfältigen und gleichzeitig unfassbaren Möglichkeiten der Wirklichkeit wider, wie im Bild von Indras Netz. Und wie im Bild des Netzes sind alle und ist alles unauflösbar miteinander verwoben.

Vasumitra weckt durch Küsse

Zur Lehrerin Vasumitra, einer Kurtisane, gelangt Sudhana auf Empfehlung der Nonne Löwenrachen. Eine Nonne empfiehlt dem jungen Mann den Weg zu einer Kurtisane? Wie verknüpfen sich diese zwei Frauenrollen, die auf den ersten Blick gegensätzlicher nicht sein können? Beide haben eines gemeinsam: Sie repräsentieren Möglichkeiten des Frauenlebens, das sich so weit wie nur möglich von der traditionellen Frauenrolle entfernt hat, unabhängig von Männern, Familie und Haushalt.[131]

Die Nonne Löwenrachen spricht zu Sudhana und sagt: »Hier in Südindien gibt es im Land Durga[132] eine Stadt mit Namen »Harmonie der Kostbarkeiten«. Dort lebt Vasumitra, eine Verehrerin des Lichtgottes. Suche sie auf, und frage sie: »Wie übt sich ein Bodhisattva auf dem Weg der Bodhisattvas, wie praktiziert und wie erlangt er ihn?« Sudhana, der Kaufmannssohn, legte seinen Kopf der Nonne Löwenrachen zu Füßen, ging mehrere Male um sie herum, schaute sich immer wieder nach ihr um und entfernte sich schließlich aus ihrer Gegenwart.[133]

Sudhana machte sich also auf, um das Land Durga zu suchen. Der Weg war nicht leicht zu finden, und immer wieder hatte er Angst, sich verlaufen zu haben. Wenn er nach dem Land Durga fragte, sahen ihn viele Leute erschreckt an und warnten ihn davor, dorthin zu gehen. Der wahre Name des Landes sei »Gefahr«, sagten sie ihm. Niemand würde aus freien Stücken diese vergiftete Ecke der Welt betreten. Eine Hexe wohne dort, eine böse Zauberin, in deren Fänge er sicherlich geraten werde. Andere warfen ihm böse Blicke zu und machten ihm Vorwürfe: »Wie kann so ein anständiger junger Mann wie du sich dermaßen von körperlicher Begierde leiten lassen? Man erzählt sich, du seist ausgezogen, um Erleuchtung zu suchen, aber in Wirklichkeit bist du offensichtlich auf direktem Weg in Teufels Küche!« Wenn er so etwas hörte, erbleichte Sudhana, und Zweifel nagten an seinem Herzen. Dann aber erinnerte er sich an die Nonne Löwenrachen und ihren aufrichtigen Blick. Nein, sie würde ihn gewiss nicht in sein Unglück laufen lassen.

Manchmal traf er zwischendurch auch auf jemanden, dessen Augen aufleuchteten, wenn Sudhana nach dem Land Durga und der Meisterin Vasumitra fragte. Es waren einige wenige, die Vasumitra persönlich begegnet waren und ihre Weisheit erfahren hatten. Diese Leute sagten: »Gut, gut, es ist wunderbar, dass du Vasumitra suchst! Du willst wirklich dein Festhalten an allen Vorurteilen auflösen. Geh nur weiter in diese Richtung. Wenn du in die Stadt kommst, findest du ihr Haus auf der nördlichen Seite des Hauptplatzes.« Das machte dem Pilger Mut, und er schritt kraftvoll aus, um nur bald dieser geheimnisvollen Lehrerin zu begegnen.

Nach einer Weile gelangte er in das Land Durga, und es war wirklich so garstig und erschreckend, wie die Leute gesagt hatten. Mit letzter Kraft erreichte er die Stadt und fand das Haus Vasumitras auf der nördlichen Seite des Hauptplatzes. Zitternd klopfte er an das Tor, öffnete, ohne eine Antwort abzuwarten, und trat ein.

Ein Blitzen, heller als Sonnenstrahlen, blendete ihn, als er einen Schritt in die Haupthalle tat. Alle Wände waren juwelenbesetzt, Hunderttausende von Edelsteinen aller Farben mochten es sein, und auch die Decken waren lückenlos mit Edelsteinen bedeckt. Eine sanfte Brise bewegte hunderttausend goldene Glöckchen, die in sanften Harmonien klingelten. Die Stützbalken des Hauses waren aus Diamanten geschnitzt, die aus den Ästen riesiger, blitzender Juwelenbäume herausgehauen worden waren.

Als sich seine Augen ein wenig an das vielfarbige Glitzern gewöhnt hatten, erblickte er die Lehrerin Vasumitra in der Mitte der Halle. Sie war unbeschreiblich schön, ihre Haut schimmerte golden, ihr Haar strömte in schwarzen Locken bis auf ihre Hüften hinunter. Schöner war sie als alle himmlischen und menschlichen Wesen, und ihre Stimme war herrlicher als die von Gott Brahma selbst. Sie kannte alle Sprachen, hatte eine angenehme Stimme, die jeden möglichen Klang hervorbringen konnte, und sie wusste die Freiheit stimmlichen Ausdrucks geschickt einzusetzen. Sie kannte sich mit den Künsten und Wissenschaften aus und hatte alle Aspekte der geschickten Mittel, wie sie die Erleuchtungswesen einsetzen, gemeistert. Auch ihr Körper war mit Edelsteinen übersät, und im Haar trug sie ein Diadem aus wunscherfüllenden Juwelen.

Hingerissen von ihrer Erscheinung lief Sudhana auf Vasumitra zu. Alle Ängste und Zweifel waren vergessen. Er verneigte sich tief und sagte: »Ich habe gehört, dass Ihr denen, die Erleuchtung suchen, Unterweisungen erteilt. Könnt Ihr mir sagen, wie man die Übung der Bodhisattvas lernt und ausführt?«

Vasumitra schenkte ihm ein Lächeln, das ihn bis in die letzte Pore mit Entzücken füllte, und antwortete: »Ich habe die Befreiung erlangt, die ›letztendlich leidenschaftslos‹ genannt wird. Das wird dich vielleicht wundern, wenn du mich erblickst. Also höre genau zu: Allen erscheine ich in einer weiblichen Form, die sie sich schöner nicht wünschen können, und dann lehre ich alle, deren Geist voller Begierde und Leidenschaft ist, frei von diesen Leidenschaften zu werden. Einige werden allein durch meinen Anblick frei und üben sofort die Bodhisattva-Meditation ›Freude und Entzücken‹. Andere werden befreit, wenn sie mit mir sprechen, wenn sie meine Hand fassen, wenn sie einfach einige Zeit in meiner Nähe sind oder sich zu mir auf das Polster setzen. Dann gibt es welche, die umarme oder küsse ich, und ich befreie sie damit. So gewähre ich allen, die zu mir kommen, das, was sie sich leidenschaftlich wünschen. Dadurch, durch das Gewähren und Schenken von Fülle, bringe ich in ihnen die ›Befreiung der letztendlichen Leidenschaftslosigkeit‹ zur Reife.«

Als Sudhana nach diesen und noch weiteren Belehrungen von Vasumitra aufbrach, ging er mehrere hunderttausend Mal im Uhrzeigersinn um sie herum und schaute sich, als er endgültig Abschied nahm, immer wieder nach ihr um.[134]

Vasumitras Art zu lehren ist ganz offensichtlich unkonventionell und nicht für alle geeignet. Darum ist es auch so schwierig, zu ihr zu gelangen, und ihr Land gefährlich. Nur ganz Entschlossene werden sich ihrer Lehren als würdig erweisen. Von Weitem sieht sie nicht sehr vertrauenswürdig aus. Man muss schon genauer hinsehen, durch den äußeren Anschein hindurch, um zu ihrer Weisheit zu gelangen. Offiziell ist sie nicht einmal Buddhistin. Ihre Freundin, die Nonne Löwenrachen, nennt sie eine »Verehrerin des Lichtgottes«, die Menschen halten sie also für eine praktizierende Hindu. Nur für einen kleineren Kreis Suchender zeigt sie sich als Lehrerin des Mahayana-Wegs. Für jene nämlich, die sich vom Sinn ihres Namens leiten lassen, der »Freundin der Welt« bedeutet. »Freundin der Welt« ist ein Synonym für eine Bodhisattva, die, obwohl sie Befreiung erlangt hat, mitten in der Welt der Begierden und Ängste bleibt, um den Wesen eine Freundin und Helferin zu sein. Schwierige Umstände, Gefahr und Vergiftung können ihr nichts anhaben. Sie lebt wie ein Leuchtturm mitten in diesem Unrat und wird davon nicht berührt.

Ihr Haus ist im Norden des Hauptplatzes. Die Straße nach Norden ist die Straße des Karma[135], und die führt im Zustand der Verwirrung zum Kreislauf von Tod und Geburt. Und genau dort, nirgendwo anders, ist das Haus der Vasumitra, denn von dort kommen die Buddhas, und dort, am Tor zur Verwirrung, wollen sie wohnen und wirken.

Vasumitra lehrt, so könnte man sagen, nach dem homöopathischen Prinzip. Um ihren Schülerinnen und Schülern den Weg zur Leidenschaftslosigkeit zu zeigen, führt sie sie mitten in die Leidenschaft hinein. Die Leidenschaft wird durch die Leidenschaft besiegt, dadurch, dass alle genau das erhalten, was sie sich brennend wünschen. Mit Leidenschaftslosigkeit ist hier übrigens nicht ein blutleerer Zustand gemeint, in dem man willenlos durch das Nirvana segelt. Vielmehr geht es dabei um einen Ort jenseits von Leidenschaft, einen Ort, der als Freiheit von Vorlieben und Abneigungen verstanden wird, die uns an konditioniertes Verhalten binden.

Der Kommentar des chinesischen Gelehrten Li Tongxuan zum 39. Kapitel des Avatamsaka-Sutra[136] hält noch detailliertere Erklärungen für die verschiedenen Stufen der Nähe zu Vasumitra bereit. Ihre Hand zu halten bedeutet, Schutz zu suchen; sie anzusehen, die Wahrheit zu erkennen; sie zu umarmen, von der Wahrheit nicht abzulassen, und von ihr geküsst zu werden heißt, Belehrungen zu erhalten.

In der ursprünglichen Sanskrit-Version des 39. Kapitels »Eintritt in das Reich der Wirklichkeit« wie auch in tibetischen Abschriften ist angeblich[137] der Körperkontakt noch weiter beschrieben bis hin zur sexuellen Vereinigung. In der chinesischen Übersetzung wurde diese Steigerung weggelassen, das konfuzianische Geistesklima war gegenüber solch sinnlichen Details sehr empfindlich.

Das Löwengebrüll der Königin Shrimala

So habe ich gehört: Einst weilte der Buddha im Hain zu Jeta in Anathapindikas Park in Shravasti. Zu dieser Zeit führten der König des Landes Koshala, Prasenjit, und seine Hauptfrau, die Königin Mallika, ein Gespräch. Es war dies in dem Zeitabschnitt, als Shrimala das Dharma verstanden, aber noch nicht sehr lange geübt hatte. »Großer König, deine Tochter Shrimala ist hochintelligent und klar, tiefgründig und gelehrt; wenn sie den Buddha treffen würde, könnte sie ohne große Schwierigkeiten das Dharma verwirklichen und hätte keine Zweifel bezüglich dessen, was der Buddha-Dharma enthüllt.« Der König antwortete: »Mallika, meine Liebe, du hast recht, man sollte einen Boten zu Shrimala senden.«

So beginnt das Shrimaladevi-Sutra[138], das Sutra des Löwengebrülls der Königin Shrimala. Man merkt sofort: Das ist keine Geschichte von Leiden, Kämpfen und Widerständen. Die Eltern Shrimalas sind einfach begeistert von ihrer überaus intelligenten und begabten Tochter, und das Einzige, was ihnen Kopfzerbrechen bereitet, ist die Frage, wie sie sie noch besser fördern können. Sie zweifeln nicht im Geringsten daran, dass ihre Tochter alle Voraussetzungen erfüllt, um noch in diesem Leben zu erwachen. Es fehlt nur noch die richtige, alles vollendende Zutat: ein Treffen mit dem Buddha selbst. Und dafür wollen sie sorgen.

In diesem Sutra erklingt das Löwengebrüll der Königin Shrimala.[139] Das Brüllen des Löwen ist ein Bild für die Lehren des Buddha, ihren mächtigen Klang. »Wenn der Löwe im Dschungel brüllt, gibt es kein Wesen weit und breit, das unaufmerksam wäre«, heißt es in einem Sprichwort. Hier ertönt das Löwengebrüll, mit einer weiblichen Stimme, und die Schwingungen ihres Klangs bringen die gewohnte Weltsicht zum Wanken. Dass die Königin Shrimala im Mittelpunkt des Interesses steht, scheint so selbstverständlich, dass ihr Frausein mit keinem Wort kommentiert wird. Es findet sich nicht eine einzige Bemerkung in dem Text darüber, dass hier eine Frau ihr Verständnis der Lehren darlegt; nicht einmal ein Ausruf der Verwunderung: »Oh, schaut her, eine Frau kann so klug sein!« Nein, sie ist einfach da, steht königlich im Mittelpunkt und sagt, was sie zu sagen hat. »Durch die Kraft des Buddha habe ich die Zuversicht, noch viele weitere hilfreiche Dinge (...) zu erklären«, verkündet sie immer wieder, und der Buddha fordert sie auf: »Sprich mit Zuversicht.«

Es gibt verschiedene, sich teilweise widersprechende Legenden darüber, wie Shrimala aufwuchs. Dass es sich bei ihrem Vater um den König Prasenjit – oder Pasenadi – handelte, scheint ziemlich sicher. Eine der Legenden[140] erzählt die Geschichte von Mallika, Shrimaladevis Mutter.

Mallika und Pasenadi

Mallika war die Tochter des Oberblumengirlandenmachers von Koshala.[141] Eines Tages begegnete ihr ein bettelnder Mönch, und sie versorgte ihn mit Speise. Was Mallika nicht wusste: Dieser Mönch war Buddha Shakyamuni, und als sie ihm die Gaben in die Bettelschale legte, weissagte er ihr, sie werde am Ende desselben Tages noch Königin sein. Kaum zu glauben für ein Mädchen aus niederer Kaste, die vom König bisher nur die wehenden Turbanenden gesehen hatte, als er mit seinen Leuten durch die Straßen galopierte, hinaus aus den Toren der Stadt, um zu kämpfen.

Am Abend desselben Tages trottete das Pferd des Königs Pasenadi mit hängendem Kopf der Stadt entgegen. Auch der Mann auf seinem Rücken ließ müde den Kopf hängen. Seine Truppen hatten eine Niederlage einstecken müssen. Staubig und erschöpft ließ der König sich am Rande der Stadt unter einen Baum fallen. Dort fand ihn Mallika, denn der Baum, unter dem der König lag, stand in ihrem Blumengarten. Sie pflegte den müden Krieger und tröstete ihn. Bezaubert von ihrer Freundlichkeit, bat er sie, seine Frau zu werden, und die beiden zogen noch in derselben Nacht als königliches Paar im Schloss ein. So wurde die Weissagung des Buddha wahr.

Als Königin Mallika dann eine Tochter gebar, war König Pasenadi sehr enttäuscht. Er hatte sich natürlich einen Sohn gewünscht. Der König, der mittlerweile ein Anhänger des Buddha geworden war, klagte diesem sein Leid. Der Buddha aber versicherte ihm, Frauen seien manchmal sogar weiser als Männer! Daraufhin konnten beide Eltern auf ihren vielversprechenden Nachwuchs uneingeschränkt stolz sein.

Die Details der Legenden ranken sich in die verschiedensten Richtungen. In einem anderen Sutra[142] wird von einem König Pasenadi berichtet, der eine Tochter hat, die »Reines Geben« genannt wird. Schon als Achtjährige ist sie so weise und gelehrt, wie andere es in ihrem ganzen Leben nie werden. Sie fordert die großen Arhats und Bodhisattvas heraus, mit ihr zu debattieren, und schlägt sie alle. Wie auch immer es erzählt wird: Dass König Pasenadi eine kluge Tochter hatte, scheint unumstritten und in der Legendenbildung tief verwurzelt zu sein.

Shrimaladevi wird als junge Frau an einen benachbarten König verheiratet. Ohne jemals dem Buddha begegnet zu sein, ja sogar ohne zu wissen, dass er in der Welt ist, hat sie die Lehren durchdrungen. Das ist eine Frucht ihrer früheren Leben, in denen sie schon unzähligen Buddhas diente und von ihnen lernte, wie im Sutra[143] gesagt wird.

Shrimaladevi

Der König und die Königin schicken also ihrer Tochter einen Boten. Dieser überbringt Shrimaladevi einen Brief, in dem die Eltern ihr nahelegen, den Buddha aufzusuchen. Das Sutra entwirft daraufhin eine kultivierte Szene:

»Der Bote verbeugte sich vor der Königin, sie plauderten auf angenehme Weise miteinander, und dann übergab er ihr den Brief. Aus Respekt vor ihrem Vater und ihrer Mutter nahm sie den Brief in beide Hände und führte ihn an ihre Stirn.«[144] Nachdem sie die Mitteilung gelesen hat, spricht sie in tiefer Verwunderung: »Wenn dieser Buddha zum Wohl dieser Erde in die Welt gekommen ist, dann bitte, aus Mitgefühl mit mir, komm!«

Ganz schön dreist, könnte man denken, was bildet die sich eigentlich ein? Glaubt sie vielleicht, der Buddha kommt einfach zu jeder, die ihn darum bittet? Doch es ist unglaublich: Kaum hat sie diesen Wunsch ausgesprochen, erscheint der Buddha direkt aus seinem Aufenthaltsort im Jeta-Hain persönlich vor ihr! Die Königin und ihr ganzer Hof legen in tiefer Verehrung die Hände auf ihren Scheiteln zusammen und preisen den Höchsten Lehrer.

Das, was hier fast lapidar und schnörkellos geschieht, ist eigentlich der Höhepunkt der »Karriere« eines oder einer Bodhisattva. Denn das Ziel der tiefsten Wunschgebete einer Bodhisattva ist es, einmal einem Buddha von Angesicht zu Angesicht gegenüberstehen zu können. Diese machtvolle Begegnung markiert die Entwicklungsstufe, aus der eine Bodhisattva nicht mehr zurückfallen kann. Sie wird von einem erwachten Wesen gesehen und erkennt selbst Erwachen in einem anderen. So eine Begegnung bringt die Ankündigung mit sich, dass und wie die Bodhisattva zum vollkommen vollendeten Buddha erwachen wird.[145] Und so verkündet der Buddha inmitten des versammelten Hofstaates auch die künftige Buddhaschaft der Königin Shrimala.

Dieser Vorgang, der die Königin Shrimala auf ihrem Pfad bestätigt und immerhin die Geburt einer neuen Buddha angekündigt, ist im Sutra in ein paar Seiten abgehandelt – überhaupt nichts im Vergleich zu anderen Mahayana-Sutras, in denen bei solchen Gelegenheiten unzählige Buddhas und Bodhisattvas mit ihren ebenfalls unzählbaren Reinen Ländern heraufbeschworen und in ihrer Pracht beschrieben werden. Im Vergleich zu diesen Versuchen, die unermessliche Weite von Zeit und Raum und die Wunder der lebendigen Qualitäten, die dieser Raum hervorbringt, literarisch einzufangen, ist das Shrimaladevi-Sutra sehr schlicht. Es scheint, als wolle der Text keine Zeit verlieren. Er zielt direkt auf den eigentlichen Kernpunkt: die Darlegung der Lehren durch die Königin. Shrimalas Löwinnengebrüll macht den Hauptteil des Sutras aus.

Die Essenz ihrer Ausführungen zielt auf eine sehr tiefgründige Fragestellung, für die es – zumindest im Bereich des diskursiven Denkens – keine Lösung gibt.

Shrimala fragt: »Was bedeutet das, ein aus sich selbst heraus reiner Geist? Kann ein aus sich selbst heraus reiner Geist überhaupt verwirrt werden?« Lama Shenpen vergleicht diese Fragen in ihrem Kommentar zum Shrimaladevi-Sutra[146] mit der Koan-Praxis, wie sie in der Zen-Tradition[147] geübt wird. Ein Koan ist eine solche Fragestellung ohne vernünftige Lösung, ein Paradox. In der Meditation nimmt man diese Frage in sein ganzes Wesen auf und bewegt sie im Herzen, bis zu dem Punkt, an dem konzeptuelles Denken zusammenbricht und sich Einsicht jenseits von Worten und Vorstellungen zeigt. Auch bei der Koan-Praxis im Zen spielt die Begegnung unter vier Augen mit einer realisierten Meisterin oder einem Meister eine wichtige Rolle. Die Schülerin öffnet sich in tiefem Vertrauen, und dadurch kann die Verwirklichung der Lehrerin sie erreichen. Auch Shrimala betont in ihren Ausführungen immer und immer wieder das Vertrauen in den Buddha. Es ist die wichtigste Zutat, um diese Weisheit zu erlangen und zu erwachen.

Das Paradox der Frage Shrimalas bleibt vorerst ungelöst. Denn in dem Moment, als der Buddha hört, wie Shrimaladevi beginnt, dieses Thema aufzurollen, ruft er voller Freude aus: »Devi, genauso ist es! Diese beiden Dinge sind wirklich schwer zu begreifen: Der Geist, der vollkommen rein von Natur aus ist, und die Verwirrung eben dieses Geistes. Nur du oder andere Bodhisattvas, die das Große Dharma haben, sind fähig, das zu verstehen.«

Welcher Art die Lösung sein könnte, deutet der Text dennoch an. Im Laufe ihrer Ausführungen spricht Shrimala davon, dass die letztendliche Wirklichkeit unveränderbar und ohne Eigenschaften ist. In dem Augenblick, in dem man diese Wirklichkeit begreift, erkennt man sich selbst als diese Wirklichkeit, und Erwachen fällt einem in den Schoß.[148] Diese Lehre hat Königin Shrimala schon vor vielen Jahrhunderten in die Welt gesetzt, und viele Generationen von Übenden konnten ihre Erklärungen für den eigenen Weg nutzen.

Shrimala kehrt am Schluss in ihren Palast zurück. Dort überzeugt sie ihren Mann, den König Mitrakirti, von den Vorzügen des Mahayana-Buddhismus. Dann führt sie alle Frauen und Mädchen des Reichs, die über sieben Jahre alt sind, in das Mahayana ein und ihr Mann, der König, tut dasselbe bei der männlichen Bevölkerung. So wird das ganze Land ein Mahayana-Reich.

Zurück im Jeta-Hain, ruft der Buddha Ananda zu sich, seinen Schüler im Mönchsorden, seinen nächsten Schüler im Orden, und übergibt ihm die Lehren Shrimalas. Offensichtlich hielt er die Lehren dieser außergewöhnlichen Frau für so wichtig, dass seine Mönche von ihr lernen sollten.

»Und alle die versammelt waren, die Welten der Götter, der Menschen, der Asuras und Gandharvas, waren von Freude erfüllt und lobten die Worte des Buddha.«[149]

4
Die Frauen des chinesischen Mahayana: Nonnen und Ch'an-Meisterinnen

»Sie hinterließ ein Erbe in Worten und auf dem Pfad
Ein hohes Maß an Freundlichkeit und wunderbares Erwachen.
Gedanken ließ sie ziehen und verließ sich auf Leerheit,
Sie übte ihren Geist, um Weisheit zu vervollkommnen.
Tage, Tage ohne Ende, Jahre, Jahre in weiter Ferne;
Der Wind wechselt, Blitze zucken,
Aber das Prinzip der Vergänglichkeit wankt nicht.
Mit dem Herzen verwirklichte sie das höchste Ziel,
Im Körper starb sie, so wie alle.
Am Tag ihres Todes waren wir in bitterer Klage vereint,
In Trauer, dass das Licht vergangen war.
Und unter den stattlichen Pinien
Drehen Sturmböen die Schirme um,
Zwischen den majestätischen Bergen
Zerrt der Wind an den Mänteln.
Ich fertige die Inschrift, eine Aufzeichnung
Ihrer tugendhaften Herrschaft,
Um diese bemerkenswerte Nonne bekannt zu machen.«

Diesen Nachruf auf die Nonne Seng-meng, die von 402 bis 485 n. Chr. lebte, verfasste einer ihrer Schüler, der Vizepräsident des kaiserlichen Großsekretariats, Shen-yüeh.[150]

Buddhismus in China und die Frauen

Der erste Hinweis auf Buddhismus in China stammt aus dem Jahr 65 v. Chr.,[151] danach tauchen weitere Hinweise erst wieder in der Mitte des 2. Jahrhunderts auf. Die Mahayana-Lehren, die über die Seidenstraße in das chinesische Reich einflossen, trafen hier mit dem konfuzianischen Gesellschaftssystem und dem Weg des Tao zusammen. Die chinesische Mythologie, die mit dem Taoismus verknüpft ist, kannte schon von alters her eine mächtige Göttin, die Königliche Mutter des Westens. Sie ist ein zeitloses Wesen, das das Tao verwirklicht hat, selbst auch Unsterblichkeit verleihen kann und erscheint als schöne Frau von dreißig Jahren. Allererste Bilder des Buddha, den die Chinesen zuerst noch als Gott verstanden, wurden nach ihrem Erscheinungsbild modelliert.[152]

Der Buddhismus setzte sich nur langsam in der chinesischen Gesellschaft durch. Zu Beginn des 5. Jahrhunderts nahm der Kaiser Wu die fünf buddhistischen ethischen Lebensregeln an und förderte den Bau von Tempeln und Klöstern. Chinas Frauen tat die Bilderwelt der Mahayana-Sutras mit ihren weiblichen Bodhisattvas und Buddhas sicherlich gut.

Die chinesische Gesellschaft und ihre wichtigsten Institutionen waren dennoch weiterhin durch konfuzianische Vorstellungen geformt. Vor allem galt dies auch für die Familien, das Hauptlebensfeld der Frauen. Der Buddhismus vertrat in vielen Punkten den konfuzianischen Vorstellungen entgegengesetzte Werte, besonders durch die Propagierung des Ordenslebens und des Zölibats. Denn nach konfuzianischem Verständnis verstießen Kinder, die nicht bereit waren, eine Ehe einzugehen und ihrerseits für Nachkommen zu sorgen, grob gegen ihre heiligste Pflicht den Eltern und der Gesellschaft gegenüber. Dieser Konflikt ist immer wieder ein wichtiges Thema in den Lebensgeschichten praktizierender Frauen. Auch in der wohl berühmtesten Heiligenlegende des chinesischen Buddhismus, der Geschichte von Miao-shan, der späteren Bodhisattva Kuan-yin, ist diese Auseinandersetzung das Kernstück des Dramas. Es lastete daher ein enormer Druck auf den Frauen, die sich dem religiösen Leben widmen wollten.

Eine chinesische Weiterentwicklung des Buddhismus ist die Ch'an-Bewegung. Im Ch'an vermischten sich die buddhistischen Lehren mit dem uralten Weg des Tao. Ch'an war außerdem eine Reformbewegung im chinesischen Buddhismus, die sich gegen Institutionalisierung und die zunehmende Verknöcherung der Lehre wandte. Durch »verrückte Weisheit« entlarvt die Ch'an-Schule auswendig gelerntes Wissen, sinnentleerte Rituale und das Festhalten an Status. Ch'an schert sich nicht um Gelehrsamkeit und Bildung, beides Statussymbole der traditionellen chinesischen Gesellschaft. Allein Verwirklichung durch meditative Einsicht zählt. Das ist ein gutes Klima für die Entfaltung von Frauen, die in stark institutionalisierten Strukturen wenig Chancen haben, sich zu verwirklichen. Im Ch'an wird ihnen in der Regel Respekt entgegengebracht. Zumindest theoretisch gelten für sie die gleichen Voraussetzungen und Erfolgsaussichten wie für ihre männlichen Kollegen. In den Lehrgeschichten des Ch'an, die ab dem 8. Jahrhundert aufgeschrieben werden, hören wir verblüffende Anekdoten über Frauen, die in dieser Schule Verwirklichung erlangten.

Die Schule des »Reinen Landes«

Eine weitere Übungsform, die in China aufblühte, war die »Reine-Land-Schule«, die sich Anfang des 5. Jahrhunderts in China etablierte und sich später auch in Japan verbreitete. Der Kernpunkt dieser Schule ist die Hingabe an den Buddha Amitabha, den Buddha des grenzenlosen Lichts. Der Weg der Verwirklichung durch Konzentration und Einsicht, so heißt es, ist sehr schwer zu gehen. Buddha Amitabha dagegen neigt sich den Wesen voller Mitgefühl zu. Es genügt, seinen Namen mit vollkommenem Vertrauen auszusprechen, und die nächste Wiedergeburt wird in seinem Reinen Land, Sukhavati, stattfinden.

Diese Praxis ist in den Mahayana-Sutras angelegt. Das Avatamsaka-Sutra mündet im großen Wunschgebet von Samantabhadra. Darin geloben die Bodhisattvas, alle Wesen in das Reine Land von Amitabha zu führen. Auch im Lotos-Sutra wird diese Praxis der Hingabe zu Buddha Avalokiteshvara ausgeführt. Dieser männliche Buddha erhielt in der chinesischen Form des Sutra den Namen Kuan-yin und in der weiteren Entwicklung einen weiblichen Körper. Das Lotos-Sutra[153] und insbesondere sein Kapitel das »universelle Tor« wurden mit der Erscheinung dieses Buddha in weiblicher Form in Verbindung gebracht, und so ist es kein Wunder, dass diese Form der Verehrung die Wiege für die weibliche Bodhisattva Kuan-yin wurde.

Die Reine-Land-Schule brachte die Prinzipien, die in diesen Sutras ausgeführt werden, auf einen einfachen Nenner, für alle leicht zu verstehen und zu praktizieren. Eine große Laienbewegung formierte sich, von der sich auch viele Frauen angesprochen fühlten. Und das, obwohl es in Sukhavati, Amitabhas Reinem Land, keine Frauen geben soll![154] Diese Tatsache ist ein deutliches Zeichen für die Sehnsucht der Frauen, einen buddhistischen Weg zu finden, den sie im Alltag umsetzen können und der die Herzen anspricht. Eine Biografiensammlung aus dem China des 18. Jahrhunderts, »Die Lebensgeschichten der Guten Frauen«[155], hat das dokumentiert. Die meisten der hundertvierzig hier beschriebenen Ehefrauen, Mütter und Töchter verehrten die Bodhisattva Kuan-yin oder rezitierten den Namen des Buddha Amitabha und ernährten sich vegetarisch. Sie taten das zu Hause für sich, ohne einen Tempel oder Mönch aufzusuchen, um Unterweisungen zu empfangen. Trotzdem, so heißt es, strahlten viele von ihnen spirituelle Autorität aus. Aus dieser Art der Übung entstanden unabhängige buddhistische Bewegungen, in denen sich Frauen besonders hervortaten.[156]

Die ersten Frauen, die in China den Weg gingen

Aus dem 5. Jahrhundert n. Chr. ist eine Sammlung von Lebensgeschichten buddhistischer Nonnen, das *Pi-ch'iu-ni chuan*, erhalten.[157] Die Geschichten umfassen die Zeit von kurz nach der Gründung der ersten buddhistischen Klöster in China bis zum Beginn des 6. Jahrhunderts. Sie erstrecken sich über mehr als sieben Generationen. Neben den in Klöstern lebenden Nonnen gab es auch, wie überall, die »Waldasketinnen«, freiheitsliebende Einzelgängerinnen, die sich an keine Institution binden wollten. In der Sammlung werden sie zwar »Nonnen« genannt, sie lebten aber nicht in der Gemeinschaft, sondern allein oder zu zweit zurückgezogen in den Bergen.[158] Bis zum heutigen Tage leben solche Einsiedlerinnen in den heiligen Bergen Chinas. Einige folgen dem Tao, die meisten den buddhistischen Mahayana-Lehren, es sind aber auch Praktizierende des tantrischen Buddhismus unter ihnen.[159]

Es gab in der chinesischen Literatur bereits Vorbilder für diese Sammlung von weiblichen Lebensgeschichten. Ein Jahrhundert v. Chr. war eine Biografiensammlung erschienen, die weibliche Rollenmodelle der traditionellen konfuzianischen Gesellschaft vorstellte. In diesen idealisierten Lebensgeschichten werden die Frauen dafür gepriesen, wie vorbildlich sie sich dem Vater, dem Ehemann oder dem Sohn gegenüber verhalten. Denn das sind die drei Männer, denen Frauen in ihrem Leben immer zu gehorchen haben. Die Nonnen des *Pi-ch'iu-ni chuan* aber werden, ganz im Gegensatz dazu, für das gelobt, was sie selbst sind und wie sie sich entwickeln. In der Beschreibung ihrer Lebenswege spielt manches Mal gerade der Widerstand gegen die bestehende Ordnung und ihre Kräfte eine große Rolle.

Zum Beispiel in der Geschichte von Chu Ching-chien[160], »reines Vorbild«, die die Sammlung der Lebensgeschichten eröffnet. Sie gründete im 3. Jahrhundert das erste Nonnenkloster Chinas und zeigte beeindruckende Durchsetzungskraft, ähnlich wie

Mahaprajapati in ihrer Rolle als Vorreiterin der buddhistischen Nonnen in Indien. Sie war die allererste Nonne Chinas, und ihr Lebensthema war die Ordination der Frauen-Sangha. Und die Diskussion darüber hat bis heute nicht aufgehört.

Die Tradition vollordinierter Nonnen ist in Tibet, Sri Lanka, Burma und Thailand schon vor langer Zeit abgebrochen. Frauen, die hier dem buddhistischen Orden beitraten, konnten seit Jahrhunderten nur noch Novizinnengelübde ablegen. Frauen im 20. Jahrhundert versuchten, unter anderem durch den Einsatz westlicher Nonnen wie Ayya Khema ermutigt, die vollständige Nonnenordination wieder zu etablieren. Dabei berufen sie sich auf die ungebrochene Linie weiblicher Ordination durch die chinesische Praxislinie. Von Seiten gewisser Mönchskreise wird die Gültigkeit dieser Ordination aber angezweifelt, da die ersten Nonnen Chinas nicht, wie in den Ordensregeln gefordert, von der vorgeschriebenen Anzahl Mönche und Nonnen ordiniert wurden. Das war für Chu Ching-chien ja auch gar nicht möglich, da es vor ihr keine Nonnen in China gab. Die Frauen, die sich auf die Lebendigkeit der chinesischen Nonnenordination beziehen, berufen sich dagegen auf Mahaprajapati und die ersten Nonnen Indiens. Auch sie wurden auf unkonventionelle Weise würdige Nachfolgerinnen des Buddha in seinem Orden.

Mit Ching-chiens Kloster entstand für Frauen eine Alternative zum Familienleben und ein Zufluchtsort in politischen Krisenzeiten. Die Frauen, die sich zum Nonnenleben entschlossen, kamen aus allen Altersstufen, vom Kindesalter bis zur Greisin,[161] die meisten von ihnen aus gebildeten Familien. Dreiundfünfzig von fünfundsechzig Lebensgeschichten, also über achtzig Prozent, heben die Fähigkeit der Frauen, lesen und schreiben zu können, hervor. Vermutlich wählten Frauen in China, wie überall auf der Welt, das Ordensleben auch, um studieren und sich mit geistigen Inhalten beschäftigen zu können. Immer wieder wird besonders betont, dass diese oder jene Nonne sehr intelligent und gebildet war. Ein neues Frauenbild, jenseits der Mutter und Familiendienerin, bahnt sich an.

Die Übung

Wie in Japan und später auch im tibetischen Buddhismus wurden Texte stark verehrt. Das betraf nicht nur ihren Inhalt, sondern auch den Textkörper selbst. Man legte sie auf den Altar und brachte den Texten Opfergaben dar.[162] Das Lotos-Sutra, das Avatamsaka-Sutra und das Shrimaladevi-Sutra gehörten zu den wichtigsten Sutras. Sie werden auch heute noch intensiv rezitiert und auswendig gelernt. Die chinesischen Nonnen lernten wie ihre tibetischen Kolleginnen in ihrer Ausbildung zahlreiche Sutren auswendig und übten sich darin, sie besonders schnell rezitieren zu können.[163]

Neben der Textrezitation wird aber auch Meditation geübt. Meditation ist bei Weitem nicht für alle Klöster der Mittelpunkt des spirituellen Lebens, und so werden Frauen, die sich »keine andere Arbeit vornehmen, außer zu meditieren«, ganz besonders hervorgehoben.

Auffällig ist, dass Meditation in den Geschichten manchmal als eine Art Trance geschildert wird. Der Körper der Frau wird steif und empfindungslos. Man kann sie rütteln oder anschreien, nichts holt sie aus diesem Zustand zurück. Je länger eine Meditierende fähig war, in dieser todesähnlichen Starre zu verweilen, desto mehr Respekt schien sie zu genießen. Diese Vorstellung von Meditation wird in den anderen Traditionen des Buddhismus in dieser Form nicht propagiert. Obwohl solche Phänomene immer wieder vorkamen, werden sie eher kritisch gesehen und als falsches Verständnis von Meditation angeprangert.

Die Nonnen und das Essen

Buddhistische Mönche und Nonnen in Indien machten jeden Tag die Almosenrunde. Die Menschen legten ihnen in ihre Bettelschale das, was sie geben konnten, und die Mönche und Nonnen nahmen das, was sie in ihrer Schale fanden, dankbar an. Sie aßen Fleisch oder Gemüse, frisch oder verdorben. Ihre Übung bestand darin, das, was ihnen geschenkt wurde, anzunehmen. Der einzige Grund, eine Speise zu verweigern, war die Vermutung, es könnten Lebewesen speziell dafür getötet worden sein.

In China wurde es unter den Buddhisten sehr populär, sich vegetarisch zu ernähren, um damit die Übung des Nichtverletzens anderer Lebewesen zu vertiefen. Es wird aber auch von Praktizierenden berichtet, die selbst kein Getreide mehr aßen oder sich ausschließlich von Piniensamen ernährten. Die Lebensgeschichten der Nonnen wissen von mehreren Nonnen, die keine feste Nahrung mehr zu sich nahmen. Diese Entwicklung hängt sicherlich auch mit alten taoistischen Einflüssen zusammen. Der Pfad zur Unsterblichkeit, so wie er im Taoismus beschritten wird, benutzt zur Verfeinerung der Körperenergien die Reduktion von Nahrung auf Piniensamen und andere essenzielle Substanzen.[164]

Der Lobgesang des Biografen

Shih Pao-chang, der Chronist der Nonnenbiografien[165], ist von seinem Thema offensichtlich begeistert. Über viele Jahre hat er den Lebensgeschichten nachgespürt, hat alte Dokumente gewälzt und Menschen befragt, die sich noch an Überlieferungen erinnern konnten. Warum war eine Sammlung von Frauenbiografien für diesen Mönch ein ernst zu nehmendes Thema?

Möglicherweise aus erzieherischen Gründen, aber vielleicht auch, weil er die Frauen einfach beeindruckend fand, wie er selbst rückhaltlos in seinem Vorwort bekennt: »Diese Nonnen, die ich hier als Vorbilder anbiete, sind Frauen von hervorragendem Leumund, sie sind Vertreterinnen der höchsten Moral, deren Tugenden wie ein endlos fließender Strom von Wohlgeruch ist. (…) Von der Zeit der ersten Nonne Mahaprajapati an haben Nonnen über Generationen hinweg die Stufen des buddhistischen Weges erklommen und die Frucht der spirituellen Praxis geerntet. Diese leuchtenden Beispiele des religiösen Lebens sind wie die Sonne, die den Himmel durchläuft und mit ihren Strahlen allen Wärme und Licht bringt. (…) Ich habe das Material nicht beschönigt, sondern darauf hingearbeitet, die Kernpunkte zu erhalten, in der Hoffnung, dass jene, die Freiheit von den Leiden der Welt suchen, den Tugenden der Nonnen nachstreben. Dennoch bitte ich meine gewissenhafte Leserschaft, da meine Nachforschungen begrenzt waren und vielleicht unvollständig sind, mich auf Mängel hinzuweisen.«[166]

Die Geschichten

Tan-hui, Strahlen des Dharma

Tan-hui stammte aus einer guten Familie und interessierte sich schon als Kind für Meditation.[167] Als sie neun Jahre alt war, bat sie ihre Mutter, den Mönch Kalayashas, der gerade China bereiste, auf den Familiensitz einzuladen. Sie wollte ihn über Meditation befragen, und obwohl ihre Eltern den buddhistischen Neigungen ihrer kleinen Tochter skeptisch gegenüberstanden, willigte die Mutter ein. Sobald der Mönch die kleine Tan-hui erblickte, erkannte er ihre außerordentliche Begabung. Er gab ihr viele gute Hinweise und Übungen und bat die Nonne Fa-yü, das Mädchen zu betreuen. Tan-huis Mutter aber hatte ihre Tochter schon längst mit einem Mann aus einer mächtigen Familie verlobt. Der Hochzeitstag war bereits festgesetzt, und die Vorbereitungen liefen auf Hochtouren. Tan-hui wollte allerdings nicht heiraten, sondern ihr Leben dem Erwachen widmen. Um das Mädchen aus dieser aussichtslosen Lage zu retten, nahm die Nonne Fa-yü sie heimlich in ihr Kloster auf. Tan-hui gelobte noch in dieser Nacht: »Wenn ich mein Leben nicht der Religion widmen kann, sondern gezwungen werde, zu heiraten, dann werde ich mich verbrennen!« Damit aber wollte sich der aufgebrachte Bräutigam nicht zufrieden geben.

Die Angelegenheit wurde vor den Gouverneur der Provinz gebracht. Der stellte einen Sachverständigenrat aus Honoratioren, Beamten, Mönchen und Nonnen zusammen und bat sie, das Problem zu ergründen. Nachdem alle ihre Meinung kundgetan hatten, fragte der Gouverneur das Mädchen Tan-hui: »Glaubst du, dass du wirklich ein Leben als Nonne führen kannst?« Sie erwiderte: »Ich habe es mir schon immer gewünscht, und ich bitte Euch, mir in dieser schwierigen Lage zu helfen.« Der Gouverneur glaubte ihr, und noch am selben Tag schickte er Boten zu den Eltern des Bräutigams, die der Familie den Befehl überbrachten, die Verlobung aufzulösen.

Mit dreizehn Jahren trat Tan-hui in den Orden ein. Ihre Lehrerin Fa-yü bildete sie weiter in Meditation aus. Als Tan-hui sechzehn geworden war, gab es eines Nachts plötzlich Geschrei und Tumult im Klosterhof. Tan-huis ehemaliger Bräutigam war mit einem Trupp von Kriegern in das Kloster eingebrochen und hatte versucht, seine verlorene Braut zu rauben. Nur der mutige Einsatz ihrer Dienerin verhinderte eine Vergewaltigung innerhalb der Klostermauern, und die Eindringlinge konnten verjagt werden.

Wieder kam der Fall vor den Gouverneur. Um dieser ungewöhnlichen Situation auf die Spur zu kommen, holte er sich diesmal Rat von Kalayashas, dem ausländischen Mönch, der Tan-hui schon von Kind an kannte. Der erklärte ihm: »Diese junge Frau ist sehr intelligent, und es ist sicherlich nicht klug, sich ihr in den Weg zu stellen. Wenn die Auflösung des Eheversprechens eine Frage des Geldes sein sollte, dann werde ich meinen alten Diener von Haus zu Haus schicken, um Geld für diesen Zweck zu sammeln.«

Tan-huis Biografie berichtet nicht, ob der Gouverneur diesen Vorschlag für eine gute Idee hielt oder nicht. Tan-hui blieb auf jeden Fall im Kloster und vertiefte sich weiter in die Meditation. Sie erkannte die Unveränderlichkeit der Buddha-Natur aller Wesen und gewann Einsicht in tiefgründige Zusammenhänge, die sie von keiner ihrer Lehrerinnen und Lehrer gelernt hatte. Selbst die kompliziertesten Fragen die Lehre betreffend verblüfften sie nicht. Sie war weit und breit bekannt und hochgeschätzt.

Viele wundersame Geschichten werden über sie erzählt. Als zum Beispiel ein hoher Beamter mit dreißig Personen unangemeldet ihr Kloster besuchte, war, wie von Zauberhand, gleich der Tisch mit den besten Speisen gedeckt, obwohl das Kloster arm war und die Nonnen nur das Nötigste besaßen. Auch andere Besucher erlebten solche Überraschungen.

Tan-hui baute in ihrer Heimat eine Pagode und drei Klöster. Dies geschah so schnell, dass alle sehr verwundert waren und manche ihr übernatürliche Kräfte zuschrieben. Auch waren die Gebäude herrlich verziert und mit den besten Ritualgegenständen ausgestattet. Jemand fragte Tan-hui: »Deine Schülerinnen und Schüler haben wirklich nur das Nötigste zum Leben. Und doch sind deine Gebäude die herrlichsten weit und breit – wie geht das zu?«

Und Tan-hui sagte: »Ich weiß es auch nicht, ich habe keine Ersparnisse, überhaupt kein Vermögen. Wenn ich Rechnungen begleichen muss und in meine Tasche greife, finde ich nur ein paar Münzen, das ist alles. Plötzlich aber, wenn ich es brauche, ist alles da. Ich weiß wirklich nicht, wie das geschieht, es geschieht von selbst!«[168]

Ching-hsiu hat Vertrauen

Schon als Kind fiel Ching-hsiu durch ihre Intelligenz und ihr Mitgefühl auf.[169] Mit sieben Jahren beschloss sie, nur noch vegetarisch zu essen. Ihre Eltern aber durften das nicht wissen. Wenn also Fleisch oder Fisch in der Familie auf den Tisch kam, warf sie es heimlich weg. Schon mit zwölf bat sie ihre Eltern, sie Nonne werden zu lassen, doch sie erlaubten es nicht. Also übte sie heimlich zu Hause. Da sie schreiben gelernt hatte, kopierte sie buddhistische Schriften. Sie verschenkte alles, was sie besaß, sie schminkte sich nicht und trug immer dasselbe einfache Kleid. So lebte sie in ihrer Familie, bis zu ihrem 29. Lebensjahr. Dann durfte sie endlich in den Orden eintreten. Im Kloster »Grüner Garten« wurde sie Schülerin der Nonne Yehshou und diente ihr mit ganzem Herzen.[170]

Eines Nachts meditierte Ching-hsiu zusammen mit zwei anderen Nonnen in der großen Halle. Es war stockdunkel und mucksmäuschenstill. Plötzlich röhrte aus dem Nichts eine donnernde Stimme durch die Halle. Zitternd liefen die beiden anderen Nonnen auf die Tempelstufen hinaus. Ching-hsiu blieb gefasst. Sie ging in ihr Zimmer, um eine Kerze zu holen und die Quelle der Stimme ausfindig zu machen. Kaum aber hatte sie wieder die Stufen zur Meditationshalle betreten, da hörten die Frauen dieselbe mächtige Stimme im Nachtwind: »Macht Platz! Die Meditationsmeisterin Ching-hsiu kommt zurück!«

Ein anderes Mal hielten die Nonnen eine intensive Meditationszeit ab. Das bedeutete frühes Aufstehen und langes Sitzen. Während der Nachmittagssitzung dösten einige Frauen auf ihren Kissen, und eine von ihnen begann sogar zu schnarchen. Während sie schlief und schnarchte, erschien ihr im Traum ein Wesen, das mit dem Kopf das Dach der Meditationshalle stützte. »Hör auf zu schnarchen!«, raunte es ihr zu. »Du irritierst Ching-hsiu!« Auch eine andere Nonne hatte ein solches Erlebnis. Als sie während einer längeren Meditation kurz die Halle verlassen musste, begegnete ihr ein Wesen, das in die Hände klatschte und ihr zurief: »Störe Ching-hsiu nicht!« Alle entwickelten großen Respekt vor der Meditationskraft von Ching-hsiu.

Ching-hsiu erhielt Hilfe von überall her. Es lag ihr sehr viel daran, von einem Meister Yao bestimmte Lehren für das Kloster zu erbitten. Sie hatte aber nicht genug Geld, um die erforderliche Spende darzubringen. In derselben Nacht sah sie im Traum Schwärme von Raben, Elstern, Sperlingen und anderen Vögeln, die sangen: »Wir werden Ching-hsiu helfen, wir werden Ching-hsiu helfen.« Und tatsächlich regnete es in den folgenden Tagen ganz überraschend Spenden, sodass die Belehrungen stattfinden konnten.

Im Jahr 430 kam ein fremder Mönch mit Namen Gunavarnam in die Gegend. Sein Wissen um die monastischen Regeln und Pflichten war herausragend, und Ching-hsiu empfing von ihm noch einmal die Ordensregeln. Die meisten anderen Nonnen im »Grünen Garten« nahmen es mit den Regeln nicht so genau, Ching-hsiu aber wünschte sich, so zu leben, dass sie die Ordensregeln streng befolgen und gleichzeitig in der Stille der Meditation verweilen konnte. Das war ihre Vision für den Weg zum Erwachen.

Es dauerte sechs Jahre, bis ihr Wunsch in Erfüllung ging. Dann endlich schenkten ihr die Prinzessin Nan-chang und die Prinzessin Huang Hsiu-i ein Stück Land, um darauf ein Kloster zu errichten. Bei den Bauarbeiten half Ching-hsiu unermüdlich selbst mit. Sie schleppte Lehm und Ziegel und teilte mit den Bauarbeitern das einfache Essen. Dem fertigen Kloster verlieh der Kaiser Ming persönlich den Namen »Meditationshain«. Zwei Drachen sollen dort Fußabdrücke hinterlassen haben, als Zeichen ihres Schutzes. Die Frauen, die dort zusammen mit Ching-hsiu lebten, nahmen sich keine andere Arbeit vor, als zu meditieren.

Ching-hsiu starb mit achtundachtzig Jahren. Kurz vor ihrem Tod erschien ihr im Traum eine Menschenmenge westlich der Meditationshalle, die winkte ihr zu und hieß sie mit Fahnen, bunten Schirmen und Musik willkommen. Am nächsten Morgen ließ Ching-hsiu alle zusammenrufen, die sie kannte, um sich zu verabschieden. Fünf Tage später sagte sie zu ihren Schülerinnen: »Ich steige jetzt auf zum Palast im Tushita-Himmel«, und starb.

Drei Geschichten von Freundinnen

Die dumme Freundin, Fa-hsiang und Hui-su

Fa-hsiang wird, wie es so oft geschieht, jung verheiratet, und wenig später zerbricht ihre Familie an inneren und äußeren Streitigkeiten.[171] Ihr Ehemann und alle ihre direkten Verwandten kommen um, und Fa-hsiang geht ins Kloster. Hier genießt sie die Hochachtung aller. Sie ist außergewöhnlich begabt, intelligent und charakterstark. Eigentlich wäre sie für viele ein Vorbild – wäre da nicht diese eine Sache, die die anderen Nonnen empörend an ihr finden. Fa-hsiang teilt alles, was sie hat, ihre Kleidung und ihr Essen, mit der Nonne Hui-su.

»Warum gibst du alles, was du hast, Hui-su?«, stellen die anderen sie zur Rede. »Sie ist doch vollkommen unkultiviert, trampelig und bringt kein Wort heraus. Außerdem hat sie nicht den blassesten Schimmer von den Lehren. Sie kennt die Ordensregeln nicht, und überhaupt, hast du sie schon mal meditieren sehen? Am Anfang wollte sie ja etwas lernen, aber sie hat sich so trottelig angestellt, dass keine von uns sie weiter unterrichten wollte. Wir haben es versucht, aber Hui-su ist eine Idiotin! Warum nur gibst du ihr das Beste, was du hast? Es ist doch viel verdienstvoller für dich, wenn du deine Spende einer gibst, die spirituell weiter entwickelt ist!«

Fa-hsiang entgegnet: »Liebe Schwestern, wisst ihr, was ich mich frage? Woran erkennt man eigentlich, dass jemand spirituell hoch entwickelt ist? Ich weiß es nicht, ich glaube, man muss selbst eine Heilige sein, um das in anderen zweifelsfrei erkennen zu können. Ich bin nur eine ganz gewöhnliche Frau. Wie könnte ich mir anmaßen, das zu beurteilen? Ich mache es eben so, wie ich es mache. Und wenn ich etwas spenden möchte, warum sollte es mich kümmern, ob die, die es empfängt, spirituell würdig ist?«

Einige Zeit später stiftete die trottelige Hui-su eine einwöchige intensive Meditationszeit für das Kloster. Diesmal war selbst sie in der großen Halle dabei. Als in der dritten Nacht der Gong zum Abschluss der Sitzung ertönte, standen die Frauen von ihren Kissen auf und streckten ihre steifen Beine. Alle bis auf Hui-su. Sie saß still da und rührte sich nicht. Man rüttelte sie, man rief sie laut bei ihrem Namen, nichts geschah. Einige befürchteten, sie sei gestorben, andere meinten, es könne ja auch tiefe Meditation sein, so unwahrscheinlich das auch bei einer wie Hui-su klingen mochte, und man beschloss, Hui-su einfach sitzen zu lassen, bis man sich auf die eine oder andere Weise sicher sein konnte. Drei Tage später stand Hui-su einfach auf und war munter wie immer.

Den Frauen im Kloster aber dämmerte jetzt, welche außerordentlichen meditativen Fähigkeiten Hui-su verwirklicht hatte. Und sie verstanden auch, dass Fa-hsiang aus tiefer Einsicht gehandelt hatte, als sie mit Hui-su alles teilte, was sie besaß.

Die begabte Freundin, Shih Hui-mu und Ching-cheng

Hui-mu war für ihre Fähigkeit, Visionen zu empfangen, berühmt.[172] Die Nonne Ching-cheng suchte sie auf, um ihre Bekanntschaft zu machen, und es entwickelte sich eine Freundschaft zwischen den beiden Frauen. Hui-mu fasste sogar solches Vertrauen zu Ching-cheng, dass sie ihr die Visionen, die sie empfing, stets genau beschrieb.

Hui-mu und ihre Schwestern im Kloster widmeten sich besonders der Praxis des Buddha Amitayus, Buddha des langen Lebens.[173] In einer intensiven Übungszeit brachten die Nonnen diesem Buddha unzählige Niederwerfungen dar. Auch Hui-mu und ihre Freundin Ching-cheng waren dabei und verbeugten sich immer und immer wieder zusammen mit den anderen Nonnen vor der großen Statue des prächtig geschmückten Buddha Amitayus. Zu fortgeschrittener Stunde aber stand Hui-mu nach einer Niederwerfung nicht mehr auf.

Die Schwester neben ihr dachte zuerst, sie sei eingeschlafen, als sie den Boden zum tausendsten Mal berührt hatte. Sie stubste Hui-mu an, aber die rührte sich nicht. Andere eilten herbei, riefen ihren Namen und versuchten sie aufzuheben Immer noch blieb Hui-mu wie tot liegen und sagte kein einziges Wort.

Da warf sich ihre Freundin Ching-cheng voller Angst neben sie auf den Boden und flehte sie mit tränenerstickter Stimme an, wieder aufzuwachen. Und wirklich, Hui-mo öffnete nach einer Weile die Augen. Alle atmeten erleichtert auf, doch Hui-mo sah ihre Freundin traurig an und flüsterte ihr leise zu: »Weißt du, als ich hier auf dem Boden lag, erschien mir Buddha Amitayus. Von Angesicht zu Angesicht sah ich mich ihm gegenüber und er selbst erklärte mir die Lehre von der ›Kleinen Vervollkommnung der Weisheit‹. Er war schon bis zum vierten Kapitel gekommen, als du mich wachgerüttelt hast. Wie traurig!«

Zwei Frauen und ein Tiger

Ching-cheng lebte allein in einer kleinen Hütte etwas oberhalb des Klosters »Bambushain«.[174] Ihre einfache Behausung war wunderbar ruhig in einem kleinen Wäldchen gelegen und die Geschäftigkeit des Klosterlebens berührte sie nicht weiter. Ching-cheng war eine erfahrene Meditierende. Und da sie vierhundertfünfzigtausend Worte der Sutras auswendig rezitieren konnte, brauchte sie sich auch nicht mehr mit Büchern und Textstudium zu belasten. Sie verweilte frei von Sorgen und entspannt in der Stille der Meditation. Ihre einzige Gefährtin war ein Tiger, der ihr überallhin folgte. Und wenn sie sich zur Meditation niedersetzte, legte sich die Tigerin ihr zur Seite und stand erst wieder auf, wenn auch Ching-cheng sich erhob.

Als Ching-cheng einmal ihre Einsiedelei verließ, um ins Kloster hinunterzugehen, begegnete ihr auf dem Weg eine Frau. Die beiden begrüßten sich ohne jegliche Formalität, so ungezwungen und ausgelassen, als wären sie schon immer zwei alte Freundinnen gewesen. Der Name der anderen war Chiu-Wen-chiang. Sie stammte aus der Grenzregion im Nordosten des Landes, die von Barbaren[175] besetzt war. Über Umwege hatte sie von den buddhistischen Lehren gehört und war so davon begeistert, dass sie beschlossen hatte, einen Ort zu suchen, an dem sie mehr darüber erfahren konnte. Es gelang ihr, über die Grenze zu kommen, und sie fand Zuflucht im Kloster »Bambushain«.

Seit dem Tag, an dem sich die beiden Frauen begegnet waren, lebten sie zusammen in der Hütte über dem Kloster, meditierten und schauten in den Himmel. Der Tiger folgte ihnen auf Schritt und Tritt.

Obwohl sie so zurückgezogen lebten, wurde es doch bald bekannt, dass die beiden ganz besondere Praktizierende waren. Sie nahmen weder Reis noch Getreide zu sich, sondern lebten ausschließlich von Sesamsamen und Bergdisteln. Dieses offensichtliche Zeichen ihrer Heiligkeit erregte selbst die Aufmerksamkeit des Barbarenkönigs in der nördlichen Hauptstadt, und er lud die beiden Frauen ehrerbietig zu einem Besuch an seinem Hofe ein. So eine Einladung ist schwer abzulehnen, denn alle im Kloster fürchteten den Zorn des Barbarenkönigs, und so machten sich die beiden Freundinnen wohl oder übel auf den Weg.

Am Hof des fremden Herrschers wurden sie mit den höchsten Ehren empfangen. Alle verehrten sie als weise Frauen, und der Ruhm ihres asketischen Lebens, der ihnen vorausgeeilt war, ließ ihre schäbigen Kleider und abgeschabten Sandalen wie königliche Roben aussehen. Am Abend wurde ein Festmahl zu ihren Ehren abgehalten, für das der Herrscher die erlesensten Leckerbissen von nah und fern zusammentragen ließ. Kaum hatten alle Günstlinge des Hofes Platz genommen und die ersten Reden begonnen, stopften Ching-cheng und Chiu-Wen-chiang schon alles in sich hinein, was auf den zierlichen Lacktischchen vor ihnen stand. Mit fettigen Fingern grapschten sie in die Töpfe und stopften sich die Backen so voll, dass sie kaum kauen konnten und ihnen die Soße aus den Mündern triefte. Kurz, sie benahmen sich nicht wie würdevolle Asketinnen, denen die Gelüste der Welt fremd sind, sondern äußerst unangemessen. Entsetzt brach der Barbarenkönig das Bankett ab und ließ den beiden mitteilen, er lege keinen Wert mehr auf ihre Anwesenheit.

Vergnügt machten sich Ching-cheng und Chiu-Wen-chiang auf den Heimweg. Sie wurden nie wieder irgendwohin eingeladen.[176]

5
Die Frauen des Ch'an

Wie Frauen mit dem Ch'an leben

Im 1. Jahrhundert n. Chr. gelangte die buddhistische Lehre über die Seidenstraße nach China. Der Nordwesten Chinas, wo die Seidenstraße zu Indien hin verläuft, war schon in früheren Jahrhunderten ein Schmelztiegel für die unterschiedlichsten Ethnien und die Religionen, die sie mitbrachten. Die Berge dieser entlegenen Gegend dienten seit hunderten von Jahren als Rückzugsort der taoistischen Praktizierenden. Als die buddhistischen Mahayana-Lehren und der uralte taoistische Weisheitsweg aufeinandertrafen, wurde der Weg des Ch'an[177] geboren. In der Legende heißt es, der indische Meister Bodhidharma habe die Lehre des Ch'an im 5. Jahrhundert nach China gebracht. Die Ch'an-Tradition folgt der Lehre des Tathagatagarbha[178], des »Einen Geists«, wie sie in China genannt wurde, und vertritt ein Erwachen, das universell und ohne jede Unterscheidung ist. Jedes fühlende Wesen hat Zugang zum Erwachen, egal welchen Geschlechts und welcher Rasse.

Die Sutras, denen diese Lehren der Leerheit und der Buddha-Natur zugrunde liegen[179], bezeichnen Frauen und Männer als gleichwertig. Auch in der taoistischen Tradition hatten weibliche Praktizierende von jeher hohes Ansehen[180] genossen, und im Ch'an sind sie lebendig vertreten und oft an prominenter Stelle.

Die erste Ch'an-Meisterin Chinas wurde bereits im 5. Jahrhundert autorisiert; die Kaisertochter Tsung-Chih war direkte Schülerin von Bodhidharma. Tsung-Chih, so wird berichtet, war fähig, das gesamte Lotos-Sutra auswendig zu rezitieren. Die Chroniken der Ch'an-Tradition nennen Tsung-Chih als einzige Frau der vier Dharma-Erben des Bodhidharma. Der japanische Zen-Meister Dogen betont in seinem Kommentar dazu, dass alle – die drei Schüler und die Schülerin Bodhidharmas – das Dharma vollständig verstanden hatten. Die Lehrlinie Bodhidharmas wurde allerdings nicht über Tsung-Chih weitergegeben, sondern über einen männlichen Schüler.

In der Ch'an-Schule wurde Frauen also Respekt und Anerkennung gezollt, zumindest soweit das die patriarchale Brille der chinesischen Männer zuließ. Im 11. Jahrhundert legte der Ch'an-Meister Ta-hui Tsung-kao[181] seiner Schülerin Miao-yan ans Herz: »Alle sind gleich, was die Buddha-Natur angeht, egal, ob Mann oder Frau.« Und er gab ihr folgende Argumentation an die Hand: »Kann man denn sagen, dass sie eine Frau ist und dass sie als Frau keinen Anteil an der Erleuchtung hat? Du musst wirklich vertrauen, dass das nichts damit zu tun hat, ob man weiblich oder männlich ist, alt oder jung. Unser Dharma-Tor ist frei von Diskriminierung und hat den ›Einen Geschmack‹.«[182] Dass es für männliche Praktizierende hierbei noch einiges zu lernen gab, zieht sich wie ein roter Faden durch die Geschichten der Frauen des Ch'an.

Die meisten Aufzeichnungen über sie finden sich als Beigabe in den Biografien ihrer männlichen Kollegen.[183] Etwa drei Dutzend Nonnen und weibliche Praktizierende werden darin erwähnt. Da sie fast ausschließlich als Nebenfiguren in den Lebensgeschichten anderer vorkommen, erfahren wir nur wenig über ihren Lebenshintergrund. Erhalten aber sind ihre Belehrungen und der Schlagabtausch mit ihren männlichen Kollegen.

Die Geschichten

Zwei Geschichten der Meisterin Yuan-chi

Yuan-chi und der widerspenstige Leichnam

In einer Höhle am Berg T'a-jih lebte Yuan-chi zusammen mit einem Mann. Manche sagen, dass es ihr Bruder, manche, dass es ihr spiritueller Gefährte war. Beide hatten sie bei Hui-neng, dem sechsten Patriarchen der Ch'an-Schule studiert. Jetzt lebten sie schon seit langer Zeit zurückgezogen in ihrer Einsiedelei. Was draußen in der Welt geschah, interessierte sie nicht.

Die Welt wiederum aber interessierte sich für Yuan-chi. Ihr Buch *Der Klang des vollkommenen Erwachens* wurde in all den Jahren von ihren Zeitgenossen viel gelesen, zitiert und gerühmt. Man fand, dass es vergleichbaren Werken männlicher Verfasser in nichts nachstehe. Die beiden Einsiedler aber nahmen davon keinerlei Notiz. Yuan-chis Gefährte wanderte oft wochenlang in den entlegendsten Gegenden umher. Irgendwann tauchte er dann wieder in der Einsiedelei auf, und die beiden verbrachten einige Zeit zusammen.

Einmal aber, als er schon länger fortgeblieben war, als er es jemals zuvor getan hatte, stand plötzlich ein Bauer atemlos vor der Hütte der Meisterin. Keuchend verneigte er sich und berichtete Yuan-chi dann, ihr Gefährte sei plötzlich bei ihnen im Dorf, einige Tagesreisen entfernt, in der Nähe des Bergs Wu-t'ai gestorben. Das allein war ja schon Kummer genug, aber er hatte dort ein unlösbares Rätsel hinterlassen, dass alle in der Gegend aufregte und verwirrte. Sein lebloser Körper stand ohne jede Anzeichen der Verwesung auf dem Kopf und es gelang niemandem, ihn umzudrehen und ihn zu bestatten. Die Dorfbewohner wollten nun die Meisterin bitten, ob sie nicht helfen könne.

Yuan-chi ging also mit dem Bauern in sein Dorf zurück. Und tatsächlich, es war so, wie der Bauer berichtet hatte: Der Leichnam ihres Gefährten stand immer noch unverrückbar kopfüber aufgerichtet mitten auf dem Dorfplatz. Yan-chi ging dicht zu ihm, beugte sich zu seinem Ohr hinunter und sagte: »Na, mein Alter, kannst es also nicht lassen, auch noch als Toter anzugeben! Musst du die armen Leute so erschrecken?!« Im selben Augenblick sank der Leichnam zu Boden. Und erleichtert begannen die Dorfbewohner, ein großes Begräbnisfest vorzubereiten.

Yuan-chi splitterfasernackt

Yuan-chi war eine Ch'an-Meisterin ersten Ranges. Schon als junge Frau war sie selbstbewusst genug, bekannte Meister herauszufordern. Dabei musste sie allerdings manchmal auch Niederlagen einstecken.

Der Ch'an-Meister Tsueh-feng Yi-tsun war mit allen Wassern gewaschen. Als sie ihn besuchte, fragte er sie: »Wo kommst du denn her?«

Diese scheinbar harmlose Frage ist eine beliebte Eröffnung eines Schlagabtausches unter Ch'an-Meistern.

»Ich komme vom T'ai-jih-shan, vom Berg der großen Sonne«, antwortete Yuan-chi.

»Ach, ist die Sonne schon aufgegangen?«

Das war der erste Angriff. Die Frage lautete: Bist du denn schon erleuchtet?

»Wenn die Sonne aufgegangen ist, wird sie Tsueh-feng schmelzen«, konterte Yan-chi. Der Name des Meisters *Tsueh-feng* bedeutet »Gipfel des Schneebergs«.

»Wie heißt du denn?«, fragte Tsueh-feng jetzt wieder ganz harmlos weiter.

Sie antwortete: »Yuan-chi, das bedeutet: ›gute Weberin‹.«

»Und wie viel webst du so am Tag?«

»Splitterfasernackt!«

Nach diesem wirklich guten Matchball verneigt sie sich respektvoll vor dem Meister, dreht sich um und geht. Vielleicht ein wenig zu siegessicher.

Sie ist schon mit einem Fuß über der Schwelle, da ruft ihr Tsueh-feng nach: »Pass auf, dir hängt ein Zipfel aus der Robe!«

Oh Schreck! Yan-chi wirbelt herum und fasst nach dem Saum ihrer Robe. Tsueh-feng fällt vor Lachen von seinem Kissen und hält sich den Bauch: »Splitterfasernackt, hahaha!«[184]

Mo-shan Liao-jan bekommt einen neuen Gärtner

Weibliche Autorität anzuerkennen ist für einen ehrgeizigen jungen Mann nicht immer leicht. Dass der junge Chih-hsien es zunächst an der nötigen Respektsbezeugung gegenüber der Äbtissin Mo-shan fehlen lässt, ist ziemlich dreist. Er »vergisst«, sich tief vor der Person, von der er Belehrungen empfangen möchte, zu verbeugen, ein ziemliches Fettnäpfchen in der buddhistischen Etikette. Die Meisterin Mo-shan Liao-jan zieht es vor, darauf gar nicht weiter einzugehen. Wahrscheinlich ist sie Schlimmeres gewohnt und nicht so leicht zu schockieren. Mo-shan verlässt sich darauf, dass ihm ihre Präsenz sehr schnell den angemessenen Respekt abverlangt.

Die Begegnung zwischen ratsuchendem Schüler und Lehrerin ist aufgeladen mit dem Aufbegehren des Mannes: Wie kann da vor ihm auf dem Lehrpodest eine Frau sitzen? Demgegenüber die Weisheit der Lehrerin, die sitzt wie ein Berg. Mit Geschick und Erfahrung nutzt sie die Situation, um den jungen Mann am eigenen Leib erfahren zu lassen, was die Unfassbarkeit des wahren Wesens einer Person bedeutet.

Als der Mönch Chih-hsien später selbst Ch'an-Meister geworden ist, würdigt er öffentlich, was seine Meisterin für ihn bedeutet: »Als ich bei Lin-chi, meinem ersten Lehrer, war, habe ich eine halbe Kelle erhalten und dann von Mo-shan die andere Hälfte. Dass ich eine ganze Kelle erhalten habe, hat bis heute meinen Hunger vollkommen gestillt.«

Mo-shan ist die einzige Frau, die in den Ch'an-Chroniken eine eigene Geschichte hat und nicht nur in einem Nebenabsatz in den Geschichten männlicher Meister vorkommt. Ihr ist ein Kapitel in der Sammlung von Erleuchtungsgeschichten *Ching-te-ch'uan teng-lu*, »Aufzeichnung der Übergabe der Flamme« (1004 n. Chr.) gewidmet. Zu ihren Lebzeiten, im 8. Jahrhundert, war sie sehr bekannt. Viele spätere Autoren beziehen sich auf sie und zitieren aus ihren Werken.[185] Mo-shan war Schülerin des Meisters Kao-an Ta-yu und seine Dharma-Erbin. Sie ist die erste Frau der Ch'an-Tradition, von der überliefert ist, dass sie einen Mann belehrte.

Der japanische Meister Dogen stellt sie als eines seiner Rollenmodelle der Weisheit dar und bemerkte zu dieser Geschichte, dem jungen Chih-hsien sei es gelungen, beträchtliche kulturelle Widerstände zu überwinden. Ich dagegen bin eher beeindruckt vom Geschick Mo-shans, die ihre Erfahrungen als Schülerin eines Mannes hervorragend einsetzte, um Chih-hsien auf das Wesentliche hinzuweisen. Sie wusste, welche Emotionen im Spiel waren, und konnte ihren Finger genau in die Wunde legen.

Der Mönch Chih-hsien war auf Wanderschaft, um einen Lehrer zu suchen. Er hatte bereits bei Meister Lin-chi gelernt und suchte weitere Belehrungen, um sich zu vervollkommnen. Eines Tages gelangte er auf seiner Suche zum Mo-shan, dem Berg Mo.[186]

Als er durch das Tor in das Kloster eintrat, nahm er sich vor: »Wenn es hier gut ist, werde ich bleiben, wenn nicht, dann werde ich das Lehrpodest umkippen.« Chih-hsien hatte ja schon eine Ausbildung durchlaufen und glaubte also genau zu wissen, worum es ging. Kaum hatte er den Innenhof betreten, steuerte eine der Nonnen des Klosters auf ihn zu: »Bist du auf einer Besichtigungstour oder was suchst du hier?« Chih-hsien antwortete: »Ich bin wegen des Buddha-Dharma hier.« »Gut. Dann werde ich sehen, ob du unsere Äbtissin sprechen kannst.«

Eine Äbtissin? Dem Wandermönch wurde etwas mulmig zumute. Noch nie zuvor hatte er eine Äbtissin gesehen, geschweige denn, mit einer gesprochen. Und jetzt hatte er unvorsichtigerweise angekündigt von ihr, einer Frau, Unterweisung zu erbitten!

In der großen Halle besteigt die ehrwürdige Äbtissin Mo-shan Liao-jan ihren erhöhten Sitz. Chih-hsien tritt vor sie und bittet förmlich um Belehrung, unterlässt es aber, sich respektvoll zu verneigen, wie es bei so einer Bitte üblich ist. Die Äbtissin scheint diese Beleidigung gar nicht wahrzunehmen. Sie fragt freundlich und scheinbar harmlos: »Von wo bist du heute gekommen?«

»Von der offenen Straße«, antwortet Chih-hsien.

»Und warum hast du sie nicht bedeckt?«

Chih-hsien ist verdutzt, und es hängt ein langes Schweigen im Raum. Plötzlich kniet Chih-hsien sich hin und verneigt sich tief vor Liao-jan. Jetzt ist er bereit, ihr Treffen als offizielle Lehrsituation anzuerkennen.

Er fragt: »Was ist der Berg Mo?«

Mo-shan Liao-jan, die den Berg Mo in ihrem Namen trägt, antwortet:

»Man kann seinen Gipfel nicht sehen.«

»Aber wer bewohnt den Berg?«

»Keine männliche, keine weibliche Form.«

Da brüllt Chih-hsien: »Wenn das so ist, warum verwandelst du dich dann nicht?!«

Mo-shan Liao-jan beugt sich ein wenig zu ihm herunter und sagt sehr freundlich: »Wer dort wohnt, ist kein Geist und kein Gott. Welche Verwandlung hast du denn im Sinn?«

Chih-hsien wurde Gärtner im Kloster der Äbtissin. Er blieb drei Jahre.[187]

Liu, die Eisenzermalmende, ärgert einen Freund

Liu Tieh-mo war eine Ch'an-Praktizierende des 9. Jahrhunderts, und ihr Beiname, »die Eisen zermalmt«, deutet auf ihre kompromisslose und gefährliche Art hin, der Wahrheit bei sich und anderen auf den Grund zu gehen. Ein Kommentar beschreibt sie als »Funke, den man aus dem Stein schlägt; wie ein aufzuckender Blitz«.

Nicht weit von der Hütte am Berg Kuei, in der Liu als Einsiedlerin lebte, hatte der Ch'an-Meister Kuei-shan Lin-yu seine Behausung. Offensichtlich hatten die beiden Lust daran, ihre Zen-Schwerter aneinander zu schärfen. Eine ihrer Begegnungen ist überliefert.

Liu kommt zu Kuei-shan. Der begrüßt sie: »Na, du alte Kuh, bist du endlich da!«

Sie darauf: »Übrigens, morgen gibt es ein großes Fest am T'ai Shan. Gehst du hin, Meister?«

Der Berg T'ai ist mehr als sechshundert Kilometer vom Berg Kuei entfernt! Sie macht sich offensichtlich über ihren Freund lustig, indem sie ihn fragt, wie es denn um seine magischen Kräfte steht, die die Kühe dieser Welt so weit zurücklassen.

Kuei-shans Antwort: Er lässt sich zusammensacken, fällt auf den Boden und schläft sofort ein.

Liu, die Eisenzermalmende, dreht sich um und geht.[188]

Diese mehr als merkwürdige Szene zwischen den beiden kauzigen Ch'an-Meistern wird in den Chroniken so kommentiert: »Zwei Spiegel reflektieren sich gegenseitig, ohne dass ein Spiegelbild erscheint.«

Myoshin und die Fahne im Wind

Diese Geschichte hat der japanische Meister Dogen in seinem Werk *Raihai Tokuzui*[189] überliefert. In dieser chinesischen Ch'an-Geschichte dreht sich alles um das Verständnis einer noch älteren Lehrgeschichte der chinesischen Tradition. Ich schicke sie voraus, denn man muss sie kennen, um ermessen zu können, welche Sprengkraft Myoshins Verhalten in sich birgt:

»Noch bevor der 33. Buddha-Ahne Hui-neng ein ausgewachsener Mönch war, besuchte er einmal den Fa-shih-Tempel in Kuang-chou. Da kreuzten zwei Mönche gerade ihre Schwerter. Der eine sagte: ›Die Fahne flattert.‹ Der andere sagte: ›Nein, der Wind bläst.‹ Der Streit zwischen den beiden schien nicht enden zu wollen. Da sagte Hui-neng: ›Weder der Wind noch die Fahne bewegt sich, euer Geist bewegt sich.‹ Als sie das hörten, gaben sie Hui-neng recht.«

Das war also der Stand der Diskussion zu dieser Frage, bevor Myoshin sich einmischte. Hui-nengs Aussage wurde offiziell als tiefgründig und wahr akzeptiert, man könnte sagen, als der Weisheit letzter Schluss. Hui-neng, der diese Lösung formuliert hatte, war immerhin kein Geringerer als der spätere sechste Patriarch. Die einfache Nonne Myoshin aber hatte aus der Erfahrung ihrer eigenen Praxis eine andere Meinung und wenig Respekt vor Titeln und fremden Erkenntnissen.

Meister Gyozan suchte einen passenden Kandidaten für die Leitung der Klosterverwaltung. Er beriet sich mit seinen ältesten Schülern, und mehrere Vorschläge wurden gemacht. Schließlich sagte Meister Gyozan: »Die Nonne Myoshin vom Wai-Fluss ist zwar eine Frau, aber sie hat einen scharfen Geist, und sie ist am besten für diesen Posten geeignet.« Alle stimmten zu, und so wurde Myoshin diese Aufgabe zugewiesen. Es gab zu dieser Zeit viele hervorragende Schüler im Kloster, und doch war keiner mit dieser Entscheidung unzufrieden. Das mag auch daran gelegen haben, dass die Verwaltung kein sehr angesehener Posten im Kloster war. Myoshin aber tat, was sie konnte, und übte sich im Übrigen in Mitgefühl.

Eines Abends kamen siebzehn fremde Mönche an die Pforte. Sie waren auf einer Pilgerreise und hatten vor, Meister Gyozan aufzusuchen und danach den nahe gelegenen heiligen Berg zu besteigen. Da es aber schon dunkel wurde, baten sie um Quartier im Kloster.

Nach dem Abendessen entspann sich im Schlafsaal eine lebhafte und lautstarke Diskussion zwischen den Gästen. Sie versuchten der Lehrgeschichte über den Wind und die Fahne auf die Spur zu kommen. Jeder von ihnen hatte eine andere Erklärung zu bieten, was Hui-neng mit seiner Lösung gemeint haben könnte.

Myoshin, die nebenan mit ihrem Assistenten noch über den Rechnungen saß, hörte mit an, wie sich die siebzehn Gemüter ergebnislos erhitzten. Sie schüttelte fassungslos den Kopf: »Es ist doch eine Schande! Da haben diese siebzehn Esel schon einen ganzen Berg Strohsandalen auf ihrer Pilgerreise abgelaufen und noch immer nicht den blassesten Schimmer, was die buddhistische Lehre eigentlich ist!«

Kaum hatte Myoshin ihn für die Nacht entlassen, lief ihr Assistent zu den Besuchern hinüber und tischte ihnen auf, was seine Chefin von der eben mitgehörten Diskussion gehalten hatte. Die fremden Mönche aber waren nicht im Geringsten erbost oder abweisend. Nein, ganz im Gegenteil. Sie schämten sich entsetzlich, dass sie offenbar bisher so wenig auf dem Weg des Dharma verstanden hatten. Und sobald es Tag wurde, ordneten sie sorgfältig ihre Roben, entzündeten Räucherwerk und baten die Nonne Myoshin unter tiefen Verbeugungen darum, sie in der buddhistischen Lehre zu unterweisen.

Die siebzehn Mönche knieten in der Öffnung der Schiebetür. Myoshin saß drinnen an ihrem Schreibpult und rief ihnen zu: »Kommt doch näher!« Doch bevor sie auch nur einen Finger bewegen konnten, brüllte sie: »Der Wind bewegt sich nicht! Die Fahne bewegt sich nicht! Der Geist bewegt sich nicht!«

Als die siebzehn das hörten, waren sie im Herzen getroffen. Sie verneigten sich in tiefer Dankbarkeit und baten darum, ihre Schüler werden zu dürfen. Kurze Zeit später verließen sie das Kloster, ohne überhaupt mit Meister Gyozan gesprochen zu haben.

Dogen schließt seine Übersetzung der Geschichte mit folgenden Worten ab: »Selbst die drei Weisen und die zehn Heiligen übertreffen Myoshin nicht an Weisheit. Ihre Handlungen sind wie die einer Person, die den wahren Strom der Buddhas und seiner

Nachfahren übermittelt.« Mit anderen Worten: Myoshin hat den Nagel auf den Kopf getroffen. Sie spricht direkt aus dem erwachten Herzen.

Alte Frauen als Ch'an-Meisterinnen

Die Reiskuchenverkäuferin

Diese alte Frau, die plötzlich aus dem Nichts auftaucht, hat gewisse Ähnlichkeiten mit der Dakini Tiloma.[190] Auch sie spielt die Katalysatorin in der Geschichte eines Mannes, rüttelt ihn aus seiner Arroganz auf und schafft Platz für tieferes Verstehen. Ihre Weisheit entspringt direkt dem Wesen der Wirklichkeit. Dabei ist sie beileibe keine außerweltliche Erscheinung. Sie ist eine einfache Frau am Straßenrand, die rein zufällig eines der komplexesten Sutras über die Natur des Geistes gelesen und anscheinend auch verstanden hat. Kein Wunder, dass unser gelehrter Mönch staunt. Auf die Idee, sie um Belehrungen zu bitten, kommt er aber nicht. Schade für ihn.

Der Meister und Gelehrte Te Shan ist nicht zufrieden mit der Art, wie Zen gelehrt wird. Im Süden des Landes gibt es anscheinend Mönche, die behaupten, es gebe ein Dharma außerhalb der Sutras. »Sie haben es völlig falsch verstanden. Ich muss ihnen wohl zeigen, wo es langgeht!« Und ausgestattet mit den besten Argumenten und einem Sack an Texten, seinen eigenen Kommentaren[191], macht er sich auf den Weg in den Süden.

Unterwegs, in der Nähe von Li-yang, macht er an einem kleinen Stand neben der Straße Rast. Eine alte Frau verkauft hier Reiskuchen und Tee. »Gib mir mal irgendwas zur Erfrischung«, befiehlt er ihr. »Ich muss mich ein bisschen ausruhen.« Die Alte hantiert mit den Teetassen.

»Was trägst du denn da für ein schweres Bündel mit dir herum?«, fragt sie ihn, während sie den heißen Tee eingießt.

»Das sind meine ausführlichen Kommentare und Notizen zum Diamant-Sutra.«

»Ach ja?« Sie gibt ihm die Tasse. »Ich habe das Sutra gelesen. Es heißt darin, der vergangene Geist ist nicht zu fassen, der gegenwärtige Geist ist nicht zu fassen, und der zukünftige Geist ist nicht zu fassen. Sie sind alle nur Illusion, nichts an ihnen ist wirklich.«

Te Shan blinzelt irritiert über den Rand seiner Teetasse. »Der Tee tut wirklich gut. Noch eine Tasse! Ich wollte doch auch noch Reiskuchen!« Te-Shan streckt die Hand aus, um sich ein Stück des leckeren Gebäcks vom Teller zu nehmen.

»Moment!« Die Frau zieht den Teller weg. »Du willst also Törtchen, so ein leckeres Tien-hsin, etwas, das Herz und Geist berührt? Hättest du die wohl gerne?« Die Frau funkelt ihn mit blitzenden Augen an.

»Ja, genau die«, antwortet Te Shan, dem das Wasser im Mund zusammenläuft.

»Hast du dir denn auch überlegt, mit welchem Geist der drei Zeiten du sie denn gerne fassen möchtest, hm? Wenn du mir diese Frage beantworten kannst, bekommst du die Törtchen, sonst musst du dir woanders welche holen!« Und die Reiskuchenverkäuferin lässt den Teller mit dem duftenden Gebäck vefühererisch um die Nase des Mannes kreisen.

Te Shan ist der Mund offen stehen geblieben. Er sitzt regungslos da und starrt die Frau an, die sich mittlerweile selbst ein Törtchen in den Mund gesteckt hat und es selbstvergessen im Mund zergehen lässt.

Nach einer langen Pause fragt er die Reiskuchenverkäuferin, ob es ein Zen-Kloster in der Nähe gibt. Sie zeigt ihm den Weg nach Lung Tan. Als er dort ankommt, ist Te Shan, wie es heißt, ein ganz anderer, als er vorher war.[192]

Die Geschichte von der Reiskuchenverkäuferin wird auch in einer chinesischen Biografiensammlung des 18. Jahrhunderts wiedergegeben, in der eine ganze Reihe von alten Frauen vorkommt. Die *Lebensgeschichten der Guten Frauen*[193], wie die Sammlung heißt, berichten von Buddhistinnen, die zu Hause und in ihrer alltäglichen Umgebung übten. Manche folgten der Ch'an-Lehre, andere der Reinen-Land-Schule. Die alten Frauen werden weise und tief verwirklicht dargestellt, sie strahlen Selbstvertrauen und

Klarheit aus. Es sind einfache Frauen, die ungebunden von sozialer Ettikette und Familienverpflichtungen leben. Sie können das, weil sie als alte Frauen für ihre Gesellschaft unsichtbar werden. Eine Frau, die in der Sicht der Gesellschaft nicht mehr mit sexuellen Wünschen in Verbindung steht und keinen besonderen Status im Familiengefüge innehat, kann sich frei in der Öffentlichkeit bewegen und tun und lassen, was sie will. Niemand wird sich besonders darüber aufregen oder sie beachten. Also kann sie selbst entscheiden, wie und wann sie sich sichtbar machen möchte. Die Weisheit einer solchen Frau zu hören und anzunehmen ist nicht jedermanns Sache. Dafür müsste »Mann« zuerst einmal in der Lage sein, Weisheit in ihr für möglich zu halten. Was es auf einer symbolischen Ebene bedeuten kann, der Weisheit in einer alten Frau zu begegnen, werde ich in Kapitel acht in der Geschichte der Dakini Tiloma noch vertiefen.

Die alte Frau aus Shan-hua

In der Gegend von Shan-hua lebte eine alte Frau. Niemand wusste, woher sie gekommen war und wie sie hieß. Jeden Tag sang sie das Diamant-Sutra[194] und bat in den Straßen um Almosen. Wenn die Nacht hereinbrach, suchte sie unter einem Felsüberhang Schutz.

Irgendwann bemerkten die Leute, dass sie die Alte schon tagelang nicht mehr auf der Straße gesehen hatten. Neugierig liefen sie zum Felsen hinaus, wo sie übernachtete. Eine Schar von Krähen kreiste über dem Platz.[195]

Als sie näher kamen und zum Felsüberhang hinunterstiegen, erblickten sie den leblosen Körper der Frau. Sie saß aufrecht an den Felsen gelehnt, die Augen weit geöffnet. In ihren Brustkorb konnte man hineinsehen, und darin lag das Diamant-Sutra. Staunend scharten sich die Dorfleute um die Stätte, während die Krähen Erdkrumen herbeibrachten, und die alte Frau nach und nach mit Erde bedeckten.

Die alte Frau Yao

Frau Yao ist keine Zen-Praktizierende. Ihr Weg ist die Hingabe an Amitabha Buddha. Die Schlussformulierung im Orginaltext lautet jedoch: »Sie verwandelte sich, während sie noch stand«, und das weist auch auf die Zen-Schule hin. Es ist ein Zeichen des »großen Sterbens«. »Im Stehen« bedeutet, dass sie bewusst in den »Einen Geist« einging. Die Geschichte von Frau Yao ist die Geschichte einer Frauenfreundschaft, die mit dem Erwachen nicht zu Ende ist.

Frau Yao und Frau Fan waren Freundinnen. Fan hatte gelernt, wie man Amitabha-Buddha anruft, und drängte Yao, doch auch damit anzufangen, den Namen des Buddha zu rezitieren. Yao nahm ihren Rat an. Das führte dazu, dass sie sich bald ganz von ihrer Familie und allen Verpflichtungen zurückzog und nichts anderes mehr tat, als den Namen des Buddha zu singen. Als die Zeit zu sterben kam, sah Yao, wie Buddha Amitabha selbst aus dem Raum vor ihr auftauchte und zu ihr kam, begleitet von zwei Bodhisattvas. Da sagte die alte Frau Yao zu ihm: »Wenn ich nicht Frau Fan getroffen hätte, wie hätte ich Euch jemals begegnen können? Ich bitte Euch, wartet noch ein Weilchen hier, damit ich mich von ihr verabschieden kann.«

Es dauerte ein paar Tage, bis Frau Fan an das Sterbebett von Yao geeilt war. Als sie das Zimmer betrat, war es von wunderbarem rötlich-goldenem Licht erfüllt, und Buddha Amitabha saß friedlich lächelnd neben Yao auf dem Bett, lebendig und klar, wie ein Mensch aus Fleisch und Blut. Yao streckte ihre Arme nach der Freundin aus, und als sie sich umarmten, atmete sie zum letzten Mal aus. Das lebendige Bild des Buddha füllte noch einige Momente den Raum, dann löste es sich auf und ließ nur noch das freundliche Licht zurück, das Frau Fan für immer in ihrem Herzen bewahrte.

6
Die Frauen des Mahayana in Japan

Die buddhistische Lehre in Japan

In der Mitte des 6. Jahrhunderts bringen koreanische Einwanderer die buddhistische Lehre auf die japanischen Inseln. In Japan gibt es zu dieser Zeit eine starke konfuzianische Strömung und alte animistische Traditionen.[196] Der Buddhismus integriert sich in dieses Milieu. Im 8. Jahrhundert kommen chinesische Mönche nach Japan und bringen das erste Mal die Übungsweise des Ch'an nach Japan. Zen, der japanische Begriff für Ch'an, setzt sich aber erst später auf den Inseln durch.

Im 12. Jahrhundert machen sich zwei Männer auf die weite Reise, um in China vor Ort die Lehre zu studieren. Eisai Zenji bringt die Lehrweise der Rinzai-Zen-Schule nach Japan zurück, Dogen Zenji gründet etwa fünfzig Jahre später die Soto-Zen-Tradition. Diese beiden Schulen werden zu den einflussreichsten in Japan und haben sich nach dem Zweiten Weltkrieg auch im Westen sehr verbreitet.

Die Soto-Zen-Schule vertritt einen Weg, auf dem der Geist durch stilles Sitzen und Rezitationen der Sutras für das Erwachen bereit werden soll. Rinzai-Zen fügt dem noch die Praxis der Koans hinzu. »Koans« sind Fragen oder Lehrgeschichten, die mit dem diskursiv denkenden Verstand nicht zu begreifen sind. Der Schüler oder die Schülerin nimmt das Koan in sich auf, bis ein Verstehen aus einem anderen Bereich des Seins sich zeigt.

In beiden Schulen ist »Kensho« ein Schlüsselbegriff. »Kensho« bezeichnet das Durchbrechen des Verstehens oder der Erkenntnis zur Buddha-Natur.

Frauen im buddhistischen Japan

Seit die Kaiserin Suiko 592 n. Chr. an die Macht kam und per Dekret die Förderung des Buddhismus anordnete, traten Frauen als Patroninnen und Förderinnen der Tempel und des Dharma auf.[197] Buddhistische Nonnen kamen schon zwischen 570 und 585 n. Chr. aus Korea nach Japan. Die erste Nonne wurde in Japan Ende des 6. Jahrhunderts ordiniert, ein elfjähriges Mädchen; sie war die Tochter einer chinesischen Einwandererfamilie namens Zenshin. Im Jahr 624 n. Chr. gab es fast 600 Nonnen in Japan.

Bis ins 6. Jahrhundert herrschten in Japan schamanistische Traditionen vor, die auch als der Buddhismus Einzug hielt nie ganz verdrängt oder absorbiert wurden. Die Schutzgottheit der führenden Sippe dieser frühen Jahrhunderte war die Sonnengöttin Amaterasu Omikami, und die angestammten Führerinnen des Reichs waren Schamaninnen. Diese alte Tradition Japans, die Frauen eine herausragende Stellung in der Ausübung der Religion ermöglichte, wurde später restlos vergessen.

Als die Zen-Schulen in Japan Fuß fassten, war es für Frauen zunächst noch relativ einfach, ihr Leben der Meditation zu widmen. Dokumente belegen, dass die Anzahl der Nonnen die der Mönche zu dieser Zeit übertraf. Dogen, der Begründer des Soto-Zen in Japan, setzte sich offensiv für die Frauen ein und propagierte eine radikale egalitäre und antihierarchische Haltung des Buddhismus.[198] In seinen Schriften finden sich Lehrreden, in denen er sich ausdrücklich an die Frauen, die bei ihm lernten, wandte, und er ließ in seinen Äußerungen keinen Zweifel daran, dass Frauen selbstverständlich volles Erwachen verwirklichen können. Auch wies er eindringlich darauf hin, dass es keinen Unterschied mache, ob die Lehrenden männlich oder weiblich sind: »Sogar ein siebenjähriges Mädchen kann die Lehrerin der vier Klassen der Buddhisten und die Mutter des Mitgefühls für alle Lebewesen und Dinge sein. Das Beharren auf der vollständigen Gleichheit der Geschlechter ist eine der größten Lehren des Buddhismus.«[199] Dogen hatte viele Schülerinnen. Besonders bekannt sind Ryonen, Shogaku und Egi.

Bis in das 14. Jahrhundert wurden Frauen ganz selbstverständlich zu Zen-Meisterinnen ernannt. Einige von ihnen verwalteten eigene Klöster und gründeten Linien. Kaiserliche Töchter und Konkubinen stärkten diese Klöster durch ihre Eintritte, andere adlige Frauen durch größere Stiftungen.

Die Stärke der Nonnen beeinflusste auch das soziale Gefüge des Landes. In der ansonsten stark patriarchal geprägten Gesellschaft hatten Frauen keinen Einfluss auf die Wahl ihres Ehemanns, das war Sache der Sippen oder Familien. Einmal verheiratet, gab es für Frauen keine Handhabe, die Ehe von sich aus zu beenden. Der Einfluss der Nonnen verschaffte nun den Frauen erstmals die Möglichkeit, eine legale Trennung in die Wege zu leiten. Sie konnten um die Aufnahme in einen »Kakekomidera« bitten, einen Zufluchtskloster für Frauen, die von zu Hause geflohen waren. Bei ihrem Eintritt schnitt die Frau ihre Haare auf Schulterlänge ab, sie musste jeglichen Kontakt mit Kindern und Familie einstellen und lebte dann drei Jahre im abgeschlossenen Bereich des Klosters. Nach dieser Zeit der Reinigung, in der die Frau nur sich und der Frauengemeinschaft gehörte, konnte sie wieder in die Welt hinaus und ein neues Leben beginnen oder im Kloster bleiben, wenn sie wollte. Das berühmteste dieser »Scheidungsklöster« war der Tempel Tokeiji.[200] Hier erhielten die geflohenen Frauen auch eine Ausbildung.

Ab dem 17. Jahrhundert[201] wurde es für Frauen bitter. In dieser Zeit schottete sich Japan vollkommen gegen Einflüsse aus dem Ausland ab. Das Samurai-Ideal und ein rigoroses Kastensystem beherrschten Japan. Für Frauen, die den Weg zum Erwachen gehen wollen, waren das schwere Zeiten.

Sie wurden nicht mehr zu Meisterinnen ernannt und konnten keine Schülerinnen ordinieren. Sie durften keine Zeremonien mehr ausführen und konnten als Konsequenz daraus kein eigenes Einkommen mehr erwerben. Es war ihnen verwehrt, in den Tempelbezirken zu leben, selbst wenn keine Mönche anwesend waren. Sie mussten, gleichgültig, wie lange sie schon praktizieren, das schwarze Gewand der Novizin tragen. Praktizierende Frauen hatten zu dieser Zeit einen so geringen sozialen Status, dass ihre Existenz fast nicht bemerkt wurde. In zeitgenössischen Hagiographien-Sammlungen werden über tausend wichtige Mönche genannt, aber nur dreißig Frauen. Dennoch wissen wir gerade aus dieser Zeit von besonders mutigen und entschlossenen Frauen, den Schülerinnen des Meisters Hakuin oder der Wanderpoetin Rengetsu. Von Meister Bankei[202] ist überliefert, dass er sehr viele Schülerinnen hatte, und Meister Ikkyu[203] verehrte alle Frauen als die letztendliche Weisheit, Prajñaparamita. Erst nach dem Zweiten Weltkrieg gelang es den Frauen in Japan, wieder günstigere Bedingungen für ihren spirituellen Weg zu schaffen.

Die Geschichten

Mugai Nyodai, Japans erste Zen-Meisterin

Der Mond im Wasser

Der Mond im Wasser ist eine beliebte Metapher, um deutlich zu machen, auf welche Weise das, was uns als fest und unverrückbar erscheint, wirklich existiert. In vielen Legenden wird darauf Bezug genommen. Die Bodhisattva Kuan-yin manifestiert sich sogar als »Wasser-Mond-Kuan-yin« und wird dadurch zur Verkörperung dieser Weisheit.

Die Geschichte von Mugai Nyodai[204] bezieht ihre Bedeutung aus diesem Bild und der damit zusammenhängenden Erkenntnis: »Das Bild des Monds, das auf der Oberfläche des Wassers erscheint, bedeutet: Wenn alle Bedingungen zusammenkommen – Vollmond, ein wolkenloser Himmel, klares Wasser und eine Wahrnehmende –, dann wird ein Mond sehr deutlich auf der Oberfläche des Wassers erscheinen. Fehlt aber nur eine Bedingung, dann erscheint er nicht.

Also hat der Mond keine unabhängige Kraft, sich zu entscheiden, ob er erscheint oder nicht. Er erscheint im Wasser abhängig vom Zusammentreffen aller Bedingungen, die dafür nötig sind. Gleichzeitig aber ist sein Erscheinen nichts weiter als ein Erscheinen, denn es ist leer von wahrer Existenz. Man wird nicht das kleinste Atom eines wirklichen Monds im Wasser finden. Deshalb ist der ›Wassermond‹ nur eine Erscheinung von etwas. Er ist nicht wirklich da.

In der gleichen Weise erscheinen alle Phänomene von Samsara und Nirvana. Sie erscheinen aufgrund des Zusammentreffens der

Bedingungen und Ursachen, die dafür nötig sind. Gleichzeitig mit ihrem Erscheinen kann wirkliche Weisheit erkennen, dass es nicht die leiseste Spur von ihrer wirklichen Existenz gibt. Ihr Leersein von Essenz hindert die Phänomene aber nicht daran, in ihrer Erscheinung sehr deutlich zu sein, wenn die richtigen Bedingungen und Ursachen dafür vorhanden sind.

Das ist die Wahrheit vom abhängigen Entstehen, von der Einheit von Erscheinung und Leerheit, die die Essenz der Sicht des Mittleren Wegs ist.«[205]

Mugai Nyodai wurde in eine Samurai-Familie geboren und hieß als Kind Chiyono.[206] Sie lernte lesen, schreiben und Gedichte zu verfassen und sie wurde auch in die Kunst des Bogenschießens eingeführt und in die Geschichte der Sippen. Außerdem lernte sie, was es heißt, den Weg des Kriegers zu gehen. Als junge Frau wurde sie in die Kanezawa-Sippe verheiratet, die mehr für ihre Gelehrsamkeit berühmt war als für die Kunst des Kämpfens. Sie bekam eine Tochter und lebte mit ihrem Mann bis zu dessen Tod. Als er starb, war sie vierundfünfzig Jahre alt, für damalige Verhältnisse eine alte Frau, nur noch gut für das Altenteil.

Seit sie die vierzig überschritten hatte, begann sich Chiyono für Zen und die buddhistische Lehre zu interessieren. Rinzai-Zen war in Japan seit einer Generation gut etabliert, und sie hatte bereits zu Lebzeiten ihres Mannes die umliegenden Klöster dieser Schule besucht. Als Angehörige einer Samurai-Familie hatte man sie überall höflich empfangen, ihr alles gezeigt, und abends war sie wieder nach Hause zurückgekehrt. Jetzt aber, nach dem Tod ihres Mannes, wollte sie nicht mehr die adlige Besucherin spielen. Sie suchte einen Lehrer, sie war hungrig nach dem Dharma.

Einer ihrer Onkel, ein hochsteheneder Regierungsbeamter, hatte einen Tempel bauen lassen und einen chinesischen Meister eingeladen, dort zu lehren.[207] Ihn bat Chiyono um Unterweisung. Durch ihre klassische Erziehung kannte sie die chinesische Sprache, und der Meister war genauso alt wie sie; sie verstanden sich gut. Nachdem sie einige Zeit im Kloster gelebt hatte, wünschte sie sich die Ordination. Anlässlich der Zeremonie erhielt sie von ihrem Lehrer und Freund den Namen Mugai Nyodai. In seinen Aufzeichnungen beschreibt er sie als die erste Nonne, die Zen-Meisterin wurde, und bezeichnet sie als seine spirituelle Erbin. Er übergibt ihr die gold-brokatene Robe, die mit einem Schildpattring verziert ist, einen Satz Schalen und sein Bild.

Später gründet sie das Kloster Keiaiji, den ersten Übungsort für Frauen in Japan, dem sie bis zu ihrem Tod als Äbtissin vorsteht. Eine Statue von ihr, die wahrscheinlich noch zu ihren Lebzeiten geschaffen wurde, zeigt eine gedrungene alte Frau, die Besucher, die vor sie treten, furchtlos, würdevoll und ziemlich grimmig anschaut.

Vom frühen Morgen an bis in den späten Abend rezitiert Mugai Nyodai mit den Mönchen die Sutras, sitzt im Schweigen, kocht Tee und fegt die Wege und Gänge im Kloster. Ihre Aufgabe ist es außerdem, jeden Tag frisches Wasser für die Mönche aus dem Brunnen zu holen. Sie trägt das Wasser in einem Holzeimer, wie er damals in japanischen Haushalten üblich war. So ein Eimer war aus einzelnen kurzen Brettern zusammengefügt, die, um einen runden Boden herum angeordnet, von einer Bambusschnur in ihrer Form gehalten wurden. Wenn sie in den frühen Morgenstunden den schweren Holzeimer aus dem Brunnen hebt, erlebt Mugai Nyodai manchmal Augenblicke von großer Klarheit, die sich sonst in ihrer Praxis eher rar machen. In einem kurzen Gedicht versucht sie, diesen Eindruck am Brummen festzuhalten:

»Der Eimer nahm das Wasser des Flusses und hielt es.
Die Spiegelung des Mondes, der durch die Pinien schaute,
Ließ sich darin in Reinheit nieder.«

Die Tage vergehen, Wochen und Jahre. Augenblicke der Klarheit wechseln sich mit langen Perioden der Verwirrung und Dumpfheit ab.

In einer hellen Nacht kommt Mugai Nyodai wieder einmal zum Brunnen zurück. Vor der ersten Zazen-Sitzung muss Tee gekocht werden. Die Nacht ist still, wolkenlos, und der Mond klar. Wenn sie in den runden Wasserspiegel im Eimer blickt, leuchtet ein zweiter Mond aus dem Eimer heraus, sein Spiegelbild auf der Oberfläche des Wassers ist wie eine sanftgoldene Scheibe, die Mugai Nyodai in ihrem Eimer mit ins Haus tragen könnte.

Plötzlich ein Knirschen. Das Gewicht in ihrer Hand gibt mit einem Ruck nach. Die Bambusschnur, die die einzelnen Bretter zusammengehalten hatte, reißt, und der Eimer zerfällt klappernd in seine Einzelteile. Die Bretter verstreut, der Boden herausgefallen, das Wasser im Boden versickert und verschwunden. Und wo ist das goldene Bild des Mondes?

Mugai Nyodai ist wie angewurzelt stehengeblieben und starrt auf die verstreuten Holzbretter, die Pfütze vor ihr auf dem Boden. Dann hebt sie ihr Gesicht zum vollen Mond im klaren Nachthimmel.

Später in der Meditationshalle ist das Leuchten, das von ihr ausgeht, nicht zu übersehen. Als ihr Lehrer sie fragt, was geschehen ist, versucht sie, ihr Erwachen in Worte zu fassen:

»Auf die eine oder andere Weise
Versuchte ich immer,
Den Eimer zusammenzuhalten,
Hoffte, der schwache Bambus würde niemals nachgeben.
Plötzlich fiel der Boden heraus:
Kein Wasser mehr,
Kein Mond im Wasser mehr.
Und Leerheit in meiner Hand.«

Das Gefäß, das von der porösen Bambusschnur zusammengehalten wird, symbolisiert die menschliche Existenz. Die Vorstellung von einem Ich hält die einzelnen Elemente des Körpers und des Geistes[208] behelfsmäßig zusammen. Diese Schnur kann jeden Moment nachgeben, und dann zerbricht das Gefäß. Im Todesprozess geschieht das bei allen Wesen. Praktizierende versuchen schon im Leben durch Meditation und Einsicht, das Festhalten an dieser Täuschung aufzulösen und zum wahren Mond, dem Erwachen, vorzudringen.

Mugai Nyodais Erwachen geschieht beim Wasserholen, einer zeitaufwändigen und mühsamen Pflicht. Wasserholen war in den Zeiten, bevor es in privaten Haushalten Wasserhähne gab, wie wir sie im Westen kennen, Frauenarbeit und ist es auch heute noch in vielen Gegenden der Erde. Mugai Nyodais Befreiungsgeschichte ist eine der seltenen Gelegenheiten, bei denen erzählt wird, wie Erwachen durch eine typisch weibliche Haushaltstätigkeit erreicht wird. Dass solche Geschichten so selten erzählt wurden, mag natürlich auch daran liegen, dass Hausfrauen nicht im Fokus der Aufmerksamkeit standen. Immerhin wissen wir noch von einer weiteren Frau, Manibhadra[209] in Indien, die beim Wasserholen durch das Zerbrechen ihres Kruges Erleuchtung erlangt. Diese Art von Befreiungsgeschichte eröffnet ganz neue Möglichkeiten, zu üben und zu erwachen.[210] Erleuchtung ist immer nur einen Wimpernschlag entfernt, im stillen Sitzen, beim Putzen, Autofahren oder Aufräumen.

Davon erzählt auch die folgende Geschichte einer namenlos gebliebenen Zen-Ahnin.

Buddha Amida in der leer gegessenen Reisschale

Eine alte Dame, die in der Nähe seines Tempels lebte, hatte den Zen-Meister Hakuin[211] lehren gehört. In diesem Vortrag hatte Hakuin erklärt, dass Erwachen an keinem anderen Ort stattfindet als in uns selbst. Alles, was wir brauchen, ist schon in uns vorhanden: »Dein Geist ist das Reine Land, dein Körper ist der Körper von Amida Buddha[212]«, hatte Hakuin gesagt.

Die alte Dame nahm diese Aussage sehr ernst, obwohl sie nicht wirklich verstand, wie das sein konnte. Doch von jenem Tag an lebte sie mit diesem Satz und wunderte sich immer wieder darüber, was er wohl bedeutete. Eines Tages, als sie gerade die Reste des Frühstücks aufräumte, wurde ihr blitzartig klar, was damit gemeint war.

So schnell sie nur konnte, lief sie zu Hakuin in den Tempel hinüber. Vor Aufregung konnte sie sich nur ganz kurz verbeugen. Dann sah sie mit leuchtenden Augen zu Hakuin auf: »Buddha Amida hat meinen Körper vollkommen verschlungen«, sprudelte es aus ihr heraus. »Das ganze Universum strahlt! Wie wunderbar!«

»Unsinn«, brummte Hakuin missmutig von seinem Sitz herunter. »Strahlt es denn auch in dein Arschloch hinein?«

Da schrie die alte Dame ihn an: »Was weißt du denn schon über Erwachen, hä?«, und verpasste Hakuin einen so gewaltigen Schubs, dass er von seinem Lehrpodest fiel.

Beide brüllten vor Lachen.[213]

Elemente der Schule des Reinen Landes[214] waren mit der Zeit in das Zen eingeflossen. Den Buddha sehen bedeutet im Kontext des Zen, den eigenen Geist zu sehen. Der Geist ist Buddha, und der Geist erschafft den Buddha. So ist auch Hakuins Lehraussage am Anfang der Geschichte zu verstehen. Das Reine Land ist also hier, im eigenen Geist, und nirgendwo anders. In dieser Episode macht sich Hakuin über die ekstatische Schwärmerei der Frau lustig. Und trotzdem: Erwachen ist Erwachen, da bleibt nichts, wie es ist.

In den Anekdoten, die um den Meister Hakuin gesammelt worden sind, finden sich eine ganze Reihe von Frauen, die mit ihm übten und Erleuchtung erlangten; alle übrigens Frauen, die keine Nonnen waren. Hakuin wird als der Begründer des modernen Rinzai-Zen angesehen. Er reformierte die Koan-Praxis und mit seiner liberalen und frauenfreundlichen Einstellung schloss er damit auch an die Lehren von Meister Dogen an. Das mag auch damit zu tun haben, dass er seinen zweiten und entscheidenden spirituellen Durchbruch einer Frau verdankte.

Beim Almosengang war Hakuin, der gerade eine Phase tiefen Zweifels durchmachte, gedankenverloren vor ihrem Haus stehengeblieben. Da stürzte die Hausfrau mit ihrem großen Besen heraus und schlug dem jungen Mönch damit so lange auf den Kopf, bis er bewusstlos zu Boden stürzte. Was dann geschah, beschreibt Hakuin selbst so: »Als ich wieder zu mir kam, öffneten sich meine Augen, und da merkte ich, dass alle unlösbaren und undurchdringlichen Koans, an denen ich gearbeitet hatte, all die spitzen Katzenpfoten, vollständig druchdrungen waren. Bis ins Mark. Sie hatten plötzlich aufgehört zu existieren. Ich klatschte in die Hände und stieß ein so gewaltiges Lachen aus, dass die Menschen, die sich um mich versammelt hatten, Angst bekamen.«[215]

Auch als er längst selbst Zen-Meister war, forderten Frauen Hakuin immer wieder heraus und fuchtelten wild mit ihren Besen herum.

Die alte San

Die alte Frau San brannte darauf, Hakuin auf die Probe zu stellen. Als sie ihn aufsuchte und um Belehrung bat, hielt Hakuin schweigend eine Hand hoch. Dies war die Aufforderung, eine Antwort auf ein Koan zu präsentieren, das er selbst erfunden hatte. Er betrachtete dieses Koan als grundlegend für das Verständnis des Zen, und alle, die bei ihm lernten, mussten es als Erstes lösen. Es ist auch heute noch eines der bekanntesten Koans und lautet: Höre den Klang des Klatschens einer Hand.

Die Schülerin San kniete also, wie es sich gehört, respektvoll vor Hakuin, der auf dem Lehrersitz saß. Schweigend hielt er die eine Hand hoch. San fand das nicht besonders beeindruckend: »Warum soll ich denn Hakuins ›eine Hand‹ hören? Besser ist es doch, mit beiden zusammen zu klatschen und wirklich zu Potte zu kommen!«

Hakuin schaute sie scharf an: »Wenn es wahr ist, dass du zu Potte kommen kannst, indem du beide Hände klatschen lässt, dann brauchst du tatsächlich den Klang einer Hand nicht zu hören!« Er pinselte mit schnellem Strich einen Bambusbesen auf das Kalligrafie-Papier, das vor ihm lag, und reichte es der Frau: »Schreib was dazu!« San nahm den Pinsel und schrieb:

»Dieser Besen
Fegt in Japan
Alle Hochstapler weg,
Hakuin aus Hara als Ersten.«

Die Begegnung zwischen San und Hakuin wurde danach wiederum als Koan benutzt. Die Frage lautet: »Wer hat gewonnen, Hakuin oder die alte San?«[216]

Satsu, die Respektlose

Unter den ersten, die bei Hakuin Zen übten, war eine junge Frau. Ihr Name war Satsu, und sie war fünfzehn Jahre alt, als sie anfing, bei Hakuin zu lernen. Satsu war kein besonders hübsches Mädchen, und Bewerber um ihre Hand waren rar. Das betrübte ihre Eltern, und sie trugen ihr auf, zu Kanzeon um einen passenden Bräutigam zu beten. Sie schickten sie auch in den nahe gelegenen Tempel, Shoin-ji, um sie von dem dort lebenden Priester beraten zu lassen. So lernte Satsu Hakuin kennen.

Eines Morgens blieb es um die Zeit der Morgengebete in dem Zimmer von Satsu noch eigentümlich still. Der Vater, der mittlerweile schon daran gewöhnt war, Satsu mit glockenheller Stimme jeden Morgen das Kanzeon-Sutra rezitieren zu hören, schob vorsichtig die Schiebetür zur Seite, um nach seiner Tochter zu sehen. Was er sah, entlockte ihm einen lauten Schrei. Mitten im Zimmer saß Satsu in Meditationshaltung. Das aber war es nicht, was den Vater schockierte, sondern das, worauf sie saß. Sie hatte sich mit ihrem Hinterteil auf dem Kanzeon-Sutra niedergelassen.

»Wie kannst du auf diesem heiligen Buch sitzen!«, fuhr der Vater Satsu an, nachdem er sich wieder einigermaßen von dem Schreck erholt hatte. »Du weißt doch, dass das ein heiliges Buch ist? Und dir fällt nichts Besseres ein, als diese Kostbarkeit mit deinem unwürdigen Hinterteil zu beleidigen? Lernst du denn gar nichts bei diesem Hakuin?«

»Was hast du denn bloß?«, antwortete Satsu gelassen. »Das hab ich doch bei dem Priester aus dem Shoin-ji gelernt.«

»Was?!?« Der Vater griff sich an den Kopf. Das ging zu weit.

Satsu lächelt ihn freundlich an. »Du brauchst dir keine Sorgen zu machen, Meister Hakuin ist wirklich gut. Weißt du, er hat gesagt, dass alles Buddha-Natur ist. Also kann es ja keinen Unterschied zwischen meinem Hintern und dem Kanzeon-Sutra geben, oder?«

Da fiel dem Vater nichts mehr ein und sobald wie möglich suchte er Hakuin auf, um ihn um Rat zu fragen. Hakuin grinste: »Deine Tochter ist ziemlich schlau. Gib ihr dieses Kanzeon-Gedicht, und sag ihr, es ist von mir.« Das Gedicht lautete:

»In der Dunkelheit der Nacht,
Wenn du die Stimme hören kannst
Der Krähe, die nicht schreit,
Wird die ungeborene Zukunft klar,
Und du verstehst die Liebe deines Vaters.«

Als Satsu diese Verse zu Gesicht bekam, war sie nicht sonderlich beeindruckt. »Was ist denn daran so tiefsinnig? Hakuin ist nicht klüger als ich.«

Bei ihrem nächsten Besuch im Shoin-ji begrüßte Hakuin sie mit folgendem Koan: »Hast du den ganzen Raum begriffen?«

Satsu malte mit ihrem Finger einen Kreis in die Luft.

»Das ist nur die halbe Wahrheit«, schnauzte Hakuin sie an.

Sie darauf: »Zu spät. Ich bin mit dem Begreifen schon fertig.«

Ein anderes Mal bat Satsu ihren Lehrer während eines Meditationsgesprächs, einen unklaren Punkt genauer auszuführen. Kaum hatte der Atem geholt, um zu sprechen, sagte sie: »Danke«, stand auf und ging.

Satsu ließ sich von niemandem einschüchtern. Ein Mönch, der sich für etwas Besseres hielt, wollte es Satsu zeigen. Er forderte sie mit einem gelehrten Paradox heraus:

»In einem Dreckhaufen wird ein weißer Stein zerschmettert. Was ist das für ein Prinzip?«

Kaum hatte der eingebildete Mönch seine Worte ausgesprochen, nahm Satsu seine Teetasse vom Tisch und warf diese auf den Boden, sodass sie in tausend Stücke zerbrach. Der Mönch war davon so erschrocken, dass er das Weite suchte.

Satsu leistete allen Versuchen, sie doch noch zu verheiraten, Widerstand. Sie wollte nichts anderes als mit Hakuin Zen üben. Der aber sah das anders: »Du verstehst Zen gut, aber du musst es mehr in die Praxis umsetzen. Es ist wirklich am besten für dich, wenn du einen Mann findest.« Erstaunlicherweise befolgte Satsu diesen Rat ihres Lehrers, heiratete und hatte viele Kinder.

Jahre später, als sie schon eine alte Frau war, starb einer ihrer Enkelsöhne noch als kleiner Junge. Satsu war untröstlich. Sie ließ sich durch nichts ablenken oder beruhigen, ihre Tränen flossen Tag und Nacht.

Einer ihrer Nachbarn, der bei dieser angeblichen Zen-Meisterin schon immer mal auf den Busch klopfen wollte, fragte sie: »Man sagt, du hättest vom großen Hakuin sogar ein Zertifikat deines Erwachens bekommen, und es heißt doch, Erwachen ist jenseits von Hoffnung und Furcht. Wieso regst du dich dann so furchtbar auf? Stimmt es vielleicht nicht, was ihr Zen-Leute immer lehrt?«

»Idiot!«, bellte Satsu ihn an. »Meine Tränen sind eine bessere Gedenkfeier für dieses tote Kind als hundert Priester, die eine Woche lang Sutras rezitieren. Diese Tränen weine ich für alle Kinder, die jemals gestorben sind. Genauso fühle ich es in diesem Augenblick. Und das und nichts weniger ist mein Schmerz. Alles ist wahr, was ich jemals gelehrt habe, und trotzdem bin ich unendlich traurig.«[217]

Ohashi, die Geisha

Ohashis Vater war Samurai gewesen, aber nach dem Tod seines Kriegsherrn hatte er seine Position und den Reichtum verloren. Die einst so wohlhabende Familie darbte dahin. Ohashi war das älteste Kind, und da sie nicht dumm war und die Welt um sich herum genau beobachtete, sah sie bald den einzigen Weg, ihre Familie zu retten vor sich. Als sie fünfzehn Jahre alt war, stellte sie sich in einem Bordell in Hara vor und unterzeichnete einen Vertrag. Zunächst hatte sie sich nur für einige Jahre als Geisha verdingt. Sie hoffte, dass ihre Brüder bald das Ihrige tun würden, um die Familie durchzubringen, und sie dann freikaufen würden. Sie zog in das Haus der Bordell-Besitzerin und lernte, die Kunden gut zu bedienen. Das Geld, das sie verdiente, schickte sie ihrer Familie. Von dort aber kamen keine hoffnungsvolllen Nachrichten, und bald wurde ihr klar, dass sie wahrscheinlich nie mehr aus dem Bordell herauskommen würde.

Wenn sie keine Kunden mehr hatte, schminkte sie sich ab und zog einen einfachen Kimono an. Sie setzte sich in eine Ecke der Gaststube und trank Tee. Manchmal würfelte sie auch mit den Gästen oder plauderte mit ihren Kolleginnen. Ein Mönch aus dem nahe gelegenen Kloster kam ab und zu vorbei. Sie hatte schon von ihm gehört. Sein Name war Hakuin und man sagte, dass er nicht nur Mönchen die Lehren vermittelte, sondern ausnahmslos allen, auch den Frauen.

Der Mönch war längere Zeit nicht dagewesen, und Ohashi hatte ihn schon fast vergessen, da saß er eines Abends an einem der Holztische und schlürfte bedächtig sein Reisbier. Sie setzte sich zu ihm.

»Du bist lange nicht hier gewesen, warst du krank?«

Er setzte den Bierkrug ab. »Nein, ich war auf Reisen. Ich versuche, so viele Menschen wie möglich mit dem Buddha-Dharma vertraut zu machen. Wenn wir unser wahres Wesen kennen, ist das Leben so viel leichter.«

»Kannst du mir denn auch etwas sagen, was mir das Leben erleichtert?«

Er sah sie prüfend an. »Vielleicht, wenn du mir noch ein Bier bringst.«

Sie unterhielten sich und nach dem dritten Krug lud Hakuin Ohashi ein, ihn im Kloster zu besuchen, wenn sie frei hätte. So begann ihr Zen-Training. Von Hakuin lernte sie, still zu sitzen und ihren Atem zu spüren, das Kanzeon-Sutra zu rezitieren, und sie tauchte in die Welt der Koans ein. Die Arbeit im Bordell machte ihr Mühe, immer wieder verfiel sie tagelang in bleierne Mutlosigkeit, wenn sie an ihre aussichtslose Zukunft dachte. Wieso hatte sie überhaupt angefangen zu meditieren? In ihrem verpfuschten Leben hatte doch Zen-Praxis gar keinen Platz. In dieser Stimmung stapfte sie eines Tages zu Hakuin. Sie kniete sich vor ihn auf die Matte. Mit hängendem Kopf und mit dumpfer Stimme sagte sie ihm, dass es sinnlos wäre, unter solchen Bedingungen erwachen zu wollen. »Ich gebe auf.«

Als sie eine halbe Stunde später den ausgetretenen Pfad hinunter ins Dorf ging, wusste sie nicht, wie es geschehen war, aber plötzlich erschienen ihr der Weg, die Häuser, die Menschen, denen sie begegnete, bunt und lebendig. »Zen-Praxis besteht nicht darin, in eleganter Ästhetik ungestört und heilig auf einem Kissen herumzusitzen«, hatte Hakuin gesagt. »Zen ist das Leben selbst. Es ist die Fähigkeit, auch im größten Durcheinander den inneren Punkt der Stille zu spüren. Tu einfach alles, was du tust, als Meditation, und wenn das, was du tust, darin besteht, für Geld mit Männern zu schlafen, dann tu das als Meditation. Nimm das Leben selbst als tiefgründigstes Koan!«

Das klang ganz unmöglich, aber was blieb Ohashi anderes übrig, als es zu versuchen? Und während sie sich das Gesicht weiß schminkte, Sake einschenkte oder den Körper eines Mannes auf sich spürte, fragte sie sich: »Wer ist die, die diese Arbeit tut?«

Die Jahre zogen dahin und das Leben war leichter. Eines Nachts, die anderen waren schon schlafen gegangen, saß Ohashi noch auf der Veranda des Gasthauses, als ein Gewitter aufzog. Donner und Blitz jagten Ohashi schon immer schreckliche Angst ein, und als die ersten Tropfen fielen und der Donner an den Berghängen zu grollen begann, raffte sie ihren Kimono zusammen, um ins Haus zu laufen. Im nächsten Moment ließ sie sich wieder auf den Sitz plumpsen. Nein, diesmal würde sie hier draußen bleiben und sich fragen: Wer ist es, die Angst hat?

Der Gewitterregen peitschte durch ihre Haare, und der Wind zerrte an ihren Kleidern. Sie zitterte und blieb sitzen. Grelle Blitze rissen den Nachthimmel auf, es donnerte, als würde die Welt einstürzen. Sie blieb sitzen. Der nächste Blitz schlug in die Veranda ein, genau vor ihren Füßen. Sie kippte zur Seite und wurde ohnmächtig. Als sie wieder aufwachte, war sie erwacht.[218]

Ohashi war bei ihren Zeitgenossen für ihre Weisheit und ihr Mitgefühl berühmt und viele sahen in ihr die Buddha Kanzeon. Nach ihrem Tod ließen ihre Freundinnen und Freunde eine Kanzeon-Statue mit dem Gesicht von Ohashi anfertigen. Hakuin stellte sie in seinem Tempel auf.

Ryonen Gesho

Im Jahr 1646 wird sie als Sprößling zweier alter Samuraifamilien geboren und Fusa genannt. Ihr Vater entstammt einem Clan, der berühmt für seine Krieger war. Ihre Mutter, aus ebenso angesehener Familie, war Hofdame bei der Kaiserin Tofukomon-in gewesen. Dieser familiäre Hintergrund gibt dem Mädchen Schönheit und einen stolzen Geist mit auf den Weg.

Es ist die Ära des Tokugawa-Regimes, und das Land hat sich gegen alle Einflüsse aus dem Ausland abgeschottet. In den Adelsfamilien wird Wert auf eine klassische Bildung gelegt. Fusa wird zusammen mit der Enkelin der Kaiserin, Yoshi, erzogen, und beide lernen die Kunst, Gedichte zu verfassen, wie auch Kalligrafie, und sie studieren die klassische chinesische Literatur. Zwei jüngere Brüder von Fusa werden noch als Kinder zu Mönchen ordiniert, einer in der Rinzai-Zen-Tradition, der andere in der Schule des Obaku[219]. Fusa ist sehr neugierig und versucht aufzuschnappen, was sie kann. Doch ein religiöses Leben steht für die Tochter des Hauses überhaupt nicht zur Diskussion. Ihre Aufgabe ist es, mit einer guten Partie den Einfluss der Familie zu stärken.

Der Ehemann, den die Eltern für Fusa aussuchen, ist Arzt und Gelehrter. Er ist sechzehn Jahre älter als sie und hat bereits einige Kinder von Frauen, mit denen er nicht verheiratet war. Jetzt geht es ihm um einen rechtmäßigen Erben. Fusa lässt sich auf diese Ehe ein, ringt ihrer Familie aber einen bemerkenswerten Handel ab: Sie ist frei, ihrer inneren Berufung zu folgen, sobald sie einen männlichen Erben geboren hat. Dann ist ihrer Verpflichtung der Familie gegenüber Genüge getan. Und wie es einer Samurai-Tochter ansteht, nimmt sie ihre Aufgabe, ohne zu zögern, in Angriff. Mit fünfundzwanzig hat sie ihren Teil der Abmachung erfüllt, der Erbe ist geboren. Sie sucht ihrem Mann sorgfältig eine andere Ehefrau aus guter Familie und mit hervorragender Bildung aus. Dann lässt sie ihre Kinder und den Ehemann in dieser guten Obhut zurück und bricht auf.

Auch Yoshi, ihre Freundin aus der kaiserlichen Familie, hat mittlerweile ihren Mann verlassen, und Fusa wird wieder ihre Gefährtin. Einige Jahre leben die beiden zusammen. Fusa perfektioniert ihre Fähigkeiten in der

Kalligrafie und schreibt Gedichte. Die Freundin ist kränklich, und Fusa pflegt sie. Als Yoshi stirbt, ist Fusa achtundzwanzig Jahre alt.

Jetzt sucht sie ein Kloster, um das meditative Leben kennenzulernen. Eine der kaiserlichen Prinzessinnen, die Fusa auch schon von Kindheit an kennt, ist Äbtissin eines Rinzai-Klosters. In dieses Kloster ziehen sich Frauen des Kaiserhofes zurück, wenn sie ihren Männern entkommen möchten oder dem Druck der höfischen Etikette nicht mehr standhalten können. Die Äbtissin Richu ordiniert Fusa im Jahre 1672 als buddhistische Nonne und gibt ihr den Namen Ryonen Gesho, »klar erkennen«. Sechs Jahre bleibt sie in diesem Nonnenkloster, dann hält sie es dort nicht mehr aus. Sie ist nicht zufrieden im Kreis der kaiserlichen Nonnen, die eigentlich nur ihr höfisches Leben weiterführen wollen. Die Sehnsucht, die sie schon als Mädchen spürte, treibt sie an.

Nach vielen Tagen der Wanderschaft kommt sie in der Stadt Edo an und fragt sich zum Obaku-Tempel durch. Ihr Bruder, der Mönch in dieser Schule geworden war, hatte in ihr ein verlockendes Bild des Lebens in einem Obaku-Tempel geweckt. Hier sei Kalligrafie hoch geschätzt, würden die Sutras und der Name des Buddha Amida rezitiert.

Ryonen klopft an das große, reich verzierte Holztor, und als Mitglied einer angesehenen Samurai-Familie wird ihr selbstverständlich eine Audienz bei Meister Tetsugyo gewährt, dem dieses Kloster untersteht. Formvollendet, mit einer tiefen Verbeugung, bittet sie ihn, sie als Schülerin anzunehmen. Als sie den Kopf wieder hebt, schaut Tetsugyo ihr ins Gesicht: »Zu schön!«, knurrt er. »Du würdest meine Mönche nur ablenken«, und die Audienz ist beendet.

Ryonen lässt sich nicht so schnell entmutigen. Noch am selben Tag steht sie vor einem anderen Ort der Übung, der Einsiedelei von Hakuo Dotai. Hier gibt es kein Klostertor und keine steifen Rituale. Es ist ein kleiner Hof mit einer Meditationshalle und ein paar Hütten. Einige Schüler leben und üben hier mit Hakuo. Hakuo bietet ihr Tee an, und wieder verbeugt sich Ryonen tief. »Bitte, nimm mich als Schülerin an.«

Hakuo schweigt einige Zeit. Dann sagt er: »Ich kann spüren, wie aufrichtig dein Wunsch ist. Aber du bist eine schöne Frau. Mein Ruf wäre ruiniert, wenn du hier mit uns leben würdest, und das würde meine Schüler verunsichern und ihre Übung stören.«

Ryonen verbeugt sich wieder und geht.

Sie sucht sich ein Zimmer in einem Gasthaus in der Nähe. Die Nächte werden schon kühl, und die Dienerin hat ein Kohlebecken hereingebracht, an dem man sich die Füße wärmen kann. Mit einem Eisenhaken werden die heißen Kohlen darin aufgerüttelt, damit sie besser brennen. Ryonen steckt den Haken tief in die heißen Kohlen und wartet, bis das Eisen rot glüht. Dann zieht sie es heraus und drückt es sich ins Gesicht. Sie ist eine Samuraitochter, sie ist tapfer und entschlossen. Der Schmerz ist furchtbar, aber sie weiß, was sie will.

Als sie am nächsten Morgen wieder vor Hakuo steht, starrt er fassunglos auf die blutenden Wunden in ihrem Gesicht. Dann nimmt er sie bei der Hand und ruft seine Schüler herbei: »Pflegt diese Dharma-Schwester gut. Sie hat uns durch ihre Entschlossenheit beschämt. Welch ein Schatz für die Lehre des Buddha!«

Vier Jahre lebt Ryonen in der Einsiedelei mit Hakuo. Sie wird seine Hauptschülerin. Jeden Tag trinkt sie mit ihrem Lehrer Tee. Erst nach einer Weile zeigt sie ihrem Lehrer die beiden Gedichte, die sie in der entscheidenden Nacht geschrieben hatte. Das erste ist in formellem Chinesisch, der Sprache ihrer kaiserlichen Vergangenheit:

»Als Kinder verbrannten wir Räucherwerk am kaiserlichen Hof.
Jetzt, als heimatlose Bettelnonne,
Verbrenne ich mein Gesicht,
Um Zen üben zu können.
Die Jahreszeiten fließen mühelos ineinander,
Ich weiß nicht, wer das schreibt,
In dieser Welt des Wandels.«

Das zweite Gedicht, kürzer, doch nicht weniger eindringlich, hatte sie in Japanisch, ihrer Muttersprache, verfasst:

»Es wäre traurig, wenn ich nicht wüsste,
Dass dies das Feuerholz ist,
Das meine Verwirrung verbrennt.«

Die Geschichte mit dem verbrannten Gesicht der Samurai-Schönheit verbreitete sich wie ein Lauffeuer durch alle Tavernen und Teehäuser der Gegend. Die Leute fragten in der Einsiedelei nach Ryonens Gedichten, und sie kopierte sie viele Male mit ihrer geübten Hand und verschenkte sie.

Kurz vor seinem Tod bestätigte Meister Hakuo Ryonens spirituelle Verwirklichung[220], und sie stand der Einsiedelei noch einige Jahre vor. Mitfühlendes Handeln war ihr wichtig, und sie ließ mehrere Brücken und eine Schule in der Gegend errichten. Sie bemühte sich um die Erlaubnis, einen neuen Tempel bauen zu dürfen, um Nonnen auszubilden. Nonnen hatten in dieser Zeit gesellschaftlich kein Gewicht, und der Umgang mit den Beamten war langwierig. Erst nach elf Jahren erhielt sie endlich die Erlaubnis, einen verfallenen Tempel außerhalb der Stadtgrenzen wiederaufzubauen. Sie nannte ihn Taiunji, »heitere Wolke«, und bezeichnete sich als die zweite Äbtissin. Sie betrachtete Hakuo, ihren Lehrer, als Gründer. Tetsugyo, der sie anfangs in Edo abgewiesen hatte, besuchte sie hier. Jetzt schrieb er ein Gedicht, um sie zu würdigen.

Nach dem Tod von Ryonen Gesho verfiel der Tempel, und hundert Jahre später zerstörte ihn ein Feuer vollständig. Ihr Grabmal wurde danach in Tetsugyos altem Kloster wieder errichtet. So hatte er sie am Ende doch noch aufgenommen.[221]

Die Lebensgeschichte von Ryonen Gesho und die dramatische Entstellung ihres schönen Gesichts wurden in vielen Büchern der Zeit weitergegeben, darunter auch in dem Buch »Führer zu den berühmten Plätzen Edos«. Es sind Druckblöcke aus Holz erhalten, auf denen die entscheidende Szene abgebildet ist. Darauf sieht man, wie eine entsetzte Dienerin herbeieilt, um Ryonen zurückzuhalten. Das chinesische Gedicht ihrer Verbrennungsnacht steht auch auf der Rückseite eines kleinen Handspiegels.[222]

Die außergewöhnliche Schönheit ihrer Weisheit spiegelt sich in dem allerletzten Gedicht ihres Lebens, ihrem Todesgedicht:[223]

»Sechsundsechzigmal haben diese Augen
Das Schauspiel der Verwandlung gesehen,
Das der Herbst bringt.
Ich habe schon genug über Mondlicht gesagt,
Lass mich.
Lausche einfach der Stimme der Pinien und Zedern,
Wenn kein Wind sich regt.«[224]

Eshun

Warum gibt es in der buddhistischen Literatur Japans keine Verse und Lieder, die das Erwachen von Frauen und ihre Verwirklichungen preisen, so wie die Lieder der Therigatha? Die japanischen Nonnen wie auch die Mönche standen per Gesetz unter Strafe, wenn sie sich fälschlicherweise als erwacht ausgaben. Etwas über die eigene Verwirklichungen oder auch die anderer zu sagen war also nicht ungefährlich. Die Frage dabei ist: Wer kann wirklich nachprüfen, ob jemand erwacht ist oder fälschlicherweise nur so tut? Frauen, denen der Ruf vorauseilte, sie hätten Meisterschaft erlangt, wurden natürlich doppelt misstrauisch beäugt. Ihre männlichen Kollegen waren sich dann manchmal nicht zu schade, sie unter der Gürtellinie anzugeifen, offiziell natürlich nur aus dem Grund, sie als spirituelle Hochstaplerin entlarven zu wollen. Die Nonne Eshun ließ sich aber nicht so leicht die Butter vom Brot nehmen.

Die Meisterin Eshun[225] wurde als Vertreterin ihres Klosters, dem sie als einzige Frau angehörte, zu einer Konferenz in das Kloster Engakuji entsandt. Ihr eilte der Ruf voraus, sie habe tiefe Einsicht in die Lehren. Das mochten die Mönche des Gastgeberklosters, das eines der angesehensten und strengsten im ganzen Land war, nicht einfach so glauben, und sie bauten sich am Tempeltor auf, um diesen weiblichen Eindringling nach Hause zu schicken, bevor sie noch einen Fuß auf den ehrwürdigen Boden ihres Klosters setzen konnte. Als Eshun die letzten Schritte auf das Tempeltor zuging, sah sie die Traube der Mönche, die das Tor belagerten. Plötzlich sprang einer vor ihr auf den Weg, hob seine Robe hoch, zeigte ihr seinen erigierten Penis und schrie: »Mein Ding ist dreißig Zentimeter lang! Wie sieht's aus, kannst du es nehmen?«

Eshun stieg auf einen Stein, hob ihrerseits die Roben hoch, zog ihre Schamlippen auseinander und sagte gelassen: »Kein Problem, dieses Loch hat keinen Boden.«

Im Handumdrehen war die Horde verschwunden, und das Tempeltor öffnete sich. In der Ferne klapperten noch die Holzsandalen der beschämten Mönche in den Höfen.

Der Abt des Klosters konnte sich immer noch nicht damit abfinden, es mit einer Frau zu tun zu haben. Er lud sie zum Antrittsbesuch in seine Räume ein und servierte ihr den Tee in seinem Nachttopf. Eshun verbeugte sich höflich vor ihm und reichte ihm die Schüssel mit einem liebenswürdigen Lächeln zurück. »Verehrter Meister, bitte trinkt doch den Tee aus Eurer eigenen Tasse.«

Wie gesagt, war Eshun die einzige Frau im Kloster ihres Bruders, und es geschah immer wieder, dass sich ein Mönch unsterblich in sie verliebte. Einer von ihnen konnte es nicht lassen, sie mit Liebesbriefen zu verfolgen. Immer wieder beschwor er sie, ein Stelldichein mit ihm zu verabreden, schließlich sei die Liebe doch nichts, wofür man sich schämen müsse. Eines Tages schickte Eshun ihm eine Nachricht, sie sei bereit, sich ihm hinzugeben. Ihr Treffen müsse jedoch absolut geheim bleiben, da sie ja beide Ordinierte seien, und so werde sie ihm erst kurz vorher Ort und Zeitpunkt übermitteln.

Einige Zeit später versammelte sich das ganze Kloster in der großen Halle, um einen Vortrag des Abtes zu hören. Alle saßen schon würdevoll in ihren besten Roben auf den Kissen, als Eshun als Letzte in die Halle kam. Sie war splitterfasernackt. Gelassen und würdevoll schritt sie an den ordentlichen Reihen der verblüfften Mönche entlang, bis sie vor ihren Verehrer kam. »Also«, sagte sie und stemmte die Arme in die Seiten, »was ist? Wenn du deine Liebesglut stillen willst, dann hast du jetzt die Gelegenheit dazu. Hier bin ich. Das ist doch nichts, wofür man sich schämen muss, oder?«

Es heißt, der betreffende Mönch sei aufgesprungen und weggerannt und hätte das Kloster noch am gleichen Tag auf Nimmerwiedersehen verlassen.[226]

Rengetsu

Herz

»Es treibt dahin
Wie weiße Wolken,
Von Anfang bis zum Ende
Eine geheimnisvolle Sache,
Das Herz.«

Die Dichterin Rengetsu lebte im 18. Jahrhundert[227] und folgte der Schule des Reinen Landes. Sie hinterließ über fünfzigtausend Gedichte, Kalligrafien und Keramikgefäße. Durch diese Werke und ihre karitative Arbeit war sie schon zu Lebzeiten in der Bevölkerung bekannt und beliebt.

Kompliziert war das Familienleben von Rengetsu schon von Anfag an. Sie entstammte einer außerehelichen Beziehung zwischen einem Samurai und einer Geisha. Ihr leiblicher Vater, der der mächtigsten Familie des Landes angehörte, gab sie in die Obhut eines Laienpriesters der Schule des Reinen Landes, der sie adoptierte. Mit ihm lebte sie im Chionji-Tempel, dem Haupttempel dieser Schule in Japan. Sie hatte es gut bei ihrem Adoptivvater, denn er hatte Freude daran, das aufgeweckte Mädchen aufzuziehen. Bei ihm lernte sie Kampfkunst, Kalligrafie, Gedichte zu verstehen und selbst welche zu schreiben. Schon als Mädchen konnte sie beides, einen Angreifer nach allen Regeln der Kunst aufs Kreuz legen und einen tintennassem Pinsel in elegantem Schwung über das Papier ziehen.

Viel zu früh fordert die Herrscherfamilie ihre Dienste als Hofdame, und sie muss nach Kyoto, um im Palast zu leben. Das einzig Gute daran ist, dass sie ihre Ausbildung hier fortsetzen kann, denn bei Hofe treffen sich die besten Kalligrafen und Poeten der Zeit. So kann sie weiter die Kunst des eifrigen Loslassens üben:

Herumpinseln

»Nur spielen,
Nichts
Besonderes tun,
Spuren gezogen
Von tintennassem Pinsel.«

Mit dem Spielen ist es bald vorbei. Sie ist gerade sechzehn, als man sie verheiratet. Von ihrem Mann gibt es nicht viel Gutes zu sagen. Drei Geburten folgen kurz aufeinander, keines der Kinder überlebt und er verstößt sie. Kurz darauf stirbt er selbst. Rengetsu heiratet ein zweites Mal. Ein erstes Kind wird geboren und lebt, es scheint, als wäre endlich das Glück eingekehrt.

Als sie mit dem zweiten Kind schwanger ist, kommt ihr Mann um, und sie ist allein.

Ihr Adoptivvater, zu Hause im Chionji-Tempel, ist überglücklich, als Rengetsu eines Tages mit ihren beiden Kindern vor ihm steht. Aber sein Herz wird schwer, als er in ihr Gesicht schaut. Kaum erkennt er seine Tochter wieder. Tiefe Furchen haben sich in ihre zarte Haut eingegraben, sie ist müde und traurig. Die beiden Kinder zerren quengelnd an ihren Kimonoärmeln, sie lässt es apathisch mit sich geschehen. Rengetsu hat kein Interesse mehr an der Welt, die sowieso nur aus Schmerz, Verletzung und Unsicherheit besteht. Sie will ins Kloster eintreten und lässt die Kinder bei ihrem Adoptivvater im äußeren Tempelgelände.

Doch die ersehnte Ruhe findet sie nicht. In den folgenden Jahren sterben hintereinander alle ihre Lieben, die Kinder und der geliebte Vater. Sie hatte gehofft, dass der Schmerz sie als Nonne nicht mehr so treffen würde, doch der Verlust bringt sie fast um. Verzweifelt flieht sie von diesem Stückchen Erde und verlässt das Kloster, ihren letzten Zipfel Geborgenheit.

Sie geht einfach los. Sie hat keine Angst. Was sollte ihr noch genommen werden?

Und doch muss sie irgendwie überleben. Sie beginnt, dort, wo ihr Weg sie hinführt, in kleinen Dorftöpfereien mitzuarbeiten. Sie fertigt Teeschalen an und ritzt vor dem Brennen eines ihrer Gedichte in den Ton ein. Es ist eine einfache, tröstende Arbeit, und sie mag es, still und zurückgezogen irgendwo in der hintersten Ecke der Werkstatt zu sitzen, ein paar ihrer Stücke zu verkaufen und dann weiterzuziehen. Jahre vergehen, und sie fühlt, wie sie ruhiger wird und die Wunden langsam heilen.

Wasser im alten Tempel

»Aus dem Fels
In einem alten Tempel
Tropft Wasser,
Die Stimme des Dharma
Ist noch da.«

So könnte es immer weitergehen. Da bläst der Wind der Veränderung wieder in ihr Leben. Ihre Keramikstücke sind von solch einfacher Schönheit, dass die Leute ganz wild darauf sind und ihnen nachjagen. Sie kann sich vor Kunden nicht mehr retten. Kaum hat sich die Nachricht verbreitet, dass sie in in ein bestimmtes Dorf gekommmen ist, laufen die Menschen von überall her zusammen. Ihr Wanderleben gleicht jetzt eher einer Flucht, und sie gewöhnt sich an, nirgendwo länger als ein paar Tage zu bleiben. Zum Glück gibt es noch den Winter und abgeschiedene Dörfer, die Rengetsu zu Zeiten der Einsamkeit verhelfen.

Winterruhe im Dorf Shigaraki

»Der Sturm letzte Nacht war heftig,
Das kann ich an der dicken Schneedecke heute Morgen sehen,
Ich stehe auf, um Holz anzufachen
Im einsamen Dorf Shigiraki.«

Auf ihren Wanderungen kommen immer wieder Menschen zu ihr, die ihr unter Gestammel und Erröten gestehen, sie hätten versucht, ihren Keramikstil zu imitieren, aber die Stücke seien einfach nicht so geworden wie die ihren. Rengetsu lächelt sie freundlich an und schenkt ihnen dann eines ihrer Orginale, mit der Erlaubnis, die Nachahmung weiter zu versuchen. Das ist ihre Art, Dharma zu lehren.

Dass die Welt viele Arten von Leiden bereithält und die Vergänglichkeit der Stoff ist, aus dem alle Dinge in ihr gemacht sind, hat Rengetsu schon lange begriffen. Ihr gebrochenes Herz ist unendlich weit geworden, und sie will alles tun, um anderen in ihrer Not zu helfen. Den Erlös aus ihren Keramikstücken und den Kalligrafien, die mittlerweile Spitzenpreise erzielen, investiert sie in Katastrophenhilfe. Sie unterstützt Opfer von Epidemien, Erdbeben und Feuern. Außerdem setzt sie für diese Zwecke auch ihre verbleibenden Kontakte zum Hof geschickt ein und hat keine Scheu, ehemalige Bekannte und hochstehende Beamte zu bitten, ihr bei diesen Hilfsaktionen zu helfen. Rengetsu ist nicht nur die töpfernde Wandernonne, die in schiefen Hütten überwintert, sondern auch weltgewandte Adlige und geschickte Briefschreiberin.

Man erzählt, dass sie in einem Dorf, durch das sie kam, allen Kindern, die selbst im Winter barfuß gehen mussten, Schuhe anfertigen ließ. In einem anderen Dorf konnte durch ihre Hilfe eine längst notwendige Brücke über den Fluss gebaut werden. Wie passend! Eine Brücke ans andere Ufer, das ist es, was alle werden wollen, die sich auf den Weg der Bodhisattvas begeben.[228]

Mit einem letzten Gedicht verabschiedet sich Rengetsu mit vierundachtzig Jahren von dieser Welt. Es enthüllt den einen kostbaren Wunsch, der all die Jahre in ihrem Herzen lebte:

Todesgedicht

»Ich wünsche mir
Einen wolkenlosen Mond
Über der Lotosblüte
Im nächsten Leben.«[229]

7
Kuan-yin

»Die Bodhisattva durchdringt alles vollkommen.
Im Wald der sieben Juwelen geboren,
Hat ihre wahre Form eintausend Hände
Und eintausend Augen.
Sie sitzt im Potalaka Palast.
Sie sprenkelt frischen Tau mit einem Weidenzweig,
Sie nährt das ganze Dharma-Reich allumfassend.
Sie zeigt ihre übernatürlichen Kräfte
Und reitet auf tausenden Wellenkämmen des Meeres
Und kommt so im vollen Glanze der Wahrheit
In diesem Palast an.
Tausend Gebete steigen von tausend Plätzen auf
Und werden erhört.«[230]

So wird Kuan-yin gepriesen, die weibliche Buddha des Mitgefühls. Sie ist das einzigartige chinesische Geschenk an das Album weiblicher Bilder des Erwachens im Buddhismus.

Bodhisattva Kuan-yin war nicht immer weiblich. Anfangs war Kuan-yin die chinesische Bezeichnung für den männlichen Bodhisattva Avalokiteshvara aus dem Lotos-Sutra.[231] Im 24. Kapitel, dem »universellen Tor«, manifestiert sich der Bodhisattva in allen Formen, die den Wesen nützlich sind, darunter auch in verschiedenen Frauengestalten.[232] Dieses Kapitel des Lotos-Sutra war bei den Frauen, die der buddhistischen Lehre in China folgten, sehr beliebt, denn es ließ nicht den geringsten Zweifel daran, dass Erwachen in einem weiblichen Körper gelebt werden kann – ein guter Grund dafür, dass Kuan-yin mit Weiblichkeit in Verbindung gebracht wurde.

Das Lotos-Sutra gehörte zu den allerersten buddhistischen Texten, die nach China gelangten und übersetzt wurden. Schon kurz nachdem es in Umlauf kam, wurden Berichte darüber aufgezeichnet, dass Kuan-yin in weiblicher Form gesehen wurde: Im Jahr 479 n. Chr. erscheint sie einem Hilfesuchenden als Retterin im Gefängnis, und im 6. Jahrhundert heilt sie auf wunderbare Weise den Kaiser Wu-cheng. Zu dieser Zeit hatte der Bodhisattva Kuan-yin, oft noch männlich und mit Schnurrbart dargestellt, zusammen mit Buddha Amitabha anderen Buddha-Figuren in der Beliebtheitsskala längst den Rang abgelaufen.

Dann tauchen mit einem Mal Bilder von Kuan-yin als wunderschöne Frau auf. Sie sitzt in heiterer Gelassenheit auf einem Felsen, in ein weißes, fließendes Gewand gehüllt, und schaut auf eine Wasserfläche. In der Hand hält sie einen Weidenzweig und eine Vase. Der volle Mond, der hinter ihr am Nachthimmel steht, spiegelt sich im Wasser.

Solche Darstellungen setzen sich ab dem 10. Jahrhundert durch[233] und verdrängen die männliche Form vollständig. In den folgenden Jahrhunderten entfaltet sich ihre Ikonografie in unterschiedliche Richtungen. Sie tritt als erotisch anziehende Frau auf, als Heilerin und Kinder Gewährende in weißen Gewändern, dann als Göttin aus dem Wasser, auf Delphinen reitend, und als alte Weise. Immer als Frau. Kaum zu glauben, dass diese Gestalt ürsprünglich männlich angelegt war.

Wie männlich ist Avalokiteshvara?

Aber ist der indische Bodhisattva des Mitgefühls, ihr Vorgänger Avalokiteshvara, wirklich so durch und durch männlich? Ohne Schnurrbart ist eigentlich nicht genau zu erkennen, ob ein weiblicher oder männlicher Körper gemeint ist. Aber das beruht möglicherweise auf dem Wunsch, ihn mitfühlend und zärtlich, wie eine Frau, aussehen zu lassen. Das Hauptattribut von Avalokiteshvara ist die Lotosblume. Der Lotos, Sankrit *Padma*, weist in der indischen Mythologie immer auf Weiblichkeit hin. Mit *Padma* wird in rituellen Texten auch die Vulva bezeichnet. *Padma* steht auch im Mantra *Om mani padme hum*, das zu Avalokiteshvara gehört und auch mit Kuan-yin verbunden wird, an zentraler Stelle. »Padme«, der Vokativ von *Padma*, würde in diesem Zusammenhang die Anrufung der Weiblichkeit bedeuten, eine Anrufung des weiblichen Göttlichen, vielleicht sogar einer uralten vorbuddhistischen Lotosgöttin.[234]

Der Lotos als weibliches Symbol weist auf die gebärenden Kräfte des Wassers hin. Aus dem fruchtbaren Schlamm am Boden eines Teichs treibt die Lotosknospe heraus. Wächst sie dann über Wasserspiegel hinaus und entfaltet ihren Blütenbecher, sind Schmutz und Wasser von ihr abgeperlt. Die Lotosblüte erstrahlt leuchtend und rein, ihre Wurzel aber hat sie in der schlammigen Tiefe des Wassers, das sie trägt. In der buddhistischen Mythologie werden alle Buddhas aus einem Lotos geboren und auf ihm sitzend dargestellt. Der Lotos ist der Ausdruck des weiblichen Schöpferischen, seine Kontaktstelle mit der Welt.

Die Königin Maya beschreibt sich selbst im Avatamsaka-Sutra als diesen fließenden Nährboden des Erwachens: »Immer wenn ein Bodhisattva spontan im Herz eines Lotos geboren wurde, war ich die Göttin des Lotosteichs und empfing das Wesen. Die Welt erkannte mich als die, die Buddhas gebiert.«[235]

Man könnte die Geschichte der Geschlechtsverwandlung von Avalokiteshvara also auch so herum erzählen: Zuerst, in vorbuddhistischer Zeit, gab es in Indien die Lotosgöttin, ein Bild für die Verehrung der weiblichen Kraft des »Hervorbringens und Nährens«. Diese Kräfte und ihr Attribut, der Lotos, gingen in den männlichen Bodhisattva des Mitgefühls ein, der sich auch in seiner äußeren Erscheinung viel Weibliches bewahrte. In China drängte die weibliche Gestalt wieder nach vorne und konnte sich mit der Figur der Kuan-yin weiter entfalten.

Der Siegeszug der weiblichen Kuan-yin

Wieso aber konnte eine weibliche Ausdrucksform des Erwachens in China solch einen Siegeszug antreten? Denn, einmal erschienen, wurde und wird sie von allen verehrt, von Buddhisten und Nichtbuddhisten, Frauen, Männern, Reichen und Armen. Im 12. Jahrhundert, als Kuan-yin in ihrer Form als Frau beginnt, alle in ihren Bann zu ziehen, entsteht auch im Taoismus eine neue Bewegung hin zur Wertschätzung des Weiblichen, und andere, halb vergessene Göttinnen früherer Zeiten treten wieder in Erscheinung.[236] Dass dies geschieht, ist ganz offensichtlich eine Gegenreaktion auf die frauenfeindliche Haltung der etablierten Religionen, die alle weiblichen Bilder vom Tisch gefegt hatten. Der Neokonfuzianismus formt dazu über Jahrhunderte das Gesellschaftsbild Chinas mit einem für Frauen äußerst einengenden Familiensystem und der starken Betonung auf der patrilinearen Macht in Himmel und auf Erden. In dieses Vakuum weiblicher Göttlichkeit fällt das »universelle Tor«, das den Bodhisattva Kuan-yin auch als Frau zeigt, wie ein Geschenk: Hier steht es schwarz auf weiß, Frauen können Trägerinnen von transzendenter Weisheit und Macht sein.

Kuan-yin zeigt sich in weiblichem Körper, und das ermöglicht ganz neue Formen der Religiosität für Frauen. Es entwickelt sich ein Kult der Verehrung der Bodhisattva Kuan-yin, der einfach ist und zu Hause durchgeführt werden kann. Es braucht dazu kein besonderes Wissen, das wieder institutionell und hierarchisch festgeschrieben werden müsste. Es genügt, ihren Namen anzurufen, ihr Mantra zu rezitieren und ihre Lebensgeschichte zu erzählen. Die Übung besteht darin, das Vertrauen in die Bodhisattva des großen Mitgefühls zu nähren. Alle sind bei ihr aufgehoben und werden von ihr geschützt, auch und gerade die, die gesellschaftlich und kulturell am Rande stehen und gefährdet sind.

Und das sind in der chinesischen Gesellschaft oft Frauen: ältere Frauen ohne familiären Schutz, Prostituierte, aber auch jede normale Frau im gebärfähigen Alter. Auf Letztere hatte sich eine schwere kulturelle Last von Unreinheit und Befleckung gewälzt. Alles, was mit Frau- und Muttersein im Körper, Monatsblutungen, Körperflüssigkeiten und Gebären zu tun hat, war in höchstem Maße tabu und gefährlich. So war es zum Beispiel eine Beleidigung der Erde, wenn Monatsblut auf den Boden tropfte.

Kuan-yin bringt Erleichterung für die Frauen, und es entsteht eine neues Bild von Mütterlichkeit. Eine erwachte Frau erscheint, die alle positiven Qualitäten des Mütterlichen, wie Zugewandtsein, Weisheit und Geborgenheit, in sich vereint, ohne körperlich Mutter zu sein. Ihre Kinder sind alle, die sie anrufen. Sie verkörpert die Möglichkeit, als Frau der Last der Unreinheit zu entkommen und gleichzeitig die positiven Qualitäten einer mütterlichen Frau zu ernten. Was für eine Perspektive!

Der Schlüssel zu diesem Bild liegt in der Legende von Miaoshan. Sie erzählt, wie aus einer ganz normalen Frau und Tochter die Bodhisattva Kuan-yin wurde. Diese Verwandlung geschah nicht zuletzt dadurch, dass sie sich weigerte, den Wünschen ihres Vaters zu entsprechen und zu heiraten. Diese Geschichte zu erzählen, zu bewahren und weiterzugeben ist nach wie vor die wichtigste Art der Verehrung der Bodhisattva Kuan-yin.

Die Geschichten

Die Legende von Miao-shan

Der König Miao-chung und die Königin Pao-te hatten drei Töchter, Miao-yen, »wundersame Erscheinung«, Miao-yin, »wundersamer Klang«, und die dritte, Miao-shan. Ihr Name bedeutete »wundersames Gutsein«, und es zeigte sich schon bald, dass ihre Art, gut zu sein, nicht dem entsprach, was man von ihr als Frau und Prinzessin erwartete.

Am Tag ihrer Geburt begann der ganze Palast plötzlich von innen zu leuchten und die Leute des Landes erschraken, denn sie dachten, ein Feuer sei ausgebrochen. Ihre Mutter gebar sie ohne Schmerzen, ihr Körper war in fünffarbig leuchtende Wolken gehüllt, und sie trug alle Zeichen eines außergewöhnlichen Wesens an sich. Als sie aufwuchs, interessierte sich die kleine Miao-shan nicht für Puppen und Blumenketten, wie andere kleine Prinzessinnen, sondern für die buddhistischen Lehren – und das, obwohl ihre Eltern keine Buddhisten waren und der neuen Religion skeptisch gegenüberstanden. Rasch lernte Miao-shan, die Schriften zu lesen, und rezitierte schon als Kind jeden Tag die Sutren. Nachts schlief sie kaum, denn dann, wenn im Palast endlich die letzten Gäste zur Ruhe gegangen waren, war für sie die beste Zeit, um zu meditieren. Außerdem aß sie nur vegetarische Kost und auch das nur einmal am Tag.

Das änderte sich auch nicht, als sie zu einer schönen jungen Frau heranwuchs. Auf den großen Banketten, die ihr Vater im Palast abhielt und zu denen sie erscheinen musste, war sie nicht besonders gesellig. Die Gäste, die neben ihr saßen, fühlten sich unwohl, wenn sie in triefendes Fleisch bissen und Miao-shan still daneben vor einer Schale mit heißem Wasser saß. Es gefiel ihr auch nicht, sich schön zu machen oder mit den jungen

Männern zu flirten, die der Vater eingeladen hatte und die ihr den Hof machten. Sie trug immer nur die ältesten Kleider, schminkte sich nicht, und wenn sie mit jemandem ins Gespräch kam, brachte sie sofort Themen wie »Vergänglichkeit« und »das Zusammenwirken von Ursache und Wirkung« auf den Tisch. Die Palastbediensteten hatten ihr den Spitznamen »Buddha-Herz« gegeben.

Dem Vater bereitete diese buddhistische Schwärmerei von Tag zu Tag größere Sorgen, denn schließlich war sie ja dazu auf der Welt, gut verheiratet zu werden, so wie ihre älteren Schwestern. Da das Königspaar schon keine Söhne hatte, musste es wenigstens gute Schwiegersöhne geben und dann starke Enkelsöhne! Doch eine Tochter, die sich so benahm, würde noch den gutwilligsten Bewerber vergraulen!

Irgendwann war es so weit: Dem königlichen Vater platzte der Kragen. Den ganzen Abend hatte er bei einem rauschenden Bankett mit Musik und Tanz vom Feinsten immer wieder zu seiner jüngsten Tochter hinübergesehen. Sie sah wieder einmal aus wie die ärmste Küchenmagd. Ihr Kleid aus einfacher Baumwolle war an den Ärmeln abgestoßen, die Haare waren in einem schlichten Zopf am Hinterkopf zusammengefasst, und nicht ein einziges Mal hatte sie getanzt oder auch nur gelacht. Sie saß am Ende des langen Tisches mit einigen Hofdamen. Die Frauen steckten ihre Köpfe zusammen und nickten Miao-shan immer wieder eifrig zu. Durch das Stimmengemurmel der Gäste wehten manchmal Gesprächsbrocken an die Ohren des Königs, der die Frauengruppe nicht mehr aus den Augen lassen konnte. Und was er da hörte, ließ ihm die Zornesröte ins Gesicht steigen. Die Hofdamen hingen mit ernsthaften Minen an Miao-shans Lippen und versprachen gerade eine nach der anderen, sie würden von jetzt an auch nur noch einmal am Tag essen, sich nicht mehr schminken und jeden Morgen meditieren.

Wutschnaubend zog der König seine Frau am Seidenärmel und zischte ihr zwischen zusammengebissenen Zähnen zu: »Deine Tochter bekehrt gerade unsere Hofdamen! Sie haben ihr soeben versprochen, zu fasten und allen Schmuck abzulegen. Das ist immer noch mein Haus, und ich bestimme, was die Frauen in diesem Haus machen. Jetzt reicht's!« Kaum waren die letzten Gäste gegangen, stapfte er, immer noch kochend vor Wut, in das Zimmer seiner Tochter, wo er Miao-shan in Meditation versenkt vor dem

Altar fand. »Was denkst du dir eigentlich bei deinem Verhalten?«, fuhr er sie an. »Wie kommst du dazu, unsere Hofdamen so in Verwirrung zu stürzen und hinters Licht zu führen? Kennst du keine Dankbarkeit gegenüber deinen Eltern? Ich habe hier ein Land zu regieren, und mir gefällt ganz und gar nicht, was du da machst! Deine Mutter und ich werden dir jetzt einen Ehemann aussuchen, und du hörst sofort mit diesem Kinderkram auf und benimmst dich, wie es unseren Sitten entspricht, verstanden?«

Von ihrem Kissen sah Miao-shan erstaunt in das gerötete Gesicht ihres Vaters auf. »Aber lieber Vater, ich habe nicht vor zu heiraten.«

»Nicht vor zu heiraten?«, der König ließ sich vor Schreck auf eine geschnitzte Truhe fallen. »So einen Unsinn hab ich ja noch nie gehört!«

»Lieber Vater«, erwiderte Miao-shan und verbeugte sich, »so wie ich es verstehe, ist das alles andere als Unsinn. Ich habe darüber lange nachgedacht. Ich möchte viel lieber mein Zuhause verlassen und dem Weg zum Erwachen folgen. Bin ich erwacht, kann ich Euch, lieber Vater, und auch meiner Mutter auf viel bessere Weise Eure Güte vergelten und auch alle anderen Wesen vom Leiden befreien. Selbst wenn Ihr mir befehlen würdet zu heiraten, würde ich nicht wagen, Euch zu gehorchen!«

Inzwischen war die Königin, durch den lauten Wortwechsel aufgeschreckt, mit wehenden Gewändern herbeigeeilt. »Deine Tochter will nicht heiraten! Ich verstehe dieses Kind nicht!«, keuchte der König ihr entgegen. »Rede du mit ihr!«

Doch noch bevor die Königin Luft holen konnte, sagte Miao-shan: »Ich mache Euch einen Vorschlag. Ich werde Eurem Befehl folgen und heiraten, wenn das die drei großen Leiden aufheben kann.«

Ihre Mutter sah sie verwirrt an: »Was meinst du denn damit, mein Kind?«

»Ich will es Euch erklären, Mutter. Das erste Leiden ist das Altwerden, das zweite das Krankwerden und das dritte das Sterben. Wenn es einen Ehemann gibt, der diese drei Leiden aufheben kann, dann werde ich ihn heiraten. Kann er es aber nicht, gelobe ich hier und jetzt, niemals zu heiraten. Wenn ich bedenke, wie vergänglich und kurz so ein Menschenleben ist und welche Schmerzen es bereitet, von einer Wiedergeburt in die nächste zu gehen, dann wünsche ich mir nichts sehnlicher, als das zu vermeiden. Außerdem, lieber Vater, ist die Ehe der Hölle nicht ganz unähnlich. Das habt Ihr selbst immer wieder gesagt. Wenn Mann und Frau heiraten, pflanzen sie einen Baum der Bitternis. Für mich, die ich jetzt in einem Frauenkörper geboren bin, ist das aber noch unangenehmer als für einen Mann. Bevor ich heirate, muss ich meinem Vater gehorchen. Wenn ich verheiratet bin, muss ich meinem Mann gehorchen und darf keine eigene Meinung mehr haben. Und sollte dieser Mann dann früh sterben, darf ich nur an meinen guten Ruf denken und meinem Sohn gehorchen. Nein, Vater, Befreiung aus dem Kreislauf der Existenz kann ich so nicht erreichen, das versteht Ihr doch sicherlich? Nur wenn man sein Leben ganz dem Dharma widmet und dann die Frucht erringt, kann man alle Wesen vom Leiden befreien. Und darum ist in mir der Wunsch nach Erwachen mächtig geworden.«

Nachdem sie so gesprochen hatte, blickte sie ihren Vater in freundlicher Erwartung seines Verständnisses an. Sein Gesicht aber zeigte keine Regung, und starr umklammerte er den Arm seiner Frau, die neben ihm stand. Einen Moment lang war alles still. Dann durchfuhr ihn ein Ruck, und er sprang auf. »Diesen Unsinn werde ich dir noch austreiben! Ab morgen wirst du in den Hinterhof verbannt, dann werden wir schon sehen, ob du zur Vernunft kommst!«

Und so geschah es. Miao-shan wurde in die hinterste Ecke des Gartens verbannt, wo Gestrüpp und Brennesseln wucherten. Niemand durfte mehr mit ihr sprechen, und Essen und Trinken wurde ihr verweigert. Ihre Mutter aber, die sich grämte und sich große Sorgen um ihre jüngste Tochter machte, schickte heimlich eine Dienerin zu Miao-shan, die ihr das Nötigste brachte. Miao-shan aber freute sich, dass sie endlich ganz ungestört meditieren konnte, und es ging ihr im Gestrüpp des Palastgartens besser als je zuvor. Nachdem zwei Tage vergangen waren, sagte der König zu seiner Frau: »Ich habe unsere Tochter in den hintersten Garten verbannt, aber sie scheint den Tod nicht zu fürchten, und anscheinend ist sie auch nicht hungrig.« Die Königin senkte seufzend den Kopf. »Geh du noch einmal zu ihr, und nimm auch ihre Schwestern mit. Versucht sie zu überreden. Gelingt es euch, dann werden Vater und Tochter sich wieder umarmen, gelingt es euch nicht, werde ich sie in ein Kloster stecken und nie wieder mit ihr sprechen.«

Als die Mutter mit ihren beiden älteren Töchtern in den hintersten Garten gelaufen kam, sahen sie Miao-shan in tiefster Meditation versunken in den Brennesseln sitzen. Ihre Mutter schüttelte sie an der Schulter und jammerte: »Wie kannst du nur in aller Seelenruhe hier sitzen? Deine Mutter hat sich die Augen nach dir ausgeheult und konnte nicht einen Augenblick still sitzen. Schau doch, wie ich aussehe! Und jetzt habe ich mich auch noch an den Brennesseln verbrannt! Ist es dir vollkommen gleichgültig, dass deine arme Mutter so schrecklich leiden muss? Und dein Vater, er macht sich solche Sorgen wegen dir, dass er seinen Regierungsgeschäften nicht mehr nachgehen kann. Bevor also das ganze Reich auseinanderbricht, hat er mich gebeten, dir noch einmal ins Gewissen zu reden. Hast du kein Mitleid mit deinem armen Vater?«

»Warum sind meine Eltern denn so unglücklich? Ich leide hier doch gar nicht«, erwiderte Miao-shan ruhig und stand auf. »Schaut Mutter, es ist doch so: Wenn nahe Verwandte sich treffen, dann werden sie sich auch wieder trennen müssen. Selbst wenn ich hundert Jahre lang bei den Eltern bleiben könnte, wenn der Tod kommt, müssen wir uns doch trennen. Macht Euch keine Sorgen, Mutter, Ihr habt ja noch meine beiden Schwestern und braucht mich doch gar nicht. Geht also bitte in den Palast zurück, und sagt meinem Vater, dass ich nicht daran denke, meinen Entschluss aufzugeben.«

Da warfen sich ihr die beiden Schwestern zu Füßen und riefen: »Aber schau dir doch die Frauen an, die Nonnen geworden sind! Welche von denen hat es denn geschafft, wirklich den anderen ein Licht zu sein und zu erwachen? Ist es da nicht besser, den Eltern zu gehorchen, zu heiraten und ihnen nicht solch großen Kummer zu bereiten?«

Miao-shan antwortete ihnen: »Meine Schwestern, ihr beide hängt so an eurem Eheglück und an den Annehmlichkeiten des Lebens, was könnt ihr mir schon raten? Als Töchter haben wir die Pflicht, für unsere Eltern da zu sein, aber wird euer Ehemann das auch für euch tun? Liebe Schwestern, jede muss ihr Leben so leben, wie sie es versteht. Denkt über meine Worte nach und sorgt gut für euch. Erleuchtung ist zum Greifen nahe. Bitte, nehmt meine Mutter wieder mit in den Palast, und sagt meinem Vater Folgendes: Vielleicht hat der Raum ja irgendwo eine Grenze, mein Gelübde aber ist grenzenlos. Ob ich lebe oder sterbe, liegt in den Händen meines Vaters.«

Als der König das hörte, befahl er den Wachen, die Nonne Hui-chen, die das Kloster »Weißer Sperling« leitete, herbeizuholen. Er erklärte ihr:

»Meine Tochter ist verbohrt und folgt mir nicht. Sie will ein religiöses Leben leben, und es ist unmöglich, sie davon abzubringen. Ich werde ihr also erlauben, sieben Tage in Eurem Kloster zuzubringen, aber nur, damit Ihr auf sie einwirkt. Bringt Ihr sie dazu einzulenken, dann werde ich dem Kloster großzügige Spenden geben. Gelingt es Euch nicht, mache ich das Kloster dem Erdboden gleich!«

Also wurde Miao-shan in das Kloster »Weißer Sperling« gebracht. Fünfhundert Nonnen lebten dort, und sie empfingen die Prinzessin in der großen Meditationshalle, wo sie gemeinsam die Sutras rezitierten und Räucherwerk anzündeten. Am nächsten Morgen besuchte eine Gruppe von Nonnen Miao-shan in ihrer Klosterzelle. Die Frauen setzten sich zu ihr aufs Bett und sagten: »Du bist doch in einem Palast geboren und dort aufgewachsen, warum willst du dich hier vergraben? Ein Palast ist doch viel schöner als dieses Klosterleben hier!«

Miao-shan rief entrüstet: »Ich habe mir vorgenommen, alle Wesen zu retten. Mit eurer Rede habt ihr mir gezeigt, wie bedauernswert kümmerlich euer Verständnis des Dharma ist. Wenn sogar Schülerinnen auf dem Weg so etwas sagen, dann ist es ja kein Wunder, dass die Leute da draußen auch so reden. Habt ihr vergessen, warum ihr die Roben genommen und euch die Haare abgeschnitten habt? Ihr seid doch nur dem Namen nach Nonnen, eure Herzen sind nicht im Einklang mit der Suche nach dem Erwachen!«

Darauf konnten die Nonnen nichts antworten und sie zogen beschämt davon. Als die Äbtissin Hui-chen davon hörte, erschrak sie und ging sofort zu Miao-shan: »Die Nonnen haben so zu dir gesprochen, weil es der Befehl deines Vaters ist, dass wir dich umstimmen sollen. Tun wir das nicht, wird er unser Kloster dem Erdboden gleichmachen und uns alle töten. Hab Mitleid mit uns und geh zurück!« Miao-shan blickte sie freundlich an und sagte: »Du kennst doch die Geschichte, in der sich der Buddha in einem seiner früheren Leben von einem Felsen stürzte, um die hungrige Tigerin mit Fleisch zu versorgen? Dadurch erlangte er die Verwirklichung des Nicht-Ich! Als Nonne hast du dein weltliches Leben aufgegeben, nun solltest du auch deinen Körper als wahrhaft vergänglich verstehen. Ihr wollt dem Tod entrinnen und dem König gehorchen, gleichgültig, ob ihr eure innere Wahrheit verratet oder nicht. Aber macht euch keine Sorgen, wenn ich erwacht bin, werde ich euch alle vor weiteren Geburten im Daseinskreislauf retten!«

Als die anderen Nonnen hörten, was Miao-shan zur Äbtissin gesagt hatte, stieg große Angst in ihnen auf. »Diese Frau ist größenwahnsinnig, sie weiß überhaupt nicht, wovon sie spricht! Wir werden diese verwöhnte Palastmieze erst einmal spüren lassen, wie hart das Leben als Nonne wirklich ist. Das wird sie zur Vernunft bringen.« Und sie beschlossen, Miao-shan in die Küche zu schicken und ihr die härtesten Pflichten aufzuerlegen, die das Kloster zu bieten hatte. Sie sagten zu ihr: »Wenn du so genau weißt, wie eine Nonne sein soll, dann weißt du sicherlich auch, dass wir hart arbeiten, um zu überleben. Damit du auf den Geschmack kommst, haben wir für dich eine besondere Aufgabe: Fünfhundert Nonnen brauchen morgen ein Mittagessen auf dem Tisch. Am besten fängst du gleich an zu arbeiten!« Sie zeigten ihr die Küche und den Gemüsegarten und ließen sie dann allein. Miao-shan blickte sich verwundert auf dem Stück Land um, das die Nonnen »Gemüsegarten« genannt hatten. Keine einzige Pflanze, nicht ein einziger Stängel schaute aus dem Boden, überall nur Steine und Sand. Zum ersten Mal in ihrem Leben spürte sie Sorge und Ängstlichkeit in sich auftauchen, und sie fragte sich: »Wie kann ich es nur schaffen, Essen für fünfhundert Frauen aus diesem steinigen Acker zu zaubern?« Doch kaum hatte sie den Gedanken zu Ende gedacht, brauste es in der Luft, und es erschien ein Drachengeist neben ihr auf dem staubigen Acker. Der Drache verneigte sich respektvoll vor Miao-shan und sagte: »Hab keine Angst. Du kannst dich immer auf meine Hilfe verlassen.« Und mit seinen Zauberkräften ließ er die wunderbarsten Lauchzwiebeln, Kohlköpfe und Möhren aus dem Boden schießen. Erleichtert bedankte sich Miao-shan. Doch, als sie alles ins Haus geschleppt hatte und anfangen wollte zu kochen, sah sie, dass es kein Wasser in der Küche gab. Wieder half ihr der Drachengeist und ließ eine Quelle mit süßem Wasser aus der Wand fließen.

Die Nonnen hatten natürlich alles verfolgt, was geschehen war, und sie verstanden, dass sie es hier nicht mit einer gewöhnlichen Frau zu tun hatten. Diese Frau war eine, der Drachengeister zu Hilfe kamen. Sie liefen zu Miao-shan und baten sie um Verzeihung, dass sie ihr misstraut hatten.

Als die Äbtissin nach einer Woche wieder zum König gerufen wurde und berichtete, was im Kloster geschehen war, wurde der Zorn des Vaters hart und kalt: »Ich hab meine Tochter ins Kloster geschickt, damit sie keinen Ärger mehr macht, und sie hat nichts Besseres zu tun, als sich als Zauberin aufzuführen und einen riesigen Tumult hervorzurufen! Sie hat mich beleidigt. Jetzt gibt es nur noch einen Weg: Miao-shan muss sterben!«

Der König befahl seiner Garde, sich zusammen mit dem Meisterscharfrichter auf den Weg zum Kloster zu machen. Am Klostertor machten sie Halt, und Miao-shan wurde aufgefordert, sich der Hinrichtung zu stellen. Die fünfhundert Nonnen umringten sie und wollten sie nicht gehen lassen, sie aber schickte sie zurück und trat allein vor das Tor. Die Soldaten banden ihr die Hände auf den Rücken, und sie musste sich hinknien. Der Scharfrichter hob das Schwert und ließ die Klinge auf ihren Hals hinabsausen. Als aber das Metall gerade die Haut berührte, eine Sekunde vor ihrem sicheren Tod, fuhr eine so heftige Windböe über den Platz, dass dem Scharfrichter das Schwert aus der Hand gefegt wurde. Plötzlich war es dunkel wie in einer mondlosen Nacht, der Wind heulte, Donner grollte, und Blitze durchzuckten den Himmel. Alle warfen sich vor Angst auf den Boden. Als sich die Dunkelheit verzog und es wieder hell wurde auf dem Platz vor dem Klostertor, war Miao-shan verschwunden. Und sie blieb verschwunden, so sehr man auch nach ihr suchte. Als der König davon erfuhr, befahl er, das Kloster »Weißer Sperling« sofort zu zerstören und alle fünfhundert Nonnen zu köpfen. Die Königin und ihre beiden älteren Töchter weinten und rauften sich die Haare.

»Ich will nicht, dass hier geweint wird!«, brüllte der Vater. »Dieses Mädchen war sowieso nie meine Tochter, sie war ein Dämon, der sich in meine Familie eingeschlichen hat. Ich habe ihn ausgemerzt, wir sind den Dämon los, und das ist ein Grund zur Freude!« Dann ließ er ein prunkvolles Festmahl vorbereiten und ordnete an, dass die lustigste Musik gespielt würde und alle sich zu freuen hätten.

Wo aber war Miao-shan?

Bereit, den Tod zu empfangen, hatte sie sich hingekniet. Sie hatte den kalten Hauch der heruntersausenden Schwertklinge gespürt, und dann war sie plötzlich in der Luft. Sie wurde herumgewirbelt, davongetragen und verlor das Bewusstsein. Als sie die Augen wieder öffnete, lag sie auf einer Wiese allein in einer fremden Landschaft. Hinter ihr standen drei unbekannte Berge, die mit hohen Wäldern bedeckt waren. Da sie sonst nicht wusste, was sie tun sollte, begann sie langsam, einen der Berge hinaufzusteigen. Nachdem sie eine Weile in der Stille der dichten Bäume gewandert war, trat ihr mit einem Mal ein alter Mann aus dem Unterholz entgegen, der sie fragte: »Mein liebes Kind, wo willst du denn hin?«

»Ich gehe auf diesen Berg«, antwortete sie, ohne im Geringsten Furcht zu spüren, »um Meditation zu üben.«

»Ach«, sagte der Alte, »ich würde mir nicht gerade diesen Berg aussuchen.«

»Warum denn nicht, Väterchen?«

»Auf diesem Berg hier hausen die Drachen, er ist mit ihren Schuppen und Schalen bedeckt. Das ist kein guter Ort, um zu meditieren.«

»Was ist denn mit dem anderen Berg dort drüben?«, fragte Miao-shan und zeigte auf den Berggipfel gegenüber.

»Auch das ist Drachenland, meine Liebe. Aber siehst du, dort, auf dem mittleren Bergrücken zwischen den beiden Drachenbergen, das ist ein sehr guter Platz. Dieser Berg heißt Hsiang-shan, ›duftender Berg‹.«

Miao-shan sah den alten Mann verwundert an. »Wer seid Ihr, dass Ihr mir so guten Rat geben könnt?«

Der alte Mann legte seine Hände respektvoll vor dem Herzen zusammen und antwortete: »Dieser Euer Schüler ist kein menschliches Wesen, sondern der Gott dieses Bergs selbst. Ich habe dich hierhergebracht. Du, die du so liebevoll und freundlich bist, wirst hier deine spirituelle Vervollkommnung erreichen, und ich habe gelobt, dich dabei zu beschützen.« Und mit diesen Worten veschwand er. Miao-shan tat, wie ihr der Gott geraten hatte, und ließ sich in Hsiang-shan auf der höchsten Stelle des Bergrückens nieder. Hier war es friedlich, keine Menschenseele weit und breit, und sie fasste den Entschluss: »An diesem Ort möchte ich endgültig erwachen.« Die Gegend war mild, und in der Nähe wuchsen Obstbäume, von denen sie zu jeder Zeit essen konnte. Es stand auch ein herrlicher Pfirsichbaum da, dessen Früchte nicht nur nährten und köstlich schmeckten, sondern auch tiefe innere Klarheit und Reife schenkten. So lebte sie einfach und frei, kleidete sich in Blätter und Gras, und der Garten sorgte für sie. Die Welt hatte sie vergessen.

Im Palast ihrer Eltern aber standen die Dinge schlecht. Nachdem Miao-shan auf so rätselhafte Weise verschwunden war und ihr Vater sich und den

Hofstaat von einer erzwungenen Freudenfeier in die nächste gejagt hatte, brach der König eines Abends zusammen. Von diesem Tag an ging es mit seiner Gesundheit immer weiter bergab. Die besten Ärzte und Heiler bemühten sich um den König, aber keine Arznei oder Behandlung konnte ihm helfen. Sein Grimm und seine Erbitterung schienen ihn von innen her aufzufressen. Die Haut verfärbte sich gelblich, und er fand keinen Schlaf und keine Ruhe. Die Königin, die beiden übrig gebliebenen Töchter, der Palast, ja, das ganze Land waren voller Sorge, die Geschäfte gingen immer schlechter, nirgendwo wurde mehr gesungen oder getanzt, Menschen und Tiere ließen die Köpfe hängen. Drei ganze Jahre schon war es her, dass der König versucht hatte, Miao-shan zu töten, und drei ganze Jahre lag dieser kummervolle Schatten wie ein Fluch über dem Königreich und ließ keine Sonne und keine Freude mehr zu.

Eines Tages klopfte ein fremder Mönch an die Palasttore. Er behauptete, eine Medizin zu kennen, die den König heilen könne. Man brachte ihn vor den König, der sich mit schmerzverzerrtem Gesicht aus seinen Kissen aufrichtete und sprach: »Du weißt, dass ich schon alle Heilmittel der Erde versucht habe. Nichts kann mir helfen. Wenn du meine Zeit vergeudest, werde ich dich töten lassen!«

Der Mönch verbeugte sich und sagte: »Herr, es ist so, wie ich sage. Ich weiß eine Medizin, die Euch heilen kann, und Ihr braucht dafür nur zwei Zutaten.«

»Und welche sollen das sein?«, krächzte der König.

»Für die Medizin, die Euch heilen wird, benötigt man die Augen und die Arme von einer Person, die frei von Zorn und Wut ist.«

»Ha, du treibst wohl üble Scherze mit mir!«, keuchte Miao-shans Vater. »Es kann keinen Menschen auf der Welt geben, der nicht Wut oder Zorn empfinden wird, wenn ich ihm die Arme abhacke und die Augen aussteche!«

»Doch, Herr«, antwortete der Mönch. »Es gibt so einen Menschen. Im Südwesten Eures Landes steht ein Berg, er wird ›der duftende Berg‹ genannt. Dort lebt eine Einsiedlerin, ganz ihrer spirituellen Praxis hingegeben. Die Welt hat sie vergessen. Ihre Verwirklichung aber ist einzigartig, denn dieses Wesen ist wahrhaft ohne Zorn und Wut. Wenn Ihr ihre Arme und Augen hättet, werdet Ihr sofort wieder gesund sein, das steht fest.«

Sofort schickte der König einen Boten in die südwestlichen Berge. Nach einigen Tagen fand er die Einsiedlerin in ihrem Garten. Es war niemand anders als Miao-shan. Still und heiter saß sie da. Sie sah überhaupt nicht ausgemergelt aus wie andere Asketinnen, die lange in den Bergen leben. Ihre Haut war blühend, und ihr Körper wohlgeformt und schön. Der Bote verbeugte sich tief und entzündete Räucherwerk vor der heiligen Frau. Er berichtete von der unheilbaren Krankheit des Königs und brachte schließlich seine Bitte vor. »Wir denken, dass Ihr der einzige Mensch auf dieser Welt seid, der ohne Wut und Zorn dieses Opfer bringen könnte, und darum soll ich Euch bitten, dem König zu helfen.«

Miao-shan war über dieses Anliegen nicht im Geringsten erstaunt. »Der König hat die drei Juwelen[237] verachtet, er hat fünfhundert Nonnen töten lassen und ihr Kloster zerstört. Dieses Verhalten hat auch ihm selbst geschadet und seine Krankheit bewirkt. Es ist nur folgerichtig, dass es ihm schlecht geht. Ich werde ihm aber dennoch meine Arme und meine Augen schenken, um ihn von seinem Leiden zu befreien. Damit die Medizin, die man daraus bereitet, wirklich wirksam werden kann, muss der König aber sein ganzes Wesen auf das Erwachen ausrichten und Zuflucht zu den drei Juwelen nehmen. Nur so wird er wieder ganz gesund werden. Richte ihm das aus!« Dann bat sie den Boten um sein Messer, schälte ihre Augen heraus und bat ihn, mit seinem Schwert ihre Arme abzuhacken. Dannach schickte sie ihn mit diesen Gaben fort.

Als der König die Augen und Arme der unbekannten Eremitin vor sich sah, ergriff ihn tiefe Scham und Reue über sein gewalttätiges Verhalten in der Vergangenheit. Der Mönch bereitete eine Medizin aus den beiden Zutaten zu, und bereits nach wenigen Tagen war der König wieder gesund und kräftiger als je zuvor. Er ließ den Mönch zu sich kommen und sprach zu ihm: »Ihr habt mich geheilt. Was Ihr Euch als Dankeslohn wünscht, was auch immer es in meinem ganzen Königreich ist, das sollt Ihr bekommen.«

»Herr«, sagte der Mönch, »nicht ich bin es, dem Ihr danken sollt, sondern der Einsiedlerin auf dem Berg, die Euch die beiden kostbaren Zutaten schenkte. Sie war es, die Euch geheilt hat.« Und mit diesen Worten verschwand er. Der König war erschüttert. »Wieso ist so ein heiliger Mann zu mir armseligem Tropf gekommen? Ich will sofort zum duftenden Berg aufbrechen und meiner Retterin danken.«

Also machten sich der König, die Königin, die beiden älteren Töchter und das ganze Palastgefolge auf, um der Einsiedlerin zu danken. Als sie den Berg erklommen hatten, sahen sie die Gestalt der heiligen Frau in ihrem Garten sitzen. Die königliche Familie breitete die herrlichsten Geschenke aus und kniete sich vor ihr in den Staub. Die Frau saß still und lächelnd da. Ohne Arme und ohne Augen. Der Anblick dieser Verstümmelung durchfuhr die Anwesenden wie ein Messerstich. Alle dachten daran, dass diese Wunden durch den König verursacht worden waren, und sie konnten den Anblick nicht länger ertragen und senkten ihre Blicke. Nur die Königin, Miao-shans Mutter, konnte ihre Augen nicht von dem verstümmelten Körper der Eremitin abwenden. Ihre Blicke tasteten jeden Zentimeter ihrer Erscheinung ab, und ihr Herz begann zu klopfen. Sie zupfte ihren Mann am Ärmel und flüsterte: »Lieber Mann, ich weiß nicht warum, aber die Eremitin, die da vor uns sitzt, diese Frau, der wir so viel verdanken, sieht aus wie unsere verlorene Tochter Miao-shan. Oh, wie ich sie vermisse!« Schluchzend klammerte sie sich an ihren Mann.

Da sprach die Eremitin: »Liebe Mutter, grämt Euch nicht mehr um Miao-shan. Hier ist sie. Eure eigene Tochter gab Arme und Augen, um ihren Vater zu heilen.«

Da stürzte der König zu Miao-shan, umarmte sie und aus seinen Augen flossen heiße Tränen der Reue und des Schmerzes. »Meine geliebte Tochter, ich bitte dich um Verzeihung für das, was ich dir angetan habe. Es sind meine bösen Taten, die dir so viel Leid zugefügt haben. Alles würde ich auf mich nehmen, könnte ich dir nur deine Augen und Arme wiedergeben!«

Kaum hatte der König das gesagt, da bebten die Erde und der Himmel, helles Licht strahlte von dem Ort aus, wo Miao-shan gesessen hatte, und himmlische Musik klang durch die Lüfte. Und in der Mitte des Lichtes erschien Bodhisattva Kuan-yin, die große Mitfühlende. Tausend Arme streckte sie in alle Richtungen, um allen Wesen überall zu helfen, und tausend Augen leuchteten, um kein Wesen zu übersehen und keinen Hilferuf zu überhören. Majestätisch und herrlich stand sie da – wie der Mond inmitten der Sterne. Als der König und die Königin die Form der großen Bodhisattva erblickten, erschraken sie und riefen aus: »Wir waren verwirrt, wir haben nicht erkannt, wer du wirklich bist, du Erwachte. Wir bitten dich, schütze uns und schenke uns deinen Segen.«

Im nächsten Moment war die Erscheinung der Bodhisattva verschwunden, und statt ihrer saß Miao-shan, die Einsiedlerin, wieder in ihrem Garten. Ihr Körper war vollständig heil, die Arme und die Augen an ihrem Platz. Sie sah voller Mitgefühl ihre Eltern und Schwestern und alle Menschen an, die um sie herumstanden. Dann schloss sie die Augen, trat in eine tiefe Versenkung ein und verließ kurz darauf ihren menschlichen Körper. Ihre Mutter und ihr Vater legten das Gelübde ab, immer dem Dharma zu folgen und zu ihren Ehren auf dem duftenden Berg einen Stupa errichten zu lassen.[238]

Die Befreiungsgeschichte in der Legende

Eine wirkliche Frau aus Fleisch und Blut entfaltet sich zur tausendköpfigen und tausendäugigen Kuan-yin, Bodhisattva des großen Mitgefühls. Wie in der Legende von Buddha Tara ensteht hier ein Rollenmodell für Frauen auf dem Weg. Ihre Verankerung auf der Erde, als Frau wie du und ich, zieht in den nachfolgenden Jahrhunderten immer weitere Kreise. Ein Tag im Jahr wird als Miao-shans Geburtstag[239] festgelegt, der groß gefeiert werden kann, und heilige Stätten entstehen, an denen sie als Kuan-yin erschienen ist oder sogar wohnt, wie auf der Insel Puto. Zu diesen Stätten pilgern die Menschen, sie singen Lieder, um die Geschichte von Kuan-yin immer wieder zu hören. Die Legende von Miao-shan und ihr Erscheinen als weibliche Buddha sind eine rein chinesische Neuschöpfung. Es werden neue Sutras verfasst, die ihre Taten und wundersamen Erscheinungsformen beschreiben, und auch Romane, Theaterstücke und Gedichte, die sie preisen. Frauen auf dem Weg erhalten den Namensteil »Miao« als Ehrenbezeichnung.

Als ich anfing, über die Geschichte von Kuan-yin für dieses Buch nachzudenken, hatte ich im Sinn, die Legende möglichst kurz abzuhandeln. Aus früherer Lektüre war mir hauptsächlich der brutale Konflikt zwischen Miao-shan und ihrem Vater in Erinnerung geblieben, nicht gerade der Stoff für eine Interpretation aus der Perspektive der Freiheit. Mir kam es vor, als würde die Geschichte laut rufen: »Schaut her, das geschieht mit Frauen, die sich in einem patriarchalen System nicht konform verhalten.« Wir kennen solche Geschichten aus der christlichen Kultur zur Genüge, viele unserer Heiligengeschichten erzählen davon.[240] Die Brutalität sticht ins Auge. Es ist grausam, was Miao-shan und den fünfhundert Nonnen angetan wird, nur weil sie in einem System leben, das es für Frauen nicht vorsieht, dass sie kinderlos bleiben und ihren religiösen Interessen nachgehen. In der Familiengeschichte marschiert die ganze typische patriarchale Menagerie auf, in der auch die Mutter sich als verlängerter Arm des Systems hervortut. Sie hat sich gerade noch so viel Versorgungsinstinkt bewahrt, dass sie ihre in den Garten verbannte Tochter nicht verhungern lässt. Und für diesen Vater gibt Miao-shan schließlich auch noch ihre Augen und Arme her. Wo bleibt da die Freiheit?

Die Legende von Miao-shan wird in vielen Variationen erzählt, die ihre Inhalte unterschiedlich gewichten. Als ich die englische Übersetzung des Legendentextes las, der im 11. Jahrhundert in eine Steinstele eingemeißelt worden war, war ich erstaunt. Dieser neunhundert Jahre alte Text führt genau und klar die Argumentation von Miao-shan aus. Selbstbewusst und ohne Umschweife, so wie ich es auch in meiner Nacherzählung wiederzugeben versucht habe, legt sie ihre Überzeugung dar und ist bereit, danach zu leben und dafür zu sterben. Sie weiß, worauf sie sich verlassen kann, und das ist mächtiger als die Einschüchterungsversuche des weltlichen Systems. Selbstbewusstheit und Klarheit strahlen von dieser Figur aus, nicht der leiseste Geschmack einer patriarchalen Opfergeschichte.

Warum aber rettet sie diesen uneinsichtigen Vater, und das auch noch, indem sie ihren eigenen Körper verstümmelt? Der Vater isst von ihrem Fleisch, verleibt sich so die abtrünnige Tochter wieder ein und gesundet. Hat das Patriarchat die widerspenstige Tochter am Ende doch wieder geschluckt? Das könnte man so sehen. Es lohnt sich aber, die kulturellen und religiösen Zusammenhänge etwas genauer zu betrachten, um das Befreiungspotenzial, das in dieser Geschichte steckt, zu entdecken.

In der Legende von Miao-shan rettet eine Tochter ihren Vater und bekehrt ihn zum Buddhismus. Das ist für die chinesische Kultur eine bis dahin unerhörte Sache. Bislang war dies allein das Privileg der Söhne gewesen. In den chinesischen Klöstern des Buddhismus hatte eine Episode aus dem Leben des Buddha für Mönche besonderes Gewicht erlangt: die Belehrung seiner Mutter Maya in den Tushita-Himmeln. Wie ich schon erwähnt habe, konnten Frauen und Mütter in der chinesischen Kultur der Befleckung und unheilsamen Einflüssen gar nicht ausweichen. Solche Konzepte flossen mit buddhistischen Vorstellungen von verschiedenen Höllenbereichen zusammen, in denen sich Menschen wiederfinden, die in ihrem Leben unheilsam gehandelt haben. Chinesische Legenden und Bilder kreierten besondere Höllenbereiche für Frauen, in denen auch die Mütter der Mönche schmorten. Die jungen Mönche verletzten dadurch, dass sie ihre Sohnespflicht verweigerten, Nachkommen für die Familie zu stellen und für die Eltern zu sorgen, die heiligsten Gesetzte des Konfuzianismus. Sie konnten diese Scharte aber dadurch auswetzen, dass sie sich mit Hilfe ihrer religiösen Praxis ganz besonders um die Rettung ihrer Mütter aus den Höllen des schlechten Karma bemühten.

Die entsprechenden Rituale gaben den Söhnen und deren monastischen Institutionen ein Werkzeug an die Hand, die gesellschaftlichen Spannungen auszugleichen, und gleichzeitig ein gutes Argument für die Verpflichtung der jungen Männer zu einem religiösen Leben. In Miao-shans Geschichte taucht dieses Argument zum ersten Mal für die Beziehung von Tochter und Vater auf. Miao-shan schafft durch diese innovative Rettungsaktion auch für Töchter und Frauen Zugang zu der Möglichkeit, eine alternative Lebensform zur Familie zu wählen, ohne eine ungehorsame Tochter zu sein. Sie beweist, dass sie das Beste für ihren Vater und auch ihre Mutter tut, indem sie beide durch ihren selbstlosen Einsatz auf den buddhistischen Weg bringt. Das ist neu, und von diesem Zeitpunkt an eine Legitimation für Frauen, die den religiösen Weg einer Heirat vorziehen.

Warum aber muss die Rettung durch das Abhacken der Arme und das Herausreißen der Augen geschehen? Kannn es nicht etwas weniger drastisch zugehen? Dass Kinder ein Stück des eigenen Körpers geben, um ein Elternteil zu heilen oder vor dem Tod zu retten, ist in chinesischen Legenden und Märchen ein weit verbreitetes Leitmotiv. Wenn Kinder so etwas für ihre Eltern tun, entsprechen sie damit den allerhöchsten Erwartungen der Gesellschaft. Es ist ein Zeichen tiefsten Respekts, an dem nichts Anstößiges sein kann.[241] Aus westlicher Sicht muss eine solche Szene dagegen sehr befremdlich anmuten. Geschichten wie diese sind aber auch von Buddha Shakyamuni bekannt, und Miao-shan stellt sich mit diesem Verhalten in seine Nachfolge. Der zukünftige Buddha verschenkte, so wird erzählt, in den unterschiedlichsten Inkarnationen vor seinem vollständigen Erwachen seinen Körper oder Teile seines Körpers aus Mitgefühl für das Leiden anderer.[242] Miao-shan tut es dem Buddha gleich, indem sie Teile ihres Körpers verschenkt, um einem anderen Wesen, ihrem Vater, zu helfen. Ihre Haltung dazu ist sehr pragmatisch und unsentimental. Sie sieht die Fehler des Vaters sehr klar, und gerade deswegen will sie etwas für ihn tun. Schon beim bloßen Anblick der Arme und der Augen überkommt den Vater Reue, ein Gefühl, das er vorher nicht kannte. Der verblendete Vater, den die Geschichte eindeutig als verwirrt charakterisiert, isst dieses Fleisch seiner Bodhisattva-Tochter als Medizin und wird vom Mitgefühl infiziert. Infolgedessen kann er Miao-shan zuletzt als Bodhisattva Kuan-yin erkennen.

Die Tausendarmige Kuan-yin erscheint in dem Augenblick, in dem der Vater reumütig vor seiner Tochter kniet und alles dafür geben möchte, um sie körperlich wieder heil und ganz zu machen. Es ist allerdings nicht die Reue des Vaters, die die Verwandlung bewirkt, ganz im Gegenteil. Die Bodhisattva war in Wirklichkeit die ganze Zeit über schon da. Durch die Veränderung seiner inneren Haltung kann der Vater jetzt erkennen, dass er eine Erwachte vor sich hat, ein Wesen, das aus sich heraus in einer Weise heil und ganz ist, die von körperlicher Beeinträchtigung nicht berührt wird.

Miao-shan rettet nicht nur ihren Vater und ihre Mutter, sondern in ihrer wahren Gestalt als Kuan-yin alle Wesen, einschließlich der fünfhundert Nonnen, denen sie versprochen hatte, sie aus dem Daseinskreislauf der Existenzen zu befreien. Variationen der Legende beschreiben, wie Miao-shan, nachdem sie vor der Hinrichtung vom Drachengeist entrückt wird[243], die Höllenbereiche durchwandert und dort vor allen Dingen die Frauen aus ihrem besonderen Leiden befreit. Damit ist ein weiterer befreiender Schritt getan: Eine Frau tritt ausdrücklich als Retterin anderer Frauen auf. Und diese Frau ist noch nicht einmal Nonne und ist es auch nie gewesen. Ihre Lebensweise als Jungfrau und Praktizierende ist selbst gewählt und selbst gestaltet. Miao-shan rettet andere und erreicht ihre Verwirklichung als Laienpraktizierende, ohne die Hilfe und Zwänge einer Institution, als »Self-made-Bodhisattva«, könnte man sagen. Dieser Aspekt der Legende entfaltet für ihre weibliche Anhängerschaft enorme Wirkung.

Die Wirkung der Befreiungsgeschichte

»Eine wirklich tugendsame Frau
Lebt im Haushalt des Königs Miao-chuang.
Erstens muss sie nicht die schlechte Laune
Ihrer Schwiegereltern aushalten.
Zweitens muss sie nicht den Reis ihres Ehemanns essen.
Drittens muss sie kein Kind im Bauch oder
In den Armen tragen.
Viertens braucht sie keine Dienerin, die sie bedient.
Jeden Tag genießt sie Frieden und Stille
In ihrem duftenden Zimmer.
Sie schlägt ihre Baumwolldecke zurück
Und schläft allein auf dem Bett.
Sie streckt ihre Beine aus und geht in die Buddha-Halle.

Sie schlägt ihre Beine unter
Und zieht sich in den hintersten Garten zurück.
Weil sie üben wollte, erlitt sie die Bestrafungen ihres Vaters.
Aber jetzt, da sie auf dem Lotosthron sitzt,
Genießt sie Segnungen.«[244]

Chinesische Pilgerinnen, einfache Frauen auf ihrem Weg nach Puto, der heiligen Insel von Kuan-yin, singen Lieder wie dieses, in denen Miao-shan und ihr unabhängiges Leben gepriesen wird. Für die Frauen ist es wichtig, dass die Bodhisattva Kuan-yin mit ihrer Herkunft als Miao-shan mitten in ihrem Leben steht. Dazu gehört auch, dass man sie verehren kann und von ihr Schutz und Hilfe erhält, auch ohne Nonne zu werden oder einer religiösen Institution zugeordnet zu sein. Zu einer solch ubabhängigen Lebensform ermutigt Miao-shan. Eine Sammlung kurzer Biografien chinesischer Frauen, die im 18. Jahrhundert erschienen ist, stellt über sechzig Frauen vor, die als Buddhistinnen zu Hause übten. Sie lebten als Ehefrauen und Mütter, und ihre Praxis bestand darin, Kuan-yins Mantra zu rezitieren oder auch den Namen des Buddha Amitabha. Sie waren Vegetarierinnen, lasen die buddhistischen Schriften oder meditierten für sich allein. Sie übten Hingabe und Vertrauen und taten das zu Hause, ohne Aufsicht eines Mönchs oder Priesters. Die Biografien berichten auch, dass diese Hausfrauen oftmals die Autorität und Weisheit von Meisterinnen ausstrahlten.

Im 12. Jahrhundert entstehen zum ersten Mal buddhistische Laienbewegungen in China, die offensichtlich von Miao-shans Lebensweise inspiriert sind. Miao-shan hat an dem Verhalten der Nonnen im »Weißen Sperling« einiges auszusetzen, und ihre Argumentation legt nahe, dass sie sich in ihrem Laienstatus für die bessere Praktizierende hält. Die Legende wirbt deutlich für den Weg von Miao-shan, die zwar wie eine Nonne lebt, das jedoch in selbstgewählter Freiheit tut.

Eine der neuen Bewegungen von Laienpraktizierenden nennt sich »Leute des Wegs« und sie imitieren Miao-shans Lebenstil.[245]

Auch die »Leute des Wegs« üben unabhängig von Institutionen, und sie halten ihre Treffen in Privaträumen ab.

Solche Bewegungen außerhalb der Strukturen sind für Frauen attraktiv, und oftmals übernehmen sie auch die Führung. Im 17. Jahrhundert zum Beispiel gründet eine Frau eine religiöse Bewegung mit dem Namen »Drachenhimmellehre« oder »Lehre des weißen Yang«. Man nennt sie die Bodhisattva Mi. Sie ist verheiratet und gibt die geistige Führung der Schule als Inkarnation über die weibliche Linie weiter. Die Bodhisattva Mi kann sich nur in Frauen wieder inkarnieren. Alle weiteren »Patriarchen« der Bewegung sind Schwiegertöchter und Töchter der Familie. Bis Mitte des 18. Jahrhunderts gibt es zwölf Nachfolgerinnen. In der Bewegung der Drachenhimmellehre entstanden wahrscheinlich wertvolle Rolltexte, die Kuan-yin verherrlichen.[246] Das weist darauf hin, dass Frauen auch als Autorinnen wirkten.

Einen anderen Ausdruck findet die Inspiration durch Miao-shan in Schwesternschaften, die sich zusammenschlossen, um sich bei einem unverheirateten Leben zu unterstützen. Diese Schwesternschaften existierten in einer ländlichen Gegend etwa hundert Jahre lang, vom frühen 19. bis ins frühe 20. Jahrhundert.[247] Um beizutreten, legten die Frauen vor ihren Schwestern und Kuan-yin das Gelübde ab, niemals zu heiraten oder nicht mehr in ihrer Ehe zu leben. Die Frauen orientierten sich am Leben von Miao-shan und führten sie als starke Rechtfertigung für ihren Lebensstil ins Feld.

Miao-shan schöpft ihre Stärke aus einer übergeordneten Kraft. Es ist ja nicht Selbstsucht oder purer Ungehorsam, der sie das schreckliche Verbrechen begehen lässt, nicht für Nachkommen zu sorgen und dem väterlichen Willen nicht zu folgen. Sie wählt das unverheiratete Leben, weil sie eine größere Perspektive verfolgt. Sie hat lange darüber nachgedacht, sagt sie in dem Text, und ist zu einem anderen Schluss gekommen als die Tradition. Allein das ist schon ein Akt unglaublicher innerer Freiheit. Sie nimmt sich die Zeit, um die wichtigen Fragen zu Ende zu denken. Ihre Argumentation ist stark und klar. Kein Wunder, dass die Menschen um sie herum, die ihr Leben und seinen Sinn nicht hinterfragen, darauf panisch reagieren.

Meditation und das Vertrauen in die Buddha-Natur schenken ihr unumstößliches Vertrauen. Dieses Vertrauen ist es, das sich am Ende als Bodhisattva Kuan-yin zeigt, als das wahre Wesen der Frau und Tochter Miao-shan. Die tausendarmige und tausendäugige weibliche Buddha ist ein großartiges Bild für die Hinwendung zu den Menschen. Sie ist es, die »die Schreie der Welt sieht« und eine »wirksame Antwort« geben kann.

Weibliche Symbolik

In der Geschichte von Miao-shan ist die Auseinandersetzung von Frauen mit dem patriarchalen System dokumentiert. Sie enthält aber auch eine ganze Reihe an Symbolen, die mit Weiblichkeit und mit der großen Göttin verbunden sind. Dadurch wird deutlich, woher Miao-shan die Kraft für ihre Entwicklung erhält.

Der Garten, in dem Miao-shan drei Jahre lang im Verborgenen reift, ist nichts anderes als das Paradies der königlichen Mutter des Westens, der uralten taoistischen Göttin, und ein Bild für den kosmischen Mutterraum.[248] Dort kann die Bodhisattva im Schoß der Göttin wachsen, gespeist von ihren Pfirsichen. Der Pfirsisch ist ein Symbol für das weibliche Genital, dessen Säfte im Tao als Lebenselixier gelten. Die weibliche sexuelle Kraft der uralten Göttin ist die Zutat zur eigenen Vollkommenheit, die der Tochter aus der patriarchalen Welt noch gefehlt hat, um ganz zu werden.

Aber warum ist der Garten der Göttin zwischen den beiden Drachenbergen? Eine Antwort darauf weiß vielleicht das chinesische Weisheitsbuch *I Ging*. Die Drachen, die in der Legende Miao-shan an den kritischen Punkten beistehen, sind Vertreter des allerersten Zeichens des *I Ging*, *Chien*: »die handelnde Kraft des Himmels, das große Schöpferische, das Sinnbild der reinen männlichen Energie«. Der Zwischenraum zwischen den beiden Bergen könnte das weibliche Zeichen *Kun*: sein, »das Empfangende, die Stute, die reine weibliche Energie«. Es wird durch einen in der Mitte durchbrochenen Strich dargestellt. So wie die Drachen Miao-shan helfen und sich in ihr mit dem Weiblichen verbinden, so ist auch die Anordnung der Berge eine symbolische Verbindung der Energien von Chien und Kun. Das Urteil des *I Ging* aus dem Zeichen Kun könnte der Wahlspruch für Miaoshan sein: »... die Stärke des Schöpferischen und die Milde des Empfangenden vereinen sich. (...) Milde in der Handlungsweise verbunden mit der Stärke des Entschlusses bringt Heil.«[249]

Kuan-yin ist uns als tausendarmige und tausendäugige Erwachte, der kein Leid der Welt entgeht, in der Legende von Miaoshan begegnet. Zweiunddreißig weitere Formen von ihr werden beschrieben, zu denen in China auch eigene Sutras und Wundergeschichten entstanden sind, zum Beispiel die Geschichte von Ma-lang-fu.

Ma-lang-fu, die Frau von Ma, oder Kuan-yin mit dem Fischkorb

Die wunderschöne Frau in seidenen Gewändern schaut uns auffordernd an. In der rechten Hand hält sie eine Perlenkette, in der linken einen Strohkorb, in dem zwei Karpfen liegen. Das ist Kuan-yin als Ma-lang-fu, die Frau von Ma. Der Fisch ist ein uraltes Zeichen für weibliche Kräfte und seine Darstellung als Oval mit angespitzten Ecken eine symbolhafte Darstellung der Vulva. Das also ist die gleichzeitig schöpferische und empfangende Kraft, die Kuan-yin einsetzt, um alle Verletzungen zu heilen und die Wesen zu retten. Der Karpfen wird in der chinesischen Kultur mit Manneskraft verbunden, und erscheinen sie im Paar, dann weist das auf Eheglück hin. Hier werden von der Buddha also eindeutig sexuelle Kräfte ins Spiel gebracht, die sie für ihre Zwecke nutzt, wie die Legende zeigt.

Im Jahr 817, so wird erzählt, kam eine wunderschöne Frau in die Gegend von Shensi. Hier interessierte sich niemand für die buddhistische Lehre, und die jungen Männer gingen lieber auf die Jagd. Niemand wusste, woher die Frau gekommen war, doch schon nach wenigen Tagen konnte sie sich vor Verehrern kaum noch retten. Die geheimnisvolle Schöne ließ den Bewerbern ausrichten, sie werde nur jemanden heiraten, der das Kapitel »universelles Tor« aus dem Lotos-Sutra[250] auswendig könne.

Am nächsten Morgen waren zwanzig junge Männer zur Stelle. Die zukünftige Braut ließ sich das Kapitel von jedem aufsagen und verkündete dann: »Das war der erste Teil der Prüfung, denn schließlich kann ich euch ja nicht alle heiraten. Also werde ich den Mann heiraten, der zusätzlich auch noch das Diamant-Sutra auswendig kennt. Hier sind die Texte, wir sehen uns morgen früh wieder.«

Am nächsten Morgen waren nur noch zehn Bewerber übrig geblieben, die gähnend und mit Ringen unter den Augen vor ihre Angebetete traten. Wieder prüfte sie alle gewissenhaft, schenkte ihnen ein Lächeln, das ihnen die Knie weich werden ließ, und sagte: »Das war der zweite Teil, jetzt gibt es nur noch eine Aufgabe zu bewältigen. Ich werde denjenigen von euch heiraten, der das ganze Lotos-Sutra, von Anfang bis zum Ende in drei Tagen aufsagen kann. Viel Glück!«

Als die Schöne drei Tage später die Tür öffnete und vor ihr Haus trat, war die Straße leer, nur ein einziger Mann stand in respektvoller Entfernung und lächelte ihr schüchtern und ein wenig stolz zu, sein Name war Ma. Nur er allein hatte es geschafft, das ganz Sutra auswendig zu lernen,und verliebt bis über beide Ohren ließ er sofort die Hochzeit ansetzen. Am strahlenden Morgen des Hochzeitstags eilte Ma zum Haus seiner Braut, um sie zur Zeremonie abzuholen. Was aber musste er da erfahren? Sie war plötzlich krank geworden und konnte das Bett nicht verlassen. Am nächsten Morgen war die junge Frau tot.

In tiefem Schmerz ließ sie Ma in seinem Garten bestatten, und von da an weinte er jeden Tag an ihrem Grab. Irgendwann klopfte ein alter Mönch an seine Tür und bat Ma, ihm das Grab der jungen Frau zu zeigen, die hier kürzlich verstorben war. Ma führte ihn in seinen Garten. Der Mönch öffnete das Grab und berührte den Leichnam mit seinem Stab. Ma traute seinen Augen nicht: Obwohl erst wenige Wochen vergangen waren, war der Leichnam schon vollständig vermodert, und nur noch die Knochen lagen leuchtend weiß nebeneinander, jeder einzelne Knochen durch eine goldenen Kette mit dem nächsten verbunden. Der Mönch erklärte der verwunderten Menge, die sich mittlerweile um die beiden versammelt hatte, die verbundenen Knochen seien ein Zeichen dafür, dass diese Frau eine weise und heilige Person gewesen sei.[251] Dann wusch er die Knochen in reinem Wasser, hängte sie sich an seinen Stab, erhob sich in die Lüfte und flog davon. Viele Menschen in der Gegend fassten daraufhin Vertrauen in die buddhistischen Lehren.

Als Ma-lang-fu setzt Kuan-yin erotische Anziehungskraft ein, um die Menschen zu beeinflussen. Sie bleibt aber unverheiratet und unerreichbar. In Japan, wo sie »Kannon« heißt und ebenso verehrt wird wie in China, wird ihr Name mancherorts mit einer deutlichen sexuellen Komponente versehen. »Kannon« bezeichnet im Japanischen, zuerst nur in geheimen Ritualen, später auch umgangssprachlich, die Vulva.[252]

Eine Haupteigenschaft der Bodhisattva Kuan-yin sind ihre Heilkräfte. In Japan entwickelte sich dazu ein besonderes Ritual. Menschen, die von hartnäckigen körperlichen oder seelischen Leiden gequält wurden, pilgerten zu ihren Tempeln und blieben für eine Zeit lang dort. Sie schliefen in der Meditationshalle, nahe am innersten Heiligtum, bis ihnen Kannon im Traum erschien. Sie heilte die Menschen durch den heiligen Schlaf und gewährte ihnen auch bisweilen einen Blick in ihr zukünftiges Schicksal. In China war zu diesem Zweck auch ein Orakel in ihrem Namen populär, *Chien Tung*, die Stäbe des Schicksals.[253]

Als Heilerin erscheint Kuan-yin entweder in der Gestalt der »Kindergewährenden«, dann mit einem kleinen Kind auf dem Arm oder auf dem Schoß, oder als weiße Kuan-yin mit einem Weidenzweig.

Ein Geist, vollkommen in den vier Tugenden,
Fransen klingender Perlen und Jade,
Duftende Armbänder, eingelegt mit sinnlichen Schätzen,
Dunkles Haar, aufgetürmt und glatt, in einem Drachenknoten,
Und elegante Ärmel, die leicht flattern wie Phönixfedern,
Ihre grünen Jadeknöpfe
Und ihr weißes Seidengewand
In heiliges Licht getaucht.

Mit Augenbrauen wie der neue Mond geformt
Und Augen wie zwei hellen Sternen
Strahlt ihr Jadegesicht natürliche Freude aus,
Und ihre frischen Lippen erscheinen wie ein Aufblitzen von Rot.
Ihre unbefleckte Vase fließt über von Nektar, jahrein, jahraus,
Darin sind Weidenzweige, grün von Zeitalter zu Zeitalter.

Sie ist Herrscherin voller Mitgefühl des Potalaka Berges,
Lebendige Kuan-yin aus der Höhle des Gezeitenklangs.[254]

Teil drei

Yogini und Dakini – Die Frauen des Vajrayana

Vajravarahi

Rot leuchtet ihr nackter Körper im tiefen Blau des weiten Raums. Sie tanzt. Ihr linker Fuß stampft auf, der rechte greift in den Raum. Hoch über ihrem Kopf schwingt sie ein rituelles Hackmesser, am Herzen hält sie die Schädelschale, gefüllt mit Nektar, dem Herzblut der Dakinis. Mit ihren drei Augen, weit offen und strahlend, schaut sie ins Dakini-Land. Ihre Gesichtszüge ziehen sich auf einen Punkt an der Wurzel der Nase zusammen, und ihr weit geöffneter Mund zeigt in einem triumphalen Grinsen die Zähne. Um sie herum lodern in flackernder Mandorla Weisheitsflammen. Dieses Feuer, selbst ohne fassbare Gestalt, verwandelt alles, was es berührt. Der Kopf einer Sau ragt frech aus ihrem Diadem menschlicher Totenschädel hervor. Um Taille und Brust schwingen Knochenketten, ihr geheimnisvolles Klingeln begleitet ihren Tanz. So erscheint Buddha Vajravarahi, die »Diamantsau«.

8
Die Frauen des tantrischen Buddhismus

Die tantrische Bewegung

Die Lehren des tantrischen Buddhismus, das dritte Drehen des Rads der Lehre genannt, entwickeln sich aus dem Mahayana. Erste Anfänge sind im 6. Jahrhundert n. Chr. erkennbar. Als die buddhistische Lehre nach dem 12. Jahrhundert aus der indischen Kultur verdrängt wird, bleiben ihre Inhalte im tibetischen Buddhismus erhalten und bis in die Gegenwart lebendig, ganz besonders auch die tantrischen Lehren.[255] Dieses Kapitel erzählt sowohl Geschichten von Frauen des tantrischen Buddhismus der indischen Zeit als auch von tantrischen Praktizierenden Tibets.

Der Ansatz des Tantra baut zwar inhaltlich auf den Lehren des Mahayana auf, so wie sie auch in den klösterlichen Institutionen der damaligen Zeit gelehrt wurden, entwickelt sich aber im Freiraum außerhalb der Klöster.

Die tantrische Sicht wendet sich gegen die Institutionalisierung des buddhistischen Befreiungsweges, gegen die Verherrlichung von reinem Buchwissen, wie sie in den großen Klosteruniversitäten zelebriert wird, und gegen die Abspaltung der Praxis vom täglichen Leben. Die tantrischen Übungen beziehen alte matrifokale Weisheitslehren ein, die die drawidische Urbevölkerung Indiens über Jahrhunderte bewahrt hatte.[256] Frauen waren das natürliche Zentrum dieses Übungswegs, und diese Auffassung passte nicht zum »Mainstream« der indischen Gesellschaft und den Ansichten männlicher Klostermacht.

Sutra und Tantra

Die Lehren des Theravada und des Mahayana werden als »Sutra-Lehren« bezeichnet. *Sutra* heißt eigentlich »Faden«, im übertragenen Sinne Leitfaden, und steht für Lehrtexte allgemein. Das Wort *Tantra* kann als »Webstuhl« übersetzt werden.[257] Tantra ist also der Rahmen, der Fäden verarbeitet[258] und der aus ihnen ein zusammenhängendes Gewebe kreiert.[259] Tantra kann aber auch etwas bezeichnen, das andauert, sich erstreckt, eine Grundlage, etwas Wesentliches. Der Wortstamm von »Tantra«, *tan*, schließt Bedeutungen ein, wie zum Beispiel »ausbreiten, ausdehnen, verteilt werden, leuchten, den Weg bereiten, sich einer Sache widmen, verwirklichen und erlangen«.[260] All diese Bedeutungen entsprechen der Absicht der Tantras, Spiritualität in alle Lebensbereiche auszudehnen. Es deutet auch auf die grundlegende Gewissheit hin, die es im Tantra zu verwirklichen gilt, dass alle Wesen im tiefsten Kern ihres Seins miteinander verbunden sind.

Wer übt Tantra, und was bedeutet das?

Die Praktizierenden des Tantra üben als Yoginis und Yogis. Sie leben allein oder in Partnerschaften, sie gehen alltäglichen Berufen nach oder ziehen wandernd umher. Was sie auch tun, sie leben ihr Leben in jedem Fall frei von Konventionen und Zwängen.

Tantra ist als der »schnelle Weg«[261] bekannt. Mit seinen kraftvollen Methoden soll es möglich werden, in einem einzigen Leben zu erwachen. Der tantrische Weg nimmt, wie es heißt, das Ergebnis mit in den Weg hinein. Es geht darum, so schnell und direkt wie möglich zu erkennen, dass Erwachen niemals irgendwo anders war als hier und zu keiner anderen Zeit als in diesem Augenblick. Spezielle Übungsabläufe, *Sadhana* genannt, die sich auf eine oder einen Buddha ausrichten, sollen die übende Person in die Lage versetzen, sich selbst als erwacht zu erkennen und diese Sicht nach und nach zu stabilisieren. Das Ergebnis in den Weg mit hineinzunehmen bedeutet in dieser Übung: Man schaltet um von der Haltung »ich strebe an, zu erwachen« zu »ich bin schon erwacht«. Dieses Verständnis kann nur aus der Weisheit der Leerheit erwachsen, wie sie das Mahayana vermittelt. Sadhana-Texte beschreiben die spezifischen Buddhas und den gesamten Prozess von der bildhaften Visualisierung bis zur Auflösung in die formlose Meditation, je nach Schule mehr oder weniger detailliert. Um ein sogenanntes »Gottheiten-Sadhana« üben zu dürfen, ist meistens eine Einweihung durch eine kompetente Lehrerin oder einen Lehrer erforderlich.

Ein wichtiger Bestandteil dieser Übungen sind Wunschgebete und Mantra-Rezitationen. *Mantras* sind Silbenabfolgen, oft die Anrufung des Namens einer oder eines Buddha, die für die Übenden einen unmittelbaren Kontakt zur Meditationsgottheit herstellen. *Mantras* sind, wörtlich übersetzt, »Werkzeuge, die den Geist schützen«. Ihre Rezitation verbindet die Übenden mühelos mit ihrer Meditationsgottheit und richten das Herz und den Geist der Praktizierenden immer wieder auf den Weg zum Erwachen aus.

Tantrische Methoden sind darauf angelegt, konventionelle dualistische Denkmuster aufzubrechen. Um die gewohnten Konzepte aufzusprengen, setzen sie auch Schock, Ekel und Schrecken ein; jeder Winkel des Herzens, sei er noch so dunkel, wird ausgeleuchtet. Ein anderer Ansatz sind Übungen, die Sexualität und intime Nähe als Weg zum Erwachen nutzen.

Aus der Zeit zwischen 800 und 1200 n. Chr. sind tantrische Schriften und Übungen in Indien belegt, die Sexualität und »negative« Emotionen als Methoden anwenden. Diese Zeitangaben sagen allerdings nur etwas darüber aus, wann die jeweiligen Lehren von den Klöstern akzeptiert wurden, denn von dorther stammen die Belege. Lehren, die sich mit dieser Art der Übung beschäftigen, muss es also schon früher gegeben haben.[262] Besonders Übungen mit sexuellem Kontext sind wahrscheinlich nur sehr zögerlich in die monastischen Institutionen eingeflossen. Yoginis und Yogis, die unabhängig von Institutionen übten, haben diese Praktiken sicherlich weitaus früher genutzt und sie weiterentwickelt. Das erklärt auch, warum wir in den Geschichten des buddhistischen Tantra der indischen Zeit so plötzlich vielen Yoginis begegnen. Sie müssen ihr Wissen, ihre meditative Verwirklichung und ihr Ansehen in spirituellen Kreisen außerhalb von Klöstern und Universitäten erlangt haben.

Anscheinend gab es die tantrische Subkultur schon lange, bevor ihre Übungsweisen offiziell anerkannt wurden. Die tantrische Revolution begann bei den Frauen und den unteren Kasten, die im »blinden Fleck« der Gesellschaft lebten. Die meisten Geschichten, die von verwirklichten Frauen des Tantra erzählen, setzen ihre Weisheit und Kompetenz als gegeben voraus. Es entsteht der Eindruck, sie hätten dieses Wissen »immer schon« gehabt.

Tantra wird auch »der Weg der Freude« genannt. Die Übenden verfolgen alle Leidenschaften zu ihrem wahren Kern der Freude und Offenheit zurück. Das Ziel ist es, die Freude als unabhängig von einem Objekt, das sie anscheinend auslöst, zu entdecken. Tantrische Rituale beziehen alle Sinne ein, sie sind rauschende Feste mit köstlichen Speisen und Getränken[263], Poesie, Tanz und Musik. Dieser Weg, der direkt durch den Dschungel der Gefühle und Sinneserfahrung hindurch zur Befreiung führt, kann allerdings nur mit einer guten Führerin oder einem guten Führer erfolgreich beschritten werden. Darum kommt dem »Guru«, der Lehrerin oder dem Lehrer, eine so entscheidende Schlüsselrolle auf dem Weg und in jeder Geschichte dieses Teils zu.

Buddhismus in Tibet

Eine erste Welle der buddhistischen Lehren erreichte Tibet im 8. Jahrhundert n. Chr. Das Lehrerpaar Padmasambhava und Yeshe Tsogyal halfen dabei, sie zu verbreiten. Die tibetische Form des Buddhismus nennt man *Vajrayana* oder *Mantrayana.*[264] Obwohl die Yogini Yeshe Tsogyal 792 n. Chr. in einer dramatischen Debatte den Buddhisten in Tibet zum Sieg verhalf, verdrängten in der Folgezeit die alteingesessenen religiösen Traditionen den Buddhismus wieder.

Die sogenannte »zweite Verbreitung des Buddhismus« in Tibet begann um das Jahr 1000 n. Chr. und brachte viele Gelehrte der hochrangigen buddhistischen Universitäten Indiens nach Tibet. Der berühmteste unter ihnen war Atisha, der 1042 n. Chr., geleitet durch eine Weissagung von Buddha Tara, nach Tibet kam. Gleichzeitig pilgerten viele tibetische Praktizierende nach Indien und Nepal, um direkt bei den großen Siddhas dieser Zeit zu lernen. Einige von ihnen entdeckten zu ihrem Erstaunen, dass diese verwirklichten Praktizierenden auch Frauen sein konnten.[265]

Das Vajrayana nahm die indische Tradition des Buddhismus auf und vermischte sie mit tibetischen Kulturelementen. Viele Schriften des indischen Tantra sind heute nur noch als tibetische Übersetzungen erhalten, wie zum Beispiel der Text von *Sahajayoginicinta* und die Verwirklichungslieder der Yoginis.

Schlüsselbegriffe der tantrischen Geschichten

Guru: Der Sanskrit-Ausdruck *Guru* oder *Gurvi*[266] als weibliche Form bedeutet eigentlich nichts weiter als »Lehrerin« oder »Lehrer«[267]. Die Lehrerin spielt in jeder Geschichte dieses Kapitels eine entscheidende Rolle, und das sagt etwas darüber aus, wie zentral diese Person für das Tantra ist. Das Mahayana stellt die Lehrenden wie Einheimische dar, die man in einer fremden Stadt nach dem Weg fragen kann. Im Tantra ist der Lehrer oder die Lehrerin die Person, die dich hinüber in die erwachte Wirklichkeit schubst. »Der Guru«, sagte der tibetische Lehrer Lama Yeshe, »ist ein Pfeil mitten ins Herz«.

Die Beziehung zu einer Lehrerin oder einem Lehrer stellt aus der Sicht des Tantra die einzige Möglichkeit dar, Erwachen verwirklichen zu können. Es kann nicht aus einem selbst heraus entstehen, sei die Meditation noch so tief. Die tantrische Haltung rückt das ins Zentrum, was von Anfang an im Buddhismus beschrieben wird: Erwachen geschieht, wenn man ihm in einem Menschen begegnen kann. Alle tantrischen Geschichten handeln von diesem Prinzip, dem »Guru-Prinzip«: »Das Ende des Weges, sei es der lange Pfad der Disziplin oder der kurze, wilde, führt uns zu der Essenz, dass wir unseren Glauben an ein festes Ich aufgeben müssen.«[268] Das ist eine fast unlösbare Aufgabe, denn schon seit vielen Lebenszeiten halten wir mit aller Macht an diesem Glauben fest. »Das ist der Grund, warum im Vajrayana die Hingabe an die Lehrerin oder den Lehrer als essenzielle Übung gelehrt wird. (…) Die Lehrerin wird dein falsches Ich so aufstacheln, dass es letztlich ganz ausgelöscht wird.«[269] Die Übung der Hingabe an die Lehrerin[270] besteht darin, in ihr eine Erwachte zu sehen.

Ein traditionelles Bild stellt die Beziehung so dar: »Wenn eine erleuchtete Meisterin, die über Weisheit und Mitgefühl verfügt, auf eine Schülerin mit Vertrauen und Hingabe trifft, dann ist es, als ob die Sonnenstrahlen plötzlich mit einem Brennglas gebündelt werden. Leitet man sie auf ein Bündel trockenes Gras, geht das Gras sofort lodernd in Flammen auf. Genauso wirken die Segnungen, die wir empfangen ganz direkt mit der Intensität unserer Hingabe zusammen.«[271]

Einweihung: Mit einer Einweihung weitet eine Lehrende die Verwirklichung, Erfahrung und Weisheit ihrer Praxis auf die Schülerinnen und Schüler aus. Meistens geschieht das in Form eines ausführlichen Rituals, es kann aber auch ganz informell stattfinden, vielleicht bei einer Begegnung unter vier Augen oder in einer besonderen Situation. In den Geschichten kommen beide Arten der Einweihung vor. Die Lehren betonen, dass die Aufnahmebereitschaft vonseiten der Lernenden eine wichtige Voraussetzung dafür ist, die Einweihung wirklich zu empfangen.

Mit der Einweihung oder Übertragung erhält man Anschluss an die Lehrlinie der einweihenden Person und dadurch wiederum an alle, die diese Praxis geübt und verwirklicht haben, bis hin zu Buddha Shakyamuni. Einweihung, *Abhisheka* auf Sanskrit, bedeutet wörtlich »Besprenkelung« oder »Salbung«. Dieses Sanskrit-Wort bezeichnet ursprünglich die Salbung einer Königin oder eines Königs bei der Inthronisierung. Das Einweihungsritual verbindet auf ganz besondere Weise mit dem Wissen um die Buddha-Natur aller Wesen. In diesem Sinn sind alle, die sie empfangen und die das verstehen, »königlich«.

Mandala: Das Sanskrit-Wort *Mandala* bedeutet »Kreis«. In einem Mandala ist alles um ein Zentrum herum angeordnet und nach außen hin abgegrenzt. Im buddhistischen Kontext kann Mandala den Bereich einer erwachten Person bezeichnen, ein »Reines Land«, das ganze Universum oder auch einen (weiblichen oder männlichen) Buddha selbst. »Im Fall einer tantrischen Version des Mandala ist alles um den Mittelpunkt des Raums ohne Mitte angeordnet, hier gibt es keine Person, die wahrnimmt oder schaut. Weil es den Wahrnehmenden nicht gibt, wird die Grenze sehr lebendig. Das Mandala drückt die Erfahrung aus, dass man die Verbindung aller Erscheinungen miteinander erkennt. Es gibt einen ununterbrochenen Zyklus von einer Erfahrung, die in die nächste führt.«[272]

Das Land Uddiyana

Uddiyana ist so etwas wie das »gelobte Land« der Tantriker. Das Gebiet im Nordwesten von Indien, wahrscheinlich zwischen Afghanistan und Kaschmir gelegen, gilt als eine Hochburg des tantrischen Buddhismus. Viele Übende pilgerten in diese Gegend, wo die besten Bedingungen zur Praxis und Verwirklichung des Tantra zu finden waren.[273] Uddiyana gehörte zum kulturellen Umfeld des Kushan-Reichs, wo in den ersten Jahrhunderten n. Chr. das Lotos-Sutra und das Avatamsaka-Sutra zusammengestellt wurden, Texte, in denen einflussreiche Frauen beschrieben sind und die von Frauen mitgestaltet wurden. Auch Jahrhunderte später, im 11. und 12. Jahrhundert, entstanden in diesem Gebiet wieder innovative Texte mit großer Wirkung, erneut unter starker Beteiligung von Frauen.[274] Die Bedingungen für die yogische Praxis waren darum so günstig in Uddiyana, weil es das »Land der Dakinis«[275] war, das Land der weisen Frauen, die Leerheit verstehen. Von den zahlreichen Lehrerinnen und verwirklichten Yoginis[276], die dort lebten, zu lernen, lohnte sich. Padmasambhava, der Urtypus des tantrischen Lehrers, wurde in Uddiyana auf magische Weise in den Kreis dieser Dakinis hineingeboren.

Siddhas und Siddhi

Eine Bezeichnung, die für männliche wie weibliche Tantriker gleichermaßen gilt, ist *Siddha.* Ein oder eine Siddha hat den »schnellen« Weg des Tantra erst in diesem Leben kennengelernt und ist innerhalb dieser einen Lebensspanne erwacht. Die Siddhas oder Mahasiddhas[277] leben nach ihrem Erwachen weiter mit ihren Mitmenschen auf der Erde, bevor sie den Regenbogenkörper[278] annehmen oder, wie es auch manchmal heißt, in das Reine Land der Dakinis oder ihrer Meditationsgottheit eingehen. Der indische Gelehrte Abhayadatta sammelte im 12. Jahrhundert n. Chr. die Lebensgeschichten der Siddhas, die zu seiner Zeit bekannt waren, und stellte sie als pädagogisches Werk zusammen.[279]

Die Legenden der 84 außergewöhnlichen Übenden bieten Anregungen für Praktizierende in allen Lebenslagen, denn die Siddhas erwachten beim hingebungsvollen Schnuppern an Blumen, beim Lautenspiel, von der Welt vergessen auf dem Altenteil oder im Liebesrausch. Kommentare dazu erwähnen bedauernd, dass unter den 84 Mahasiddhas nur vier Frauen gewesen seien. Dabei wird allerdings nicht beachtet, dass mindestens sechzig der erwähnten männlichen Siddhas tantrische Gefährtinnen oder Lehrerinnen hatten, die in Abhayadattas Werk nicht immer namentlich genannt werden, aber aus anderen Quellen bekannt sind.[280]

Die Siddhas, seien sie nun männlich oder weiblich, leben ihr Leben nach ihren eigenen Regeln oder, besser gesagt, nach den Regeln des erwachten Zustands. Sie sind vollkommen frei und ohne Angst. Konventionen und andere Einschränkungen durch die Wirklichkeit, wie wir sie wahrnehmen, wirken sich auf sie nicht aus. Das wird durch die Entfaltung der magischen Siddhi unterstrichen, der Kräfte, die durch das Erwachen freigesetzt werden. Das sind einerseits die sekundären Siddhis, magische Fähigkeiten, wie zum Beispiel fliegen, durch Wände gehen oder Gedanken lesen. In den Geschichten verleihen diese Siddhi den Siddhas eine spektakuläre Note. Diese magischen Kräfte sind aber eigentlich nur zweitrangig und entstehen als Nebeneffekt aus der zentralen Siddhi, der hundertprozentigen Verwurzelung in der erwachten Sicht.[281] Wenn sich, wie es in den Geschichten erzählt wird, jemand einfach in die Luft hebt, im Feuer nicht verbrennt oder durch Wände hindurchgeht, stellt dieses verblüffende Verhalten das, was wir für die Wirklichkeit hielten, auf den Kopf. Diese »Verrücktheit« aber kann der Wirklichkeit näher sein als alles, was wir normalerweise dafür halten.

Wie Frauen im tantrischen Buddhismus leben und üben

»Im nicht restriktiven Umfeld des Vajrayana gab es keine institutionellen Einschränkungen, was die Führung durch Frauen betraf. Wenn spirituelle Verwirklichung die Qualifikation bestimmt, stellt das für Frauen keine Benachteiligung dar.«[282] Frauen stehen im tantrischen Buddhismus alle Türen offen, und sie dürfen Respekt und Aufmerksamkeit erwarten. »Auffallend ist auch die Abwesenheit von Darstellungen unterwürfiger, unterdrückter Frauen und ihrer Ausbeutung durch Männer. Nirgends in den Texten wird behauptet, dass Frauen im Kreis des Tantra nicht praktizieren, lehren oder die Leitung übernehmen sollen.«[283] An der Unklarheit der tantrischen Texte kann es also nicht gelegen haben, dass diese Tatsache lange Zeit von männlichen Forschern nicht wahrgenommen wurde.

Es ist ein wichtiger Bestandteil des tantrischen Verhaltenskodex, dass Männer Frauen, aber auch Frauen anderen Frauen respektvoll und ehrerbietig begegnen. »Als das Tantra in der buddhistischen Lehre Fuß fasst – es kommt ja aus sehr frühen vorarischen, vor-patriarchalen Wurzeln der drawidischen Kultur –, als also diese Weisheit, die ihre Wurzeln in einer matriarchalen Kultur hatte, in Erscheinung tritt, tauchen Lehren darüber auf, wie wir unser Leben und unsere normale, tägliche Arbeit zum Weg machen können«, erläutert Lama Tsültrim Allione. »Gelübde entstehen, die den Körper als heiliges Mandala definieren und besagen, dass man ihn nicht verletzen darf. Die tantrischen Gelübde sagen auch, dass alle Frauen als Verkörperung der Weisheit anzusehen sind.«[284]

Die tantrischen Schriften weisen immer wieder darauf hin, dass damit besonders jene Frauen gemeint sind, denen man im Alltag begegnet, nicht nur weibliche Lichtgestalten, denen man in der Abgeschiedenheit der Meditation huldigt. Diese Anweisungen richten sich an ein männliches Publikum, das eine antrainierte Abneigung gegen weibliche Körperlichkeit aus dem monastischen Umfeld mitbringt. Die tantrische Bewegung löst eine Veränderung im gesellschaftlichen Klima aus, und es ist typisch für eine kulturelle Übergangszeit, dass Achtung Frauen gegenüber besonders deutlich angemahnt wird. Die tantrischen Verhaltensregeln sollen die Menschen ausdrücklich darin schulen, sich anders als gesellschaftlich eingeübt zu verhalten.

»Regeln, die Respekt und Verehrung Frauen gegenüber fordern, sind dazu gedacht, das Gleichgewicht zwischen den Geschlechtern wiederherzustellen, wo Militarismus und Politik sie entzweit haben. Frauen wird die sexuelle Initiative zurückgegeben, und Männer dürfen wieder ihre Sanftheit zeigen«, meint dazu der buddhistische Übersetzer und Forscher Thomas Cleary.[285]

Eine Strategie von Yoginis und Yogis, ungestört üben zu können, besteht darin, ihre Übung im Verborgenen auszuführen, unter dem Deckmantel eines unauffälligen Lebens. Solche »versteckten« Yoginis leben als Schweinehirtinnen, Jägerinnen[286], Einsiedlerinnen, Tänzerinnen und Schankwirtinnen. Niemand, der oder die nicht selbst Tantra praktiziert, kann von außen erkennen, dass hier eine Yogini lebt. Mit ihrer bescheidenen Lebensweise am Rand der Gesellschaft entgehen sie außerdem dem kritischen Blick der Öffentlichkeit und den Einschränkungen, denen besser gestellte Frauen unterworfen sind. Sie sind für die meisten Menschen »unsichtbar« und können so in Freiheit leben und üben, wie sie möchten.

In der tantrischen Zeit des Buddhismus wirken aber auch große mythische Heldinnen, wie die Yoginis Yeshe Tsogyal, Machig Labdrön oder Mandarava. Sie schlagen den entgegengesetzten Weg ein. Mit ihren spektakulären Lebenswegen und öffentlichen Auseinandersetzungen mit den gesellschaftlichen Gegebenheiten ihrer Zeit stellten sie sich mitten in das Scheinwerferlicht, klar sichtbar und mit einer deutlichen Botschaft an die Öffentlichkeit.

Frauen und Männer

Die tantrischen Schriften beschreiben keine Männer, die sich als Beherrscher der Frauen aufführen. Sie kommen als Bittsteller, Liebhaber, als ihre spirituellen Söhne und Brüder. Sie geben sich sehr viel Mühe, sich in der richtigen Weise auf Frauen zu beziehen. Frauen werden spirituell unabhängig und machtvoll gezeichnet, sie lösen Ehrfurcht und Hingabe bei anderen aus und verlangen gebührenden Respekt und Gehorsam.

Männlichen Schülern oder Kollegen gegenüber können sie sich zärtlich oder zornvoll verhalten, je nachdem, was in der Situation angemessen ist. Ihren Lehrern gegenüber zeigen sie sich zwar dankbar, niemals aber unterwürfig. Tantrische Frauen gehen furchtlos und offen mit dem anderen Geschlecht um. Yeshe Tsogyal oder die Schwestern Mekhala und Khanakala lassen sich zum Beispiel von den abweisenden Reaktionen ihrer Lehrer nicht beeindrucken, Sahajayoginicinta oder die Frau Pfeilmacherin nehmen ihren Schülern gegenüber kein Blatt vor den Mund, und Mandarava preist mit selbstbewusstem Begehren die körperlichen Vorzüge ihres tantrischen Gefährten vor versammeltem Hofstaat.

Für praktizierende Männer gibt es gewichtige Gründe, sich mit Yoginis gut zu stellen. Um in tantrischen Zirkeln zu wirken oder aufzusteigen, ist für eine Frau die Zustimmung eines Mannes nicht nötig, die Entwicklung des Mannes aber hängt überwiegend von seiner Beziehung zu Frauen ab. »Dem tantrischen Pfad zu folgen bedeutete für einen Mann häufig, das Kloster zu verlassen, um einer Frau zu folgen, die im Besitz tantrischen Wissens war. Männer verfolgten ihre religiöse Suche inmitten von Lehrerinnen und verwirklichten Yoginis.«[287] Männer können im tantrischen Buddhismus dann Fortschritte machen, wenn sie die Autorität von Frauen anerkennen. Da Frauen auf dem Weg zur Erleuchtung für sie so unentbehrlich sind, tun Männer gut daran, um ihre Gunst zu werben.

Frauen formen das Tantra

Meistens geht man bei Texten, in denen von Frauen die Rede ist, stillschweigend davon aus, dass nur ein Mann als Autor in Frage kommen kann. Wir sind sehr daran gewöhnt, dass die männliche Sicht es übernimmt, das Frauenbild zu bestimmen. Unser Verständnis davon, was tantrische Texte und das Bild der Frauen darin bedeuten, wandelt sich aber entscheidend, wenn wir voraussetzen, dass Frauen daran mitwirkten.[288] Tatsächlich entstanden diese Texte, davon geht man mittlerweile aus, aus der gemeinsamen Praxis von Frauen und Männern. Schriften, die sich mit dem sexuellen Yoga beschäftigen, sind überhaupt nur durch solch ein Zusammenwirken denkbar.[289] Dass die Mitwirkung von Frauen übersehen oder marginalisiert wurde, ist aufgrund des einseitigen Blicks patriarchaler Strukturen verständlich. Beweise dafür gingen durch Unaufmerksamkeit verloren, zum Beispiel durch die Übersetzungen vom Sanskrit ins Tibetische. Bei der Übertragung ins Tibetische war es üblich, die Silbe *ma*, die im Tibetischen eine weibliche Endung bestimmt, wegzulassen, damit das Versmaß der Praxistexte eingehalten werden konnte.[290] So wurde zum Beispiel aus der korrekten Übersetzung für Yogini, *näljorma*, aus Gründen der Konvenienz *näljor*. Wenn also in den tibetischen Übersetzungen von »einem Praktizierenden«, *näljor*, die Rede ist, ist dabei überhaupt nicht gesichert, ob im Original auch tatsächlich ein Mann gemeint war. In der Übersetzung aus dem Tibetischen ins Englische oder Deutsche im 20. Jahrhundert verliert sich dann vollends jede Spur einer womöglich ursprünglich weiblichen Praktizierenden im Gestrüpp der männlichen Kurzsichtigkeit, und wir finden uns vor einem Bücherschrank voller buddhistischer Texte, die mit dem Brustton der Überzeugung nur von »*dem* Praktizierenden« oder »*dem* Yogin« sprechen. Würden wir mit derselben Logik alle diese Textstellen mit weiblichen Endungen besetzen, wie anders sähe die Welt des Vajrayana dann aus!

Lehrerinnen

In der tantrischen Tradition lehren Frauen vollkommen selbstverständlich, sie geben Einweihungen, leiten Rituale und verfassen Texte. »Es gibt weder Hinweise auf Einschränkungen der Aktivität von Frauen als Lehrende noch die Behauptung, dass Frauen nicht lehren oder Einweihungen geben sollten. Solche Handlungen gelten als selbstverständlich. Solange ein Text nicht ausdrücklich darauf hinweist, dass eine bestimmte Praxis für Frauen ungewöhnlich oder bemerkenswert ist, gibt es (…) keinen Grund, etwas Derartiges zu vermuten.«[291] Treten Frauen als Lehrerinnen auf, werden sie meistens als »Dakini« bezeichnet. Das Synonym *Dakini* für »Lehrerin« weist darauf hin, dass es sich bei ihnen um verwirklichte Übende handelt, um Frauen, die die Leerheit wirklich verstehen. Ihre Lehren kommen häufig recht unkonventionell daher, sie sind körperlich oder sinnlich, und es kann sein, dass sie Nahrung austeilen oder Alkohol ausschenken. Manchmal haben sie eine einfach unvergleichliche Art, frech zu fragen.

Frauen unterweisen Frauen

Fast alle Geschichten von Dakini-Lehrerinnen, die uns überliefert sind, erzählen davon, wie Frauen Männer belehren. Wo aber sind die Dakini-Lehrerinnen für Frauen? Und wie lehrten sie andere Frauen? Auf die Beziehung zwischen Lehrerinnen und Schülerinnen gibt es nur ein paar spärliche Hinweise. Ob es die Momente des Schrecks auch für weibliche Adepten gegeben hat, wenn sie die Dakini-Lehrerin neben sich plötzlich erkannten? Ob auch Nonnen von ihren Geschlechtsgenossinnen zum Alkoholgenuss verführt wurden? Darüber wissen wir nichts. Wir wissen nur, dass die Frauen ihre Weisheit in den Festen der Ganachakras[292] miteinander teilten und dass es Lehrlieder gab, die einzelnen Frauen gewidmet waren, so zum Beispiel das Gedicht von Lakshminkara für ihre Schülerinnen Mekhala und Khankala. Daraus lässt sich schließen, dass Schülerinnen von ihren Lehrerinnen spezielle Anweisungen erhielten.

Eine ganze Reihe von Frauen lebte in einer Paarbeziehung, wobei der Mann meist der Lernende war. Ob eine verwirklichte Lehrerin wie Sahajayoginicinta[293] auch Schülerinnen hatte, die bei ihr lebten, ist nicht bekannt. Es wird aber berichtet, dass sie eine Tochter hatte, die sich auch zu einer verwirklichten Yogini[294] entwickelte. Es kann durchaus sein, dass es sich dabei nicht um eine biologische Tochter handelte, sondern um eine nahe Schülerin. Eine ähnliche Vermutung liegt auch bei Machig Labdrön nahe. Hier ist sogar noch ein Rest einer weiblichen Übertragungslinie erkennbar. Machig[295] erhält ihre wichtigsten Unterweisungen direkt von Buddha Tara. Sie selbst gibt ihre Lehren an ihre vier Söhne und ihre vier Töchter weiter, wie es heißt. Die Lebensgeschichten Machigs wissen aber nur von einer leiblichen Tochter zu berichten. Es liegt nahe, die vier Töchter als Lehrtöchter zu interpretieren.

Von einer sehr intensiven Mutter-Tochter-Lehrbeziehung erzählt die Lebensgeschichte der Yogini Aro Lingma.[296] Ihre Mutter, Tsomo Pema Öser, eine herausragende Yogini und ihre Hauptlehrerin, ging zusammen mit ihrem Mann in den Regenbogenkörper ein, als Aro noch ein junges Mädchen war. Ihr ganzes weiteres Leben folgt Aro Lingma den Weissagungen ihrer Mutter, die ihr genaue Anweisungen hinterlassen hatte, wo sie einen tantrischen Gefährten suchen solle und wie sie die Lehren weiterzugeben hatte. Sie sollte sie nur ihrer eigenen Tochter übertragen.

Die Prinzessin Mandarava soll viele hundert Frauen unterrichtet haben, und auch Yeshe Tsogyal hatte eine große Anzahl von Schülerinnen. Vier Frauen, die lange bei ihr gelernt hatten, standen ihr besonders nahe.

Die Weisheitsfeste der Yoginis

Gleichgesinnte und gleichgestellte Frauen, die die spirituelle Praxis zum Zentrum ihres Lebens gemacht haben, versammelten sich in einem heiligen Kreis. Sie teilten ihre Weisheit und die Freude an der Erkenntnis miteinander. In so einem Kreis konnten auch Männer anwesend sein, wenn sie eingeladen wurden. Diese Feste nennt man *Ganachakra*, »Zusammenkunft im Kreis«. Die Überlieferung weiß: Ohne Beteiligung von Frauen kann so eine Zusammenkunft überhaupt nicht stattfinden, ohne Männer allerdings schon. »Ich bin nirgends auf die Beschreibung eines Festes gestoßen, bei dem Männer einer Frau die Erlaubnis hätten geben müssen, teilzunehmen«, berichtet Miranda Shaw. »Der umgekehrte Fall ist jedoch häufig.«[297]

Yogis gingen manchmal sogar ein großes Risiko ein, um Teil einer solchen Versammlung von Yoginis zu sein. In den Lebensgeschichten berühmter Yogis kann man nachlesen, was sie anstellten, um in den Kreis eingeladen zu werden, wie außerordentlich glücklich sie sich schätzten, wenn es gelang, und welche positiven Auswirkungen auf ihre Praxis die Folge waren.[298]

Auf den tantrischen Festen wurden spontane Tänze und Lieder der Verwirklichung als poetischer Ausdruck der Erkenntnis der jeweiligen Yogini dargebracht. So geschah es auch auf dem Ganachakra, das auf der Shitavana-Verbrennungsstätte in Bihar abgehalten wurde. Die Gastgeberin[299] war die Yogini mit dem Namen »Glückselige Leichenesserin«.[300] Das Fest wurde von fünfunddreißig weiteren Yoginis besucht. Ihre Lieder sind in einer Textsammlung des tibetischen Kanons aufgezeichnet.[301] Die Teilnehmerinnen werden *Datvishvari*, »Königinnen des Raums« genannt. Sie sind herrlich geschmückt, tragen Kronen und Regenbogengewänder. Nach der Darbringung der äußeren Gaben an die Buddhas schenkte die Gastgeberin Wein aus und bat darum, Lieder der persönlichen Verwirklichung zu singen.[302] Da sang die Yogini »seliger Diamant«:

»Khye ho, wie wunderbar!
Alles, was du siehst oder hörst,
Denkst oder fühlst – Millionen von Eindrücken,
Sie sind nur Spiegelungen
In der klaren Weisheit des Geistes –
Leer! Es gibt sie nicht!«

Und die »Baumblattfrau« fragte in ihrem Lied:

»Wer spricht mit dem Klang eines Echos?
Wer malt die Farben in den Spiegel?
Wo sind die Traumbilder hin?
Niemand, nirgends –
Das ist das wahre Wesen.«[303]

Die ganze Nacht sangen und tanzten die Yoginis, und im Morgengrauen lösten sie das Ganachakra auf.

Lehren, die an Frauen gerichtet sind

Außer diesen Liedern sind nur wenige Unterweisungen erhalten geblieben, die sich ausdrücklich an weibliche Übende richten.

Es gab eine Lehrerin Vajravati, eine ehemalige Brahmanin aus Uddiyana. Sie formulierte ein Sadhana zur zornvollen roten Tara, das speziell für »Yoginis und ihre guten Freundinnen« gedacht war. Und sie fügt hinzu, dass diese Praxis nicht an die »Söhne«, die männlichen Schüler also, weitergegeben werden solle, sie sei ausschließlich für die »Töchter«, die Schülerinnen aus der

Brahmanenklasse bestimmt. Nachdem sie selbst Befreiung durch die buddhistische Praxis erlangt hatte, lag Vajravati daran, diese Lehren an Brahmaninnen weiterzugeben. Sie wusste aus eigener Erfahrung, was diese Frauen brauchten, um ihre wahre Natur zu erkennen, und sie richtete ihre Anweisungen genau danach aus.[304]

Über Sahajayoginicinta berichtet der Kolophon eines Textes, dass sie vor einer Versammlung von Yoginis in Uddiyana das lehrte, was sie durch den direkten Kontakt mit der Natur des Geistes erfahren hatte: »Als sich glorreiche Yoginis, strahlend vom Glanz selbst entstandener Weisheit, an dem überragenden diamantenen Ort Uddiyana versammelt hatten, begab sie [Sahajayoginicinta] sich in die unzerstörbare kosmische Versenkung, die unmittelbar die kraftvolle Energie der Wahrheit der Wirklichkeit vermittelt, welche ohne Fehl ist und aus der Erkenntnis der höchsten Wahrheit aufsteigt. Und die ›Erkenntnis der Wirklichkeit anhand ihres körperlichen Ausdrucks‹ strömte wie ein süßer Fluss herrlicher Glückseligkeit ohne das geringste Stocken von ihren blühenden Lotoslippen.«[305] Die »Erkenntnis der Wirklichkeit anhand ihres körperlichen Ausdrucks« ist der Titel ihres Lehrtextes. Darin führt sie aus, dass die Wirklichkeit sich körperlich ausdrückt und sich durch diese Verkörperung die Wirklichkeit wiederum klar erkennen lässt. Weisheit und Erkenntnis finden sich in der Körperlichkeit, nicht nur im »Geist«.[306] Dieses Wissen gibt sie an die Versammlung weiblicher Übender weiter.

Die Lehrerin Lakshminkara dagegen entwirft in ihrem Lehrgedicht paradoxe Bilder, um ihrer Schülerin Mekhala zu helfen, den Glauben an Logik und Konzepte loszulassen und in den Zustand jenseits der Zweiheit einzutreten.

»Leg deinen Kopf auf ein Stück Butter und hack zu,
Brich die Klinge der Axt!
Da lacht der Holzhacker! Ein Frosch verschluckt
Einen Elefanten.

Es ist erstaunlich Mekhala, lass die Zweifel los,
Wenn es dich verblüfft, Schülerin,
Lass deine Vorstellungen jetzt los.

Meine Lehrerin hat es mir nicht gesagt,
Ich hab es nicht verstanden – Blumen erblühten
Im Himmel.

Es ist herrlich, Mekhala, lass die Zweifel fallen,
Wenn du es nicht glauben kannst, Schülerin,
Lass die Zweifel jetzt los.

Verblüffend! Ein Elefant sitzt auf einem Thron,
Der von zwei Bienen getragen wird!
Unglaublich! Die Blinden führen, die Stummen sprechen!

Erstaunlich! Ein hungriger Affe isst Steine!
Wunderbar! Was ist der Geist? Wer kann es ausdrücken?«[307]

Wie die Yoginis Männer unterweisen

Aufzeichnungen darüber, wie weise Dakini-Lehrerinnen männliche Übende belehren und leiten, gibt es in Hülle und Fülle. Die meisten berühmten Yogis, von denen die buddhistische Geschichtsschreibung weiß, hatten ihre Weisheit auch von Frauen. Ihre Geschichten zeigen die Vielfalt der Lehrsituationen und sie illustrieren den Einfallssreichtum der Lehrerinnen.

Der Yogi Tilopa zum Beispiel hatte das Glück, gleich zwei Lehrerinnen zu begegnen. Die erste brachte ihn auf den richtigen Weg, und von einer zweiten wurde er zum Gefährten ausgebildet. Auch Atisha, der auf Anraten der Buddha Tara den Buddhismus in Tibet wiederbelebte, übte zuvor drei Jahre lang in Uddiyana im Land der weisen Frauen. Von Kanhapa wird berichtet, dass er in seiner Sterbensstunde seine Gefährtin und Lehrerin Bandhe anrief. Die Hauptlehrerin von Yogi Kanhapa, der später Manibhadra unterrichtete, war Jalandhari, und auch von Lakshminkara hatte er wichtige Unterweisungen erhalten.

Weil er seinen Lehrerinnen überaus dankbar war, lag ihm daran, die kostbaren Lehren wieder an eine Frau, Manibhadra, weiterzugeben. Die wichtigste Lehrerin von Kyungpo Naljor war die Dakini Niguma, die ihn ein Leben lang in Träumen und Visionen belehrte. Siddharajni[308], eine andere Yogini aus Uddiyana, war eine Hauptlehrerin des Rechungpa[309], der ihre Lehren nach Tibet brachte. Als er ihr zum ersten Mal begegnete, war Rechungpa von ihrer Präsenz so beeindruckt, dass ihm die Haare zu Berge standen.

Die Schankwirtin, die Luipa aufweckte, musste gröbere Methoden anwenden, um etwas bei dem Yogi zu bewirken. Als er in ihre Schänke trat, hatte Luipa schon einige Jahre Training bei anderen Dakini-Lehrerinnen hinter sich, und er war ziemlich stolz auf seine spirituelle Karriere. Er bestellte Essen, ohne die Frau hinter dem Tresen eines Blickes zu würdigen, er war mit sich selbst beschäftigt. Sie stellte ihm einen Teller mit verdorbener Speise hin. Als er den ersten Löffel in den Mund schieben wollte, spuckte er angeekelt aus und fegte die Essensschale vom Tisch. »Wie kannst du mir, einem verwirklichten Yogi, solch einen Fraß anbieten?«, fuhr er die Schankwirtin an.

Die Yogini lachte ihn aus: »Du glaubst, du weißt Bescheid, aber teilst immer noch brav alles in ›gut‹ und ›schlecht‹ ein. Da kann es ja nicht so weit her sein mit deiner Verwirklichung! Für dich ist noch längst nicht alles von ›einem Geschmack‹.« Luipa nahm sich die Lehren zu Herzen und ließ sich am Ganges nieder, wo er die nächsten Jahre von Fischinnereien lebte. Die Fischfrauen auf dem Markt tauften ihn Luipa, »alter Fischdarm«!

Dakini-Lehrerinnen können sich, wenn es um das Wohl eines Schülers geht, in jeder erdenklichen Weise zeigen: grob und auftrumpfend, wenn sie auf taube Ohren stoßen, aber auch verführerisch und zärtlich, manchmal sogar mütterlich fürsorglich. Die Lehrerin Kumudara zum Beispiel spricht mit einem ihrer Schüler so: »Kleiner Sohn, mit deiner Furcht vor Leben und Tod, du hast so schwer für die Wahrheit gekämpft. Wie wunderbar! Darum will ich dich nun das diamantene Fahrzeug des Tantra lehren, das ohne Fehl ist und nicht weltlich. Meditiere darüber, mein Kind.«[310]

Die spirituelle Lehrerin von Kambala ist sogar seine leibliche Mutter.[311] Sie überwacht seine religiöse Laufbahn, gibt ihm selbst wichtige Einweihungen und schickt ihn unerbittlich von einer Station des Weges zur nächsten. Als er, selig versunken in Meditation, in den Götterhimmeln weilt, ruft sie ihn zurück: »Was machst du da? Warum bist du faul und setzt dich nicht für das Wohl der Wesen ein? Du bist doch dazu fähig! Komm sofort zurück!« Das wirkt – Kambala kommt schnurstracks auf die Welt zurück und kümmert sich von da an unermüdlich um die fühlenden Wesen.

Die Vielfalt und die Vielzahl der Lehrsituationen zeigt, welche bedeutende Rolle die Unterweisungen von Frauen für das buddhistische Tantra und die Entwicklung der männlichen Linienhalter spielten.

Sexueller Yoga

»Beide [der Mann und die Frau]
Sind durch einen Strom der Vorstellungen gebunden,
Die im Geist entstehen und aufsteigen.
Solange sie aber vereinigt sind,
Wird ihr Geist an nichts andres denken,
Sie sind allein der Wonne gewahr.«[312]

Der Buddhismus hatte viele Jahrhunderte lang Erleuchtungswege für einzelne Menschen oder zölibatäre Gruppen beschrieben und Übungsformen für sie entwickelt. Das Tantra formuliert jetzt einen Weg für das Paar.[313] Die Praxis des sexuellen Yoga ist ein Hauptbestandteil dieses gemeinsamen Übungsweges, wie das Tantra ihn beschreibt. Der Westen hat diesen Übungsweg lange

Zeit missverstanden, frauenverachtende Inhalte und Machtfantasien hineininterpretiert. Die tantrischen Geschichten berichten von vielen Frauen und Männern, die als Paar übten und erwachten. Dabei erscheint die Frau oft in der Rolle der Lehrerin und sie betont für das sexuelle Yoga die Gemeinsamkeit als Weg.

Sexueller Yoga ist ein Weg der Gemeinsamkeit

Tantrische Übungen des sexuellen Yoga sind niemals eine Plattform für Ausbeutung. Es ist ein Pfad, auf dem Männer und Frauen zusammen das Erwachen suchen. Die Übung beinhaltet ritualisierte Ausdrucksformen von körperlicher Nähe und sexuellem Kontakt, die gewöhnliche Leidenschaft in Seligkeit ohne Anhaftung umwandeln sollen. Durch diesen Weg befreien sich die Partner gemeinsam und gegenseitig. Voraussetzung dafür ist Respekt und Achtung für den Partner oder die Partnerin. Das Ritual kann nur gelingen, wenn beide fähig sind, ihr Gegenüber als Verkörperung ihrer Mediationsgottheit zu sehen.

Eine andere Sicht auf die Übung beschreibt, wie die Körper des übenden Paares in Vereinigung zusammen eine Art alchemistischen Behälter bilden. Die Übungsanleitungen für sexuelles Yoga können komplexes Wissen über die Systeme der Energiebahnen und der Kanäle im Körper beinhalten, die durch die gemeinsame Übung geöffnet, ausgerichtet und in Fluss gebracht werden sollen. Vergleichbare Vorstellungen findet man auch im Taoismus[314], in den Hindu-Tantras[315] und in westlichen Beschreibungen der antiken Alchemie. In jedem Fall wird im Tantra der Körper als das heilige Mandala der Meditationsgottheit verstanden, und das bedeutet, dass die tantrischen Lehren den Körper und seine Sinnlichkeit und damit auch die Frauen hoch achten und wertschätzen.

Was bewirkt der Weg des sexuellen Yoga?

»Wir sollten niemals Liebe und Leidenschaft ablehnen, sagen die tantrischen Texte. Tun wir das, könnten wir letztlich dadurch auch Bodhicitta ablehnen.«[316]

»Bodhicitta«, das Herz und der Geist, die nach Erleuchtung streben, ist die tiefste liebevolle Verbindung aller Wesen untereinander. Eine Liebesbeziehung zu einem anderen Menschen kann als Keimzelle für solch eine Verbindung wirken. Einem geliebten Menschen gegenüber freundlich zu sein und dessen Fehler zu verzeihen ist einfach. In der Liebe erleben wir, wie die Grenzen zwischen uns und dem geliebten Menschen durchlässig werden. Liebend können wir die Bedürfnisse und die Sichtweise eines anderen wirklich wahrnehmen, und wir entdecken dadurch ganz einfach den Zauber des »Nicht-Ich«. Traditionell formuliert heißt das dann:

»Dualität löst sich auf in Seligkeit.
Durch den Geschmack des Verlangens
Weiß man allmählich nicht mehr, wer der andere ist
Und was einem selbst geschieht.
Die Liebenden erfahren unaussprechliche Seligkeit,
Wie sie sie niemals zuvor erlebt haben.«[317]

So formuliert die Yogini Sahajayoginicinta, eine der führenden Lehrerinnen des sexuellen Yoga, wie die Partner entdecken, dass ein falsch verstandenes Ich der Seligkeit im Weg steht.

Die weibliche Seite schöpft aus den Lehren zum sexuellen Yoga Kraft und zeigt sich dynamisch und offensiv. Die Figur der Dakini, die im Tantra zum zentralen Ausdruck weiblichen Erwachens wird, verkörpert diese herausfordernde erotische Kraft. In ihrem Lehrtext zum sexuellen Yoga »Erkenntnis der Wirklichkeit anhand ihres körperlichen Ausdrucks« beschreibt Sahajayoginicinta, wie sich die weibliche Buddha, die im Zentrum dieses Praxis-Mandalas steht, ausdrückt: »Die Liebhaberin, mit verlangenden Blicken, spricht Worte so süß wie Honigseim. Sie vereint sich mit ihm, bewegt die Lotosblüte, die den Regen der Wonne bringt.«[318] Hier steht die handelnde, begehrende Frau als Subjekt im Zentrum, sie ergreift die Initiative und gestaltet die gemeinsame Praxis.

Das Tantra führt die Methode des sexuellen Yoga als Übungsweg für Menschen ein, die die Erfahrung der Leidenschaftlichkeit in gegenseitiger Nähe nutzen wollen. Sie tun das außerhalb der klösterlichen Institutionen[319] und meist unbeachtet von der breiten Öffentlichkeit. Da dieser Übungsweg auf gegenseitigem Vertrauen und Respekt basiert, können Frauen ohne Einschränkung ihre Kompetenz und ihr Wissen einbringen.

Die Darstellung der Vereinigung als »göttliches Paar«

Die Begegnung von Mann und Frau erscheint in den buddhistischen Tantras als konkrete, lebendige Situation und gleichzeitig auch als Symbol für die Beziehung zwischen einem Ich und dem anderen. Sie verstehen die letztendliche Wirklichkeit als Spiel zwischen zwei Aspekten, aus denen die Kreativität der Wirklichkeit entspringt. Diese beiden Aspekte werden als Weisheit und Methode, *Prajña* und *Upaya*, beschrieben und symbolisch als »weiblich« und »männlich« verstanden. Die »Methode« bezeichnet dabei das Geschick, die Weisheit in die Welt zu bringen, sie ist angewandtes Mitgefühl:

»Aus einem Kern ist die Welt entstanden,
Die aus Prajña und Upaya gebildet ist.«[320]

Das Universum besteht also aus dem Verschmelzen der weiblichen Weisheit mit dem männlichen Mitgefühl. Diese Sichtweise wird ikonografisch als Darstellung einer weiblichen Buddha und eines männlicher Buddha in sexueller Vereinigung abgebildet, auch *Yab-Yum* genannt, was wörtlich übersetzt »Vater-Mutter« bedeutet.

Meistens wendet sich in diesen Darstellungen das Gesicht des männlichen Buddha den Betrachtern zu. Die kleinere weibliche Buddha, die auf seinem Schoß sitzt, hebt ihr Gesicht voller Entzücken zu ihrem Partner empor. Wird das Paar stehend gezeigt, entfaltet die weibliche Seite eine aktivere Rolle. Der Mann steht fest und ruhig, während die weibliche Buddha, die eine Schädelschale voll Nektar hält und ihr gebogenes Hackmesser schwingt, ihn dynamisch umarmt, sich tänzerisch gewandt um seinen Körper schlingt. Die Rollen können aber auch andersherum verteilt sein: Dann sitzt ein kleinerer, männlicher Partner auf dem Schoß einer großen und machtvollen weiblichen Buddha, die ihr Gesicht den vor ihr Praktizierenden zuwendet.[321]

Wie finden sich die Partner?

Um den sexuellen Yoga erfolgreich üben zu können, müssen zwei dafür qualifizierte Partner zusammenfinden. Wie können sie sich finden und erkennen? Viele überlieferte Texte beschreiben die Partnersuche als vom Mann ausgehend. Ein Gegenbeispiel findet sich in der Geschichte von Yeshe Tsogyal. Ihr Lehrer fordert sie dazu auf, aktiv nach einem bestimmten Gefährten für die tantrische Praxis zu suchen. Auch die Prinzessin Mandarava entscheidet sich ganz bewusst für Padmasambhava als ihren spirituellen Gefährten. Ähnlich verhält es sich bei der Dakini Tiloma, Lakshminkara und Yid Thogma. Die Lehrerin Aro Lingma folgte wiederum den genauen Anweisungen ihrer Mutter, um den geeigneten Gefährten zu finden, unter dessen Mitwirkung sie eine Mutter-Tochter-Linie zur Überlieferung von tantrischen Lehren ins Leben rufen sollte.[322]

Es sind Texte erhalten, die beschreiben, wie ein männlicher Übender eine geeignete Partnerin erkennen kann, zum Beispiel an geheimen Handzeichen oder einem bestimmten rituellen Verhalten. Das Hevajra-Tantra hält dagegen fest, dass die Merkmale, die einen Menschen als qualifiziert ausweisen, für Frauen und Männer die gleichen sind, ein Hinweis darauf, dass auch Frauen nach passenden Partnern Ausschau hielten. Der Text weist außerdem darauf hin, dass im Laufe des Rituals in allem den Anordnungen der Yogini zu folgen sei. Es war offensichtlich also üblich, dass eine Frau das Ritual leitete.

Eine Reihe von Geschichten berichtet, wie Männer mit Frauen aus niedrigeren gesellschaftlichen Schichten zusammen übten. Forscherinnen vertreten die Ansicht, dies komme daher, dass die tantrischen Lehren zuerst bei den drawidischen Bevölkerungsteilen Indiens entstanden und hier vor allem von den Frauen weitergegeben wurden. Suchte also ein Mann Zugang zu dieser Weisheit, musste er sich wohl oder übel auf den Kontakt mit Frauen der tabuisierten niederen Kasten einlassen. Diese Tatsache bot Männern offensichtlich ein wichtiges Übungsfeld, um Dünkel und Hochmut abzubauen, wie die deutlichen Vorschriften, Frauen zu achten und zu ehren, egal welcher Schicht sie angehören, belegen.[323]

Für Frauen dagegen wäre solch eine Übung keine unbekannte Herausforderung gewesen, hieß es doch in der indischen Gesellschaft, noch der jämmerlichste Ehemann soll der Frau ein Gott sein. Frauen brauchten diese Art der Demut nicht zu lernen, ganz im Gegenteil. Deswegen gibt es auch keine Geschichte, die von so einer Aufgabe berichtet. Für Frauen bestand die Übung vielmehr darin, die Rolle der Göttin und Lehrerin ganz anzunehmen und auszufüllen, autonom zu leben und selbstbewusst den Gesetzen des spirituellen Weges zu folgen, davon erzählen viele Legenden. Sexueller Yoga, die Praxis der Gemeinsamkeit, in der Yoginis den höchsten Respekt erwarten durften, konnte ein Ausdruck dieses Übungswegs für Frauen sein.

»Die sexuelle Praxis bildete eine natürliche Arena für die Interessen und Wünsche von Frauen. (…) Ausbeutung widerspricht seinem ursprünglichen Entwurf und Sinn.«[324]

Ernüchterung

Sexueller Yoga klingt verlockend. Dennoch ist es ratsam, mit den Erwartungen daran auf dem Teppich zu bleiben. Ausbeutung und Verletzung waren immer wieder im Spiel, wenn die Übungen im Westen auftauchten. Ich denke, es fehlten bis jetzt die erfahrenen und selbstbewussten Lehrerinnen für diesen Übungsweg. Aber selbst unter den besten Voraussetzungen hat die Übung mit der Freude an der Sexualität ihre Tücken.

Lama Shenpen rät: »Sexuelle Anziehungskraft ist sehr stark, es ist diese Kraft, die uns nach dem Tod zurück ins Samsara zieht. Wenn wir mit diesen Kräften auf richtige Weise meditieren könnten, würden wir uns der beseligenden Essenz der Wirklichkeit öffnen und darin ohne Anhaftung ruhen. Wie fantastisch, so zu meditieren und dadurch zu erwachen! Aber im Allgemeinen ist es ja so, dass wir schon kaum richtig mediteren können, wenn wir mitten in einer köstlichen Mahlzeit stecken. Als Vorbereitung auf den sexuellen Yoga können wir üben, in allen freudvollen Situationen des Lebens wach und präsent zu sein. Wenn wir das gut können, dann ist der richtige Zeitpunkt, anspruchsvollere Praktiken in Angriff zu nehmen, wie zum Beispiel die der sexuellen Vereinigung.«[325]

Dakinis

Fortgeschrittene Praktizierende, Lehrerinnen und erwachte Frauen haben in der tantrischen Tradition unterschiedliche »Titel«. Sie heißen »Yogini«, »Siddha« oder auch »Dakini«. Die Bezeichnung »Yogini« betont den Aspekt des Praktizierens, »Siddha« bringt die Kraft der Verwirklichung und ihr Verweilen im Samsara zum Wohle der Wesen in den Vordergrund. »Dakini« ist der schillerndste Begriff unter den dreien, unterschiedliche Bedeutungsebenen und Assoziationen spielen in diesem Wort miteinander.

Den Sanskrit-Begriff *Dakini* übersetzt das Tibetische als *Khandroma*, als »Himmelsläuferin«. *Kha*, der »Himmelsraum«, ist ein Synonym für »Leerheit« und »den offenen Raum des Gewahrseins«. Der Wortteil *dro* heißt wörtlich »gehen, laufen«. *Ma* ist die weibliche Endung.[326] Poetischer spricht man von Dakinis auch als »Himmelstänzerinnen«, was die spielerische Bewegungsenergie der Dakini in den Blickpunkt rückt.

Welche Frauen sind eine Dakini?

Wenn »Dakini« oder »Khandroma« eine fortgeschrittene Praktizierende und eine verwirklichte Lehrerin bezeichnet, steht das »Gehen im Raum« für ihr tiefes Verständnis der Leerheit. Die Dakini ist hier eine Frau, die im Raum der Leerheit fliegt, weil keine Zweifel über die wahre Natur der Wirklichkeit sie mehr einschränken. Hat die Dakini diese wahre Natur erkannt, wird sie selbst zur Verkörperung dieser Erkenntnis, ein Körper des Erwachens. Ihre Verkörperung drückt die Klarheit des Raums aus, die Weisheitsaspekte des Weiblichen. Auch eine weibliche Erwachte, wie Vajravarahi oder Vajrayogini, kann in diesem Sinn als »Dakini« bezeichnet werden.

Männliche Übende nennen ihre spirituelle Gefährtin »Dakini«[327] und meinen damit, dass die Begegnung mit dieser Frau, sei sie nun aus Fleisch und Blut oder eine Meditationsvision, ihnen den Zugang zum Raum der Leerheit eröffnet. »Dakini« kann auch eine nicht personalisierte, dynamische, spirituelle Energie bezeichnen, einen Impuls zu handeln, eine Einsicht, eine Öffnung hinein in einen bestimmten Raum der Weisheit. Diese Energie fließt direkt aus dem Mandala einer oder eines Buddha, ihr Impuls bringt immer Bewegung mit sich.

Die Dakini als Frau bestimmt ihr Bild selbst und verändert es, wie es ihr gefällt, im Gegensatz zu allen anderen Frauen, die von kulturell üblichen Bildern der Weiblichkeit abhängig sind und sich nur in diesem Rahmen ausdrücken können. Dakinis können schockierend aussehen oder lieblich, ganz, wie es ihren Zwecken dient. Eins allerdings bleibt immer unverändert: Sie erscheinen immer in einem weiblichen Körper. Ob die Dakini durch ihr Aussehen in ihrem Gegenüber Verunsicherung hervorruft oder Entzücken, das hängt entscheidend von den Vorurteilen und Prägungen der betrachtenden Person ab.

Dakinis können unvermittelt auftauchen und genauso plötzlich wieder verschwinden, so wie Gedanken und Sinneseindrücke plötzlich da sind und dann wieder fort. Damit sind sie ein Spiegel der Wirklichkeit.

Wenn die Dakini erscheint, bringt sie Bewegung und Körperlichkeit ins Spiel. Das zeigt auch die Ikonografie weiblicher Buddhas der tantrischen Zeit. Die ruhenden, friedvollen Weisheitsbilder des Mahayana, die Raum und Leerheit symbolisieren, wie die der Buddha Prajñaparamita, existieren weiterhin. Hinzu kommt jedoch jetzt etwas Neues, das in der bewegten Pose der Buddha Tara schon angedeutet ist. Die tantrischen weiblichen Buddhas, wie Vajravarahi[328], sitzen nicht mehr, sie stehen, sie sind auf dem Sprung, energiegeladen und bewegt, ihre Bilder sind Momentaufnahmen eines einzigen Wirbelns. Sie tanzen im offenen Raum umgeben von einem Feuerkreis und stampfen die Feinde des Erwachens in den Staub. Auch ihre Gesichter strahlen nicht mehr nur schöne und liebevolle Gelassenheit aus. Oft ist ihre Stirn zornvoll gekräuselt, sie zeigen scharfe Zähne, und ihre Augen blitzen leidenschaftlich.

Die Göttinnen der Hindu-Religion drückten diese Dynamik und Leidenschaftlichkeit schon immer aus. Die Figur der Dakini bringt auch dem Buddhismus diesen Ausdruck weiblicher Weisheit wieder. Diese aktive, machtvolle, weibliche Energie schließt aber auch das Furchterregende und Dunkle ein.

Im alten Indien nannte man die Begleitgöttinnen von Durga oder Kali, der mächtigen Gebärerinnen und Zerstörerinnen, Dakinis. Man hielt sie auch für die Geister der Frauen, die im Kindbett gestorben waren; sie konnten Seuchen und Plagen bringen. Diese unheimlichen Wesen trieben sich auf den Verbrennungsplätzen herum, umgeben von Leichen, Blut und Verwesung, angetan mit Schmuck aus menschlichen Knochen. Diesen weiblichen Dämonen wurde der kulturelle Schatten von Ängsten aufgeladen, die sich an weiblicher Körperlichkeit festgemacht hatten. Der tantrische Buddhismus bricht diese Struktur auf, seine Übungen fordern ein Hinwenden zu den dunklen Regionen und den Ängsten.

Das Tantra macht es sich zur Aufgabe, den kollektiven und individuellen Schatten zu integrieren. Alle negativ gezeichneten Ausdrucksformen der alten Dakinis wandeln sich in seinem Einflussbereich in Symbole der Befreiung. Weibliche Weisheit kann wieder aus dem Schatten treten, und die Dakinis werden zu Botinnen der erwachten Wirklichkeit. Das Unberechenbare und Erschreckende bleibt ihnen als Qualität erhalten, ebenso wie die Seligkeit, die die Dakinis kennen und bringen – beides sind Aspekte der Begegnung mit der Wirklichkeit. Der tantrische Buddhismus stellt weibliche Buddhas und Dakinis als Herrscherinnen über Leben und Tod dar. Sie sind die Königinnen des Raums, und ihr machtvoller Tanz ist nichts anderes als die Lebendigkeit selbst.

Die Begegnung mit der Dakini

Der Dakini zu begegnen heißt also, der Wirklichkeit zu begegnen. Was bewirkt so eine Begegnung? Ein Aspekt ist ihr Wirken als Hebamme. Sie hilft Übenden, etwas auf die Welt zu bringen, sie gibt entscheidende Impulse, wenn es darum geht, eine Grenze zu überschreiten oder etwas zu »verwirklichen«, es Wirklichkeit werden zu lassen.

Über Begegnungen weiblicher Praktizierender mit einer Dakini ist fast nichts überliefert. In den Geschichten des Tantra ist allerdings oft die Heldin selbst eine Dakini. Zu Anfang weiß sie es meist nicht oder sie vergisst es in den ersten Monaten ihres Lebens. Im Laufe der Geschichte reift sie dann allmählich, oder auch ganz plötzlich, zur Erkenntnis ihres wahren Wesens heran.

Diese Entwicklung lässt sich zum Beispiel in den Geschichten von Mandarava, Yeshe Tsogyal, Lakshminkara, und Sukkhasiddhi verfolgen. Die Begegnung mit sich selbst als Dakini, mit sich selbst also als dieser Kraft des Erwachens in weiblichem Körper, ist oft freudvoll und eine Öffnung in tiefere Dimensionen. Sie kann aber auch Zweifel auslösen. Dann bedarf es der Einwirkung einer anderen Erwachten, wie zum Beispiel Buddha Tara, damit die Gewissheit tief ins Herz der Yogini hineinsinkt.

Andere Frauen wiederum treten vom ersten Moment an als voll entwickelte Dakini auf, entweder im Sinne einer verwirklichten Lehrerin oder einer Buddha, zum Beispiel Tiloma, Niguma, Yid Thogma, Vetali oder Frau Pfeilmacherin. Die Geschichten setzen ihr »Dakini-Sein« selbstverständlich voraus.

In ihren Geschichten zeigen sich die Dakinis immer auch als Lehrerinnen. Dabei gibt es vielerlei Formen in der Art ihres Lehrens oder Wirkens. Die Dakini kann zum Beispiel eine ganz normale Hausfrau sein, wie Manibhadra, die sich nach dreizehn Jahren Familienleben zum maßlosen Erstaunen ihrer Umgebung plötzlich in den Himmel erhebt. Sie kann eine Yogini sein, die unsichtbar auf dem Verbrennungsplatz lebt, wie Lakshminkara, die aber dennoch mit ihrer Kraft ein ganzes Land verwandelt. Sie kann fantastisch und erschreckend erscheinen, wie Niguma oder wie Mandarava, die in Gestalt einer Dämonin machtvoll die Feinde des Dharma unterwirft. Die Begegnung mit der Dakini kann aufrütteln, aber auch schützen, leiten und nähren.

Die meisten Hinweise für die Wirkung einer Dakini auf Übende sind allerdings aus der Erfahrung von Männern erhalten. Für männliche Übende bietet die Begegnung mit der Dakini, der erwachten Weisheit in weiblichem Körper, eine spezielle Projektionsfläche. Die männliche Sicht hat die Dakini als Gegenentwurf zum Subjekt des übenden Mannes verstanden, als Ergänzung der männlichen Psyche. Von dort aus wird argumentiert, die Dakini sei schlichtweg »das andere«, all das, was der Übende nicht ist, was er aber zu seiner Vervollständigung braucht. In diesem Sinne sei sie auch die Welt und die erwachte Wirklichkeit, die der Yogi umarmt und mit der er kommuniziert. Diese Interpretation lässt allerdings keinen Raum für ein weibliches Subjekt auf der Seite der Übenden. Auch in dem oft angeführten Argument, man würde die Dakini sträflich missverstehen, setze man sie mit Weiblichkeit im Sinne von tatsächlichem Frausein in Zusammenhang, steckt, so meine ich, der Wunsch einer einseitig männlichen Sicht, das Bild der Dakini weiterhin zu kontrollieren. Die Dakini aber kontrolliert ihr Bild selbst und lässt sich, ebenso wie die Wirklichkeit, nicht instrumentalisieren.

Was kann die Begegnung mit der Dakini für eine Frau bedeuten?

Folgt man der Argumentation der Tiefenpsychologie nach C. G. Jung, könnte die Dakini aus weiblicher Sicht der Symbolgestalt des weiblichen Selbst entsprechen, der inneren Ganzheit der Frau also. Einige buddhistischeTexte besagen, dass eine weibliche Übende ein Gegenüber, das der Begegnung eines Mannes mit der Dakini entsprechen würde, in der Gestalt des Heruka[329] findet. Das bezieht sich besonders auf die Übungen des sexuellen Yoga, in denen ein zweigeschlechtliches Paar im Zentrum steht. Hier braucht die übende Frau einen männlichen Partner, mit dem sie die Vollkommenheit des Yab-Yum-Aspektes verwirklichen kann.

Wenn aber eine Dakini als weibliche erwachte Kraft im Körper einer Frau einer Übenden begegnet, müsste diese Dakini für sie noch eine ganz andere Qualität ausdrücken. Aus den Legenden gibt es nur sehr spärliche Hinweise darauf, was für eine Qualität das sein könnte. Dakinis erscheinen weiblichen Praktizierenden, ebenso wie ihren männlichen Kollegen, als Botinnen im Traum oder in der Meditation, sie bringen Nachrichten oder geben ganz konkrete Hinweise darauf, was zu tun sei. Es sind zwei Episoden überliefert, in denen die Dakini einer Yogini in einer lebensbedrohlichen Situation erscheint und sie mit ihrem Körper nährt. Yeshe Tsogyal erlebt diese Rettung während ihrer asketischen Übungen: Eine Dakini lässt sie direkt aus ihrer Vagina trinken. Im zweiten Fall verkörpert sich die Dakini Mandarava als Tigerin und zieht mit ihrer Milch Kalasiddhi auf, die als Säugling auf dem Verbrennungsplatz ausgesetzt worden war. Das Kind entwickelt sich später unter der Leitung von Yeshe Tsogyal selbst zu einer bedeutenden Yogini.

Diese Begebenheiten zeigen die Begegnung von weiblichen Übenden mit der Dakini als nährendem Mutteraspekt. Was die Dakini für weibliche Übende bedeuten kann, stand in der Vergangenheit nicht im Zentrum des Interesses. Umso wichtiger ist es, dass die Praxis von Frauen in unserer Zeit diese Aspekte erforscht und weitervermittelt.

Die Dakini erscheint in einem weiblichen Körper

Die Dakini, als Lehrerin und erwachte Energie, erscheint allen, Frau oder Mann, in einem weiblichen Körper, auch wenn er nicht immer menschlich ist. Die Dakini lässt sich nicht von ihrem Körper abstrahieren. Denn wäre das möglich, müsste es die Dakini ja auch in einem männlichen Körper[330] geben, wie das bei den Buddhas und Bodhisattvas der Fall ist, die sich gleichermaßen männlich oder weiblich manifestieren können.[331] Die Dakini aber erscheint ausschließlich in einem weiblichem Körper und kann auch nur in dieser Form als Dakini erkannt werden. Ihr Körper, der weibliche Körper, diese spezifische Verkörperung der Erkenntnis der Wirklichkeit, ist die Dakini selbst. Vielleicht ist dies auch ein Hinweis darauf, in welcher Weise Frauen ihr in der Übung begegnen können.

Der Tanz der Dakini

Die rot leuchtende, nackte Frau hat ein Bein weit in den Raum hinausgestreckt. Auch ihre Brüste scheinen sich in den Raum hineinzubewegen, und das schwarze Haar, das ihr bis zu den Hüften reicht, weht in weitem Bogen um sie her. Sie ist dabei loszuspringen, zu wirbeln, tanzend die Offenheit mit ihrem ganzen

Körper zu umfangen. Ihr anderes Bein stampft auf den Boden auf und hält sie stabil in ihrer Achse. Einen Arm schwingt sie über ihren Kopf, den anderen führt sie zum Herzen und schließt den Kreis. In dieser dynamischen Tanzbewegung im offenen Raum, das feurige Wirbeln im Bild für einen Moment festgefroren, schwingt Sinnlichkeit und unzähmbare Energie. Das ist die Dakini, die Frau, die im weiten Raum der Wirklichkeit tanzt.

Die Philosophin Luce Irigaray sieht den Tanz als Quelle der ureigensten Ausdrucksform von Frauen. In ihrem Aufsatz »Die Geste in der Psychoanalyse«[332] berichtet sie, wie eine psychoanalytische Studie das Verhalten von Mädchen im Vergleich zu kleinen Jungen untersuchte, wenn sie auf sich gestellt mit ihrer Umwelt Kontakt aufnehmen. Irigaray nahm dabei ganz eigene Strategien des Mädchens wahr, die sich deutlich von denen des Jungen unterschieden. Sie waren nicht verbal, wie bei dem Jungen, sondern gestisch. Luce Irigaray stellte fest, dass das Mädchen »tanzt und sich so einen subjektiven Lebensraum schafft, der offen ist zur mütterlichen kosmischen Welt, zu den Göttern, zum anwesenden anderen. Dieses Tanzen ist zudem eine Form, sich im Verhältnis zur Mutter einen eigenen Bereich zu schaffen.«[333]

Dakinis kommen tanzend aus dem Leib ihrer Mütter auf die Welt. Die Königin der Dakinis, Mandarava, kann in ihrer Manifestation als Prinzessin Natyendri tanzen, sobald sie den Mutterleib verlassen hat. Kaum geboren, bewegt sie ihre Hände, um Einweihungen zu geben, daher auch ihr Name »Natyendri, die machtvolle Frau des Tanzes«.[334] Auch die Yogini Machig Labdrön tanzt, gerade geboren, vor den Augen ihrer erstaunten Mutter die 24 Tanzhaltungen der Dakinis.

Irigaray denkt diese Ausdrucksform der Mädchen und Frauen weiter und schreibt: »Sie haben (…) das Bedürfnis, sich selbst hervorzubringen und sich Autonomie zu verschaffen, auch in der Bewegung, die Freiheit, sich in alle Dimensionen zu entfernen und zurückzukehren. (…) Sie brauchen eine eigene Achse, die mikrokosmisch von den Füßen, dem Stand bis zum Kopf, makrokosmisch von der Erde bis zum Himmel verläuft. Diese Achse ist in den ikonografischen Zeugnissen jener Traditionen präsent, in denen die Frauen sichtbar sind. Die Frauen finden in ihr die Bedingung ihres Bereiches, der Autonomie ihres Körpers und ihres Fleisches, die Möglichkeit ihrer Lust, die vom Kleinsten bis zum Größten gehen kann. In ihr trennen sie sich nicht vom Arm oder der Hand, um den anderen zu beherrschen; sie halten alle ihre Glieder, ihren ganzen Körper in Bewegung, insbesondere die Beine.«[335]

Diese Überlegungen passen sehr gut zum Wesen der Dakini, und ihre Darstellung in der buddhistischen Ikonografie gibt genau das wieder, was Irigaray beschreibt. Im Tanzen der Dakini drückt sich demnach eine zutiefst weibliche Art der Welterfahrung aus, die Erfahrung einer Frau von sich als Person.

Tänze und rituelle Gesten sind integraler Bestandteil tantrischer Rituale. Die Autorin June Campbell sieht in dieser Tatsache den Hinweis darauf, dass weibliche Subjektivität und die Sehnsucht von Frauen die Rituale mitgestaltet haben: »Da ja weltliche Subjektivität für Männer und Frauen auf unterschiedlichste Weise erreicht wird, muss auch die symbolische Wiedergabe dieser Subjektivität in Betracht ziehen, dass männliche und weibliche Subjekte die Sehnsucht der Vereinigung mit dem Raum der göttlichen Mutterweisheit unterschiedlich ausdrücken. Für weibliche Subjekte scheint das durch das Bild des Tanzes zu geschehen. Wenn die tantrischen Rituale in einer Zeit entstanden sind, in der die Kraft der weiblichen Fruchtbarkeit und ihre schöpferischen Kräfte erkannt wurden und so auch weibliche Subjektivität anerkannt und dargestellt wurde, dann müssten tantrische Rituale, die Räume und Mandalas, die durch so eine Auffassung geschaffen wurden, diese subjektive Essenz der weiblichen Form wiedergeben.«[336]

Die Himmelstänzerin spielt tanzend mit Offenheit und Grenzen. Die Bewegung im Raum zeichnet einen Raum im Raum, dessen Grenzen unsichtbar sind. Luce Irigaray beobachtet: »Das Mädchen beschreibt einen Kreis, eröffnet und verwehrt den Zugang zu diesem Bereich. Sie spielt mit diesem gestischen Bereich und seinen Grenzen.«[337] Was das Mädchen durch seine kreisende Bewegung im Raum zeichnet, ist nichts anderes als ein Mandala, das sich durch das Umkreisen einer Mitte bildet.

Auch im Tanz der Dakini spielt die Erfahrung von Grenzen und das Hinübergehen von einem Raum in den anderen eine Rolle. Sie ist selbst eine Figur des Grenzbereichs, der Dämmerung, die unterschiedliche Welten und Erfahrungsräume miteinander verbinden kann. Ihr Körper drückt das durch gegensätzliche Bewegungsrichtungen, gleichzeitiges Zusammenziehen und Ausweiten aus. Ihr rechter Arm mit dem Hackmesser und ihr linkes Bein strecken sich schwungvoll nach außen, während der linke Arm mit der Blutschale und das rechte Bein eng an den Körper herangezogen sind.

Der Tanz der Dakini ist die existenzielle und gleichzeitig spielerisch gewandte Auseinandersetzung mit Entstehen und Vergehen, Leerheit und Form, ich und anderem. All das umschließt und berührt ihr Wirbeln im offenen Raum. Sie bewegt sich unvorhersehbar und spontan, sie kann erschrecken oder betören, jeder Moment ist neu und jeder Moment ist vollkommen. In diesem Sinn ist ihr Tanz nichts anderes als das wahre Wesen der Wirklichkeit.

»Die Begegnung mit der Dakini ist (…) die Erfahrung der letztendlichen Natur des Geistes in seinem dynamischen Ausdruck als eine sich unablässig bewegende Himmelstänzerin.«[338]

Der Klang der Dakini

Der Klang der Dakini sind machtvolle weibliche Stimmen in weiblichen Körpern, sie sind nicht zu überhören, und selbst, wenn sie in einer unverständlichen Sprache sprechen, spitzen alle die Ohren, um ja keinen Laut zu verpassen. Die Stimmen der gewöhnlichen Frauen dagegegen klingen allzu oft schwach und machtlos, sie werden leicht überhört.

In einigen Geschichten kommt der Stimme der Dakini eine ganz besondere Bedeutung zu. Ganz besonders in der Befreiungsgeschichte von Yeshe Tsogyal. Hier wird erzählt, wie sich mit der Entwicklung der Yogini zu einer mächtigen tantrischen Lehrerin auch ihre Stimme immer weiter entfaltet. Als junges Mädchen schreit sie zwar laut und wütend, aber ihre Protestschreie haben keine Wirkung, niemand hört auf sie. Nach einigen Jahren Ausbildung bei ihrem Lehrer und tiefen Meditationserfahrungen kann sie jedoch feindselige Räuber, die nicht ein Wort ihres Gesangs verstehen, allein durch den Klang ihrer Stimme in hingebungsvolle Dharma-Verehrer verwandeln. In Nepal erweckt sie durch ihre Stimmgewalt sogar einen Toten wieder zum Leben. Zuletzt findet sie als Eremitin auf dem Berg im unerschütterlichen Schweigen den tiefsten Ausdruck ihrer Stimme.

Einerseits ist es die Stimme der Dakini, die ihren besonderen Klang ausmacht. Ein anderer eindrücklicher Klang der Dakini ist das rhythmische Pulsieren der Trommel[339], die sie bei sich tragen kann. Der langsame Puls des Trommelklangs, mit dem Übende ihre Gesänge begleiten, ist wie der Herzschlag der Mutter, wie er im Uterus, beim Stillen und Herumgetragenwerden an das Ohr des Kindes heranpocht.[340] Es ist der Puls der großen Mutter, der Prajñaparamita, der innen und außen vereinigt. Dieser Rhythmus klingt in und um die Dakini.

Eine weitere Besonderheit der stimmlichen Äußerung von Dakinis liegt darin, dass sie eine Sprache benutzen können, die außerhalb dessen liegt, was wir normalerweise unter Sprache verstehen.[341] Diese Klangäußerung wird »Zwielichtsprache« genannt. Wenn Übende diese Mitteilungen verstehen wollen, müssen sie sich selbst in den Grenzbereich der Dämmerung hineinwagen. Nur aus dem eigenen Erleben heraus kann man die Bedeutung dieser Klänge verstehen.

Auch lachend lehren die Dakinis. »Das Gelächter der Dakinis«[342] heißt einer der Texte, die aus ihrem klanglichen Dämmerungsreich stammen. Seine geheimsten Lehren übermittelt der tibetische Buddhismus nur als »geflüsterte« Unterweisungen, vom Mund der Lehrenden direkt in ein empfängliches Ohr, als »Atem der Dakini«. Um das Lebendige und Intime dieser Übermittlung noch besonders zu betonen, die immer eine Verbindung mit der lebendigen Linie der Übenden darstellt, heißen sie auch »warmer Atem der Dakini«. In diesem Sinne ist eigentlich jedes Wort der Vajrayana-Lehren der Hauch der Dakini. Und jedes Wort wird getragen vom Klang AH, dem Klang der Offenheit des Raumes, in dem die Dakini tanzt. Diese vom Atem durchströmte offene Silbe ist Ausdruck der tiefsten Ebene der Wirklichkeit, persönlich, nah und unfassbar.[343]

Der Atem, der Hauch, ist wie der Klang und der Tanz der Dakini warm und lebendig. Man kann ihn nicht erklären, aber mit dem Herzen verstehen.

Die Geschichten

Dakinis und Yoginis

Vetali

Wo kam eine Yogini wie Vetali her? Wer waren ihre Lehrerinnen? Lebte sie als Eremitin allein im Wald? Oder war sie eine Yogini, die im Verborgenen übte und die nur zufällig im Wald auf den armen Schneider traf? Alles, was wir von ihr wissen, stammt aus der Befreiungsgeschichte ihres Schülers Kantali, und sie berichtet nur, was er von ihr wahrnahm. Das allerdings, was er von Vetali lernen konnte, rettete sein Leben. Sie lehrte ihn, seine Arbeit als Weg zum Erwachen zu nutzen. Sie zeigte ihm seine wahre Würde und das Potenzial, das in ihm steckt. Es ist eine besondere Ermutigung und Inspiration, dass eine Lehre wie diese von einer Frau kommt und von einem Mann verstanden wird.

Kantali war einer der Unberührbaren. Die einzige Arbeit, die er verrichten durfte, bestand darin, alte Fetzen und Lumpen zu wiederverwertbarem Stoff zusammenzunähen. Es war eine mühselige Arbeit, schlecht angesehen und machte ihn noch nicht einmal satt. Eines Tages, als er wieder zusammengekrümmt und übermüdet über seiner Arbeit saß, stach er sich mit der Nadel so tief in den Finger, dass das Blut über den Stoff tropfte, den er in den letzten Stunden mühevoll zusammengenäht hatte. Alles brach über ihm zusammen, der Schmerz der Wunde, die Verzweiflung über das vernichtete Tagwerk und sein ganzes trauriges, auswegloses Leben. Wie ein verwundetes Tier stürzte er aus seiner Hütte und rannte in den nahe gelegenen Wald hinein, immer weiter und weiter, bis er nicht mehr konnte. Im Schatten der großen Bäume warf er sich auf den Boden, schluchzte herzzerreißend und riss sich die Haare büschelweise aus dem Kopf.

Die Yogini Vetali, die in diesem Wald lebte, hörte seine Verzweiflungsschreie, und tiefes Mitgefühl erfasste sie. Vetali erhob sich aus ihrer Meditation, trat zu dem schluchzenden, schmutzigen Mann und berührte ihn leicht an der Schulter. Kantali fuhr auf und sah eine alte Frau vor sich stehen. Ihre silbernen Haare fielen ihr bis zu den Hüften herab, und ein warmer Schimmer ging von ihr aus.

Freundlich sah sie ihn an, beugte sich zu ihm herunter und fragte ihn nach seinem Kummer. Sie fasste tröstend seine Hände, ohne sich darum zu kümmern, dass er einer der Unberührbaren war, die niemand außerhalb ihrer eigenen Kaste anfassen darf. Und auch Kantali zog seine Hände nicht zurück, wie er es sonst wohl getan hätte. Er spürte ein ganz unerklärliches Vertrauen zu dieser wundersamen Frau, und er erzählte ihr sein ganzes unglückliches Leben, das ihm hoffnungslos vorkam und ohne jede Aussicht auf Verbesserung. »Hm«, sagte die Frau nach einer Weile und setzte sich zu ihm ins Moos. »Ich verstehe das so: Du leidest jetzt in deinem Leben, weil du aus früheren Existenzen schon großes Leiden mitgebracht hast. Wenn du weiter nichts unternimmst, wirst du immer mehr Leid anhäufen und das auch noch in deine nächsten Wiedergeburten tragen. Ich könnte dir etwas vorschlagen, was dein Schicksal wenden wird und dir hilft, dein Leiden zu mindern.«

Kantali sah die Frau mit Tränen in den Augen an. Noch nie hatte irgendjemand etwas Vergleichbares zu ihm gesagt, vernünftig und aufmunternd mit ihm gesprochen. »Bitte, ich bitte dich, wenn du einen Rat hast, was immer es ist, gib ihn mir. Ich habe nichts zu verlieren und will ihn sicherlich befolgen.«

»Gut.« Vetali warf ihm einen prüfenden Blick zu. »Ich werde dir ein Sadhana geben. Aber wirst du es auch schaffen, es auszuführen und mit deiner Aufmerksamkeit dabeizubleiben?«

»Wenn du mir zeigst, wie es geht, wird mich nichts davon abhalten!«, versprach Kantali. Also erhielt er von Vetali eine Übertragung der Praxis des Buddha Hevajra.[344] Sie gab ihm außerdem Lehren darüber, wie er Liebe und Mitgefühl entfalten könne,[345] und darüber, wie die verschiedenen Stufen der Übung mit einer Meditationsgottheit durchzuführen sind.

Voller Freude und Dankbarkeit kehrte Kantali in sein Dorf zurück, und mit Feuereifer begann er sofort zu üben. Er fühlte sich voller Energie und zutiefst gestärkt. Nachdem er einige Monate konzentriert und mit großer Zuversicht zugebracht hatte, verblasste jedoch die Neuartigkeit der Übung, und er merkte, wie er wieder hauptsächlich mit dem Nähen, seinen Sorgen und den gewohnten Gedanken beschäftigt war. Zwar dachte er immer noch an die verschiedenen Stufen der Übung, aber er musste so viel arbeiten, dass er zu wenig Zeit hatte, um sich wirklich zu versenken, und der Alltag fraß sich unerbittlich in sein Denken hinein. Die Welt, in der es Buddhas und einen Weg zum Erwachen gab, verschwand mit jedem Tag ein Stückchen mehr. Die alte Verzweiflung kochte in ihm hoch. Sehnsüchtig und gleichzeitig voller Scham, weil er sein Versprechen, die Übung nicht zu vergessen, nicht einhalten konnte, dachte er immer wieder an seine Lehrerin aus dem Wald.

Plötzlich, eines Abends in der Dämmerung, stand sie in der Tür seiner Hütte. Außer sich vor Freude, warf er sich ihr zu Füßen und bot ihr den einzigen Schemel an, den er besaß. Stammelnd versuchte er ihr zu erklären, was ihm in den letzten Wochen widerfahren war. »Ich habe es einfach nicht geschafft. Ich weiß nicht, wie ich beide Welten zusammenbringen kann, die Arbeit frisst meine Hoffnung auf.«

Die Yogini Vetali sah ihn freundlich an, nahm seine Hand und sagte: »Mein Lieber, der Weg, den ich dir gezeigt habe, ist sehr wirkungsvoll, aber er hat auch seine Tücken. Ich werde dir jetzt verraten, wie du aus dieser Zwickmühle herauskommst. Hör mir gut zu! Die Lösung ist: Benutze alles, was du tust, als Weg.« Und sie sang ihm folgendes Lied:

»Nähst du die Fetzen zusammen,
Sieh sie als Leerheit und Erscheinungen.
Mit der Nadel als Gewahrsein
Und dem Faden als Mitgefühl
Nähst du so neue Kleider
Für die Wesen der Daseinswelt.«

Von diesem Abend an breitete sich große Klarheit in dem Schneider Kantali aus. Mit dieser Anweisung war es einfach, Meditation und Arbeit aufmerksam zu verbinden, Leerheit und Mitgefühl enthüllten sich ihm mühelos. So lebte er viele Jahre zum Wohle aller Wesen als Lumpennäher und tantrischer Yogi. Vetali, seine Lehrerin, begegnete ihm in diesem Leben nicht mehr. Aber immer, wenn er an sie dachte, tauchte ihr freundliches Lächeln vor ihm auf. Wenn der Wind durch die Fensterritze pfiff oder in den Wipfeln der Bäume brauste, wenn die Eselskarren die Straße hinunterschepperten, in allen Klängen hörte er die Stimme seiner Lehrerin, besonders nachts, wenn er still in seinem Bett lag und lauschte, wie sein Herz schlug: »Der Faden als Mitgefühl, die Nadel als Gewahrsein.« Er fühlte sich immer geborgen in ihrem Lied.[346]

Frau Pfeilmacherin

Was für eine Geschichte: Da lässt sich ein Mönch, noch dazu der ehrwürdige Abt der Nalanda-Universität, von drei dahergelaufenen Frauen betrunken machen, gibt seine Roben zurück und folgt einer Frau, die Pfeile auf dem Markt schnitzt! Es ist nur eine kurze, zufällige Begegnung, und schon bricht dieser geistige Würdenträger unversehens zwei seiner Hauptgelübde, nämlich, sich nicht mit Frauen einzulassen und keine Rauschmittel zu sich zu nehmen.

Nehmen wir einmal an, diese drei waren Yoginis, die nach einem Dakini-Fest auf dem Weg nach Hause waren, Devishvari, Königinnen des Raums, direkt von der Quelle der Inspiration. In ihrem Alltag erschienen sie vielleicht als Tänzerin, Spirituosenhändlerin und ehrwürdige Greisin, als ganz normale Frauen. Wir wissen nicht, wie dieses Treffen zustande kam und was dabei genau geschah, aber der Abt Rahula hatte in dem Augenblick, als er über den Schatten seiner Gelübde sprang, einen der hellsten Momente seiner Karriere.

Er nimmt den Becher an, den die drei für ihn füllen. Vielleicht war es die alte Frau, die diesen anbot. Sie sieht den Mönch freundlich an, ja, fast liebevoll, wie damals seine Mutter, an die er sich kaum noch erinnern kann. Und er trinkt.

Ein Geschmack wie prickelnde Feuerfunken, und die Welt beginnt zu verschwimmen. Er trinkt und trinkt, der Becher hat keinen Grund. Der einzige Anhaltspunkt im kreisenden Wirbeln sind die Stimmen der drei Frauen in seinem Ohr: »Wenn dir wirklich etwas am Erwachen liegt, dann suche die Frau Pfeilmacherin, das ist die richtige Lehrerin für dich.«

Gleich am nächsten Morgen begibt er sich trotz bohrender Kopfschmerzen auf den Markt und hält Ausschau nach der Frau, die seine Lehrerin werden soll. Fast will er die Suche schon aufgeben, da sieht er eine Pfeilmacherin im Schatten unter einem Mauervorsprung sitzen. Sie hat einen Pfeil[347] auf Augenhöhe gehoben und sieht prüfend am Schaft entlang. Dann nimmt sie das Messer wieder auf. Es flitzt über den Schaft. Eine Bewegung, so schnell und präzise, dass es aussieht, als tanze das Messer durch die Luft. Er tritt zu ihr in den Schatten. »Guten Tag, liebe Frau«, spricht er sie an, »mein Name ist Rahula. Ich bin der Abt der hiesigen Klosteruniversität. Vielleicht habt ihr ja schon von mir gehört. Sie machen das sehr gut, finde ich. Obwohl das ja eine eher ungewöhnliche Beschäftigung für eine Frau ist, nicht wahr?«

Sie wirft ihm einen Blick aus den Augenwinkeln zu, der sich ihm wie ein Pfeil ins Herz bohrt: »Was die Lehren des Buddha bedeuten, kann man durch Symbole und Handlungen verstehen, aber nicht durch Worte oder Bücher.« Dann flitzt ihr Messer wieder über den Pfeil.

Der Abt Rahula verneigt sich tief und setzt sich stumm neben die Frau Pfeilmacherin. Als es Zeit wird, nach Hause zu gehen, fragt er, ob er ihren Korb tragen darf. Er begleitet sie zu ihrem Haus in den Bergen, legt seine Roben ab und bleibt.

Sie leben einfach und zurückgezogen. Es gibt die tägliche Arbeit, die Tiere, das Kochen, den Garten und den Markt. Für Rahula ist das manchmal die Hölle: Wo ist die große Aufgabe, die heroische Tat, mit der man alle Wesen vor den Leiden im Samsara rettet? Deswegen war er doch ausgezogen und hatte sein Leben dem Dharma gewidmet! Zweifel überfallen ihn. »Ich glaube, ich sollte mich in eine Höhle zurückziehen und wirklich Askese üben«, murmelt er vor sich hin und schaut grimmig dem Hahn nach, der laut krähend auf die Futterkiste geflattert ist. »Ich habe doch nicht meine Mönchsgelübde aufgegeben, damit ich hier die Hühner füttere. Es gibt wichtige Dinge zu tun.«

Was ihm zusätzlich das Leben schwer macht, ist eine alte Gewohnheit, die er aus dem Kloster mitgebracht hat. Wenn er meditiert, fällt er oft in tiefe Trancen. Manchmal bleibt er tagelang einfach sitzen, ohne sich zu bewegen. »Tiefen Frieden« nennt er das, wenn er nach vielen Stunden reglosen Sitzens schlecht gelaunt, hungrig und mit steifen Knien wieder aufsteht.

Frau Pfeilmacherin kocht. Rettich-Curry, sein Lieblingsgericht. Der Geruch der würzigen Soße durchströmt das Haus und lockt Rahula immer in die Küche. Diesmal nicht. Sie ruft ihn. Nichts. Sie findet ihn in seinem Zimmer, regungslos, versunken, die Beine in der Lotoshaltung verschränkt.

Sie isst etwas von dem Curry. Sie schaut nach ihm. Sie geht zum Markt, in den Garten, zu den Tieren. Die Sonne geht unter und wieder auf. Nach ein paar Jahren stirbt die Kuh. Sie kauft eine Ziege. In ihren Haaren zeigen sich jetzt weiße Strähnen. Ihre Augen blitzen wie immer. Dann, eines Tages, im zwölften Jahr, kommt plötzlich Bewegung in den ausgemergelten Körper von Rahula. Es dauert Stunden, bis das Blut wieder zirkuliert und er den Mund bewegen kann. Seine Stimme rasselt und knistert, als er hervorstößt: »Wann gibt es denn das Rettich-Curry? Ich muss essen und dann in meine einsame Höhle ziehen, um endlich meine Übung zu vertiefen.«

Frau Pfeilmacherin stemmt die Hände in die Hüften. »Du bist wirklich vollkommen verrückt. Ganze zwölf Jahre hast du in meditativer Versenkung gesessen, und das Erste, was dir jetzt einfällt, ist Rettich-Curry? Schöne Versenkung! Zwölf Jahre klebt dein Geist am Rettich-Curry. Da wird dir die Höhle auch nicht viel nützen!« Und dann lacht sie so sehr, dass ihr die Tränen wie glitzernde Regenbögen aus den Augenwinkeln stieben. Fassungslos starrt Rahula sie an. Er ist jetzt wach, wach, wie noch nie. »Jetzt hör mir mal gut zu, du windiger Heiliger« – sie bringt ihre Nase ganz nah an seine – »wenn du nicht verstehst, wie du deinen Geist von den Konzepten und Ideen, die in ihm herumschwirren, befreist, kannst du in einer einsamen Höhle sitzen, bis du schwarz wirst. Der Geist, jenseits von allem, was man sagen und beschreiben kann, das ist die wirkliche Freiheit. Die findest du überall, ob du in einer Höhle lebst oder auf dem Markt Pfeile schnitzt.«

Erst in diesem Augenblick erkennt Rahula die Frau Pfeilmacherin wirklich als seine Lehrerin.[348]

Sie bildet ihn zu ihrem Gefährten aus. Er nimmt ihren Namen an und nennt sich Saraha, der, der den Pfeil abschießt.[349]

Was seine Lehrerin dem Yogi Saraha bedeutet, besingt er später so:

»Man isst und trinkt und denkt,
Was einem so durch den Sinn geht,
Es ist jenseits von Denken und dem Unfassbaren,
Dieses Wunder der Yogini.«[350]

Gemeinsam nehmen die Frau Pfeilmacherin und Saraha an den festlichen Treffen der Yoginis und Yogis teil,[351] bei denen spontane Lieder der Verwirklichung[352] gesungen werden, auch die von der Frau Pfeilmacherin und Saraha. Die Tradition spricht diese Lieder ausschließlich Saraha als Autor zu. Die Verse sind jedoch gewiss die gemeinsame Frucht aus dieser Partnerschaft, denn die Weisheit der Frau Pfeilmacherin leuchtet aus ihnen hervor:

»Die Wurzel von allem, was existiert, und allem jenseits davon
Ist der Geist.
Erkennst du das, gibt es nichts mehr zu üben.
Lass los, und ruhe in dem, was du bist.

Irgendwo anders danach zu suchen ist sinnlos.
Du denkst nicht mehr, ›das ist es‹ oder ›das ist es nicht‹.
Das ursprüngliche Gewahrsein ist unveränderlich und jenseits davon.«

Saraha gilt als einer der Gründerväter des tantrischen Buddhismus. Seine Verse sind Quellentexte, die auf der ganzen Welt zitiert und gelehrt werden. Ein Text der tibetischen Kagyü-Schule des 16. Jahrhunderts erklärt jedoch, dass der Bodhisattva Vajrapani die Lehren des Mahamudra und Tantra zunächst den Dakinis in Uddiyana anvertraute.[353] »Es wird gemeinhin angenommen dass der tantrische Buddhismus nur von Männern geschaffen wurde«, schreibt Miranda Shaw. »Die Beweislage enthüllt aber, dass er ebenso von Frauen geschaffen wurde, wie zum Beispiel von Vajravati, Lakshminkara, Mekhala, Kanakhala, Siddharajñi, Padmalokana, Jñanalokana, Kambalas Mutter, Gangadhara, der Frau Pfeilmacherin, Tilopas lebenslanger Mentorin[354], und ihren Schülerinnen und Schülern.«[355] Saraha verdankt seine Erkenntnisse den Lehren und dem Zusammenleben mit einer weisen Frau, einer verwirklichten Yogini.[356] Wahrscheinlich gehörte sie zu der Gruppe um Lakshminkara und Sahajayoginicinta.

Der eigentliche Name der Yogini wurde vergessen. Sie selbst stellte die Verwirklichung ihrer wahren Natur in den Mittelpunkt ihres Lebens, und es kann gut sein, dass sie überhaupt nicht daran interessiert war, ihren Namen dokumentiert zu sehen.

Manibhadra

Dies ist die zweite Geschichte einer Frau, die beim Wasserholen erwachte.[357] Manibhadra[358] ist ebenso wie Lakshminkara und ihre beiden Schülerinnen eine der vier weiblichen Mahasiddhas, die in die offizielle Liste von Abhayadatta aufgenommen wurden.[359]

Die Mahasiddha Manibhadra sah für alle wie eine ganz normale Hausfrau aus, sie übte im Verborgenen, beim Wasserholen, Essenkochen und im Familienleben. Ihren Lehrer Kukkurippa kann man sich etwa so vorstellen wie einen gealterten Punk, der mit seinen Hunden auf der Straße lebt. Genauso hat er mit der Welt nichts mehr zu tun, lebt von dem, was andere ihm geben und teilt mit seinen Hunden alles. Kukkurippas Liebe zu Hunden hat allerdings mit seinem Erwachen zu tun. Eine Dakini in Gestalt einer Hündin führte ihn in das Wesen seines Geistes ein.

Manibhadra wuchs in einer wohlhabenden, gut angesehenen Familie in der indischen Stadt Agartse auf. Als sie dreizehn Jahre alt war, wurde sie, so wie es damals Brauch war, an einen jungen Mann aus ebenso gutem Hause verheiratet. Da sie aber noch zu jung war, um ihre Pflichten als Ehefrau zu erfüllen, durfte sie im Hause ihrer Eltern wohnen bleiben, bis ihr Bräutigam sie holen würde, wenn die Zeit dafür gekommen war.

Eines Tages, als sie gerade allein in der Küche war, kam ein Bettler an die Tür. An seinem Lendentuch, das irgendwann einmal weiß gewesen war, und an dem Haarknoten erkannte sie ihn sofort als einen Yogi, einen heiligen Mann. Sie lud ihn ein, Platz zu nehmen und von ihr Speise anzunehmen. Der Yogi ließ sich nieder, und sie brachte ihm das Beste, was die Speisekammer zu bieten hatte. Während er aß, schaute sie ihn sich verstohlen genauer an. So einen Mann hatte sie noch nie gesehen. Sein üppiges und verfilztes Haar saß wie eine Krone auf seinem Kopf, das Gesicht darunter war ebenmäßig, mit sinnlichen Lippen, es war das Gesicht eines Prinzen! Sein Körper war braun gebrannt und sah geschmeidig aus. Es war unverheirateten Frauen untersagt, zu fremden Männern zu sprechen, aber Manibhadra war so fasziniert von ihrem Besucher, dass sie ihre ganze gute Erziehung vergaß und einfach herausplatzte: »Ihr seid ein so gut aussehender Mann! Wieso lauft Ihr in Lumpen herum? Und warum sucht Ihr Euch nicht eine Frau? Ihr könntet es Euch doch richtig gut gehen lassen!«

Dann wurde sie rot und versteckte ihr Gesicht hinter den Händen. Der Yogi lachte und zeigte seine blitzenden Zähne: »Danke für das Kompliment. Die meisten Leute finden mich abstoßend, weil ich mit meinen Hunden auf dem Verbrennungsplatz lebe. Aber ich mache genau das, was ich möchte. Mein Ziel ist es, aus dem Rad der Wiedergeburten auszusteigen, und darum übe ich Meditation und lebe frei und ungebunden. Wenn ich diese Gelegenheit jetzt nicht ergreife, wer weiß, wann es wieder möglich sein wird.«

»Was meint Ihr denn damit?« Manibhadra fühlte einen Stich im Herz.

»Weißt du, junge Frau mit dem mitfühlenden Herzen, es ist eine seltene Kostbarkeit, in einem menschlichen Körper geboren zu sein. Als Menschen erleben wir Glück, und darum wissen wir, wonach wir suchen. Wir erleben aber auch viel Leid, und das spornt uns an, besser zu verstehen, was Glück wirklich ist.«

Manibhadra sprang auf: »Habt Ihr denn verstanden, was Glück wirklich ist, könnt Ihr es mir zeigen?«

Der Yogi setzte die Schale ab und wandte sich zur Tür: »Du weißt ja, wo ich wohne. Jeder dort kennt mich, und du kannst nach mir fragen, wenn du mehr wissen willst.« Dann war er verschwunden.

Die ganze Nacht konnte Manibhadra nicht schlafen. Es gab jemanden, der wusste, was Glück wirklich ist? Sollte es noch etwas anderes geben als den vorgeschriebenen Weg Heirat, Kinder, Haushalt, Witwendasein, Tod? In der Morgendämmerung, noch bevor irgendjemand im Haus wach wurde, schlich sie sich davon. Obwohl sie noch nie allein draußen gewesen war, hatte sie keine Angst. Sie wusste, in welcher Richtung der Verbrennungsplatz lag, und irgendwann brauchte sie nur noch dem Geruch zu folgen. Eine Bäuerin, die schon früh zum Feld unterwegs war, fragte sie nach dem schönen Yogi. »Ah der, du meinst den Guru Kukkuripa, ja ja, den findest du dort drüben in der Hütte, wo die Hunde jaulen.« Jetzt wusste sie auch seinen Namen. Als sie näher kam, drängten sich die Hunde schnuppernd an sie. Keiner bellte, und sie hatte keine Angst vor den Tieren. Zögernd lugte sie in die dämmrige Bambushütte. Drinnen saß der Yogi Kukkuripa und strahlte sie an.

»Erzählt mir mehr über das Glück!«, flüsterte sie und kniete sich vor ihn nieder. Kukkuripa sah dem Mädchen in die Augen und spürte, wie aufrichtig ihr Anliegen war. Er selbst hatte Erwachen durch die Führung einer Lehrerin erlangt, und es lag ihm am Herzen, den Frauen von seinem inneren Reichtum zurückzugeben, was er nur konnte. Jetzt war die Zeit gekommen. »Gut«, sagte er, »ich werde dir zeigen, wo du suchen musst.«

Dann schloss er die Tür und gab ihr die äußerst geheimen Übertragungen des Chakrasamvara-Tantra[360]. Er unterrichtete sie darin, die Erschaffungs- und die Vollendungsstufe[361] zu praktizieren. Manibhadra blieb sieben Tage in der Hütte des Yogi und verwurzelte sich tief in der Übung. Dann machte sie sich auf den Weg nach Hause.

Ihre Familie stand in der Zwischenzeit Kopf. Ein unverheiratetes Mädchen verschwindet tagelang, ohne eine Spur zu hinterlassen? Wo konnte sie nur sein? War sie entführt oder gar ermordet worden? Oder hatte sie einen heimlichen Liebhaber und war mit ihm davongelaufen? Welche Schande für die Familie! Als sie am achten Tag plötzlich im Hof stand, fielen alle über sie her. Ihr Vater schlug auf sie ein, die Mutter schüttete keifend die gemeinsten Schimpfworte über sie aus. Wie konnte sie das Ansehen der Familie so in den Schmutz ziehen? Sie hatten ihr doch das Beste gegeben, was eine junge Frau erwarten durfte, wie konnte sie so ein gutes Leben mit Füßen treten? Als die Eltern schließlich erschöpft von ihr abließen, wischte sich

Manibhadra das Blut aus dem Gesicht und sagte: »Warum wurde ich in so eine gute Familie geboren und genieße, wie ihr sagt, die besten Möglichkeiten, wenn ich mich nicht aus dem Zugriff von Samsara befreien darf? Ich war bei meinem Lehrer, dem Yogi Kukkuripa. Er hat mir gezeigt, wie ich mich im Weg zur Befreiung aus dem Leiden üben kann. Und ich habe schon damit angefangen.«

Es war still geworden auf dem Hof. Alle hielten den Atem an. Da ging es wie ein Ruck durch ihren Vater, und er kam auf sie zu und nahm sie in die Arme. Die Mutter wischte ihr die Tränen vom Gesicht, und die Eltern führten sie ins Haus.

Nach einem Jahr kam Nachricht von ihrem Bräutigam. Er wollte sie trotz allem, was vorgefallen war, noch zur Frau haben. Eine große Erleichterung für die Eltern. Aber was würde Manibhadra dazu sagen? Sie, die jetzt meistens allein in ihrem Zimmer saß und meditierte, würde es gewiss ablehnen, die Ehe einzugehen, und der nächste Skandal wäre da. Wie überrascht waren alle, als Manibhadra lächelnd einwilligte, mit ihrem Bräutigam zu gehen.

In der ersten Zeit warteten die Eltern täglich darauf, bittere Beschwerden aus dem Haushalt ihres Schwiegersohnes über ihre Tochter zu hören. Aber nichts dergleichen! Stattdessen schien man sehr mit ihr zufrieden zu sein. Sie bediente ihre Schwiegereltern und ihren Mann, wie es sich gehörte. Selbst die schwersten Arbeiten nahm sie ohne Murren auf sich. Im Laufe der Zeit gebar sie einen Sohn und zwei Töchter, und um sie herum schienen sich Glück und Zufriedenheit auszudehnen. Diese Verrücktheit mit ihrem Guru damals war nur ein Ausrutscher gewesen, und keiner erinnerte sich mehr daran. So vergingen zwölf Jahre.

Wie jeden Morgen ging Manibhadra auch an diesem Tag zum Wasserholen an den Fluss. Sie war froh über diese stille Zeit mit sich allein, denn es war ein besonderer Tag, dessen Bedeutung nur sie allein kannte. Auf den Tag genau vor dreizehn Jahren hatte sie ihren Lehrer zum ersten Mal gesehen. Seitdem war kein einziger Tag vergangen, an dem sie nicht so geübt hatte, wie er es ihr gezeigt hatte, und ihr Leben hatte sich verwandelt. Tief versunken in ihre Meditation, wie jeden Morgen, und mit einem Herzen voller Dankbarkeit hob sie den gefüllten Wasserkrug aus dem Fluss, setzte ihn sich auf die Schulter und machte sich auf den Heimweg. Jeden Tag seit zwölf Jahren ging sie diesen Weg, sie kannte jeden Stein, jede Wurzel und doch – plötzlich, stolperte sie. Sie taumelte, verlor das Gleichgewicht, der Krug schwankte einen Moment unsicher auf ihrer Schulter, dann fiel er zu Boden und zerbrach.

Zunächst hatte niemand bemerkt, dass Manibhadra nicht nach Hause gekommen war, aber um die Mittagszeit begann man sie zu vermissen. Im Haus und im Garten war sie nicht zu finden. Jemand erinnerte sich, dass sie doch morgens zum Wasserholen gegangen war. Hoffentlich war ihr nichts zugestoßen, vielleicht ein Schlangenbiss? Alles, was Füße hatte, ihr Mann, ihre Kinder, der ganze Haushalt, rannte den Pfad zum Fluss hinunter. Und tatsächlich, da saß sie mitten auf dem Weg und starrte unverwandt die Scherben des Tonkrugs an, die vor ihr auf der Erde lagen. Ihr Mann beugte sich zu ihr herunter und rief ihren Namen. Sie reagierte nicht. Er nahm sie an den Schultern, die Kinder zogen sie an den Händen. Sie blieb unbewegt. Die Nachbarn wurden herbeigerufen. Alle diskutierten und schlugen die Hände über dem Kopf zusammen. Was war das, ein böser Fluch vielleicht? Schließlich versuchten sie, Manibhadra vom Boden aufzuheben, aber es war, als sei sie mit der Erde verwachsen, und sie konnten nichts ausrichten.

Darüber war es Abend geworden. Da kam Bewegung in ihren Körper, sie seufzte einmal tief und hob langsam den Kopf. Erstaunt blickte sie in die besorgten Gesichter ihrer Verwandten und Nachbarn. »Komm nach Hause, meine Liebe, lass uns gehen.« Ihr Mann zog sie erleichtert an sich. Doch als er in ihr Gesicht gesehen hatte, ließ er sie verwundert los. Ein Strahlen unendlicher Zärtlichkeit ging von ihr aus, ja, das war seine Frau, aber so, wie er sie noch nie gesehen hatte. Und diese Frau schaute alle, die um sie herum standen, liebevoll an und sang:

»Seit Anbeginn der Zeit haben fühlende Wesen ihre Gefäße zerbrochen.
Das war das Ende ihres Lebens.
Warum kamen sie wieder in ihr altes Zuhause zurück?
Ich habe heute mein Gefäß zerbrochen und werde mein Zuhause
In Samsara verlassen.
Ich gehe in das Reine Land meiner Meditationsgottheit.
Wie herrlich ist es, Lehrenden zu begegnen,
Wünscht ihr euch wahres Glück, verlasst euch auf sie.«

Damit erhob sie sich in die Lüfte. Sie blieb einundzwanzig Tage lang dort, um die Menschen von Agartse zu unterweisen. Dann kehrte sie in ihr wahres Zuhause, die Buddhawelten zurück.[362]

Lakshminkara

Lakshminkara war eine Prinzessin aus Uddiyana, die Schwester des Königs Indrabhuti. Zusammen mit ihrem Bruder erhielt sie eine erstklassige buddhistische Erziehung. Der Mahasiddha Kambala unterrichtete sie in den tantrischen Übungen und machte sie mit den wichtigsten Texten vertraut. Ihr Name bedeutet »sie, die ihr Glück macht«. Tibetisch wird sie Legsminkara genannt, »die gut Gereifte«. Lakshminkara lebte im 8. Jahrhundert n. Chr. und gehört ebenfalls zu den vier weiblichen Siddhas, die in Abhayadattas Sammlung der Mahasiddhas ausdrücklich als solche bezeichnet werden.

Die wievielte Nacht im Turmzimmer war das jetzt schon? Die zehnte vielleicht. Seit sie sich hier verbarrikadiert hatte, hatte sie kaum gegessen oder geschlafen. Sie hatte nur aus tiefstem Herzen die Buddhas und ihren Guru um Hilfe angefleht, um Führung, wie sie diese Krise bewältigen könnte. Die Kästen und Truhen hatte sie von innen gegen die Tür geschoben. Das Zimmer hatte zwei Fenster, eins zum Innenhof und eins hinaus in die Gärten. Manchmal hörte sie, wie sich jemand über den Innenhof nähern wollte. Dann fing sie laut an zu schreien und zu kreischen. Alles, was in Reichweite war, schleuderte sie nach dem Verwegenen, der schnell den Rückzug antrat. Die silbernen Haarbürsten, die Schminktiegel, alles, was sie in diesem Zimmer, das ihr Brautgemach werden sollte, vorgefunden hatte, flog in hohem Bogen aus dem Fenster. Dazu lehnte sie sich weit aus der niedrigen Fensteröffnung und zeigte denen da unten ihren nackten, mit Asche beschmierten Körper. Und ihre verfilzte Haarmähne.

Als sie vor etwa zehn Tagen in Larikapura, dem Heimatland ihres zukünftigen Ehemanns, angekommen war, waren ihre Haare noch duftend eingeölt, kunstvoll geflochten und mit Jasminblüten geschmückt gewesen. Aber das war vorbei. Sie hatte ihr Haar gelöst und nie mehr wieder wollte sie es flechten. In dieser zehnten Nacht war es ihr schlagartig klar geworden. Bisher hatte sie verrückt gespielt, weil sie keinen anderen Weg gesehen hatte, sich ihren Zukünftigen und die Hofgesellschaft vom Leib zu halten. Jetzt aber erkannte sie, dass sie damit intuitiv einen viel höheren Weg eingeschlagen hatte. Sie wusste jetzt, was sie zu tun hatte. Sie dankte den Buddhas und ihrem Guru und fing an, Laken und Tücher zu einem Seil zusammenzuknüpfen, mit dem sie sich aus dem Fenster, das auf die umliegenden Gärten des Schlosses hinausging, hinunterlassen konnte.

Lakshminkara war es nicht leicht gefallen, ihren Bruder, die Gemeinschaft ihrer Dharma-Geschwister und ihre Heimat Uddiyana zu verlassen. Die Heirat mit dem Sohn des Königs Jalendra war schon arrangiert worden, als sie erst sieben Jahre alt gewesen war. Ihr Bruder wollte diese Heirat unbedingt, wahrscheinlich aus politischen Gründen. Seine Berater hatten versucht, ihn davon abzubringen. Immer wieder gaben sie zu bedenken, dass es nicht ratsam sei, ihr Land Uddiyana, in dem alle sich der Lehre des Buddha verpflichtet fühlten, mit einem Land wie Larikapura, das vollkommen unethisch regiert wurde, zu verbinden. Indrabuthi blieb dabei. »Sobald Lakshminkara sechzehn wird, wird die Heirat vollzogen.«

Die verbleibenden Jahre widmete Lakshminkara intensiv ihrer buddhistischen Praxis und dem Studium der Texte. Unter der Leitung ihres Guru Kambala bereitete sie sich auf ihre neue Aufgabe vor. Denn so sah sie das jetzt: Wenn sie schon in ein barbarisches Land ziehen musste, dann wollte sie die Lehren des Buddha in ihrem Herzen als unzerstörbares Juwel mit in die Brautgabe einbringen. So hatte sie sich das zumindest vorgestellt.

Als sie dann in ihrem sechzehnten Lebensjahr in einer reich bepackten Karawane aufbrach, war sie gefasst und spürte Mut. Doch mit jedem Schritt in Richtung Fremde wurde ihr Herz unruhiger. Würde sie stark genug sein, umgeben von Andersdenkenden ihre Überzeugungen zu bewahren? Als sie vor die Tore der Stadt gelangten, in der die Königsfamilie residierte, wurden sie von Boten aufgehalten. Die Hofastrologen hatten errechnet, dass es ein besonders ungünstiger Tag zur Ankunft wäre. Die Prinzessin, ihre Begleiter und Dienerinnen wurden gebeten, einstweilen vor den Stadtmauern ihr Lager aufzuschlagen. Kaum hatte die Karawane ihre Zelte aufgeschlagen, hörten sie von Ferne laute Schreie und Hundegekläff. Über die Straße, die zum Stadttor führte, näherte sich ein Trupp von Reitern und Hunden. Sie ritten lärmend und johlend an Lakshminkaras Zeltlager vorbei. An der Spitze des Zuges ein prunkvoll gekleideter Mann, über dem Sattel vor sich eine erlegte Hirschkuh, der das Blut noch aus dem Leib troff, seine Handschuhe und seine Stiefel blutbeschmiert. Lakshminkara starrte fassungslos dieser grausigen Erscheinung nach. So sah es also in diesem Land wirklich aus. Die Boten des Königs Jalendra hatten sich in den Staub geworfen, als die Jagdgesellschaft an ihnen vorbeizog. Jetzt klopften sie sich den Sand aus den Kleidern und eilten zu Lakshminkara: »Was für ein Glück du hast, deinen Bräutigam doch noch heute zu Gesicht zu bekommen!«, riefen sie aus. »Der edle Herr an der Spitze des Zugs, das war unser edler Prinz!« Lakshminkara wurde bleich und fiel in Ohnmacht. Als sie wieder zu sich kam, wusste sie nur eins: Sie würde alles daransetzen, sich diesen Mann vom Leibe zu halten.

Der Mond hatte sich konspirativ hinter einer Wolke verborgen, als sich die weiße, aschenbeschmierte Gestalt von Lakshminkara in den Garten des Schlosses hinunterließ. Auch als sie das Stadttor erreichte, schlüpfte sie unbemerkt von den Wächtern hindurch. Der Verbrennungsplatz war ihr aufgefallen, als ihre Karawane vor der Stadt warten musste. Das sollte ihr Zufluchtsort werden. Sie würde von den Essensgaben für die Toten leben und für die Augen der Welt unsichtbar werden.

König Jalendra hatte schon vor Tagen einen Eilboten nach Uddiyana geschickt, als die zukünftige Braut seines Sohnes sich im Turm verbarrikadiert hatte. Er ließ ihrem Bruder ausrichten, Indrabuthi solle bitte herkommen und seine Schwester zur Vernunft bringen. Dieses unerhörte Verhalten könne politische Konsequenzen haben. Oder hatte man ihm und seinem Sohn wissentlich eine Verrückte angedreht?

Als Indrabuthi davon erfuhr, was sich zugetragen hatte, sprang er von seinem Thron auf, warf in tiefster Erregung seine Krone zu Boden und rief aus: »Was höre ich, meine kleine Schwester wird bald Buddhaschaft erlangen? Und ich, was habe ich bisher getan? Sie ergründet die Geheimnisse der Existenz, während ich es mir hier gut gehen lasse und meine Zeit mit Staatsgeschäften verschwende?« Und an Ort und Stelle gab er alle seine Ämter und Würden auf und beschloss, dem Beispiel seiner kleinen Schwester zu folgen. Er zog sich von der Welt zurück und erreichte, so heißt es, durch die Vertiefung in seine Meditationsgottheit nach zwölf Jahren Buddhaschaft.

Lakshminkara lebte nach ihrer Flucht aus dem Palastturm vergessen von der Welt auf dem Verbrennungsplatz.[363] Nach sieben Jahren hatte sich ihre spirituelle Kraft vollständig entfaltet. Die Buddha Vajrayogini war ihr erschienen und hatte sie selbst in eines ihrer kraftvollsten Sadhanas eingeweiht. Diese »Praxis der Vajrayogini mit dem abgeschlagenen Kopf« war jetzt ihre Hauptpraxis. Ein Kreis von Schülerinnen und Schülern hatte sich um sie versammelt, angeführt von ihrem ersten Schüler, einem der niedrigsten Bediensteten aus dem Palast. Er leerte die Latrinen und beseitigte den Kot. Dieser junge Mann hatte sie als Erster auf dem Verbrennungsplatz gefunden, und ihn nahm sie, nachdem er die notwendigen Fähigkeiten entwickelt hatte, als spirituellen Gefährten an.

Eines Tages streifte der König Jalendra mit einer Jagdgesellschaft durch die Gegend. Er verfolgte eine Hirschkuh, die ihm immer wieder ins dichte Unterholz entkam, und er fand sich in der Wildnis unversehens von seinen Jagdgefährten getrennt. Die Nacht brach schon herein, und so sah er sich nach einem Unterschlupf um. Das Dunkel war schon fast undurchdringlich geworden, da bemerkte er in der Ferne einen Lichtschimmer. Schritt für Schritt tastete er sich weiter. Das Licht schien aus einer Höhle zu kommen. Er hörte Gesang und Trommelklang. Vorsichtig spähte er durch eine Felsenritze in das Innere. Eine Frau, die ihn vage an irgendjemanden erinnerte, saß inmitten eines Kreises von Menschen, die ihr mit leuchtenden Gesichtern zugewandt waren. Von der Frau ging ein helles Strahlen aus, das die ganze Höhle erfüllte. Ihr Gesang berührte sein Herz, als hätte es ein Pfeil durchbohrt. Die ganze Nacht stand der König in tiefer Ergriffenheit und lauschte dem Gesang durch den Felsspalt.

Als er am nächsten Morgen den Palast wieder erreichte und den Turm des Schlosses vor sich sah, fiel ihm plötzlich wieder ein, an wen ihn die leuchtende Frau aus der Höhle erinnert hatte: Lakshminkara, die verrückte Braut aus Uddiyana! Sofort ließ er seine Pferde mit Geschenken bepacken und brach wieder zu der Höhle in der Wildnis auf. Dort angelangt, warf er sich vor Lakshminkara zu Boden, sprachlos vor Erschütterung.

»Warum verbeugt Ihr Euch denn vor einer wie mir?«, fragte sie ihn und schaute ihn durchdringend an. Jalendra berichtete ihr stotternd, wie er sie die Nacht zuvor gesehen und wie tief sie sein Herz berührt hatte. Er bat sie inständig darum, in die Lehre des Buddha eingeführt zu werden. Sie sprach zu ihm über Samsara, das nie zur Zufriedenheit führt und deswegen leidvoll genannt wird. Der König war zutiefst aufgewühlt. »Darf ich dein Schüler werden?«, bat er sie.

Sie ließ ihren Blick freundlich auf ihm ruhen und sagte dann: »Nein. Aber ich habe den richtigen Lehrer für Euch.«

»Wer ist es?«, fragte Jalendra atemlos.

»Es ist einer von denen, die Ihr am meisten verachtet. Einer von den Leuten, die Eure Latrinen sauberhalten.«

Der König schluckte. Aber er wankte nicht in seiner Entschlossenheit zu lernen. »Wie werde ich ihn erkennen?«

Lakshminkara antwortete: »Derjenige unter ihnen, der sein Essen mit den Armen teilt, der ist es.«

Schnell verbreitete sich die Lehre des Buddha im ganzen Land. Und das Juwel, das Lakshminkara in ihrem Herzen mitgebracht hatte, strahlte und leuchtete in allen, die sich ihm zuwandten.[364]

Mekhala und Kanakhala

Ihr Vater fand, ein schwereres Schicksal könne es kaum geben, als zwei unverheiratete Töchter im Haus zu haben. Was es kosten würde, die beiden unter die Haube zu bringen! Er durfte gar nicht daran denken. Oder noch schlimmer: Vielleicht wollte sie ja keiner haben? Welche Schande mochte auf ihn warten! Wenn der Vater seine beiden Töchter nur von ferne sah, stöhnte er schon auf, und eine Verwünschung kroch über seine dünnen Lippen. Mekhala[365] und ihre kleine Schwester Kanakhala zogen die Köpfe ein, drückten sich in die Ecken und versuchten, so gut es ging, sich unsichtbar zu machen. Nein, es war keine Freude mit dem alten Vater im selben Haus zu leben. Wenn sie nur heiraten könnten! Aber da sie ihm ja nur Kummer bereiteten und es ihm nie recht machen konnten, stimmte es wahrscheinlich: Sie waren selbst schuld und zu schlecht, um einem Mann zu gefallen. Und tatsächlich, alle potenziellen Heiratskandidaten in Devikota, der Stadt, in der sie lebten, machten einen weiten Bogen um das Haus der Schwestern. Der Vater beschimpfte die beiden deswegen jeden Tag und zählte ihnen unnachgiebig all ihre Fehler auf: Sie waren nicht schön genug, nicht sanftmütig genug, nicht fleißig genug. Und weil er es so oft und so laut durch das Haus geschrien hatte, sprach es sich auch genauso in der Stadt herum. Überall erzählte man sich, die beiden Schwestern seien böse Mädchen, hässlich, streitsüchtig und faul.

Eines Abends aber kam der Vater mit einem zufriedenen Grinsen nach Hause. Zwei Brüder, die neu waren in der Stadt, hatten angeboten, die beiden Schwestern als Ehefrauen anzunehmen. Und der Preis war gar nicht so hoch gewesen. Der Vater rieb sich die Hände. Mekhala und Kanakhala wussten nicht, ob sie lachen oder weinen sollten.

Das Glück war nur von kurzer Dauer, denn schon am nächsten Tag hörten die beiden zukünftigen Schwiegersöhne, welche Schauermärchen man sich in der Stadt über die beiden Mädchen erzählte, und sie nahmen ihre Absichten hastig wieder zurück. Von diesem Tag an wurde das Leben für die beiden Schwestern eine Hölle ohne Hoffnung. Ihr Vater wandte sich voller Abscheu von ihnen ab, und in der Stadt zeigte man mit Fingern auf sie: »Schaut mal, die bösen Mädchen! Recht geschieht es ihnen.«

Vor Kummer konnten die beiden nicht mehr schlafen. Jede Nacht hockten sie zusammengekauert auf ihren Matten, weinten und verfluchten ihr Schicksal. »Weißt du was?«, fragte Kanakhala eines Nachts ihre ältere Schwester. »Wir sollten einfach weglaufen. Wir haben doch nichts zu verlieren. Lass uns doch sehen, ob es für uns nicht irgendwo anders auf der Welt ein besseres Leben gibt!« Mekhala starrte eine Weile still vor sich hin, und dann antwortete sie traurig: »Liebe Schwester, wo wir auch hinkommen werden, ich glaube, es wird uns nicht anders ergehen als hier. Wir können nicht fliehen, denn wir nehmen uns selbst überallhin mit. Wenn wir nur einen Weg finden könnten, diese unheilvolle Verknüpfung zu lösen.«

Plötzlich brach mitten in der Nacht draußen auf der Straße ein Tumult aus. Die Schwestern stürzten an die Tür. »Der Guru Kanha ist in die Stadt gekommen!«, riefen sich die Leute aus den gegenüberliegenden Hauseingängen aufgeregt zu. »Er lagert am Fluss mit seinen Schülerinnen und Schülern. Lauft alle hin! Ihr könnt es nicht verfehlen, über dem Platz stehen Regenbögen!«

Ohne auch nur einen Moment zu zögern, nahmen sich die beiden Schwestern an der Hand und liefen los. Unten am Fluss hatte sich schon eine riesige Menschenmenge versammelt, aus der Gebete aufstiegen und ein Brausen wie tiefes Donnergrollen hing in der Luft. Strahlende Regenbögen erhellten die pechschwarze Nacht über dem Sitz des Guru. Die beiden Frauen schlüpften durch die dicht gedrängten Menschen, und bevor sie noch jemand zurückhalten konnte, waren sie unter den Beinen der vordersten Reihe hindurchgekrochen und warfen sich vor dem Guru Kanha nieder. Ihre ganze unglückliche Lebensgeschichte sprudelte aus ihnen hervor, während sie seine Füße fest umklammerten. »Verehrungswürdiger Guru, wir bitten dich«, flehte Mekhala ihn an, »sag uns, was wir tun können, um unser Schicksal zu wenden, wir werden es gewiss befolgen, denn wir haben sowieso keine andere Hoffnung mehr!«

Kanha flüsterte den beiden, so wie sie da vor ihm knieten, die Übertragung der Praxis der Vajrayogini mit dem abgeschnittenen Kopf zu. Er sagte ihnen, wie sie üben sollten, und gab ihnen eine kurze Einführung in die Sicht, die Meditation und die vollständige Integration der Übung. Dann schickte er die beiden fort.

Mekhala und Kanakhala begannen noch am selben Tag zu üben. Sie versenkten sich mit Leib und Seele in die Praxis. Sie unterstützten sich gegenseitig. Wenn die eine voller Zweifel war, fielen der anderen die richtigen Worte ein, um sie zu stärken. War eine zu krank oder zu schwach, übte die andere für sie beide. So gingen zwölf Jahre ins Land. »Liebe Schwester«, sagte Kanakhala eines Abends wieder einmal zu der älteren, »jetzt, glaube ich, ist es wirklich an der Zeit, eine Reise zu machen. Es gibt so viel, wofür wir unserem Guru dankbar sind. Wir sollten zu ihm gehen und ihm erzählen, wie weit wir mit der Übung gekommen sind und wie sich unser Leben verändert hat.« Diesmal stimmte Mekhala freudig zu, und da der Vater schon vor langer Zeit gestorben war, gab es nichts, was die beiden noch hätte zurückhalten können. Und so machten sie sich auf den Weg.

Es war nicht einfach, den Guru Kanha ausfindig zu machen. Er hatte sich tief in den Bergen versteckt, und die Klause, in die er sich zurückgezogen hatte, lag einsam am Ende der Welt. Als sie nach vielen Mühen endlich die Hütte erreichten und ihren Lehrer, dem sie so viel verdankten, vor sich sahen, verbeugten sich die beiden Schwestern tief und umkreisten ihn ehrfürchtig dreimal. Dann setzten sie sich mit freudstrahlenden Mienen zu seinen Füßen nieder.

Kanha sah die beiden Frauen grimmig an: »Was wollt ihr hier, wer seid ihr?«, schnauzte er sie an. »Guru, erinnerst du dich nicht mehr an uns?«, riefen die beiden enttäuscht aus. »Wir sind doch die beiden unglücklichen Schwestern, denen du vor zwölf Jahren die Einweihung in Vajrayogini gegeben habt, damals am Fluss in Devikota!«

»Aha, ihr habt also von mir eine Einweihung erhalten. Und wieso habt ihr dann keine Geschenke für euren Guru dabei, wie es sich gehört?«, knurrte er sie an. »Wenn ihr nichts dabei habt, könnt ihr gleich wieder gehen!«

Unfreundliche Männer machten den beiden Schwestern keine Angst mehr. Das waren sie zu Hause von ihrem Vater gewohnt. Also blieben die beiden unbeeindruckt und heiter. »Kostbarer Lehrer, wir stehen dir mit allem zur Verfügung«, riefen sie freundlich und wie aus einem Mund. »Sag uns bitte, was du haben möchtest.«

»Ha, ihr seid gut! Ihr seid doch bettelarm, das riecht man doch eine Meile gegen den Wind! Was könnt ihr mir denn schon geben? Ihr habt nichts, was mich auch nur im Geringsten interessieren könnte«, bellte Kanha, »außer euren Köpfen. Aber wie wollt ihr mir die geben?«

Da öffneten die beiden Frauen ihre Münder. Ihre Zungen fuhren heraus und verwandelten sich zu scharfen Schwertern der Weisheit. Die rissen sich die Yoginis heraus, und in einem wilden Tanz schnitt sich jede mit ihrem Schwert den eigenen Kopf ab und überreichte ihn ehrerbietig dem Lehrer. Die abgeschnittenen Köpfe sangen:

»Der unendliche Raum und reines Gewahrsein sind eins,
Wir ruhen darin.
Selbst und das andere sind nicht zwei.
Von jeder Täuschung sind wir frei,
Nimm unsre Köpfe als Beweis.«

Bei diesen Worten sprang der Guru auf und rief: »Sieh da! Zwei große Yoginis, die die höchsten Siddhis erlangt haben! Welche Freude! Von nun an vergesst euren eigenen Frieden und euer kleines Glück! Setzt eure Fähigkeiten für das Wohl und die Rettung anderer ein!« Und mit diesen Worten setzte er den Schwestern die Köpfe wieder auf. Sie verwuchsen im selben Moment wieder mit den Hälsen, ohne dass auch nur die allerkleinste Narbe zurückblieb. Von da an widmeten sich Mekhala und Kanakhala, ohne müde zu werden, dem Wohl und der Rettung aller Wesen. Als sie nach einem langen Leben ihren Körper aufgaben, verschmolzen sie glückselig mit dem Dharmakaya.[366]

Die Yoginis Mekhala und Kanakhala waren auch Schülerinnen von Lakshminkara. Ein Lehrgedicht von Lakshminkara an ihre Schülerin Mekhala ist erhalten. (Verse daraus stehen in diesem Buch auf S. 268 und 269.) Dass es mit diesem Namen überliefert wurde, zeigt, wie wichtig dieser Text genommen wurde.

Mekhala und Kanakhala entwickelten in der Praxis der »Vajrayogini mit dem abgeschnittenen Kopf«, die ja auf Lakshminkara zurückgeht, besondere Fähigkeiten, wie ihre Geschichte zeigt. Sie hatten diese Übung zunächst von Kanha erhalten. Der hatte sie von seinem Guru Jalandhari bekommen, der selbst wiederum ein direkter Schüler von Lakshminkara gewesen war.

Die beiden Schwestern formulierten auch die endgültige Fassung des Praxistextes, so wie er seitdem an Übende weitergegeben wird. Ihr Kommentar zum Sadhana »Mündliche Unterweisung zu den drei wirbelnden Kreuzen« gibt praktische Hinweise dazu. Auf einem tibetischen Rollbild aus dem 16. Jahrhundert sind die beiden Schwestern als leuchtend schöne Dakinis dargestellt. Machtvoll aufstampfend zieht sich die linke das Zungenschwert aus dem Mund, während die rechte wild mit ihrem abgeschnitten Kopf in der Hand tanzt.

Tiloma

Diese Geschichte gehört zu einer Gruppe von Legenden, in denen die große Mutterweisheit einem gelehrten Mönch als alte, hässliche Frau erscheint.[367]

In klassischen Versionen dieser Geschichte steht natürlich der junge Mönch Naropa und seine Entwicklung vom Gelehrten zum Tantriker im Mittelpunkt, und sie beschreiben die Dakini-Lehrerin aus der Sicht des Mannes. Ich habe mich gefragt, wie diese Begegnung wohl durch die Augen der Dakini aussehen könnte. Die Tradition überliefert ihren Namen nicht, sondern gibt lediglich an, dass es sich bei ihr um eine Manifestation der Vajravarahi handelt, also um eine erwachte Lehrerin. Warum der Name dieser Frau aber Tiloma sein muss, wird am Ende der Geschichte deutlich.

Ah, kleiner Gelehrter, da sitzt du wieder über deinen Büchern. Die Leerheit ist blablabla … die wahre Weisheit ist … blablabla … gibt es ein Letztendliches oder nicht? … Gute Frage, da kannst du die nächsten dreißig Jahre drüber nachgrübeln und wirst es doch nie ergründen, du tust mir wirklich leid, du armer Tölpel!

Alle im Kloster halten Mittagsruhe, aber du bist so ehrgeizig, willst den anderen immer noch um eine Nasenlänge voraus sein in abspulbarem Wissen! Da hockst du in der Mittagshitze im Hof, merkst gar nicht, wie dir die Sonne ins Gehirn sticht, mein Kleiner, und umgibst dich mit einem Bollwerk von Phrasen!

Da! Plötzlich fällt mein Schatten über dich und auf dein Buch, groß und schwarz. Ein Schauer kriecht dir über den Nacken. Du schaust widerwillig auf. Wer wagt es, dich zu stören! Unerhört! Streng wirfst du einen Blick über die Schulter und – schnappst nach Luft vor Schreck!

Ja, so etwas Hässliches wie mich hast du noch nie gesehen, nicht wahr? So ein altes, scheußliches Weib, die Haut hängt mir wie verschrumpeltes Pergament von den Armknochen und dem Kinn. Die wenigen Haare, die ich noch habe, kleben als einzelne graugelbe Strähnen in meinem runzligen Gesicht, meine Nase tropft. Zerrissene Lumpen bedecken meinen Körper nur dürftig. Na, kannst du meine hängenden Brüste sehen, die wie ausgetrocknete Schläuche an mir baumeln? Oh, was bin ich hässlich, und weil ich so ein abscheuerregendes, altes Weib bin, bin ich bestimmt auch schon senil, der wenige wirre Verstand, der sich vielleicht einmal in so einem armseligen Frauenkörper tummelte, ist wahrscheinlich genauso zusammengeschrumpelt und matschig wie der Rest von mir!

Jetzt mache ich einen humpelnden Schritt auf dich zu. Du zuckst unwillkürlich zusammen. Ich strecke meinen Finger aus. Er ist gichtig gekrümmt, und der Nagel ist schwarz und bröckelig. Jetzt öffne ich meinen Mund. Keine Zähne mehr drin, siehst du? Und mit knarziger Gießkannenhexenstimme frage ich dich: »Was machst du denn da?«

Eigentlich bist du ein netter Kerl. Darum bin ich ja auch da, aus dir könnte noch was werden. Und du gibst dir wirklich Mühe, wirklich. Du bist fest entschlossen, deine langjährige Ausbildung jetzt zu testen. Du möchtest Mitgefühl und Respekt zeigen. Du schluckst deine Irritation, deinen Ekel runter und antwortest: »Ich studiere die Weisheitsschriften der Leerheit.« – Es klingt etwas angestrengt, nicht ganz locker. Du tust halt dein Bestes, gell?

Ich komme noch ein bisschen näher und sabbere: »Verstehst du denn die Worte, die du da liest?« Du versuchst, nicht zu zeigen, wie sehr du dich ekelst und fürchtest, du könntest von meinem pestigen Altweiberatem getroffen werden. Außerdem machen dich meine blöden Fragen wütend. Warum haut die alte Vettel nicht endlich ab? Aber du hast in allen Debatten immer wieder betont, wie wichtig es ist, mitfühlend zu sein! Da wirst du jetzt doch nicht einknicken! Deine Stimme ist betont freundlich, als ob du zu einer Schwachsinnigen reden würdest, als du erwiderst: »Ja, natürlich verstehe ich die Worte.«

Naja, das war ja nicht anders zu erwarten. Ich grinse. Ich hüpfe von einem Bein auf das andere. Ich fange an zu johlen und zu kichern: »Haha, das ist ja wunderbar! Was bist du doch für ein kluges Kerlchen. Dass es so einen gelehrten jungen Mann wie dich auf der Welt geben kann. Wie herrlich, hihi, wie köstlich!« Ich führe einen gewagten Tanz auf, werfe die Beine in die Luft, dann mich selbst auf den Boden. Im nächsten Moment wirbele ich in einer wilden Pirouette durch den staubigen Innenhof. Meine Lumpen wehen wie bunte Bänder hinter mir. Du schaust mir verwirrt nach. Du bist dir nicht sicher, dass du siehst, was du siehst – der Staub, die Mittagshitze, das alles hat sich wie ein gleißendes Flimmern über deine Augen gelegt. Du hast die Augen weit aufgerissen. Ah, du verstehst, dass ich mich freue, nicht wahr?

Dann kommt jetzt die nächste Frage: »Soso, du verstehst die Worte, aber verstehst du auch ihren Sinn?« Mein Gesicht ist deinem plötzlich ganz nah. In meinen großen, schwarzen Pupillen kannst du dich sehen. Einen Augenblick lang leuchtet etwas auf, dann schreckst du zurück und ziehst dich auf sicheres Terrain zurück. Das Programm: Mitgefühl für die arme Alte. Sie hat sich ja so gefreut, das runzelige Ding, als ich ihr gesagt habe, dass ich die Worte verstehe. Wie viel mehr wird sie sich freuen, wenn sie jetzt diese Antwort hört. Mach ich ihr halt die Freude. Und du säuselst und bringst ein gequältes Lächeln zustande: »Keine Angst, liebe Frau, ich versichere dir, ich verstehe selbstverständlich auch den Sinn!«

Ein heißer Windstoß fegt durch den Hof. Einen Augenblick lang ist es ganz still. Dann öffne ich meine Augen wieder, und es ist dir, als würdest du von ihrem gelben Feuerstrahl durchbohrt und angesengt, bis tief in deine Eingeweide hinein. »Waaas? Du elender Lügner! Du wagst es, mir diese Unverschämtheit ins Gesicht zu sagen? Dass ein netter kleiner Mönch so lügen kann! Oder willst du etwa behaupten, du wüsstest nicht, dass das eine dreckige, abgefeimte Lüge ist?« Die Haare stehen mir zu Berge, sie flackern wie Flammen, Schlangen tanzen und zischen auf ihnen. Meine Stimme gellt und donnert, und der Himmel verdüstert sich durch meinen Groll. Ich stampfe mit den Füßen auf, Funken springen unter meinen Sohlen hervor. Du klammerst dich zitternd an deinem Buch fest. »Du mickrige Kopfgeburt, du hirnloser Papierfloh, du krallst dich an deinen Ansichten fest wie ein Schiffbrüchiger, der versucht, sich am Wasser festzuhalten. Was helfen sie dir jetzt, die tollen Papierweisheiten? Für wen hältst du mich eigentlich, dass du dir erlaubst, so mit mir zu reden?«

Du zuckst. Schwankend stehst du auf, das Buch rutscht dir aus den Händen. Du merkst es nicht. Du starrst mich fassunglos an. »Wer bist du?«, stotterst du. »Du bist – bist du eine Dakini?«

»Gut geraten, mein Sohn, und vielleicht werde ich dich jetzt fressen!« – Dass man immer erst so einen Aufstand machen muss!

Aber du bist mutig, das muss man dir lassen, und du kannst deine Eitelkeit über Bord werfen, wenn es wirklich um etwas geht. Deine Stimme zittert, aber du sagst es: »Lass mich dein Schüler werden, ich bitte dich. Jetzt erst, in diesem Augenblick fange ich an zu ahnen, dass es um etwas ganz anderes geht als um gelehrtes Wissen!«

Der Feueratem des Windes hat sich in eine sanfte Brise verwandelt. Die Staubwolken schweben sachte, wie in einem verführerischen Tanz, über den Hof. Und jetzt erscheine ich dir als junge Frau. Weiß und geschmeidig ist mein Hals, die Brüste wölben sich wie duftende Früchte. Glänzend schwarzes Haar weht mir um die Hüften, und leise klingeln die Kettchen. Ich gönne dir für eine Weile die Wonne meines Anblicks und eine Atempause. Denn das, was dich noch erwartet, wenn du diesen Weg weitergehen willst, wird alles andere als leicht.

»Gut, dass du das einsiehst, aber ich schicke dich lieber zu meinem Gefährten Tilopa. Er hat die richtigen Methoden für einen wie dich!«, lächle ich und meine Zähne blitzen. »Später wird sich meine Freundin Niguma um dich kümmern. Vergiss aber nicht, von Anfang an sehr höflich zu ihr zu sein, sie ist nicht so geduldig wie ich!«

Und mit einer letzten mühelosen Pirouette löse ich mich in den flimmernden Staub auf. Er schimmert in allen Farben des Regenbogens.[368]

Der junge Naropa hatte über Jahre hinweg seinen Verstand angestrengt und so versucht, dem Erwachen näher zu kommen. In Wirklichkeit hatte er sich aber nur mit Ideen und Vorurteilen vollgestopft.

Ein Schatten verdunkelt plötzlich sein Buch, es ist der Schatten der abgespaltenen, weiblichen Weisheit, der Schatten der hässlichen alten Frau. Die Frau ist hässlich, weil dem, wofür sie steht, gar nicht oder nur in verzerrter Weise erlaubt wurde zu leben. Ihre Hässlichkeit erzeugt in dem jungen Mann Abwehr, denn diese Weisheit erschließt sich dem nicht leicht, der an Vorurteilen festhält. Die Lehrerin erscheint Naropa außerdem alt. Sie tritt deswegen in dieser Geschichte als Alte auf, weil ihre Weisheit älter ist als der Intellekt, der sie verdrehen und besitzen möchte. Diese Alte ist aber keine bescheidene, hilflose Großmutter, sie lacht laut heraus, sie tobt, sie ist unhöflich und auch noch sexy, sie sprengt alle Konventionen, ist ungreifbar und zu groß für jede Schublade. Sie ist geheimnisvoll, furchterregend und vielversprechend, die Weisheit jenseits aller Vorstellungen.

Wie die Geschichte weitergeht

Naropa wird tatsächlich Schüler von Tilopa, der ihm zwölf Jahre lang eine schier unlösbare Aufgabe nach der anderen stellt. Er bringt Naropa dazu, für seinen Guru sinnlose und demütigende Aufgaben in aufopfernder Weise auszuführen. Erleuchtung erlangt er in dem Moment, als ihm Tilopa die Sandale auf den Kopf schlägt. Traditionelle Belehrungen stellen Naropas Erlebnisse mit seinem Lehrer mitunter als Modell für eine Lehrbeziehung dar. Dabei wird aber außer Acht gelassen, dass es sich bei Naropa um einen ganz besonderen Fall der Verbohrtheit handelte. Durch seine Ausbildung und seinen Status an der Universität hatten sich seine intellektuellen Vorurteile tief eingegraben.

Frauen wie Niguma oder Sukhasiddhi, die von so einer Art der Ausbildung verschont geblieben waren, mussten nicht zwölf Jahre lang für ihre Lehrer stehlen, betteln und ihre Prügel ertragen. Ihr Weg zum Erwachen liefert uns ein anderes Lehr- und Lernmodell.

Tilopa und Tiloma

Tilopa selbst war auf seinem spirituellen Weg über weite Strecken von Frauen geleitet worden. Seine Mutter stillte ihn gerade, als die erste Dakini auftauchte und Hinweise darauf hinterließ, wie er ausgebildet werden sollte.[369] Er hatte die Weisheit also, wie es so schön heißt, mit der Muttermilch aufgesogen. Als er zwanzig Jahre alt war, schickte ihn dieselbe Dakini, ihr Name ist Determa, zunächst nach Uddiyana und dann zu der Kurtisane Dharima in die Stadt. Tilopa lässt, wie sein späterer Schüler Naropa, die Klosterkarriere hinter sich, um für Dharima zu arbeiten. Dharima aber ist eine Bodhisattva, und durch sie fügt sich alles für Tilopa zum Besten.[370] In der Stadt trifft Tilopa auf die tantrische Yogini, der ich in der obigen Geschichte eine Stimme verliehen habe.[371] Sie nimmt ihn als Gefährten an, und von ihr erlernt Tilopa das Gewerbe des Sesamstampfens. Wie Saraha übernimmt auch Tilopa den Kastennamen seiner Yogini. Zwar wurde ihr Name nicht überliefert, da aber *Tilopa* »Sesamstampfer« bedeutet und er ihren Namen angenommen hatte, lässt sich davon ableiten, dass die Yogini Tiloma, die Sesamstampferin, hieß.[372]

Das Paar zieht durch die Lande und lehrt, indem es Weisheitslieder singt, die die Herzen der Zuhörer mit Hingabe und Dankbarkeit erfüllen. Gemeinsam vollbringen sie viele Wundertaten und helfen den Menschen. Als sie in Bengalen einmal schlecht behandelt werden, weil die Bevölkerung einem Paar aus niederer Kaste misstraut, erheben sie sich zum Staunen aller in die Lüfte und fliegen davon.

Die Dakini Niguma, die sich, wie Tiloma voraussagt, um Naropas Weiterentwicklung kümmern wird, ist zusammen mit Sukkasiddhi Gründermutter der Shangpa-Linie des tibetischen Buddhismus. Nachdem Naropa seine Lehrzeit bei Tilopa beendet hat, sucht er nach Niguma, bittet sie um Belehrung, und die beiden werden ein tantrisches Paar.

Tilopa und die Kurtisane Dharima erhielten gemeinsam von der Lehrerin Subhagini Einweihungen. Es ist überliefert, dass Tilopa von Sukkasiddhi die Einweihung in Phowa[373] und aus ihrer Linie auch die Übertragung der Tummo-Praxis[374] bekam. Tilopa gilt als der Gründervater der Kagyü-Linie, dem alle vier Ströme des Wissens direkt übermittelt wurden und der sie vereinte. Dass diese Ströme unter anderem von Frauen zu ihm flossen, wird selten erwähnt. Wahrscheinlich ist, dass auch Tiloma diese Übertragungen erhielt, da die beiden ja gemeinsam praktizierten und Tiloma offensichtlich spirituell fortgeschritten war. Von ihr als Gründermutter ist in den Traditionen nicht die Rede.

Sahajayoginicinta

Als Tantrikerin lebte Sahajayoginicinta zurückgezogen und bescheiden, sie züchtete Schweine. Ihr Name bedeutet, »sie, deren Wollen auf spontane Gemeinsamkeit gerichtet ist«[375].

Einige Jahre zuvor hatte sie noch den Namen Vilasyavajra getragen und war königliche Weinlieferantin gewesen, eine erfahrene, weltläufige Kauffrau, die im Königspalast lebte. Sahajayoginicinta sagt über sich selbst, sie habe viele Jahre zu Füßen ihres Lehrers zugebracht, also verfügte sie sicherlich über eine profunde buddhistische Ausbildung. Um sich schließlich ganz ihrer tantrischen Praxis widmen zu können, stieg sie aus der besseren Gesellschaft aus und wählte ein einfaches Leben in der »Unsichtbarkeit« der unteren Schichten, dort, wo es keine soziale Kontrolle gab und sie das tun konnte, was sie wollte.

Ja, natürlich wusste sie, wer er war, Padmavajra[376], ein Priester des Königs hier in Uddiyana, wer hatte nicht schon von ihm gehört? Angeblich war er ein begnadeter Redner. Tausende strömten zusammen, wenn er öffentlich lehrte, und hingen begeistert an seinen Lippen, wenn er die Schriften auslegte. Er sah gut aus mit seinem glänzenden Haar, den weit geschwungenen Augenbrauen und dem sinnlichen Mund. Sie ließ ihren Blick von seinem Gesicht über die blühenden Mangobäume zu den Schweinen hinten auf der Wiese schweifen und nahm mit einer schwingenden Bewegung den Eimer mit Schweinefutter auf: Kartoffeln, halb verfaulte Äpfel und andere Haushaltsreste.

Padmavajra hatte die Frau an der Hausecke nicht bemerkt. Er stand nahe bei Anangavajra, einem hageren Mann, der den Besucher ruhig und mit ernstem Blick betrachtete, während dieser heftig und nervös gestikulierend auf ihn einredete. Immer wieder trat er dabei mit einem Fuß nach vorne und mitten in eine tiefe Schlammpfütze. Er schien seine nassen Füße gar nicht zu bemerken. Seine schweren, kostbar verzierten Satteltaschen hielt er fest umklammert vor der Brust: »Wisst Ihr, Anangavajra, ich kenne mich selbst nicht mehr, ich kann gar nicht glauben, dass ich hier bin. Ich hatte so eine merkwürdige Begegnung mit einer alten Frau, die sich nach einer meiner Reden zu mir nach vorne drängelte. Und sie ist schuld daran, dass ich jetzt hier bin, ja, es ist wirklich verrückt! Sie sah aus, wie eine, die im Wald Holz sammelt, ziemlich unzivilisiert, eigentlich kommen solche Leute normalerweise nicht zu meinen Vorträgen. Sie kam mir unglaublich alt vor, aber vielleicht war sie gar nicht so alt, sie war eigentlich sogar schön. Sie hatte so einen Blick – ich musste einfach zu ihr hinsehen, und es war so, als könnte sie mich mit ihren Augen festhalten. Wisst Ihr, nach so einer Rede kommen immer so viele Leute zu mir und wollen mir danken oder mich einfach nur berühren. Ich kann mir nicht für jeden Zeit nehmen, und, wie gesagt, mit einer wie ihr würde ich normalerweise kein Wort wechseln, aber es war merkwürdig, ihr konnte ich einfach nicht ausweichen. Sie kam sehr nahe zu mir heran und dann flüsterte sie mir zu, sie hätte während meiner Lehrrede gelacht und geweint. Normalerweise hätte ich so eine Bemerkung absurd gefunden und mich abgewendet. Aber bei ihr war es anders. Sie hielt mich irgendwie in ihrem Bann, sodass ich fragte: ›Warum hast du gelacht?‹

Und sie sagte: ›Weil Ihr so wunderbar reden könnt!‹

Das ist nichts Besonderes, das höre ich jeden Tag. ›Und warum hast du dann geweint?‹

Und sie sagte: ›Ich habe geweint, weil Ihr nicht den blassesten Schimmer habt, was Ihr da eigentlich redet!‹

Ich war, ehrlich gesagt, vor den Kopf gestoßen, das hatte ich noch nie gehört! Das Erstaunliche war, ich war überhaupt nicht wütend! Ich merkte auf einmal, dass diese seltsame alte Frau etwas Wahres angesprochen hatte. Das war schockierend, ich bin immer noch ganz durcheinander. Und deswegen bin ich auch hier, sie sagte mir nämlich noch zum Abschied, ich solle dringend einen bestimmten Guru aufsuchen, der mir die Augen öffnen werde. Sie hat mir diesen Ort hier beschrieben, ich habe sofort die wichtigsten Schriften und Bücher zusammengepackt und bin losgeritten und deswegen stehe ich jetzt vor Euch.«

Anangavajra hatte dem Redeschwall an die Hauswand gelehnt zugehört. Er schwieg. Padmavajra trat noch einmal mit einem Fuß in die Pfütze und zog aber diesmal den schmutzigen Seidenpantoffel schnell zurück ins Trockene. »Ihr schweigt, und Ihr habt recht, denn, kann es sein, verzeiht mir, wenn ich mich so ungeschickt ausdrücke, dass Ihr dieser Guru seid, den die Frau meinte?«

»Nein, Padmavajra.« Anangavajra wandte sich jetzt ganz dem anderen Mann zu, »ich bin hier auch nur Schüler. Die Gurvi Sahajayoginicinta war so gütig, mich aufzunehmen. Ich helfe ihr mit den Schweinen, und sie unterrichtet mich. Aber eigentlich genügt es mir vollständig, nur in ihrer Nähe zu sein.«

Der Eimer quietschte, als Sahajayoginicinta ihn aufhob, und die Männer sahen hinüber zur Hausecke, an der die Yogini gestanden hatte. Sie folgten ihr mit den Blicken, während sie hinaus auf die Wiese schritt. Es war, als würde sie tanzen. Jede ihrer Bewegungen funkelte. Die Bäume und die Wolken neigten sich ihr zu, umwogten sie, trugen sie. Es war etwas ganz Alltägliches: Eine kleine, füllige, nicht mehr ganz junge Frau ging mit einem Abfalleimer auf eine Wiese. Und doch war es ein Wunder. Sie leerte den Eimer in den Schweinetrog. Als sie sich umwandte, sah sie die beiden Männer an der Hauswand stehen. Die Abendsonne tauchte sie in ein rotes Licht.

Padmavajra, der berühmte Prediger des Königs, drückte dem anderen Mann die Satteltaschen, die er bis jetzt fest an die Brust gedrückt gehalten hatte, in die Arme und begann auf die Frau bei den Schweinen zuzulaufen. Als er nur noch einige Schritte weit entfernt war, sank er vor ihr auf die Knie. »Oh Gurvi, ich bin so glücklich, dass ich Euch gefunden habe.« Seine gut ausgebildete Stimme übertönte sonor das Grunzen der Schweine, die sich über das Fressen hergemacht hatten: »Wunderbare Zeichen gingen unserem Treffen voraus, oh Lehrerin. Eine Dakini wies mir den Weg zu Euch und jetzt weiß ich, dass Ihr mein Tor zu wirklicher Weisheit seid. Bitte schenkt mir armem Unwissenden Eure erhabenen Lehren. Ich habe alle Schriften und Kommentare mitgebracht, zu denen ich noch Erklärungen brauche, Euer Ruhm wird ganz Uddiyana erfüllen, wenn ich von Eurer Weisheit berichte. Denn Ihr seid eine Wissende, das sehe ich jetzt klar und deutlich, ich armer Tölpel. Bitte, hebt den Schleier der Blindheit von mir, und lasst mich Euer ergebener Schüler werden.«

Sahajayoginicinta betrachtete den kostbar gekleideten Mann, der formvollendet vor ihr auf der Wiese kniete. Dann setzt sie den Eimer ab und band das dicke Hanfseil, das um seinen Henkel geschlungen war, los. Sie holte damit weit aus und ließ es auf den Rücken des Mannes klatschen. Sie brüllte: »Was bildest du dir eigentlich ein, du Priester vom Königshof! Bist du vollkommen übergeschnappt? Hast du gar keinen Respekt? Wie kannst du es wagen, mich um Belehrungen zu bitten?« Und wieder klatschte das Seil mit Nachdruck auf den Körper des Mannes, der mittlerweile in schockhafter Starre vor ihr auf dem Boden lag. »Hast du vielleicht vergessen, wer ich bin, hä? Siehst du nicht, dass ich nur eine Schweinehirtin bin, eine aus der untersten Klasse? So eine fragt man nicht mit pompösen Worten um Belehrungen! Mach, dass du wegkommst. Hau ab! Oder willst du etwa ein Schweinepriester werden?« Die Stimme der Frau donnerte über den Hof. Die Schweine galoppierten quiekend um sie herum. Padmavjra rappelte sich, plötzlich wieder lebendig, hastig auf, um dem nächsten Schlag des Seils auszuweichen, rannte zum Haus zurück, entriss Anangavajra die Taschen mit den Texten und floh.

Als er sein Pferd, das in dem Tumult ausgerissen war, wieder gefunden hatte, war die Nacht schon hereingebrochen. Es war völlig aussichtslos, in der Dunkelheit den Weg durch diese abgelegene Gegend zu finden, und so musste er wohl oder übel nach einem Unterschlupf für die Nacht suchen. Er war erschöpft, und die Kälte fuhr ihm schon in die Knochen, und so war er froh, in einem niedrigen Stall unterkriechen zu können. Er machte sich eine Kuhle in das Stroh, legte die Satteltaschen neben sich und schlief sofort ein. Als der erste Sonnenstrahl ihn in der Nase kitzelte und er langsam wach wurde, stieg ihm ein scharfer Geruch in die Nase. Er öffnete die Augen und starrte in ein merkwürdiges Gesicht mit einem langen Rüssel, das schnuppernd und kauend über ihm stand. Mit einem Schrei fuhr Padmavajra auf, und die Schweineherde drückte sich in der anderen Ecke des Stalls zusammen. Ihre Hufe wirbelten zerfetzte Papierschnitzel auf, die mit Stroh vermischt durch die Luft segelten.

Sahajayoginicinta stand in ihrer Haustüre, die Morgensonne hatte alle Pfützen in regenbogenfarbige Spiegel verwandelt. Sie sah den jungen Priester von gestern aufgeregt fuchtelnd über die Wiese rennen, er sah dreckig aus und hatte seine hübschen Pantoffeln verloren. Keuchend und hochrot im Kopf stapfte er auf sie zu und schrie: » Weißt du, was deine verdammten Schweine gemacht haben? Sie haben die wertvollsten Schriften meiner Bibliothek gefressen, und was nicht gefressen ist, ist zerfetzt!« Seine Stimme überschlug sich. »Wie konnte ich nur so blöd sein, dieser alten Hexe zu vertrauen, und du, du bist wahrscheinlich genauso schlimm. Am liebsten würde ich dich und deine verfluchten Schweine aufschlitzen und zerfetzen!«

»Aha«, sagte Sahajayoginicinta und sah Padmavajra mit einem Blick an, der ihn noch tiefer verwirrte. »Hm, das gefällt mir. Das war ein schöner

Wutanfall. Du bist also doch nicht so perfekt, wie du getan hast. Vielleicht kannst du ja tatsächlich etwas von mir lernen, komm rein, es gibt Frühstück!«[377]

Sahajayoginis Tochter, auch eine tantrische Praktizierende, wird später Padmavajra als Gefährten annehmen.

Trotz ihres »unsichtbaren« Lebens war Sahajayoginicinta in den einschlägigen Zirkeln ihrer Zeit bekannt und eine gesuchte Lehrerin. Viele berühmte Yogis lernten bei ihr, unter ihnen auch Ghantapa, der als einer der Gründerväter der Chakrasamvara-Tradition gilt. Die Einführung in diese Lehren erhielt er von ihr.

Als der tantrische Buddhismus seinen Weg nach Tibet fand, nahmen die Tibeter sieben Texte als grundlegende tantrische Werke in ihren Kanon auf, darunter auch die Abhandlung »Verwirklichung der Wahrheit durch ihren körperlichen Ausdruck« von Sahajayoginicinta. Ihr Text greift sowohl auf Wissen aus der zeitgenössischen Philosophie, Psychologie, Biologie, Erotik und der Meditationskunst zurück als auch auf ihre eigenen Erfahrungen als Frau und Übende. Mit ihrem Denken und ihrer Praxis gehörte sie zu einer Gruppe von Yoginis und Yogis, die sich um die Lehrerin Lakshminkara und deren Bruder Indhrabuti scharte. Padmavajra und Anangavajra gehörten auch dazu, vermutlich auch die Frau Pfeilmacherin. Diese Gruppe erforschte und vertiefte die Übungen der »spontanen Gemeinsamkeit«[378] und der »Erleuchtung durch Ekstase«[379].

Sahajayoginicinta stellte ihre Erkenntisse zunächst einer Gruppe von Frauen vor. Der Kolophon ihres Lehrtextes beschreibt, wie eine Gruppe Yoginis im nordwestlichen Indien zusammenkam, um zu hören, was sie darlegte. Da es sich bei dem, was sie lehrte, nicht um buddhistisches Basiswissen handelte, ist anzunehmen, dass ihr Publikum auf einem ähnlichen Wissensstand war wie sie selbst. Ihre Zuhörerinnen waren, wie es im Text heißt, »reich an Glanz der selbstentstandenen Weisheit«, also fortgeschrittene Praktizierende, die in der Natur ihres Geistes ruhen konnten. Dies ist ein Hinweis darauf, dass um jede namentlich überlieferte Frau vermutlich ein großes Umfeld von weiblichem Wissen und Praxis angesiedelt war.

Sahajayoginicinta spricht aus der Quelle eines tiefen meditativen Zustands, genannt »unzerstörbare kosmische Konzentration«. Sie hatte das, was sie erkannte, aus der eigenen Erfahrung durch die Anwendung buddhistischer Methoden geschöpft.

Zu Anfang ihres Textes steht die klare Aussage, dass das Geschlecht ein integraler Teil des Erleuchtungswegs ist. Denn die Erfahrung der Ekstase braucht Verkörperung als Grundlage, und Verkörperung wiederum ist untrennbar von einem Geschlecht. Sahajayoginicinta erklärt: »Damit man sein inneres Selbst erkennen kann, das spontan, natürlich rein und nichtdual ist, manifestiert es sich hier als Mann und Frau. Das eigene Selbst, schöpferisch wie es von Natur aus ist, stellt die Wirklichkeit durch körperlichen Ausdruck dar.«

Yid Thogma

In der Gestalt Yid Thogmas laufen verschiedene Themenstränge des Tantra zusammen: Sie ist Heilerin, sie weiß, wie man Bier herstellt, und sie ist eine Lehrerin des sexuellen Yoga. Die Biografie des ersten legendären Arztes Tibets, Yuthog, nennt unter anderem Yid Thogma als seine Lehrerin. Da ihre Geschichte nur in tibetischen Quellen enthalten ist[380], kennen wir auch nur die tibetische Version ihres Namens. Über ihre Herkunft wissen wir nichts, aber so selbstbestimmt und unbeirrbar ist ihre Art, dass es naheliegt, sie als eine der weisen Frauen aus Uddiyana zu erkennen. Auf ihrer Suche nach dem Wissen vom Heilen landet sie auch bei Menschen, die dem, was sie zu bieten hat, eher skeptisch gegenüberstehen:

Yid Thogma arbeitet in einem Gasthaus als Bedienung. Sie ist gerne da, wo es gutes Bier gibt. Die Einheimischen der Gegend, in die sie ihr Wanderleben geführt hat, beäugen die Fremde misstrauisch. Eine unverheiratete, attraktive Frau, die allein unterwegs ist? Das kann doch nur eine halbseidene Person mit losem Lebenswandel sein! Und bald hat man auch schon den Beweis: Sie wird mit einem Mönch in einer verfänglichen Situation ertappt. Was mit dem Mönch geschah, wird nicht berichtet, Yid Thogma aber wird bestraft, indem man sie in eine Holzkiste setzt, die Kiste zunagelt und auf dem Meer aussetzt. Ende der Geschichte? Mitnichten!

Lange Zeit treibt die Kiste auf den Wellen des offenen Meers. Irgendwann spült die Brandung sie an den Strand einer einsamen Insel. Knarzend öffnet sich der Deckel und unversehrt und munter krabbelt Yid Thogma heraus. Vielleicht ist sie noch ein wenig unsicher auf den Füßen nach der langen Schaukelei, aber das ist bald vergessen. Sie streckt sich, schaut sich um und trinkt erst mal einen tiefen Schluck aus ihrer kostbaren Schädelschale, die sie immer bei sich trägt. Sie füllt sich immer, wenn sie es wünscht, mit köstlichem Bier.

Die Insel ist gar nicht verlassen, sie hat einen Bewohner. Rishi Bamiba, ein Weiser der Brahmanenkaste, hat der Welt entsagt, um sich in der Einsamkeit durch Meditation zu vervollkommnen. Yid Thogma stöbert ihn auf. Ihr unerklärliches Erscheinen bringt den Rishi vollkommen aus der Fassung. Freundlich bietet sie ihm erst einmal als Willkommenstrunk ihr köstliches Bier an. Ihr Charme muss unwiderstehlich gewesen sein, denn er, der allen Freuden der Sinne entsagt hatte, trinkt die Schale aus bis zum Grund. Das Trinkgelage ist eröffnet. Nach und nach entfaltet das Bier seine Wirkung, und den Asket weht eine Ahnung davon an, was er eigentlich gesucht hatte und durch seine Flucht auf die Insel hatte erreichen wollen.

Alle festgefügten Meinungen darüber, was Erwachen und wahrer Friede sind, werden weggefegt im ekstatischen Rausch. In den darauffolgenden Wochen nimmt Yid Thogma Bamiba unter ihre Fittiche und lehrt ihn, die Welt der Sinne als Weg zu benutzen. Nachdem er einige Fortschritte gemacht hat, führt sie ihn auch in das sexuelle Yoga ein. Zwischendurch, so heißt es, hätten den weisen Bamiba doch Gewissensbisse geplagt und es hätte ihm leid getan, seine Gelübde gebrochen zu haben. So ernst kann es ihm aber doch nicht damit gewesen sein, denn nach dieser Krise war er gerne bereit, noch weitere sieben Tage mit Yid Thogma zusammen zu üben. Nach dieser gemeinsamen Zeit hat er sein Bedauern endgültig überwunden.

Er beschenkt seine Lehrerin zum Abschied reich mit Zauberformeln und Heilwissen aus seiner Tradition.

Yid Thogma zieht weiter. Auf ihren Reisen begegnet sie den unterschiedlichsten Wesen, menschlichen und halbgöttlichen, und nimmt immer wieder Schüler an, die sie zu tantrischen Gefährten ausbildet. Will jemand von ihr lernen, aus ihrer Schale der Weisheit trinken, so muss er als Gabe an die Lehrerin Wissen um Heilkünste und Medizin anbieten. Durch so einen Handel, so wird erzählt, soll auch der legendäre erste tibetische Arzt Yuthog einen Großteil seines Wissens von ihr erhalten haben.

Die Dakini als Schankwirtin

In den tantrischen Geschichten treten Lehrerinnen als Schankwirtinnen, Weinhändlerinnen oder Bierbrauerinnen auf. Sie bieten verdutzten Mönchen, die eigentlich Enthaltsamkeit gelobt haben, Alkohol an, den diese, wenn sie klug genug sind, auch annehmen. Die Geschichten vertreten eindeutig den Standpunkt, dass es besser ist, ein Gelübde zu brechen, als so einer verwirklichten Lehrerin nicht zu folgen. Denn was diese Frauen zu geben haben, ist von unschätzbarem Wert. Das erzählt auch die Geschichte der Frau Pfeilmacherin (siehe S. 292). Die drei Dakinis, die den würdigen Mönch mit ihrem alkoholischen Angebot überraschen, bieten ihm »den Nektar des Wissens über die absolute Wahrheit in Form eines starken Rauschtranks« an.[381]

Zwischen dem weiblichen Göttlichen und der Trunkenheit, ja, dem Wahnsinn, besteht eine tiefe Verbindung. Trunkenheit und Wahnsinn sind in diesem Zusammenhang symbolisch für erweiterte Bewusstseinserfahrungen oder spirituelle Weiterentwicklung zu verstehen, ein Eintauchen in die Wahrheit jenseits der Worte. Die Sprachwurzel des Sanskrit-Worts für Göttin, *div*, von *devi*, trägt diese Bedeutungen mit.[382] »Trunkenheit wird von vielen Traditionen benutzt, um die Veränderung des Bewusstseins durch meditative Versenkung darzustellen, besonders im Zusammenhang damit, dass sich der Geist von äußerlichen Dingen abwendet und in innerer Seligkeit aufgeht. Wahnsinn ist noch einen Schritt weiter als Trunkenheit, die beiden Zustände werden oft als verwandt dargestellt.«[383]

Einige Geschichten stellen auch einen deutlichen Zusammenhang zwischen der Kunst des Bierbrauens und dem Wandlungsprozess durch tantrische Übungen her.[384] Bier entsteht durch Gärung. Wasser, Hopfen und Malz werden im richtigen Verhältnis miteinander vermischt und erhitzt. Dadurch wird ein Umwandlungsprozess in Gang gebracht. Dieser Vorgang ähnelt der inneren Wandlung: Indem die richtigen Zutaten – Verwirrung, Anhaftung und starke Entschlossenheit zu erwachen – einer starken und wirksamen Methode ausgesetzt werden, werden Energien in die richtige Bahn gelenkt, und die Befreiung beginnt zu gären. Das Endprodukt – sowohl beim Bier als auch bei der tantrischen Übung – ist ein Ergebnis der »Reifung«. Es ist zwar aus den ursprünglichen Zutaten enstanden, hat aber jetzt eine ganz neue Gestalt mit besonderer Wirkung.

Der Zaubertopf der Dakini

Die Yogini Yid Thogma schenkt ihr Bier in einer Schädelschale[385] aus. In tantrischen Übungen ist sie der rituelle Behälter, in dem giftige in heilsame und gewöhnliche in heilige Substanzen umgewandelt werden können. Manchmal wird dieser Wandlungsvorgang durch ein starkes Bild des Kochens ergänzt, das in unserer Kultur an den »Hexenkessel« erinnert.[386] Dakinis können mit einer gefüllten Schädelschale in der linken Hand auftreten, die sie an ihrem Herzen halten. Sie weisen dadurch darauf hin, dass das Verständnis der Leerheit das wahre Lebenselixier spendet.

Yid Thogmas Zauberschale füllt sich außerdem von selbst, wenn sie es wünscht. Das Motiv eines solchen Zaubergefäßes, das nie versiegt, kennen wir aus einigen anderen Geschichten.[387]

Die Frauen, die so eine Zauberschale besitzen, leben selbstbestimmt, auch in Bezug auf ihre Sexualität. Sie sind unabhängig in ihrer eigenen Versorgung, sie geben, wann und wie sie wollen, auch sich selbst und ihren Körper. Aus dieser Haltung des inneren Reichtums heraus begegnen sie anderen und dem anderen Geschlecht. Sie haben die Kraft, ihre eigenen Ziele zu verfolgen, ihre eigene weibliche Weisheit zu verwirklichen. Diese Weisheit, der Prajñaparamita ist *Tathagatagarbha*[388], der Raum, der Schoß oder das Gefäß, das Buddhas hervorbringt, sie ist ein Füllhorn, das nie versiegt. Als sich Yeshe Tsogyal durch ihre asketische Praxis in den Bergen verausgabt hat, nährt eine rote Dakini sie direkt aus ihrem »Körpergefäß«, der Gebärmutter.

Das Gefäß der Erde selbst, das transformiert und zur Reifung bringt, ist die Höhle. Diese Symbolik taucht in vielen Geschichten auf, zum Beispiel bei Bhikshuni Lakshmi, Yeshe Tsogyal und Mandarava. Die Höhle ist das schützende Gefäß, in dem die Meditation im Verborgenen gären kann, bis die Ergebnisse reif sind, um in die Welt getragen werden zu können.

Bhikshuni Lakshmi

Die ersten Sonnenstrahlen zauberten ein Funkeln auf die Goldornamente an den Dachfirsten. Ein wunderbarer neuer Morgen im vornehmsten Kloster Kaschmirs brach an. Bhikshuni Lakshmi[389], die Äbtissin, lugte durch einen schmalen Spalt in ihrem Fensterladen hinunter in den Innenhof. Hunderte von Mönchen und Nonnen strömten in langen Reihen über die hellen Steinplatten. Die Morgenmeditation war gerade zu Ende, und sie war wieder nicht dabei gewesen, wie schon seit vielen Wochen. Und wie lange hatte sie schon keine Debatten mehr angeleitet und Unterweisungen gegeben? Lakshmi spürte das Fieber in ihren Schläfen pochen.

An genau solch einem Morgen war es gewesen, als ihr Bruder, der König Indrabuthi, sie prunkvoll in diesem Kloster als Äbtissin eingesetzt hatte. Wie ihr Bruder war sie in den fünf traditionellen Künsten ausgebildet worden: Poesie, Philosophie, Kunst, Medizin und Meditation. Ihre größte Stärke und Freude war das Debattieren in buddhistischer Philosophie. Wie sie die Spitzfindigkeiten liebte, die Schärfe und Klugheit der Argumente! Und sie konnte alle schlagen – Gelehrte, Wissenschaftler und tantrische Meister, keiner kam gegen sie an. Wie stolz war sie gewesen, all diesen Mönchen vorzustehen und den Ruf des Klosters als bestes in Kaschmir zu verteidigen. Doch das war jetzt vorbei.

Die Tür knarrte, als die Nonne, die ihr persönlich diente, in das verdunkelte Zimmer trat. Lakshmi drehte sich zu ihr um und sah den Schrecken in den Augen der jungen Frau. »Ja, es ist so weit, es lässt sich nicht mehr länger verheimlichen. Geh und hole die Ältesten des Klosters her.«

Im Schatten der Abenddämmerung verließ eine verhüllte Gestalt den Klosterhof und schlug mühselig humpelnd Schritt für Schritt den Weg in die Wälder ein. Im Kloster, das ihre Verbannung am Tag darauf offiziell bekannt gab, hielt sich hartnäckig das Gerücht, die stolze Äbtissin sei schwanger gewesen und nach einer Fehlgeburt oder Abtreibung krank geworden. In Wahrheit wurde Lakshmi ausgestoßen, weil sie sich mit Lepra infiziert hatte, einer Krankheit, die mit Altlasten unheilsamer Taten aus früheren Leben in Verbindung gebracht wurde. Ein ebenso guter Grund, diese vorwitzige Frau endlich loszuwerden.

Lakshmi hatte sich einige Tagesmärsche tiefer in die unwegsame Bergregion geschleppt, die hinter dem Kloster begann. Ihr Ziel war eine Höhle, in die sie sich schon früher zur Meditation zurückgezogen hatte. Dort angekommen, kauerte sie sich zusammen und beweinte ihr Schicksal. Die Schmerzen waren unerträglich geworden, sie hatte ihre rechte Hand verloren, und auf ihrer Haut breiteten sich eitrige Stellen aus. Die herzlose Behandlung ihrer Klostergemeinschaft hatte sie zutiefst verletzt, und angesichts der Auswegslosigkeit ihrer Situation verfiel sie abwechselnd in maßlose Wutanfällen oder Selbstvorwürfe. Entsetzt spürte sie, dass sie dieser Verzweiflungswelle nichts entgegenzusetzen hatte. Nichts von dem, was sie gelernt hatte, kein Wissen und keine Erkenntnisse der Vergangenheit konnten ihr wirklich Halt schenken. Die dunkelste Nacht ihrer Seele brach an.

In dieser furchtbaren Dunkelheit erschien ihr im Traum Indrabuthi, ihr Bruder. Er hielt ein Gefäß mit Wasser in den Händen und tröstete sie: »Dieses Wasser ist dem Buddha des grenzenlosen Mitgefühls geweiht. Verzweifle nicht, sieh diese Krankheit als Segen, durch sie wird es dir gelingen zu erwachen!« Und er sprenkelte etwas Wasser auf sie. Als sie aufwachte, fühlte sie sich innerlich ruhiger, und während sie noch über den Traum nachdachte, kam ihr plötzlich das Mantra des Avalokiteshvara, des Buddha des grenzenlosen Mitgefühls, in den Sinn. Von diesem Morgen an rezitierte sie sein Mantra »Om mani padme hum« ohne Unterlass und fühlte, wie es sie stärkte und nährte.

Als sechs Monate vergangen waren und sie wie jeden Tag das Mantra murmelnd am Eingang ihrer Höhle saß, überfiel sie, wie so oft in den letzten Wochen, Müdigkeit. Im Dämmerzustand, halb schlafend und halb wachend, stieg in ihr aus der Tiefe der Gedanke auf: »Wenn ich jetzt an dieser Krankheit sterbe, dann soll es so sein. Ich bin damit einverstanden.« Kaum hatte sie den Gedanken zu Ende gedacht, da strahlte gleißendes Licht vor ihr aus dem Himmel, und sie war hellwach. Ein kleiner Junge, auf einem Löwen reitend, kam daraus auf sie zu und rief: »Komm mit mir nach Likhavari, dort, wo Buddha Avalokiteshvara wohnt!« Und der Junge, der sich als eine Manifestation des Buddha Manjushri[390] zu erkennen gab, legte ihr eine Medizinkugel[391] auf die Zunge und verschwand. Kurz darauf schon fühlte Lakshmi, wie ihre Kräfte zurückkehrten und die Schmerzen nachließen. Da nahm sie ihr Bündel und brach auf, um das Land Likhavari und den Buddha Avalokiteshvara zu suchen.

Am Abend des siebten Tages ihrer Wanderung machte sie unter einem Baum am Ufer eines Flusses Rast. Kaum hatte sie sich zum Schlafen niedergelegt, sprang ein Haufen Dämonen auf sie zu, sodass ihr angst und bange wurde. Dann aber erinnerte sie sich an den Buddha des grenzenlosen Mitgefühls. Sie sang sein Mantra und ließ tiefes Vertrauen zu Avalokiteshvara aus sich herausströmen, bis alle Furcht sich legte und die Dämonen verschwunden waren. Da erschienen sieben rote Dakinis, die mit Blumenkronen geschmückt waren, und luden Lakshmi zum Tanz ein. Und während sie mit ihr herumwirbelten, sangen sie: »Wirst du erst erleuchtet sein, sind wir die Ersten in deinem Gefolge. Bewahre die Lehren in deinem Herzen!«

Als Lakshmi das Land des Buddha erreichte, ließ sie sich vor seiner Statue nieder, die auf einer großen Wiese stand, und gelobte, nicht eher aufzustehen, als bis sie erwacht wäre. So meditierte sie dort ein ganzes Jahr lang, ohne auch nur einen Augenblick zu pausieren. Sie hatte keinen Hunger und keinen Durst. Alle körperlichen Zeichen der Krankheit fielen von ihr ab, wie Rinde, die sich vom Baum schält. Auch ihre rechte Hand wuchs wieder nach. Allen Dämonen, die sie bedrohen und belästigen wollten, begegnete sie mit Freundlichkeit und Mitgefühl, und sie zähmte die acht Schlangengötter, die sich zu Schutzgottheiten für das große Mitgefühl verwandelten.

Am ersten Tag des Monats Sakadawa, dem Monat, in dem Buddha Shakyamuni erwacht war, stand Buddha Tara plötzlich von Angesicht zu Angesicht vor ihr und prophezeite: »Die erwachten Handlungen der Buddhas der drei Zeiten werden sich in dir zeigen!« Danach erschien ihr Buddha Avalokiteshvara, setzte sich zu ihr und gab ihr die kostbarsten Unterweisungen.

In all dieser Zeit hatte die junge Nonne, die der Äbtissin Lakshmi im Kloster gedient hatte, nie aufgehört, an ihre Lehrerin zu denken. Sie trauerte insgeheim um sie, die mittlerweile sicherlich allein und verlassen in der Wildnis gestorben war. Und obwohl es von den Klosteroberen verboten worden war, nahm sie eines Tages all ihren Mut zusammen und machte sich auf, um wenigstens die Gebeine der Äbtissin einzusammeln. Die junge Frau kannte die Höhle in den Bergen, und je näher sie herankam, desto schwerer wurde ihr ums Herz. Als sie aber zum Eingang der Höhle kam, strahlte ihr ein helles, überirdisches Licht entgegen, darin saß Bhikshuni Lakshmi in tiefer Versenkung, gesund und schöner als jemals zuvor. Voller Freude umarmte die junge Nonne die Füße ihrer Lehrerin und bat sie, ihr zu erzählen, was geschehen war. Lakshmi berichtete von ihrer Heilung durch das tiefe Vertrauen in Avalokiteshvara: »Der Buddha des grenzenlosen Mitgefühls hat mir eine Übung übertragen, die allen, die sie ernsthaft durchführen, gleichgültig, ob sie Ordinierte oder Laien sind, Heilung und Entlastung bringt.«

»Ehrwürdige Äbtissin, denn das seid Ihr für mich immer noch, ich bitte Euch, lasst uns zurück in Euer Kloster gehen, und lehrt alle dort das, was Ihr erfahren habt!«

»Wie, dorthin?« Die Miene von Lakshmi verdunkelte sich. »In dieses Kloster würde ich nicht einmal zurückkehren, um zu pinkeln!«

Letztlich siegten aber doch das Mitgefühl und die flehenden Bitten der jungen Nonne, und Bhikshuni Lakshmi kehrte in ihr altes Kloster zurück. Ihre wunderbare Heilung und ihre Lehren entfachten tiefes Vertrauen in denjenigen, die immer noch an sie geglaubt hatten, die anderen aber vergruben sich weiter in ihrem Misstrauen und ihrer Ablehnung. Um auch die

Menschen außerhalb des Klosters zu erreichen, machten sich Lakshmi und ihre Schülerin auf die Wanderschaft. Sie lehrte auf Marktplätzen und in Klosterhöfen, wie es gerade kam. Viele Menschen nahmen die Reinigungspraxis begeistert an. Doch wenn Bhikshuni Lakshmi es mit Skeptikern zu tun hatte, konnte es schon vorkommen, dass sie sich kurzerhand ihren Kopf abschnitt, ihn auf ihren Wanderstock spießte und damit auf dem Marktplatz tanzte. Das überzeugte.[392]

Die Reinigungs- und Heilpraxis, die Bhikshuni Lakshmi direkt von Buddha Avalokiteshvara erhielt, heißt auf tibetisch *Nyungnä.* Es ist ein Fastenritual, das Ordinierte und Laienpraktizierende zusammen ausüben, eine Rarität im tibetischen Buddhismus. Das Ritual praktizieren alle tibetischen Schulen, insbesondere im sechsten Monat des Jahres, Sakadawa, wenn man die Erleuchtung des Buddha Shakyamuni feiert. Jeden zweiten Tag verzichten die Übenden vollständig auf Essen und Trinken, rezitieren das Mantra »Om mani padme Hum«, bringen Niederwerfungen dar und singen Hymnen an Avalokiteshvara. Das Lied, mit dem Lakshmi selbst diesen Buddha pries, ist das Herzstück der Übung. Es ist ein sinnlicher Hymnus, der Avalokiteshvara, der ja in Indien zu jener Zeit mit männlichem Körper dargestellt wurde, eigentlich wie eine schöne Frau beschreibt:

»Dein Gesicht leuchtet in Vollmondherrlichkeit,
Deine Augen, wunderbar geschwungen wie Lotosblütenblätter,
Duftend und schneeweiß wie das Muschelhorn.
Du hältst eine glitzernde Kette vollkommenster Perlen.
Geschmückt bist du mit der schimmernden Morgenröte,
Wie ein Lotossee verströmen deine Hände Nektar.«

Frauen fühlten und fühlen sich durch die Praxis der Bhikshuni Lakshmi besonders angesprochen. Sie gehört auch heute in vielen tibetischen Frauenklöstern zu den besonderen Ereignissen des Jahres. Bhikshuni Lakshmi war und ist eine Inspiration und ein Vorbild für praktizierende Frauen, besonders in Asien.

Gründermütter

In allen buddhistischen Schulen genießen die Personen, auf die diese Traditionen zurückgeführt werden, besondere Verehrung. Täglich rufen die Übenden sie und ihre ununterbrochene Linie von Nachfolgern an und bitten um ihren Segen. Selten verirrt sich dabei in so eine Aufzählung der Name einer Frau, und schon gar nicht als Gründungsmutter einer solchen Linie. Und das, obwohl sich durchaus zurückverfolgen lässt, dass viele der männlichen Übenden, die heute als Väter einer Schule gelten, ihre Erkenntnisse und Übungsanleitungen von Frauen erhalten hatten, die ihre Lehrerinnen und Begleiterinnen waren. Miranda Shaw hat in ihrem Buch *Passionate Enlightenment* viele Beispiele dafür gesammelt.[393]

Eine rühmliche Ausnahme ist die Shangpa-Linie der Kagyü-Schule, die von verschiedenen Lamas[394] gehalten wird. Die Shangpa-Linie beruft sich selbstbewusst auf zwei Frauen, die diese Linie begründeten: Sukhasiddhi und Niguma. Beide gelten als vollkommen Erwachte. Sukhasiddhi und Niguma erhielten Unterweisungen direkt von Buddha Samanthabhadri und Buddha Samanthabhadra, dem erwachten Paar, den sogenannten »Urbuddhas«. Durch diesen direkten Kontakt sind ihre Lehren von besonderer Kraft erfüllt, denn es ist eine sogenannte »kurze« Übertragungslinie. Die Lehren beider Yoginis sind Hauptbestandteil der Shangpa-Tradition. Die sechs Yogas von Niguma werden in den Drei-Jahres-Retreats, die die Kagyü-Schule in der Nachfolge von Kalu Rinpoche oder von Trijang Rinpoche durchführt, bis zum heutigen Tag geübt. Auch Jamgon Kongtrul[395] nahm die sechs Yogas von Niguma als Hauptteil in seinen Lehrplan der Dreijahres-Retreats auf.

Die Dakini Sukhasiddhi, die kaum Unterweisungen hinterlassen hat, nimmt als erste Lehrerin der Übertragungslinie den zentralen Platz in den Gebeten ein. Von ihr heißt es, sie würde bis zum heutigen Tag vielen Übenden erscheinen. Sie manifestierte sich auch in den Yoginis Yeshe Tsogyal und Machig Labdrön.

Sukkasiddhi

In einem kleinen Dorf im Westen des Landes Katchie lebte eine Frau. Sie war neunundfünzig Jahre alt und hatte in ihrem Leben alles getan, was eine gute Ehefrau und Mutter tun sollte. Sie hatte sechs Kinder großgezogen, drei Töchter und drei Söhne, ihrem Mann gehorcht und das Haus und den Garten versorgt. Die Familie war immer arm gewesen, und doch hatte die Frau immer wieder Wege gefunden, anderen zu helfen und zu geben, was immer sie vermochte. Schon manches Mal war darüber im Hause Streit ausgebrochen. »Wir sind arm genug!«, schrien Mann und Kinder, »du musst nicht auch noch das Wenige, das wir haben, mit allen, die an unsere Tür klopfen, teilen!«

In diesem Winter überzog eine unerbittliche Dürre das ganze Land. Alle Halme auf den Feldern waren verdorrt und der Garten eine staubige Wüste. Die Menschen hungerten und versuchten sich ihre mageren Vorräte einzuteilen, so gut es ging. Eines Tages hatte die Familie nur noch eine letzte Schale Reis, sonst war alles aufgegessen. Am Morgen rief der Vater Frau und Kinder zu sich und sagte: »Wir werden heute in alle Himmelsrichtungen losziehen und sehen, ob wir nicht irgendetwas Essbares finden. Du, Frau, bleibst zu Hause. Und rühre ja nicht unsere letzte Schale Reis an, bis wir wieder zurück sind!« So zogen sie davon. Die Frau deckte die Schale zu und wartete. Gegen Mittag klopfte es an die Tür.

Als sie öffnete, sah sie einen zerlumpten, ausgemergelten Bettler, der sie ausgehungert anstarrte. Voller Mitgefühl für sein Leid, das ihr noch größer schien als ihr eigenes, gab sie dem Unbekannten kurzerhand die letzte Schale Reis. Selbst aß sie auch ein paar Bissen. Dann verneigte sich der Mann tief und ging fort, ohne ein weiteres Wort zu sagen. Die Frau blieb mit einer unerklärlichen Freude im Herzen an ihrer Feuerstelle zurück.

Als der Abend dämmerte, kamen der Mann, die Töchter und die Söhne nach Hause. Obwohl sie den ganzen Tag gesucht hatten, waren sie mit leeren Händen zurückgekehrt. Müde und hungrig hockten sie sich um die Feuerstelle, und der Vater sagte: »Lasst uns jetzt wenigstens als letzte Mahlzeit die Schale Reis miteinander teilen, die die Mutter für uns aufbewahrt hat.« Traurig blickte die Frau in die Runde und antwortete: »Ich hatte fest daran geglaubt, ihr würdet etwas Essbares nach Hause bringen, und habe die Schale Reis einem Bettler geschenkt, der an die Haustüre kam. Es gibt leider nichts mehr zu essen.«

Da sprangen der Mann und die Kinder voller Wut auf und beschimpften die Frau unter Tränen: »Du kannst es einfach nicht lassen! Wir haben dir schon so oft eingeschärft, du sollst Fremden nichts geben! Du spielst hier die Großzügige, und wir müssen darunter leiden. Du bist eine Rabenmutter, ein böses Weib, wir wollen dich hier nicht mehr haben, verschwinde!« Und sie jagten sie hinaus in die Nacht.

Sie ging einfach los, benommen vom Schmerz. Nach einiger Zeit merkte sie, dass ihre Füße sicherer wurden. Es war, als würde sie einer unsichtbaren Fährte folgen. Viele Tage und Nächte stolperte sie auf staubigen Wegen dahin und folgte einer Richtung, von der sie nicht wusste, dass es sie gab. Wie durch ein Wunder fand sie immer wieder ein Bröckchen Speise, sodass sie nicht verhungerte und jeden Tag ein wenig weiterkam. Schließlich gelangte sie in eine fremde Gegend, die freundlich war und wo die Felder in Fülle und Reife standen. Die Menschen, bei denen sie bettelte, waren voller Mitgefühl und gaben ihr aus ihrer reichen Ernte genug Gerste, dass sie sich satt essen und auch noch einen Beutel als Vorrat mitnehmen konnte. Als sie fragte, in welches Land ihre Füße sie denn geführt hätten, antworteten die Leute, dies sei das Land Uddiyana, das Land der weisen Frauen. Und tatsächlich, die Frauen dieses Landes strahlten eine besondere Kraft aus, aber auch die Männer, die hier lebten, waren höflich und aufrichtig.

Während sie weiterwanderte, dachte die Frau darüber nach, was sie wohl mit dem Vorrat an Gerste anfangen sollte. Da fiel ihr plötzlich wieder ein, wie ihre Mutter früher aus Gerste ein wohlschmeckendes Bier bereitet hatte, und als sie in die Stadt Bita gelangte, eröffnete sie auf dem Markt einen Stand. Hier verkaufte sie ihr selbst gebrautes Bier, und da es besser schmeckte als alles, was sonst in der Stadt zu haben war, konnte sie recht bald gut davon leben und kam zu bescheidenem Wohlstand. Sie war jetzt einundsechzig Jahre alt und fühlte sich frischer und jünger als jemals zuvor.

Seit sie ihren Stand auf dem Markt aufgemacht hatte, kam jeden Tag eine besondere junge Frau, um einen Krug Bier bei ihr zu kaufen. Ein Leuchten ging von ihr aus. Die »Bierbrauerin« – so wurde sie inzwischen genannt – freute sich jeden Tag auf diese Kundin und hatte, wenn sie kam, immer schon einen Krug ihres besten Bieres vorbereitet. Eines Tages, als die junge Frau wieder den täglichen Krug Bier abholte, fasste sich die Bierbrauerin ein Herz und sprach sie an: »Du bist ganz anders als die Mädchen aus der Stadt hier, die bei mir Bier für ihre Familie holen. Wo lebst du und mit wem teilst du den Krug?«

Die junge Frau blickte die Bierbrauerin aus klaren Augen an: »Mein Name ist Advadhutima[396], und ich lebe mit meinem Gefährten Virupa in einer Hütte außerhalb der Stadt. Wir üben Meditation und folgen den Lehren des Buddha.« Die Bierbrauerin wusste nicht genau, was die Lehren des Buddha waren, aber ihr Herz hüpfte, als sie den Namen von Advadhutimas Gefährten hörte, und ohne auch nur eine Sekunde nachzudenken, sagte sie: »Ich möchte, dass du den täglichen Krug Bier als Geschenk von mir annimmst. Würdest du mir diese Spende erlauben?« Und so kam Advadhutima jeden Tag und empfing von der Bierbrauerin den Krug Bier als Gabe.

Als Advadhutima wieder einmal mit dem Krug zu ihrem Gefährten in die Hütte trat, sprang Virupa plötzlich auf und rief: »Dieses Bier ist so köstlich, als wäre es Nektar aus den Reinen Ländern. Seit Monaten bekommen wir es umsonst. Wer ist die Person, die uns damit verwöhnt?«

»Es ist eine ältere Frau vom Markt«, antwortete Advadhutima. »Sie ist nicht von hier und hat ihre Kunst des Bierbrauens aus der Fremde mitgebracht. Sie hat mich gefragt, wer ich bin und mit wem ich den Krug teile, und als ich deinen Namen nannte, war sie sichtlich bewegt. Seitdem sieht sie es als Privileg, diese Spende geben zu dürfen.«

Virupas Augen glänzten: »Wenn du morgen wieder auf den Markt gehst, frage sie bitte, ob sie buddhistische Unterweisungen möchte, und wenn sie interessiert ist, bringe sie sofort her!«

Als Advadhutima die Bierbrauerin am nächsten Morgen fragte, ob sie Interesse hätte, von Virupa mehr über die buddhistischen Lehren zu hören, ließ die Bierbrauerin sofort alles stehen und liegen. Sie übergab ihren

Stand an eine Nachbarin, nahm zwei Krüge Bier und folgte der jüngeren Frau ungeduldig aus der Stadt hinaus. Als sie sich der Hütte näherten, trat Virupa vor die Tür. Und obwohl er jetzt gut genährt und sauber gekleidet war, erkannte sie sofort, dass hier niemand anderer auf sie wartete als der halbverhungerte Bettler, dem sie ihre letzte Schale Reis gegeben hatte. Voller Freude blickten die beiden sich an. Virupa gab ihr Unterweisungen in Mahamudra[397] und in der Kunst der Meditation mit und ohne Form. Am selben Abend noch erlangte die einundsechzigjährige Bierbrauerin, ausgestoßene Mutter und Ehefrau, mühelos die achte Bodhisattva-Stufe. Samantabhadri und Samantabhadra, das Paar der Urbuddhas erschien ihr, sie gaben ihr Unterweisungen, und sie erwachte vollständig.[398]

Aus der Strahlkraft ihres Regenbogenkörpers nimmt Sukhasiddhi jede Gestalt an, die den Wesen nützen kann. Vielen erscheint sie als eine hell leuchtende Frau, zeitlos schön. Ihre Schönheit ist so, sagt man, dass alle, die sie einmal gesehen haben, sich nicht von ihr abwenden können und sich nichts anderes wünschen, als immer weiter in ihr Gesicht schauen zu dürfen. Sukhasiddhi ist ihr Erleuchtungsname, die Vereinigung von höchster Seligkeit und der wahren Sicht der Wirklichkeit.

Es ist eine wunderbare, hoffnungsfrohe Geschichte: Eine, nach damaligen Maßstäben alte Frau, die ihr Leben eigentlich hinter sich hat, erwacht mühelos in einer Nacht – kein langes Üben, kein großes Drama.[399] Ohne die buddhistische Lehre zu kennen, einfach so, aus sich heraus, bringt sie natürliche Klarheit und ein großes Herz mit, und dann geht alles ganz einfach. In ihrer Tätigkeit als Bierbrauerin tritt sie uns bereits als Meisterin des Reifens und Umwandelns entgegen. Es gärt schon in ihr, die guten Bedingungen des Landes Uddiyana tun das Ihrige, und das starke Band zwischen ihr und dem Yogi Virupa, das sie durch ihre selbstlose Gabe knüpfte, zieht sie unaufhaltsam in den Strom des Erwachens.

Virupa selbst hatte als Yogi von jeher eine ganz besondere Verbindung zu Alkohol: Er war wegen provokanten Alkoholgenusses aus dem Kloster geworfen worden, lebte danach als wandernder Yogi und meditierte gerne in Kneipen über vollen und leeren Gläsern. Dabei trank er unglaubliche Mengen Bier oder Schnaps, ohne betrunken zu werden. Als er einmal in einer Taverne in der Fremde schon am frühen Morgen kräftig zulangte, war die Schankwirtin etwas besorgt, ob er denn auch bezahlen könne. Er versprach ihr also, nichts mehr zu trinken, sobald die Sonne den Zenit überschritten habe. Als die Mittagssonne an ihrem höchsten Punkt stand, stieß Virupa seinen Ritualdolch[400] in die Erde und hielt damit die Sonne in ihrem Lauf auf. Dann trank er in aller Ruhe weiter und hörte erst wieder auf, als der König des Landes ihn inständig darum bat, den natürlichen Lauf der Gestirne wiederherzustellen.

Virupa hatte seine Hauptunterweisungen und -einweihungen von der Dakini Nairamya erhalten. In die Praxis der Vajrayogini mit dem abgeschlagenen Kopf führte ihn die Lehrerin Lakshminkara ein. Durch Virupa wurde diese Übung in Nepal und Tibet so bekannt, dass die Sakya-Schule und die Drikung-Kagyüpa des tibetischen Buddhismus Virupa als den Gründungsvater dieser Übungslinie verehren. Der Name seiner Lehrerin wird nicht erwähnt.[401]

Sukhasiddhis Gesang an ihre Schülerschaft:

»Nicht verstrickt in die sechs Sinnesfelder,
Jenseits des Denkens liegt der Pfad der Transzendenz.
Der letztendliche Raum kennt keine Vorstellungen.
Freisein vom Eingreifenwollen, das ist das große Siegel.
Meditiere nicht! Meditiere nicht! Meditiere nicht mit dem Geist!
Die Meditation des Geistes läuft nur auf verwirrtes Denken hinaus.
Gedanken binden dich an die Kreisläufe der Existenz.
Lässt du den Geist los, gibt es keine Meditation.«[402]

Niguma und die Insel aus Gold

Niguma ist die zweite Gründungsmutter der Shangpa-Linie und doch ist keine ausführliche Lebensgeschichte von ihr überliefert. Warum? Ein patriarchaler Lapsus? Von Sukhasiddhi, der Lehrerin, mit dem sie sich den Gründungssitz der Linie teilt, existiert eine Geschichte, in der viele Details genau aufgezeichnet sind. Warum hätte man die von Niguma unter den Tisch kehren sollen? Vielleicht gibt es einfach keine Geschichte – das meint jedenfalls Ngawang Zangpo, der Nigumas Verse ins Englische übersetzte.[403]

Niguma traf einen Lehrer, verstand sofort und das war's. Alles, was sie weiter zum Erwachen brauchte, geschah in der Begegnung mit Buddha Vajradhara. In ihrer Befreiungsgeschichte gibt es keine heroischen Taten, keine Widerstände und keinen Übungsweg und deswegen auch nichts weiter zu erzählen. Niguma so zu sehen kann durchaus befreiend wirken.

Die Lehrerin Niguma zeigt sich in den Begegnungen mit Übenden als furchterregende, rotbraune Dakini, man könnte sagen, als die dunkle Seite zur weißen, friedvollen Sukhasiddhi. Auch das ist ein Grund, warum sie aus der Tiefe des Landes weiblicher Weisheit[404] auftaucht und es keine Erklärung braucht, wie sie diejenige geworden ist, die sie ist. Das Dunkle und Unergründliche ist integraler Bestandteil ihres Wesens. Darauf weist auch ihr Name hin. Der indische Gelehrte Taranata erklärt: »Sie heißt Nigu, *Nigupta* bedeutet in Sanskrit ›bestimmtes Geheimnis‹ oder ›klar verborgen‹.«[405] Nicht umsonst lehrt sie Kyungpo Naljor zuerst Traum-Yoga und unterweist ihn auch in seinem weiteren Leben immer wieder im Traum. Seine erste Begegnung mit ihr, die er so detailgetreu aufzeichnete, hat auch mehr von einem Traumbild als von einem Treffen mit einer Lehrerin aus Fleisch und Blut. Dazu passt, dass das Hauptthema ihrer Lehren die illusionshafte Natur der Erscheinungen ist. In ihrem Lehrtext »Stufenweg der magischen Illusion« vertritt sie die Haltung, dass selbst das Fortschreiten auf dem Weg zum Erwachen nichts weiter ist als Illusion, eine Haltung, die sie mit ihrem Leben deutlich verkörpert.

Obwohl Niguma als Person so unfassbar zu sein scheint, geht von ihr eine starke Wirkung auf Generationen von Übenden aus. Dazu mag beigetragen haben, dass ihre mündlichen Unterweisungen über sieben Generationen nur jeweils an eine einzige Person weitergegeben werden durften. Erst im 15. Jahrhundert wurden sie aufgeschrieben und an eine breitere Gruppe Übender weitergegeben. Es sind tibetische Texte von ihr über Mahamudra erhalten geblieben, weiterhin Übungsanleitungen zu einer Praxis der Vajrayogini in Vereinigung mit Chakrasamvara[406] und die Unterweisungen zu den sechs Yogas, die nach ihr benannt sind.[407]

Ein paar spärliche Daten ihres Lebens vor der Erleuchtung sind bekannt: Niguma kommt im 11. Jahrhundert in einer Brahmanenfamilie in Kaschmir zur Welt. Die Eltern nennen sie Srijñana. Sie beginnt bei dem Lehrer Lawapa eine Ausbildung in buddhistischer Sicht und Meditationsweise. Schon nach ein paar Tagen hat sie alles vollständig verstanden und keinerlei Zweifel mehr. Buddha Vajradhara erscheint persönlich vor ihr und erteilt ihr die vier tantrischen Einweihungen. Nach nur einer Woche spirituellen Trainings ist sie vollkommen erwacht. Naropa, der später ihr Gefährte wird, hatte dazu zwölf Jahre gebraucht. Als erwachte Lehrerin in der Welt trägt sie den Namen Niguma oder Nigupta. Wie sie ihr »klar verborgenes« Geheimnis vermittelte, erzählt die Geschichte, die zum Gründungsmythos der Shangpa-Linie gehört.

Schon zum zweiten Mal in seinem Leben hatte sich der tibetische Yogi Kyungpo Naljor auf die beschwerliche Reise nach Indien aufgemacht. Als er das erste Mal in dieses fremde Land hinabgestiegen war, hatte er gute Lehrer getroffen. Ihre Einsichten hatten ihm geholfen, in Tibet dringend benötigte buddhistische Ausbildungsstätten zu gründen. Das war es, was er in Indien gesucht hatte, und das hatte er mit nach Hause gebracht. Und doch war er nicht zufrieden. Mit jedem Schritt, den er auf die unwegsamen Bergpässe setzte, sein dickes Säckchen Gold in der Brusttasche, wurde es ihm klarer: Er musste dringend einen Lehrer finden, der den Buddha von Angesicht zu Angesicht gesehen und die Lehre direkt von ihm empfangen hatte. Nur mit dieser direkten Verbindung würde sich diesmal die buddhistische Lehre unauflöslich in Tibet verwurzeln. Er spürte, dass es ein tiefes Geheimnis gab, das er bis jetzt noch nicht ergründet hatte und das er entschlüsseln musste.

In Indien angekommen, fragte er bei allen Lehrern und Weisen nach, ob es wohl so einen Meister geben könnte. Immer wieder erhielt er die gleiche Antwort, und ihm stockte der Atem. Der Meister, den alle ihm nannten, war eine Frau, die Dakini Niguma. Die Antwort auf seine zweite Frage, wo diese Dakini Niguma denn zu finden sei, beunruhigte ihn nicht weniger: »Wenn deine Sicht auf die Wirklichkeit rein ist, dann kannst du sie überall treffen. Ist sie das aber nicht, wirst du sie vergeblich suchen. Du kannst es dennoch auf dem Leichenverbrennungsplatz im Sosa-Wald versuchen, dort erscheint sie manchmal. Vielleicht hast du Glück.«

Als Kyungpo Naljor das hörte, schossen ihm die Tränen in die Augen, und die Haare standen ihm zu Berge. Er fürchtete sich, und doch wusste er, dass dies die Lehrerin war, die er aufsuchen musste. Also wanderte er los, seinen Goldbeutel in der Brusttasche, auf den Lippen das Anrufungsmantra des Buddha. Nach einigen Tagen erreichte er eines Abends die Verbrennungsstätte im Wald. Mit klopfendem Herzen trat er auf den aschebedeckten Platz hinaus, und mit lauter, leicht zitternder Stimme sang er weiter das Mantra.

Wie lang er da wohl stand? Er wusste es nicht. Plötzlich brauste es über ihm in den Wipfeln der alten Bäume, und als er nach oben in den dämmrigen Himmel blickte, sah er weit oben über ihnen eine rotbraune Frauengestalt. Sie tanzte, und der ganze Himmel schien zu beben. War sie wirklich rotbraun? Licht und Bewegung schillerten dem Yogi vor den Augen. Jeden Augenblick wechselte die Erscheinung ihre Farbe, und gleißende Lichtstrahlen gingen von ihr aus, auf denen sie in immer wechselnden Formen herumwirbelte. Kyungpo Naljor fiel auf die Knie, er wusste, dass er die Lehrerin gefunden hatte, nach der er sich sehnte. Er streckte ihr beide Arme entgegen und rief: »Dakini Niguma, höchste Lehrerin, ich bitte dich, unterweise mich!«

Die wirbelnde Frau aus dem Himmel stabilisierte sich in der braunroten Form und schoss näher auf den am Boden kauernden Mann zu. Sie war nackt, größer als er selbst, und ihr Knochenschmuck klingelte bei jeder Bewegung leise. Sie grinste ihn an: »Ich bin die Anführerin der menschenfressenden Dakinis dieser Gegend. Ich rate dir, lauf um dein Leben, bevor ich dich meinen Schwestern als Abendbrot auftische!« Kyungpo Naljors Herz raste, immer wieder hatte man ihn vor solchen weiblichen Dämonen gewarnt. War er an den falschen Ort geraten? Er krallte sich in den aschenen Boden: »Ich bitte dich, höchste Lehrerin, unterweise mich in den tantrischen Lehren!«, wiederholte er zitternd.

»Was?«, der Mund der Frau mit den gefletschten Zähnen, scharf wie Dolche, wurde riesengroß. »Du willst tantrische Unterweisungen, du Wicht? Weißt du nicht, dass der Schüler dafür Gold geben muss? Und zwar viel Gold?«

»Ich habe Gold, hier in meiner Brusttasche, fünfhundert Unzen. Ich habe es den ganzen weiten Weg von Tibet nur für diesen Zweck hierhergetragen. Ich bitte dich inständig, nimm es an, und lehre mich!« Kyungpo Naljor zog bebend das Goldsäckchen heraus. Kaum hat er ausgesprochen, war das Gold schon in Nigumas ausgestreckter Hand, und sie stand hoch aufgerichtet mitten im Nachthimmel über den Baumwipfeln. »Dein Gold, haha, wie ihr alle daran hängt! Ich brauche es nicht. Schau her!« Und mit beiden Händen leerte die Dakini das Goldsäckchen weit über den Baumwipfeln aus. Die ersten Mondstrahlen ließen den Goldstaub erglitzern, wie er in weitem Bogen über den Bäumen niederfiel. Jetzt sank dem tibetischen Yogi der Mut und er dachte bei sich: »Sie nimmt mein Gold nicht an. Sie wird mich also nicht unterweisen. Wahrscheinlich ist sie wirklich eine Dämonin! Da, jetzt kommen ihre Gefährtinnen. Mein Leben ist verwirkt!« Und Tränen rannen ihm über das Gesicht.

Der volle Mond war jetzt aufgegangen. In seinem glitzernden Schein hatte sich eine Schar Frauen um die Dakini Niguma versammelt. Sie errichteten ein Mandala aus Mondstrahlen und Sternenstaub und bereiteten aus köstlichen Gaben ein Ganachakra-Fest. Dann begann Niguma zu lehren. In Kyungpo Naljor verwandelte sich die Angst in tiefes Vertrauen. In dieser Vollmondnacht gab Niguma Einweihungen in die Praxis des Illusionskörpers und in das luzide Träumen. Kyunpo Naljor durfte dabei sein. Er konnte sein

Glück kaum fassen. Dann, am Ende des Rituals, wandte sich die Lehrerin ihm zu und sagte: »Du kleiner Mönch aus Tibet, komm her!« Bei diesen Worten wurde der Yogi durch die Lüfte gewirbelt und fand sich gleich darauf auf Nigumas Schoß mitten im Himmel wieder. Noch bevor er Zeit hatte, sich darüber zu wundern, sah er etwas, das noch größeres Erstaunen in ihm auslöste. Unter ihm schimmerte ein ganzer Berg aus Gold, vier Goldströme flossen in die vier Himmelrichtungen von ihm herab. »Was ist das?«, stammelte er, »Ist dieser Berg in Indien? Oder ist er ein Zauberspiel der Dakinis?«

Niguma antwortete ihm mit einem Lied:

»Mein Kind, was wirft dich immer wieder
In Samsaras Meerestiefen?
Es sind die Gedanken aus Abwehr und Gier.
Erkennst du, dass sie nicht wirklich sind,
Ist alles eine Insel aus Gold!«[408]

Niguma beeinflusste und unterwies eine ganze Reihe berühmter Lehrer. Leider sind keine Zusammenkünfte mit Lehrerinnen überliefert. Einer der bekanntesten ihrer Schüler war Marpa, der Übersetzer, Lehrer des berühmten Yogi Milarepa. Auch er fand sie auf dem besagten Verbrennungsplatz. Dort lebte sie in einem Haus, das aus Gras gewebt war. Marpa wurde von Naropa geschickt, mit dem Niguma eine enge, aber auch nicht genau zu fassende Beziehung verbindet – typisch für sie. Manche sagen, sie sei Naropas Frau gewesen, noch bevor sich dieser für die Mönchskarriere entschied.[409] Andere sehen in ihr seine Schwester. Der Begriff *cham-mo*, mit dem sie in tibetischen Texten bezeichnet wird, entscheidet das nicht eindeutig. Ich denke, dass die beiden eine tantrische Partnerschaft unterhielten, in die Naropa mit der Zeit hineinreifte.[410] Ihre Anleitungen zu »Mahamudra als spontane Befreiung« klingen so:

»Tu überhaupt nichts mit deinem Geist,
Ruhe im einfachen, wahren Zustand.
Der eigene Geist, unwandelbar, ist Wirklichkeit. (...)
In einem durchsichtigen Meer
Tauchen Blasen auf und verschwinden.
Genauso sind auch Gedanken nichts anderes
Als die letztliche Wirklichkeit.
Es gibt nichts zu kritisieren, bleib entspannt.
Was auch immer auftaucht, was auch geschieht,
Halte nicht fest – und es befreit sich sofort.
Erscheinungen, Klänge und Dinge sind nichts anderes
Als der eigene Geist,
Es gibt nichts außer dem Geist.
Geist ist jenseits von Geburt und Tod.
Das Wesen des Geistes, Gewahrsein,
Benutzt die Objekte der fünf Sinne, aber
Es entfernt sich nie von der Wirklichkeit.«[411]

9
Die Legenden der großen Heldinnen: Machig Labdrön, Mandarava und Yeshe Tsogyal

Mit den Befreiungsgeschichten von Machig Labdrön, Mandarava und Yeshe Tsogyal überliefert die tibetisch-buddhistische Tradition einen besonderen Schatz. Alle drei Frauen nehmen wichtige Plätze in der Geschichte des tibetischen Buddhismus ein, und von jeder Yogini existieren ausführliche Biografien. Besonders Machig Labdrön und Yeshe Tsogyal tragen entscheidend zur Entwicklung der Lehre in Tibet bei. Auch das wird in diesen Texten gewürdigt.

Alle drei sind Yoginis der Spitzenklasse und »queensize«! Die Überlieferung beschreibt sie als vollständig erwacht, als heldenhafte »Befreierinnen« in großem Stil und als Lehrerinnen für alle Arten von Wesen. Gleichzeitig sind ihre Geschichten auch die Befreiungsgeschichten von Frauen, denen sich auf dem Weg zum Erwachen eine geballte Ladung von Vorurteilen und Herabsetzungen entgegenstellte. Die Erzählungen beleuchten, wie es ihnen gelang, diese Hindernisse aufzulösen. Dadurch zeigen sich die drei noch auf ganz anderer Ebene als »große Heldinnen«.

Machig Labdrön

Wie Yeshe Tsogyal, wurde auch Machig Labdrön[412] von ihren Landsleuten zu Lebzeiten scharf kritisiert. Dass sie, wie es heißt, viele Unterweisungen direkt von Arya Tara erhielt, half ihr sicher dabei, sich nicht irritieren zu lassen. Die tibetische Tradition verehrt sie als große Heldin, als Dämonenzähmerin und Lehrerin. Sie schuf die einzig originäre Praxismethode des tibetischen Buddhismus, das Chöd.[413] Chöd ist die Übung des Durchschneidens, sie durchtrennt das Festhalten an einem falsch verstandenen Ich. In dieser kraftvollen Methode, die mit wunderschönen Melodien gesungen und mit Trommel und Glockenklang begleitet wird, bringen die Übenden immer und immer wieder den eigenen Körper als Geschenk und Nahrung für alle Wesen dar. Die Praxis richtet sich auf die Weisheit der Prajñaparamita aus, und ihre zentrale Gottheit ist Buddha Vajravarahi.

Machig übte zunächst als Nonne, gab dann aber ihre Roben zurück und suchte sich, wie Yeshe Tsogyal vor ihr, einen indischen Yogi zum Gefährten aus. Mit ihm hatte sie drei Kinder, zwei Söhne und eine Tochter, die sie auch selbst im Dharma unterrichtete.[414] Mit 35 Jahren ließ sie ihre Kinder in der Obhut ihres Mannes zurück und nahm ihr Leben als wandernde Yogini und Lehrerin wieder auf. So erzählt es zumindest eine Form ihrer Biografie, und so kann man es auch in dem Buch *Tibets weise Frauen* nachlesen.[415] Nach meinen in der Einleitung formulierten Auswahlkriterien dürfte sie also in diesem Buch eigentlich gar nicht auftauchen. Es existieren aber noch andere Erzählungen über sie, und weil Machig Labdrön eine so wichtige Person für den tibetischen Buddhismus ist und in diesem Buch einfach nicht fehlen kann, möchte ich dennoch eine davon hier erzählen.

In dieser Legende dreht sich alles um das Leben der Nomaden im tibetischen Hochland und um die ambivalente Haltung wandernden Yoginis und Yogis gegenüber. Einerseits verkörpern diese Übenden durch ihr kompromissloses Leben für das Dharma das höchste spirituelle Ideal der Gesellschaft. Andererseits sind sie Außenseiter, die sich an keine Regel der Gemeinschaft halten. Dieser Konflikt spitzt sich besonders zu, wenn es eine Frau ist, die mit aller Leidenschaft diesen gefährlich faszinierenden Übungsweg geht.[416]

In dieser Geschichte wird Machig in eine Nomadenfamilie hineingeboren. Ihr Leben verläuft in normalen Bahnen, bis das Mädchen ins heiratsfähige Alter kommt. Viele Bewerber halten um ihre Hand an, und ihre Eltern geben sie einem reichen Herdenbesitzer zur Frau. Machig aber hat nur eines im Sinn: Sie möchte meditieren lernen und aus dem Leiden in Samsara erwachen. Sie ist unglücklich in ihrer Rolle als Ehefrau und wird krank, aber die Familie ihres Mannes lässt sie nicht fort, sie wird als Arbeitskraft gebraucht. In ihrer Verzweiflung verbrennt sie sich absichtlich Hände und Füße. Ihre Schwiegereltern sind darüber sehr beunruhigt – sollte Machig von bösen Geistern besessen sein? Es wäre sicherlich gut, wenn sie einen Lama aufsuchen und um Rat fragen könnte. Aber sie lassen sie immer noch nicht fort.

Eines Morgens, als Machig wieder einmal draußen bei der Herde zum Melken ist, hackt sie sich mit einem goldenen Ritualmesser, das sie in ihrem Amulettkästchen bei sich trägt, beide Daumen ab. Ein Aufschrei geht durch die Hirtenfamilie: »Was hast du getan, ohne Daumen kannst du nicht melken, weben oder spinnen, du bist nutzlos! Geh zurück zu deinen Eltern, wir wollen dich nicht mehr sehen!«

Zurück in ihrem Elternhaus, wird sofort nach einem neuen Ehemann Ausschau gehalten, doch diesmal wehrt sich Machig entschlossen: »Nur das Dharma allein kann mir nützen, wenn der Tod kommt. Selbst wenn die Sonne im Westen aufgeht oder mir jemand die Kehle durchschneidet: Ich werde keine Ehefrau sein!« Vater, Mutter und Bruder versuchen sie mit aller Macht zurückzuhalten, immer wieder setzt sie ihnen ihre Beweggründe auseinander. Der Bruder versteht sie und will ihr Gold geben als Gabe für einen Guru.[417] Als die Mutter dazwischenfunkt und noch einmal ein großes Geschrei erhebt, geht Machig einfach fort.

Wohin aber soll sie sich wenden? Machig überlegt, was sie über die unterschiedlichen Lamas gehört hat, und entscheidet sich dann für Padampa Sangye. Da sie aber kein Geld hat, verdingt sie sich unterwegs bei einem reichen Bauern als Magd. Doch nach ein paar Monaten hält sie es nicht länger aus: »Ich kann nicht mehr warten, ich verplempere kostbare Zeit, ich muss Unterweisungen im Dharma haben!« Der Bauer ist beeindruckt von ihrer Sehnsucht nach dem Dharma und gibt ihr Gold als Lohn, damit sie ihrem Lehrer ein Geschenk machen kann.

Ihr Antrittsgeschenk, das sie damit für Padampa Sangye ersteht, sind drei Leitern. Er wertet das als gutes Zeichen: »Du wirst alle Wesen aus Samsara herausführen! Wie alt bist du, Mädchen?« Machig antwortet: »Ich bin fünfzehn Jahre alt.«

»Ah, das ist auch sehr gut«, antwortet der Lehrer, »Du wirst die Lampe sein, die alle Dunkelheit vertreibt. Darum nenne ich dich ›Licht des Dharma‹. Mädchen, dein Vertrauen ist groß, und darum ist es meine Pflicht, dich zu unterrichten!« In den nächsten Tagen gibt er ihr viele Belehrungen zur Natur des Geistes und schickt sie dann nach Zentraltibet. Dort soll sie in der Gegend von Lhatag oberhalb des Klosters in einer Höhle meditieren.

Machig findet die Stelle. Sie ist unbewohnt und unwirtlich, es wächst nichts dort, nur Wasser gibt es. Sie lässt sich dort nieder und übt.

Unten im Tal leben einige Nomadenfamilien. Sie geben dem Kloster Nahrung und Wolle, dafür spenden die Mönche Segen und Schutz. Jedes Jahr im Sommer kommen die Nomaden zum Kloster, feiern ein großes »Fest der geronnenen Milch« und bringen ihre Gaben. In diesem Jahr aber war der Regen ausgeblieben, das Gras war verdorrt, und die Kühe hatten keine Milch gegeben. Der Abt des Klosters und seine Mönche strengen sich an, mit Ritualen Regen herbeizubeschwören. Doch nichts bewegt sich, Tiere und Menschen lagern ermattet um das Kloster.

Eine Kuh wird vermisst, wahrscheinlich hat sie sich verlaufen, und ein junger Hirte macht sich auf die Suche. Er findet sie vor einer Höhle, und als er neugierig hineinlugt, entfährt ihm ein erschreckter Schrei. Dort sitzt eine Frau in Meditationshaltung, nackt, ihre Haare sind gelb und flammen um ihr Gesicht, ihre Augenbrauen sind rot, und ihr Blick ist in den Himmel gerichtet.[418] Licht strahlt von ihr aus, und der Hirte fällt vor ihr auf die Knie. Da richtet die Yogini ihren Blick auf ihn: »Du hast Vertrauen, was wünschst du dir?«

»Was ich mir wünsche? Ach, ich wünsche mir, dass unsere Kühe wieder Milch geben!«

»Du Armer, du weißt nicht, wie du dir etwas wirklich Sinnvolles wünschen kannst. Naja, dann sollst du haben, was du möchtest, das ist ja nicht schwer. Hast du ein bisschen Wolle?« Und Machig fertigt einige Wollbänder mit Knoten versehen an, die soll man den Kühen umhängen. Außerdem gibt sie ihm Erde, die sie unter ihrem Meditationssitz hervorholt, damit soll man die Kühe bewerfen.

Der junge Hirte läuft mit seiner Kuh zur Herde zurück und tut, was Machig gesagt hat. Und siehe da, die Euter der Kühe füllen sich mit Milch. Jetzt kann das Fest beginnen!

Alle versammeln sich in der großen Halle des Klosters. Der Abt erhebt seine Stimme: »Da sieht man es mal wieder, wie mächtig der Segen unserer Mönchsgemeinschaft wirkt. Ihr könnt uns sehr dankbar sein, liebe Leute!«

Da springt der junge Hirte auf, der weit hinten an einer Säule gesessen hat, und ruft in die Menge: »Verehrter Abt, Euer Segen ist bestimmt mächtig. Die Milch aber fließt durch die Kraft der fremden Yogini aus der Höhle oben am Berg!« Und dann erzählt er, was er dort oben bei Machig erlebt hat.

Am nächsten Morgen ruft der Abt seine Mönche zusammen. »Aha, wir haben also eine verrückte Alte da oben in der Höhle. Ihr seid hervorragend ausgebildete Lamas, und einige von euch werden jetzt hinaufgehen und diese irrgläubige Pfuscherin in der Debatte besiegen. Dann bindet ihr der Alten ein schwarzes Seil um den Hals und bringt sie mir hierher.« Gesagt, getan. Eine Gruppe der besten Mönche zieht siegesgewiss den Berg hinauf. Sobald sie aber in die Nähe der Höhle kommen, wandelt sich ihre Stimmung. Sie fühlen sich beseligt und gesegnet, und als sie schließlich Machig Labdrön erblicken, werden sie von Vertrauen und Hingabe überwältigt. Sie werfen sich vor ihr nieder und bitten sie inständig, ihnen Belehrungen zu erteilen.

Als sie abends wieder zum Kloster hinunterkommen und erzählen, was vorgefallen ist, wird der Abt wütend: »Ihr benehmt euch, als wärt ihr altersschwach und hättet gleichzeitig noch die Milchzähne im Mund! Ihr bringt es nicht mal fertig, einem einzigen kleinen Mädchen in der Debatte einen Denkzettel zu verpassen. Na wartet, bringt mir mein Pferd, das werde ich selbst erledigen!« Diesmal bricht das ganze Kloster mit Pauken und Trompeten auf. Vor der Höhle bauen die Mönche einen Thron mit Brokatbehang für ihren Abt auf, und von dort oben schaut er dann auf den Eingang der Höhle hinunter. »Na, Mädchen, was machst du denn da drinnen? Bist du sehr beschäftigt? Eine Frau ganz allein, hier gibt es ja nicht mal etwas zu essen! Machst du hier Urlaub? Entspannst du dich ein bisschen?« Als Antwort ertönt aus der Höhle Machigs Gesang:

»Ich bin die Bettlerin Labdrön aus der schrecklichen Höhle.
Entspannt? Ja, das bin ich! Beschäftigt? Ja, das bin ich auch!
Entspannt bin ich, weil es nicht den geringsten Grund gibt,
Irgendetwas zu tun.
Beschäftigt bin ich, weil ich keinen Augenblick abschweife
Oder müde werde.
Ich, die Bettlerin, bin niemals getrennt von den Lehren,
Ich, die Bettlerin misstraue dem Feind Samsara!«

Der Abt muss ihr zugestehen, dass diese Gedanken nicht falsch sind, und er fragt sie weiter aus. Schließlich fordert er sie auf, aus der Höhle herauszukommen.

Machig ruft von drinnen: »Es ist wahr, ich hatte ein bisschen mit Verwirrung zu tun und hatte mir etwas dualistisches Urteilen eingefangen. Jetzt bin ich aber direkt im ungeborenen Zustand des Dharmakaya, und so bin ich wohl daraus ›herausgekommen‹!«

»Wie dem auch sei,« erwidert der Abt. »Komm jetzt heraus zu uns.«

»Früher hatte ich noch ein wenig Schamgefühl, aber da bin ich auch schon seit Jahren heraus.«

»Mädchen, du musst jetzt herauskommen!«

»Na gut, wenn Ihr es mir befehlt, dann muss ich es wohl tun.«

Und tanzend springt die Yogini aus der Höhle, ihre Haare flammen in den Himmel, sie ist nackt, und ihre Augen leuchten klar wie kristallene Spiegel.

Selbst der Abt fällt jetzt vor ihr nieder und bittet um Verzeihung, nicht früher erkannt zu haben, dass sie wahrhaftig eine Weisheits-Dakini ist: »Bitte komm in unser Kloster, wir machen dich zur obersten Nonne, und dann kannst du unsere Lehrerin sein!«

Machig lächelt ihn an: »Das steht aber nirgendwo in den Ordensregeln, dass eine Nonne ein Mönchskloster leiten kann? Das ist ja ganz gegen die Tradition. Außerdem habe ich, wie Ihr seht, gar keine Roben. Nein, schlagt Euch das mal aus dem Kopf! Ihr seid glücklicher ohne mich.«

Schließlich aber willigt sie ein, dem Retreat-Platz am kupferfarbenen Berg, dem ureigensten Platz von Guru Rinpoche, vorzustehen. Sie ist achtzehn und bleibt dort bis zu ihrem Tod im achtundachtzigsten Lebensjahr.

Manchen erschien es so, dass die Yogini am Ende ihres Lebens Fieber bekam und nach längerer Krankheit starb, manche aber nahmen wahr, dass sie sich in einen Lichttropfen verdichtete und dann in weißem Licht auflöste. Einige aber sahen, dass sich Machig in den Himmel erhob, die Trommel spielte und auf der Knochentrompete blies. Ihr Knochenschmuck klapperte, und die Dakinis der fünf Buddha-Familien trugen sie mit sich fort.

Mandarava und Yeshe Tsogyal

Mandarava oder Yeshe Tsogyal werden üblicherweise mit dem Halbsatz, »die beiden Gefährtinnen von Padmasambhava[419] vorgestellt. So finden wir sie auch häufig auf Bildern, die beiden Frauen links und rechts von ihrem Lehrer, halb so groß wie die zentrale Figur. Mandarava und Yeshe Tsogyal sind aber Praktizierende, Lehrerinnen und erwachte Frauen mit eigenständigen Geschichten. In ihnen spielt die Figur Padmasambhavas zwar eine Rolle, sie sind aber auf die Entwicklung der jeweiligen Frau konzentriert. In ihren Lebensgeschichten geht es in der Hauptsache um die beiden Heldinnen. Padmasambhava ist zwar eine wichtige Figur im Leben der beiden, aber es gibt neben ihm auch andere.

Für beide Frauen bewirkt die Begegnung mit dem Lehrer Padmasambhava allerdings einen entscheidenden Kurswechsel in ihrem Leben. Padmasambhava, ein erwachter Lehrer, erscheint als legendäre Gründerfigur des tibetischen Buddhismus. In Uddiyana geboren und ausgebildet, wurde er als tantrischer Meister von König Trisong Detsen[420] gebeten, bei der Einführung des Buddhismus in Tibet zu helfen. So wie die Beziehung zu ihm als männliches Gegenüber die spirituelle Entwicklung von Mandarava und Yeshe Tsogyal bestimmt, durchzieht auch sein Leben die

Beziehung mit der weiblichen Weisheit. Sie gehört untrennbar zu seinen Erscheinungsformen.

Im ersten Kapitel der Geschichte von Yeshe Tsogyal, dem Vorspiel in Sarasvatis Himmel, wird es deutlich formuliert: Um Tantra in Tibet zu lehren und einzuführen, braucht es die gleichberechtigte Mitwirkung einer weiblichen Erwachten. Ein praktizierendes und lehrendes Paar muss in die Welt kommen, und Padmasambhava bemüht sich sehr darum, die Göttin Sarasvati dafür zu interessieren.

Guru Rinpoche, »kostbarer Lehrer«, wie Padmasabhava auch genannt wird, wird von zahllosen Dakinis begleitet, wie es in der bekanntesten Anrufung an ihn, dem »Gebet in sieben Zeilen«, heißt.[421] Diese Aussage kann sich einerseits auf sein Heimatland Uddiyana beziehen, das ja das Land der erwachten Frauen ist. Es kann aber auch bedeuten, dass die Frauen, die die Leerheit kennen und darin tanzen, ihm erlauben, immer in ihrem Land zu sein, wo er sich auch aufhalten mag.[422] Mit Mandarava und Yeshe Tsogyal ist das Land der Dakinis auf jeden Fall sehr nahe. Einer der Untertitel zu Mandaravas Geschichte heißt »Das Leben und die Befreiung der Königin der hunderttausend Dakinis«, ein anderer »Der Ursprung der Königin der Dakinis«. Yeshe Tsogyal sagt über sich selbst, dass sie durch die Erfolge ihrer Übung »die Königin der Dakinis aller Mandalas« wurde.

Die Geschichten von Mandarava und Yeshe Tsogyal verweben kosmische Vision mit dem alltäglichen Erdenleben. Die Erzählungen gehen jeweils vom erleuchteten Zustand aus. und verdeutlichen damit den Standpunkt der tantrischen Sicht: Alle Wesen sind im Grunde erwacht. Sie sind nur verwirrt und vergessen diese Tatsache immer wieder.

Beide, Mandarava und Yeshe Tsogyal, haben also schon in anderen Manifestation zum Wohl der Wesen gewirkt. Bei beiden Frauen wird eine Inkarnation als Gangadevi, also als »Göttin des heiligen Flusses Ganges«, zu Lebenszeiten des Buddha Shakyamuni erwähnt sowie die Erscheinung als Sarasvati in den Reinen Ländern. Die Inkarnationen als Yeshe Tsogyal oder Mandarava kommen also offensichtlich aus der selben Wurzel. Sarasvati ist in der Mythologie der Hindus die Göttin der Künste, der Wissenschaften und des Gesangs, im Buddhismus erscheint sie zusammen mit ihrem Gefährten Manjushri ebenfalls im Zusammenhang von Kunst, Wissenschaft und Weisheit.

Die Befreiungsgeschichten in der Manifestation als Mandarava oder Yeshe Tsogyal führen dann noch einmal durch den ganzen Weg bis zum Erwachen. Im Leben als Mandarava oder Yeshe Tsogyal tauchen viele Elemente der klassischen »Befreiungsgeschichte« auf. Bei beiden gibt es das Element der Flucht, das rigorose Üben, das Lehren und Befreien anderer, die Vollendung als »Weisheitshalter«[423] und im Tod mit dem Regenbogenkörper.

Ihr Leben als Frau spiegelt sich auch darin, wie die beiden Yoginis diese verschiedenen Stufen meistern. Ihr Beispiel weist auf Wege hin, wie spezifisch weibliche Qualitäten auf dem Pfad zum Erwachen eingesetzt werden können. Mandarava und Yeshe Tsogyal bieten zwei recht unterschiedliche Modelle von Frausein auf dem Weg zum Erwachen an. Gemeinsam ist ihnen das Aufbegehren. Sie lassen sich nicht bändigen und einschüchtern. Sie kämpfen für das, was ihnen wichtig ist. Beide sind außerdem sehr fleißig und gewissenhaft. Sie schonen sich nicht, wenn es um die höchsten Ziele geht. Beide erlangen durch die Praxis der tantrischen Partnerübungen Erleuchtung, dennoch bleiben sie ungebunden, ohne Familie, auch ohne biologische Mutterschaft, aber dafür als Mütter all ihrer Schülerinnen und Schüler.

Mandarava

Die Leben und die Befreiung der Prinzessin Mandarava

Mandaravas Befreiungsgeschichte ähnelt der von Buddha Tara. Auf dem Weg zum Erwachen gelobte Tara, sich nur in einem weiblichen Körper zu manifestieren, und in all ihren achtunddreißig Leben, die ihre Befreiungsgeschichte aufzählt, inkarniert sich auch Mandarava ausschließlich als Frau.

Die elf ersten Kapitel des Textes umspannen einen Zeitraum von Äonen. Sie beschreiben erleuchtete Manifestationen der Buddha Pandaravasini. Sie ist die wahre Natur von Mandarava und inkarniert sich schließlich als die Prinzessin Mandarava in einem menschlichen Körper. Schon zu Beginn der Geschichte, im ersten Kapitel, das ihr ursprüngliches Erwachen zur Buddha Pandaravasini erzählt, fällt die überaus positive Haltung zum Körper der Mutter auf. Die Gebärmutter, die sonst kulturell als unreiner und mit den Geburtsschmerzen assoziierter Ort beschrieben wird, preist der Text als Reines Land der Buddhas. Das ungeborene Kind lebt dort voller Seligkeit, genährt und beschützt von der Plazenta als Quelle von Sanftheit, Glück und Wärme.

Pandaravasini bedeutet »Decke weißer Seide«. Umgeben von einer solchen wird die kleine Buddha dann auch geboren, eine poetische Umschreibung der Plazenta. Die weiß gewandete Buddha und ihre positive Verbindung zum weiblichen Körper lässt auch an die Bodhisattva Kuan-yin in ihrer Erscheinung als weiß gekleidete Kindergewährende denken.

Obwohl die Buddha Pandaravasini weiß dargestellt wird, entstammt sie der roten Lotos- bzw. Padma-Familie und bildet mit dem Buddha Amitabha ein Paar. Die Qualität der selbstlosen Liebe, der Anziehungskraft, der Leidenschaft und die Nähe zu den Künsten und Wissenschaften sind in der Padma-Familie angesiedelt.

Mit der Geburt als Mandarava ändert sich der Charakter der Legende. Es wird nun der Weg einer praktizierenden Frau in den Mittelpunkt gestellt. Die Geschichte Mandaravas greift weibliche Probleme des Alltags und der Übung auf und hat ganz sicher eine weibliche Leserschaft und geschlechtsbezogene Ziele im Auge. Das spiegelt sich darin wider, dass fast alle Frauengestalten positiv gezeichnet sind. Dagegen treten eine ganze Reihe verblendeter, ungerechter und gewaltbereiter Männer auf.

Die einzig durchgehend positive Männerfigur ist der Lehrer und Geliebte Mandaravas, Padmasambhava. Ihn sucht sich Mandarava aus, und sie macht sehr deutlich, wo ihr Interesse liegt, als sie seine körperlichen Vorzüge in der Gegenwart ihres Vaters und des ganzen Hofstaates ausführlich und mit poetischer Hingabe preist. Sie ist nicht nur an seinem Geist interessiert, sondern ganz offensichtlich auch an seinem Körper. Die Herrschaft des Vaters hat ausgespielt, mit ihrer Wahl stellt sie sich außerhalb seines Systems.

Mandarava ist umgeben von anderen starken Frauen, sie sucht sich Lehrerinnen und Gefährtinnen. Sie hat viele Interessen, ist intellektuell aufgeschlossen und kompetent. An ihrem Beispiel zeigt die Geschichte, dass Frauen alles erreichen können. Auch alle anderen weiblichen Manifestationen von Pandaravasini sind Lehrerinnen, Logikerinnen, Herrscherinnen oder Heldinnen, die Feinde überwältigen und Dämonen zähmen. Sie tun das mithilfe von Weisheit, aber auch durch Charisma und Stärke. Diese Geschichte spricht Frauen an, die in ihrer Gesellschaft kein Schattendasein mehr führen möchten und die ein Vorbild für ihre Praxis suchen.

Der Text, an dem ich mich orientiert habe, stammt aus dem 19. Jahrhundert.[424] Er ist ein Terma-Text[425], und der Schatzfinder gibt zu Beginn und am Ende des Textes an, dass ursprünglich Padmasambhava die Geschichten von Mandarava Yeshe Tsogyal und anderen Schülerinnen und Schülern erzählte. Es war auch Yeshe Tsogyal, die diese Geschichten als Terma verbarg und vorhersagte, wer sie finden würde. Aber auch schon vor dem Zeitpunkt des Wiederentdeckens dieser Lebensgeschichte waren andere Versionen im Umlauf. Die Legende der 38 Manifestationen der Mandarava beginnt mit der Geburt einer Buddha.

Königin Taye Dzesema und König Indradeva erwarten ein Kind, das sich schon aus dem Mutterleib heraus auf wundersame Weise bemerkbar macht. Die ungeborene Tochter spricht zu ihrer Mutter: »Hör zu, was dein Kind dir zu sagen hat. Voller Freude, so voller Freude fühle ich mich! Dieses Gefäß, der Körper meiner Mutter, ist ein glückseliges Paradies, der Palast der Tathagatas[426]. Die Hülle der Plazenta aus weißer Seide ist die Glückseligkeit großer Wärme und fühlt sich weich und zart an. Die sechseckige Quelle der Gebärmutter des Dharma ist der glückselige Geburtsort der Tathagatas. Die Bewegung der lebensnotwendigen Luft im Körper meiner Mutter ist die glückselige Bewegung der 26.000 lebenswichtigen Energien. Der Zentralkanal und die fünf Hauptverzweigungen der Kanäle sind die Seligkeit der Reinen Länder der fünf Buddha-Familien und der drei Kayas[427]. Die Handlung der Körperbewegungen meiner Mutter ist die Glückseligkeit der Dakinis, wenn sie singen und tanzen. Ich bin die Buddha Pandaravasini und erscheine beseligend zum Wohl aller Wesen.«[428]

Die Buddha Pandaravasini gelobt, sich immer wieder in so unendlich vielen Arten und Weisen, dass der Geist es nicht fassen kann, zu manifestieren, um die Tiefen Samsaras auszuleeren.

Geburt als Mandarava

Zur Lebenszeit des Buddha Shakyamuni entsendet die Buddha Pandravasini gleichzeitig fünfundzwanzig Manifestationen. Sie erscheint als Gangadevi in der Gegenwart des Buddha, als Palmo Ökyigyen ist sie Prinzessin in Uddiyana, als Drönma Yeshema in Shambala, um nur einige zu nennen. Diese fünfundzwanzig Ausstrahlungen sendet sie aus, um unzähligen Wesen zu helfen, und sie übernimmt die Rolle einer Monarchin, damit sie ihre Untertanen auf den Weg des Dharma leiten kann.

Ein weiteres Mal will sich die Buddha Pandaravasini inkarnieren, diesmal, um mit Padmasambhava[429] zum Wohl aller Wesen zusammenzuwirken. Sorgfältig sucht sie sich ihre Eltern aus, ein Königspaar im Land Zahor.[430] Bevor ihre zukünftige Mutter sie empfängt, träumt die Königin von Dakinis und ihren heiligen Gesängen, Freude durchströmt ihren Körper, und er füllt sich mit fünffarbigem Licht. Als sie aufwacht, hört sie das Klingeln der Glocken in der Luft noch immer, und vor ihr steht eine strahlende Dakini, die ihr wundersame Belehrungen gibt und sie auf ihr erwachtes Wesen hinweist. Die Königin erkennt mit klarem Geist ihre erwachte Natur, und Entzücken durchlodert sie. Als sie und der König sich dann in Liebe vereinen, erfahren sie die Segnung durch die weiblichen und männlichen Buddhas aller Buddha-Familien. So wird Mandarava empfangen.

In ihrer Schwangersschaft wird die Königin von Tag zu Tag schöner. Nach fünf Monaten beginnt die Tochter in ihrem Leib zu singen. Die Königin gebiert ihr Kind ohne Schmerzen, ja, in größter Glückseligkeit. Das Gesicht des Kindes leuchtet vor Freude, als es auf die Welt kommt, und es singt die Silben Om, Ah und Hum. Es steht sofort auf und verbeugt sich vor seinen Eltern.

»Ich bin die Mutter der Buddhas aller Zeiten als Manifestation der Pandaravasini«, erklärt das Mädchen dem erstaunten Paar. »Es gibt noch Millionen weiblicher Buddhas, so wie mich, die in diese Welt kommen wie Regen, der niederströmt. Ich bin zu euch gekommen als die, die den bekannten Namen Mandarava tragen wird.«

Und ihre Mutter anwortet ihr: »E-ma[431]! Wie bin ich als Mutter gesegnet, denn ich habe die erstaunlichste Tochter geboren, die sich vor mir und ihrem Vater verneigt, um für unsere Freundlichkeit zu danken. Tochter, du hast deine Mutter mit allerhöchstem Jubel angefüllt!«

Drei Monate feiern das Königshaus und alle Untertanen die Geburt dieser einzigartigen Tochter, dann lässt der König einen Weisen kommen, um zu erfahren, ob es für seine Tochter Mandarava irgendetwas in der Zukunft zu befürchten gebe. Der Weise untersucht das Kind und spricht: »Mandarava ist eine Dakini, das ist vollkommen klar. Sie kann zu einer machtvollen Göttin des Tanzes heranwachsen, die Unermessliches zum Wohl des Wesen vollbringen kann. Aber nehmt euch in Acht: Wenn sie den richtigen Lehrer findet, wird sie der Welt entsagen, und solltet Ihr sie daran hindern, wird das Königreich auf eine harte Probe gestellt. Dann wird eine Zeit kommen, in der der Vater von tiefer Reue erfasst wird, aber alles wird letzlich gut. Niemand hier kann das Potenzial eines solchen Wesens, wie Mandarava es ist, verstehen.«

Mandarava hat vergessen, dass sie erwacht ist

Mandarava wächst heran, und ihre Eltern scheinen vergessen zu haben, wie außergewöhnlich ihre Tochter ist. Gewiss, sie lieben sie, und nur das Allerbeste ist gut genug für sie, aber als die achtjährige Prinzessin vom Turm des Palastes aus das Leiden der Welt erblickt und sich wünscht, einen Lehrer zu finden und in ein Kloster einzutreten, sind die Eltern schockiert: »Bleib doch lieber hier, du kannst ja oben im Turm wohnen und dich dorthin zurückziehen, das ist doch genauso gut«, schlägt ihr die Mutter vor, und der König raunt seiner Frau zu: »Das sind doch nur Flausen, man weiß doch, wie das bei jungen Mädchen so ist, jetzt ist sie begeistert, aber in ein paar Wochen ist dieser ganze Unsinn vergessen.«

Mandarava lebt ab jetzt im Turm. Aber auch sie hat vergessen, was sie noch am Tag ihrer Geburt wusste, nämlich, dass sie bereits erwacht und die Buddha Pandaravasini ist. Sie beginnt ihren Weg von Neuem. Zunächst beginnt sie zu studieren, sie lernt schreiben und die Literatur kennen, alle in ihrem Kontinent bekannten Sprachen und auch die dazugehörigen regionalen Dialekte. Sie vertieft sich in die zehn nichtbuddhistischen Wissenschaften wie Poesie, Logik und Grammatik und in die Sutras. Sie erlernt auch die Kunst der Rezitation und das Singen spiritueller Melodien. Kurz, sie übt sich in allen Wissenschaften, die es im alten Indien gibt, einschließlich der Zauberei und der Kriegsstrategie[432].

Weltliche Lehrerinnen als Inspiration

Eines Morgens, als sie aus ihrem Turmfenster in den Garten blickt, sieht sie dort eine Gruppe von Frauen. Sie schart sich um eine schöne Frau, die die anderen in der Bedeutung von Pflanzen unterrichtet. Dieser Anblick entfacht in Mandarava den Wunsch, die Heilkunst zu erlernen. Der König sucht ihr dafür die besten Ärzte des Landes aus.

Ein anderes Mal beobachtet sie von ihrem Turmfenster aus einen Bettelmönch, der den Einwohnern von Zahor astrologische Beratungen gibt. Ein junges Mädchen tritt vor ihn hin und fragt ihn höflich, wo er denn studiert habe. Der Mönch anwortet, er habe fast jedes Fach studiert und ganz besonders die astrologischen Texte der Sarasvati. »Wenn du intelligent bist«, hört Mandarava ihn sagen, »dann könntest du das vielleicht auch lernen.« Das Mädchen gibt zurück, sie kenne dieses Fach bereits und zählt dem Mönch auf, welche Texte und Spezialgebiete der Astrologie sie studiert hat, auch alle mathematischen Berechnungsarten und Interpretationsmöglichkeiten. Das gefällt dem Mönch nicht: »Du plapperst daher wie eine Elster, du gibst an, weiter nichts und schmückst dich mit fremden Federn! Du redest zu viel, und das allein ist schon ein Beweis dafür, dass du nicht wirklich Bescheid weißt!«

Auf diese Beschimpfungen antwortet das Mädchen: »Wie kann denn jemand wie du, der überhaupt nicht qualifiziert ist, behaupten, er wüsste etwas? Ich habe dich beobachtet, du bist es, der ohne Sinn und Verstand redet. Der Weisheitstext der Sarasvati klingt so süß wie die Saiten einer Vina, seine Komposition ist so schön wie ein Tanz auf Papier. Würdest du ihn wirklich kennen, dann hätte die ursprüngliche Weisheit dich berührt – so lehrt es ja auch der Buddha.«

Der Mönch springt wütend auf und schreit: »Ich glaube nicht, dass die Lehre des Buddha für eine wie dich ist!«, und stapft davon. Diese junge Frau gefällt Mandarava, und sie lässt sie sofort zu sich kommen. »Du bist sehr klug! Wie heißt du?«

»Ich bin Palmo Shonu und sechzehn Jahre alt.«

»Palmo Shonu, ich möchte, dass du mir alles beibringst, was du weißt!«

»Verehrte Prinzessin, ich kenne mich nur in der Astrologie aus, in der mein Vater mich unterwiesen hat. Ich weiß nicht, ob ich mich zur Lehrerin eigne, aber wenn Ihr darauf besteht, will ich mein Bestes tun.«

Diesmal setzt Mandarava sich gegen den Widerstand der Eltern durch. Die finden, ein Mädchen aus niedriger Kaste sei keine geeignete Lehrerin für eine Prinzessin, und möchten ihr lieber einen männlichen Gelehrten verordnen. Mandarava aber argumentiert geschickt. Die männlichen Gelehrten flößten ihr so viel Ehrfurcht ein, erklärt sie, da sei es schwer für sie, etwas zu lernen. Die Eltern geben schließlich nach und lassen das Mädchen zu ihrer Tochter kommen. Palmo Shonu und Mandarava werden gute Freundinnen. Sie werden gemeinsam weiter ausgebildet und vor allem im Debattieren geschult. Palmo folgt Mandarava später auch ins Kloster, dann verliert sich ihre Spur.

Dämonenzähmerin

Mit dreizehn Jahren hat Mandarava zum ersten Mal die Gelegenheit anzuwenden, was sie gelernt hat. Ein benachbarter König bittet ihren Vater, Mandarava in sein Land zu entsenden. Ein nicht buddhistischer Prediger mache die Leute verrückt, und da der Kerl sehr gewitzt sei und sie gehört hätten, wie außerordentlich klug und fähig seine Tochter sei, könne nur sie in dieser Not helfen.

Als Mandarava auf den Unruhestifter und seine fünf Komplizen trifft, wird sie mit Beleidigungen überhäuft: »Das ist doch lächerlich, eine Frau, die kluges Zeug daherplappert, das sie auswendig gelernt hat! Du willst es mit uns aufnehmen? Dann zeig doch, welche magischen Kräfte[433] du verwirklicht hast!« Ein erbitterter Kampf beginnt, die gegnerischen Seiten beschwören Hagel, Unwetter und wilde Tiere herauf, bis Mandarava schließlich die giftigen Pfeile der Angreifer gegen diese selbst wendet und sie damit tötet. Sie erhält den Beinamen, »Heldin, die die Dämonen zähmte«.

Hausarrest

Als die Eltern die Heirat für Mandarava planen, bricht Streit im Königshaus aus. Unter allen Umständen will der Vater verhindern, dass sie einen Lehrer findet, Nonne wird und seinen Einflussbereich verlässt. Er unterbreitet ihr verlockende Heiratsangebote, denn alle Königssöhne aus den angrenzenden Staaten möchten Mandarava zur Frau. Mandarava aber lässt nicht mit sich handeln und macht klar, wie entschlossen sie ist: »Ohne die Freiheit, Dharma zu üben, will ich nicht mehr leben. Ich werde mich umbringen, unter glühenden Gebeten, in einem Land wiedergeboren zu werden, in dem ich ungestört praktizieren kann!« Der König lässt seine Tochter im Turm einsperren.

Jetzt überfällt Mandarava schwarze Verzweiflung. Angst und Schmerz rauben ihr den Mut. In dieser dunklen Stunde erscheint ihr Buddha Vajrasattva und tröstet sie: »Mandarava, sei nicht verzweifelt, schau nicht zurück! Erinnere dich an das Vertrauen, das aus dem Dharma strömt. Du bist ein Meer von edlen Eigenschaften, vergiss nicht, dass du zum Wohl der Wesen hier bist!«

Mandarava erinnert sich daran, wer sie wirklich ist, und unerschütterliches Vertrauen wird in ihrem Herzen geboren.

Flucht

Mandarava gelingt es, aus dem Palast zu entkommen. Im Garten legt sie alles Geschmeide und die kostbaren Gewänder ab und flieht in die Wälder. Sie trifft einen Bodhisattva, von dem sie sich ordinieren lässt. Als die Suchtrupps des Vaters im Königspalast davon berichten, beißt der König die Zähne zusammen und beschließt, das Beste daraus zu machen.

Klosterleben

Er befiehlt, dass die fünfhundert Dienerinnen der Prinzessin auch Nonnen werden und mit ihr in ein eigens errichtetes Kloster ziehen sollen. Da diese Frauen schon früher von Mandarava im Dharma unterrichtet worden sind, sind sie darüber sehr froh. Fünf Mauerzüge umschließen den innersten Bereich der Klosteranlage, in dem Mandarava lebt. Die vier Tore sind durch Militär schwer bewacht. Die Frauen im Inneren stört das nicht, sie haben alles, was sie brauchen, und endlich Zeit, ungestört zu üben: In den drei Wintermonaten führen sie ein Mantra-Retreat durch, die drei Frühlingsmonate gehören dem Textstudium, im Sommer wird drei Monate lang Ruhe- und Einsichtsmediation geübt und in den Herbstmonaten Bodhicitta. Ein herrliches Leben!

Besuch vom Vajra-Meister

So leben die fünfhundert Nonnen und Mandarava, bis ein Traum der Prinzessin die Gemeinschaft aufrüttelt. Der Lehrer Padmasambhava war ihr erschienen und hatte angekündigt, ihr am nächsten Tag im Klostergarten jene Lehren erteilen zu wollen, die Befreiung in einem einzigen Leben möglich machen. Das ganze Kloster beginnt sofort mit den Vorbereitungen. Die einen bereiten den Sitz für den Lehrer vor, die anderen das Essen, wieder andere stellten die Gaben zusammen, die man darbringen will. Als Padmasambhava, der Vajra-Meister, in ihrer Mitte erscheint, fassen alle sofort tiefes Vertrauen zu ihm, ganz besonders Mandarava. Sie bittet ihn um die Lehren, und der Vajrameister beginnt sofort mit der Schulung in den tantrischen Übungen, die Tag und Nacht fortgesetzt werden.

Ein Kuhhirte, der in der Nähe seine Herde weidet, hört Musik und Trommelklang aus dem Kloster. Neugierig, was das wohl zu bedeuten habe, klettert er auf einen Hügel, von wo er in den Klosterhof hineinsehen kann. Am Abend hat er im Dorf etwas zu erzählen: Die Nonnen haben einen Mann zu Besuch, und zwar keinen Mönch, doch, er hat es mit eigenen Augen gesehen! Die Prinzessin Mandarava hat ihre Gelübde gebrochen und ist mit einem ganz gewöhnlichen Mann mitten im Kloster zusammen.

Ein verwirrter Vater und praktische Frauen

Der König hört davon und schickt seine Minister aus, um herauszufinden, wer das schändliche Gerücht verbreitet hat. Niemand weiß etwas. Die Minister wandern in den Kerker. Dann tritt der König vor sein Volk und fordert seine Untertanen auf, ihm zu sagen, wer denn bezeugen könne, dass seine Tochter dieses Verbrechen begangen habe. Wieder schweigen alle. Am Abend aber machen die Frauen der eingekerkerten Minister den Kuhhirten ausfindig und bieten ihm Geld als Belohnung an, wenn er noch einmal öffentlich sage, was er gesehen habe. Er zögert, und sie versprechen ihm, sich um seine Herde zu kümmern, bis er wieder zurück sei. Das überzeugt ihn. Tags darauf erscheint der Hirte auf dem Marktplatz von Zahor und sagt, was er weiß. »Ich bin es, der jetzt die Belohnung kriegt, denn ich habe Mandarava mit einem Mann zusammen gesehen. Geht selbst hin und schaut, ob ich die Wahrheit gesagt habe!«

Die Königin will als Erste nach ihrer Tochter sehen, doch als man ihr am Klostertor den Eintritt verwehrt, fällt sie sofort in Ohnmacht. Danach schickt der König wieder seine Minister und befiehlt ihnen, die Tore mit Gewalt aufbrechen zu lassen. Als die Minister auf diese Weise in den Klosterbereich gelangen, halten sie erstaunt den Atem an. Wunderbares Licht erfüllt den Hof, und Mandarava und ihre fünfhundert Frauen sitzen mit verklärten Gesichtern vor einem eindrucksvollen Mann, der zu ihnen spricht. Die Minister berichten dem König und weisen vorsichtig darauf hin, dass man möglicherweise einen groben Fehler machen könne, wenn man diesen Mann wie einen gewöhnlichen Verbrecher behandele. »Er kam uns wie ein machtvoller spiritueller Lehrer vor, und es könnte schlimme Folgen für das Land haben, wenn wir ihn schlecht behandeln.«

Doch der König ist außer sich vor Wut. Er springt von seinem Thron auf und schreit: »Es ist also wahr! Meine Tochter ist entehrt! Und ihr wollt das Gesetz brechen, das hier in diesem Lande gilt? Wer so etwas tut, sei er, wer er will, wird bestraft, wie es hier üblich ist. Bringt mir den elenden Kerl, und werft ihn auf den Scheiterhaufen!«

Und so geschieht es. Padmasambhava wird gefangen genommen und der Scheiterhaufen für ihn angezündet. Die Prinzessin wirft man auf Befehl ihres Vaters in ein Erdloch, das mit Dornen ausgekleidet und bedeckt war. Dort soll sie fünfundzwanzig Jahre bleiben, ohne das Tageslicht zu sehen.

Reue

Der Scheiterhaufen brennt, die Gestalt des Mannes darin verschwindet im Rauch, die Flammen lodern hoch und immer höher, es will gar nicht mehr aufhören zu brennen. Die Menschen versammeln sich in dichten Trauben. Irgendetwas stimmt nicht mit diesem Feuer! Und plötzlich erscheint mitten in einem hell lodernden Feuerring ein See. Darauf erblicken die erstaunten Menschen von Zahor Padmasambhava auf einer Lotosblüte sitzend. Lieder, glückverheißende Worte und Regenbögen erfüllen den Raum. Als der König herbeigeeilt ist und das Schauspiel sieht, ergreift ihn tiefe Reue. Der Mann, den er da sieht und den er in seiner Wut hatte töten wollen, ist ein Erwachter. Da weint der König, reißt sich die Haare aus, zerkratzt sich das Gesicht und schlägt voller Verzweiflung immer wieder auf die Erde.

Die Minister raten dem König, vor diesem Erwachten und dem ganzen Volk seine Fehler einzugestehen und um Verzeihung zu bitten. Das tut er und bietet außerdem Padmasambhava seinen Thron an. Der Vajra-Meister nimmt die Entschuldigung an, versichert dem König, das alles sei nur geschehen, um ihn auf den Pfad des Dharma zu bringen, und nimmt huldvoll den Königsthron im Lande Zahor ein.

Mandarava wird erwachsen

Wie ist es aber Mandarava ergangen? Als ihr Vater begreift, welch großen Fehler er begangen hat, schickt er eilends seine Minister zu dem Erdloch, in das er seine Tochter hatte werfen lassen. Sie berichten ihr von den Wundern des Vajra-Meisters und bitten sie inständig, zurück in den Palast zu kommen. Mandarava aber schweigt und rührt sich nicht. Da läuft die Königin hinaus, kniet sich am Dornengestrüpp nieder und fleht ihre Tochter an, nach Hause zu kommen. Ihr antwortet Mandarava: »Ich werde fünfundzwanzig Jahre hier in diesem Erdloch bleiben, ich will doch in allem meinem Vater, dem König, gehorchen!« Und als die Mutter weint, schleudert sie ihr noch entgegen: »Wie konnte mein Vater meinem Lehrer, einem Erwachten, nur so etwas antun!«

Da beginnen alle Frauen von Zahor laut zu schluchzen, so tief ist der Schmerz darüber, was der König getan hatte. Das tausendstimmige Schluchzen der Frauen reißt den König jäh aus seiner Bewunderung für Padmasambhava. Die Angst fährt ihm in die Knochen, seine Tochter könnte gestorben sein, und er läuft hinaus zu dem Erdloch. Als er sieht, dass sie noch lebt, fällt er vor ihr auf die Knie und bittet sie inständig, ihm zu verzeihen, dass er sie so mutwillig in ihrer Praxis behindert hat: »Ich hatte eine so hohe Meinung von mir, und schau, so tief bin ich gefallen!« Seine aufrichtige Reue bewegt Mandarava, aus dem Erdloch herauszukriechen und in den Palast zurückzukehren.

Mandaravas Wahl

Als sich Mandarava und Padmasambhava wiedersehen, wischt er ihr die Tränen aus dem Gesicht, und aus ihr bricht ein spontaner Gesang hervor: »Du bist die Verkörperung des Entzückens, groß und stark ist deine Form, wie der Berg Meru. Herrlich ist dein Haar, wie eine Udumbara-Blüte, auch deine Nase ist vollkommen proportioniert, und deine Lippen sind wie die Blütenblätter eines Lotos. Deine Zunge ist lang und dick, deine achtundfünfzig Zähne strahlen wie die Kette der Schneeberge. Dein Bart ist wie das Fell des schwarzen Bären. Wie herrlich ist deine Gegenwart. Du bist wie der große Schneelöwe, deine Schultern sind breit und bilden einen harmonischen Bogen. Dein Nabel ist so anziehend, wie der Stiel einer Lotosblume. Es ist so angenehm in deiner Gegenwart zu sein, dass ich dich gar nicht genug ansehen kann. Deine Haut zu berühren versetzt alle Wesen in nie gekannte Seligkeit, Padmasambhava, Lob sei dir und Lob dem Körper eines Buddha.«

Alle sehen es und alle hören es: Für diesen Mann hat sich Mandarava entschieden. Und dieser antwortet ihr: »Deine Verwandten hier kann man nicht wirklich liebevoll nennen. Sie werden immer versuchen, dich von der Praxis abzubringen. Behandle sie mit Mitgefühl und Nachsicht. Wirklich liebevolle Verwandtschaft sind nur die, die uns auf dem spirituellen Weg leiten. Mandarava, jetzt ist die Zeit gekommen zu erkennen, wie du schwierige Umstände in spirituelle Kraft und Verwirklichung umwandeln kannst. Besinne dich auf deinen inneren Reichtum. Der Reichtum, den ich meine, ist nicht in Samsara und nicht in Nirvana, es ist deine eigene kostbare Buddha-Natur.«

Als Mandarava diese Worte hört, erlangt sie spontan Befreiung.

Vertiefung der Verwirklichung und Wirken als Paar

Um ihre Verwirklichung zu vertiefen und ihre Einsicht in die Buddha-Natur fest in sich zu verankern, macht sich Mandarava allein in die Berge auf. Sie gelangt in ein unwegsames Gebiet. Kälte bricht ein, wilde Tiere und Dämonen verfolgen sie, und der Proviant geht aus. Fast verliert sie den Mut und will sich schon aufgeben, da erinnert sie sich an ihre Buddha-Natur. Sie versenkt sich in ihr Herz und findet dort das lebendige, spontane Vertrauen wieder.

Später ziehen sich Mandarava und Padmasambhava in die Maratika-Höhle zurück. Dort üben sie als Paar. Mandarava erreicht die Verwirrklichung des reinen Gewahrseins und trägt jetzt den Namen »weiße Frau des Muschelhorns«.

Im Land Kotala beziehen die beiden eine andere Höhle, und Mandarava lehrt die Einwohner durch Gesänge. Die eifersüchtigen Edelmänner des Landes fordern Padmasambhava auf, zu erklären, warum Mandarava, die laut verkündet hatte, dass sie nie heiraten wolle, gerade ihn zum Mann genommen habe. Sie verdächtigen ihn der schwarzen Magie. Der König und seine Edelleute rüsten sich zum Krieg gegen das Paar. Um Blutvergießen zu verhindern, manifestiert sich Mandarava als neunköpfige zornvolle Dakini. Durch ihr Gebrüll werden die Geschosse abgelenkt, und alle Soldaten fallen in Ohnmacht. Daraufhin beginnen tausend Einwohner des Landes Kotala sofort, Tag und Nacht Dharma zu üben.

Wundertaten in fremden Ländern

Dann trennen sich die Wege des Paars. Mandarava macht sich in ein fernes, wildes Land auf, wo es starrköpfige Menschen zu zähmen und zu unterweisen gilt. Von da aus besucht sie weitere acht Länder, und in jedem von ihm vollbringt sie eine Wundertat. Vor einem ehrwürdigen Asketen, der ihre Berechtigung als Lehrerin anzweifelt, erhebt sie sich in die Lüfte. Einer jungen Frau sagt sie ihre Wiedergeburt als Königin von Nepal voraus, auf einer Verbrennungsstätte zeigt sie sich den Dämonen, die sie einschüchtern wollen, als löwenköpfige Dakini[434] und zähmt sie. Im Land Bhenda will sie mordlustigen Halunken den Weg zum Dharma öffnen und lässt sich in der Verkleidung eines armen Mädchens auf einer Wegkreuzung nieder. Als die Bande über sie herfallen und sie vergewaltigen will, zeigt sie sich ihnen als zornvolle Dakini, nimmt den zu Tode Erschrockenen das Versprechen ab, nie wieder eine Gewalttat zu begehen, und bekehrt sie zu Dharma-Praktizierenden. In Uddiyana unterrichtet sie besonders die Frauen in den sechs Tantra-Klassen, alle Einwohner erlangen den Regenbogenkörper, und das Land ist plötzlich leer. Als sie nach Shambhala gelangt, möchte der dortige König sie als Frau für sich gewinnen. Sie aber antwortet ihm: »Ich bin keine Frau, die in der bedingten Existenz bleiben möchte, ich habe keine Zeit, Königin zu werden.«

Eingehen in den Dharmakaya

Unzählige Schülerinnen und Schüler haben sich um Mandarava versammelt, und Mandarava spricht zu ihnen: »Für niemanden ist es möglich, für immer in der Welt zu bleiben. Solltet ihr noch irgendwelche Zweifel haben, dann fragt mich jetzt, denn die Zeit, in der ich hier zum Wohle aller Wesen bleiben kann, nähert sich dem Ende.« Auf die Bitten ihrer Schülerinnen und Schüler erteilt Mandarava noch viele Unterweisungen und Einweihungen. Eine Schülerin aus Zahor fleht sie an: »Bitte verlass uns nicht, wie kannst du das mit deiner großen Güte vereinbaren? Für mich und alle fühlenden Wesen bist du die einzige Mutter, die einzige Lehrerin, wer wird uns von nun an auf den Pfad der Befreiung führen? Ach bitte, bitte, bleibe doch hier!«

Mandaravas Körper hat sich jedoch schon in wirbelndes Licht verwandelt, und so wie ein Pfeil in den Himmel schießt, ist die Dakini verschwunden. Ihre Stimme aber erfüllt den Raum: »Bis Samsara endet, werden meine Manifestationen auf unvorstellbare Weise immer wieder erscheinen. Der Geist aller Wesen ist von Natur aus leuchtend und leer. Alle ruhen in dieser Leerheit untrennbar von mir, Mandarava. Als die fünf Weisheiten ist das Wesen des Geistes niemals getrennt von Mandarava, die in der Seligkeit der Nichtzweiheit ruht. Im Geist einer Wahrnehmenden mit Vertrauen ist alles, was erscheint, das offene, unverstellte Wesen Mandaravas. Wenn ihr in Gelassenheit in eurem eigenen Wesen ruht, werde ich immer bei euch sein. Betet zu mir, und ihr werdet alle euer wahres Gesicht erkennen!«

Dann geht sie in den Dharmakaya ein, wo sie sich in der Form der Buddha Samantabhadri mit dem Urbuddha Samantabhadra vereinigt. In diesem Augenblick verwirklichen neunhundert Schülerinnen und Schüler den Regenbogenkörper[435], gehen in den Dharmakaya ein und lassen keine Spur zurück.

Yeshe Tsogyal

Yeshe Tsogyal lebte nach moderner historischer Einschätzung wahrscheinlich von 757 bis 817 n. Chr. Ihre legendäre Lebenszeit dagegen betrug 211 Jahre.

Yeshe Tsogyal war die erste große tibetische Yogini, eine buddhistische Heldin. Ihre Geschichte berichtet sehr genau davon, was es heißt, als Frau in Tibet den indischen Mahasiddhas nacheifern. Tibets Kulturlandschaft dieser Zeit hatte wenig mit der indischen gemein, in der Mandarava ihren Weg zum Erwachen ging. In Tibet herrschten Sippen, die meist als Nomaden mit ihren Yakherden in abgelegenen Berggegenden umherziehen. Die Sitten waren so rauh wie das Klima. Erst durch die buddhistischen Einflüsse aus Indien enstanden die tibetische Schrift und erste Bildungszentren in Klöstern. Animistische Kulte herrschten zur Lebenszeit von Yeshe Tsogyal in Tibet, während der König und Teile seines Hofstaats bereits Anhänger des Buddhismus waren. Die indigene Bön-Tradition haderte heftig mit dem eindringenden Buddhismus und daher auch mit dem König. Auch von diesem historischen Aspekt handelt Yeshe Tsogyals Geschichte. Ein ganzes Kapitel ihrer Biografie ist der Auseinandersetzung mit den alten animistischen Kulten und dem Sieg der buddhistischen Bewegung gewidmet.

Die Figur von Yeshe Tsogyal hat sich über die Jahrhunderte untrennbar mit der tibetischen Geschichte und der Verwurzelung der buddhistischen Lehre dort verflochten. Yeshe Tsogyal durchwanderte in ihrem Leben ganz Tibet, segnete alle seine alten Kraftorte und schuf neue. An vielen dieser Plätze hinterließ sie Hand- und Fußabdrücke in den Felsen oder sogenannte »Termas«. Termas sind buddhistische Unterweisungen oder Weisheitstexte, die verwirklichte Praktizierende in der Erde oder manchmal auch in anderen Elementen[436] verborgen haben. Meist geht damit eine Weissagung einher, wer diese Schätze wieder heben wird und unter welchen Umständen es geschieht. Der Begriff *Terma* heißt wörtlich übersetzt »Mutterschatz«. Das kann sich auf die »Mutter Erde« beziehen oder auch auf Yeshe Tsogyal selbst, die diese Art von Überlieferung als Erste in die Welt brachte.[437] Die Termas, die sie für spätere Generationen hinterließ, beinhalten Unterweisungen Padmasambhavas[438] und Mandaravas, die sie aufzeichnete.

Yeshe Tsogyal hat Tibets Erde mit ihrer Präsenz durchtränkt. Zum Abschied sagt sie ihren Landsleuten: »Ich habe Tibet 200 Jahre lang mit meinen Segenswellen genährt, jetzt ist die Lehre gut angekommen.«

Atsara Sale, ihr nepalesischer Schüler und Gefährte, schrieb Yeshe Tsogyals Lebensgeschichte nach eigener Aussage genauso auf, wie sie sie erzählt hatte.[439] Darum steht der Text im Original in der ersten Person, und ich habe das für meine Nacherzählung übernommen.

Vorspiel in Sarasvatis Himmel und Empfängnis

In einem anderen Zeitalter, in dem ein anderer Buddha, genannt »der Ewig Weinende«, lehrte, lebte ich als Kaufmannstochter. Als ich dem Buddha begegnete und ihn lehren hörte, wuchs in mir der mächtige Wunsch, zum Wohl aller Wesen zu erwachen. Dieser kraftvolle Entschluss führte mich in meinen weiteren Leben durch viele Reine Länder der Buddhas. Als der Buddha Shakyamuni dann in dieser Welt erschien, nahm ich in seiner Gegenwart die Erscheinung der Gangadevi[440] an und schrieb seine Lehren für die Nachwelt auf. Zurück in den Reinen Ländern war ich als Sarasvati bekannt und diente den Wesen auf jede erdenkliche Art und Weise.

Inzwischen hatten die buddhistischen Lehren ihren Weg auch nach Tibet gefunden, doch die ortsansässigen Götter und Dämonen konnten sich mit dieser Neuerung nicht anfreunden. Ein erstes Kloster sollte errichtet werden, aber die gegnerischen Kräfte zerstörten jede Nacht, was am Tage aufgebaut worden war. Da wusste sich der tibetische König Trisong Detsen keinen anderen Rat mehr, als den tantrischen Meister Padmasambhava, auch Guru Rinpoche genannt, um Hilfe zu bitten. Der nagelte die Dämonen mit seinem magischen Dolch fest und verwandelte ihre zerstörerischen Kräfte in Schutzgottheiten für die buddhistische Religion in Tibet.

Als das getan war, schien das Land dafür bereit, nun auch die tantrischen Lehren in Tibet zu empfangen. Dazu aber brauchte Padmasambhava die Mitwirkung einer weiblichen Erwachten. In rasender Geschwindigkeit, so wie der Planet Merkur in die Sonne fällt, kehrte er in sein Heimatland Urgyen[441] zurück. Von dort aus reiste er sieben Jahre lang durch hunderte Reine Länder, und unzählige Dakinis segneten ihn. Schließlich kam er zu mir. Er sang ein Lied für mich, das die große Seligkeit der Gemeinsamkeit, das Herz der tantrischen Weisheit, so betörend heraufbeschwor, dass ich einwilligte, zum Wohl der Wesen wieder in die Welt zu kommen, und ich anwortete ihm mit folgendem Gesang:

»Wenn du, großer Tänzer, die neun Tänze des Lebens tanzt,
Findet sich das reine Vergnügen des heiligen Lotos überall,

Und in der unermesslichen Weite des Bhaga[442] gibt es keine Furcht.
Ja, es ist Zeit, eine Ausstrahlung in die rauhe Welt zu senden.«

Dann lud ich Guru Rinpoche in die Vereinigung der großen Seligkeit[443] ein. Das große Mandala der fünf Buddha-Familien formierte sich um uns, und unsere Vereinigung, die Weisheit der Seligkeit, ließ die Welten der zehn Himmelsrichtungen erzittern und erbeben. Aus dem Ort der Vereinigung von uns, dem erwachten Paar, strahlte Licht in Form einer roten Silbe AH[444] und einer weißen Silbe BAM[445] hervor. Schnell und feurig wie ein Meteor schoss dieses Licht hinunter nach Tibet.

Dieses glühende Licht aus der Vereinigung brachte mich als eine Bodhisattva in die Welt. Glückverheißende Visionen begleiteten die Empfängnis, und meine Mutter gebar mich ohne Schmerzen. Die Erde erbebte wieder, und es regnete Blumen aus dem Himmel. Die Lüfte waren von Musik erfüllt. Göttinnen erschienen, die das Lob der Bodhisattva sangen. Immer und immer wieder priesen sie mich als Manifestation des Erwachens in der Welt.[446] Meine Eltern nannten mich Yeshe Tsogyal, »Weisheitskönigin des Sees«, denn der nahe gelegene See war bei meiner Geburt bis zum Rand angeschwollen.[447]

Flucht aus dem Samsara, der Schrei

Ich entwickelte mich viel schneller als andere Kinder, und immer wieder fragte ich die Eltern nach den Buddhas. Meine Eltern wussten nicht so recht, was sie mit so einem außergewöhnlichen Kind anfangen sollten. Sie waren Nomaden, die mit ihren Yakherden über die tibetischen Hochplateaus zogen, und von der buddhistischen Lehre hatten sie bisher noch nie etwas gehört. Weil sie kein Aufsehen erregen wollten, versteckten sie ihre merkwürdige Tochter zehn Jahre lang vor allen anderen. Sie fanden, ich würde der Familie mehr Ärger als Freude einbringen. Das sollte sich auch in der Zukunft nicht ändern. Denn als ich zwölf Jahre alt wurde und man einen passenden Bräutigam für mich aussuchen musste, sprach es sich wie ein Lauffeuer herum, dass eine ungewöhnliche junge Frau in dieser Familie herangewachsen war.

Ich war wunderschön, und alle, die mir begegneten oder auch nur von mir hörten, fühlten sich magisch von meinem Äußeren angezogen. Bald belagerten Brautwerber aus den angesehensten Familien der Gegend die Zelte meiner Familie. Ich aber wollte nicht heiraten, um keinen Preis. Meine Gedanken und Gefühle kreisten um die Buddhas, und obwohl ich mir zu diesem Zeitpunkt über mein erwachtes Wesen im Unklaren war, wusste ich mit großer Deutlichkeit, dass ich einen anderen Weg als das Eheleben gehen musste. Tag und Nacht lag ich meinem Vater in den Ohren, mich gehen zu lassen. Meinen Vater aber trieb vor allen Dingen die Angst um, die Rivalität unter den Bewerbern könnte in Gewalt eskalieren. Mein Anliegen traf bei ihm auf taube Ohren.

Um durch eine Entscheidung nicht selbst Angriffsziel zu werden, suchte er die beiden besten Angebote aus, zwei junge Männer aus reichen Sippen. Dann ließ er mich rufen, und als besondere Ehre sollte ich aussuchen dürfen, welchen ich haben wollte. Ich aber rief voller Verzweiflung: »Ich werde mit keinem von beiden gehen! Freiheit ist sehr schwer zu erlangen, und ich möchte nicht im Kerker der weltlichen Existenzen gefangen bleiben!« Aber meine Stimme galt nichts. Alle schüttelten verständnislos den Kopf. Dann ließ mein Vater verkünden, er werde seine Tochter auf ein Pferd setzen und aus dem Haus jagen. Wer von den beiden Bewerbern sie als Erster einfangen könne, dem solle sie gehören.

Und so geschah es schon am nächsten Morgen. Ich krallte mich in der Mähne des Pferdes fest, hieb ihm die Fersen in die Seiten und galoppierte über die weite Ebene davon, so schnell ich nur konnte. An Horizont sah ich die Berge aufragen, und jede Faser meines Körpers sehnte sich danach, in einer einsamen Schlucht zu verschwinden. Doch die Mannner des ersten Bewerbers, der Sippe aus Karchen, hatten schnelle Pferde, und sie kreisten mich ein, noch bevor ich die Berge erreichen konnte. An einem Felsvorsprung, der in die Ebene ragte, sprang ich ab. An diesem Felsen klammerte ich mich mit aller Macht fest, die Stiefel tief in den Morast versenkt. Die Männer zerrten mich an der Schulter, an den Hüften, aber ich hielt so fest, dass sie mich keinen Zentimeter von dem Felsvorsprung wegbewegen konnten. Da holte der Anführer eine Peitsche und begann auf mich einzuschlagen. Sie hatte Metallhaken an den Enden und mit jedem Hieb riss sie mir tiefer den Rücken auf.

»Du magst der mächtigste Mann in ganz Karchen sein, aber in dir ist nicht ein Funke Weisheit! Bring mich um, das ist mir gleich!«, brüllte ich den Anführer zwischen den Hieben an.

»Du bist zwar von außen ein schönes Mädchen, aber innen bist du verrottet«, antwortete der und holte aus. »Deine schöne Schale bringt unsere Männer ganz durcheinander, aber du bist wie eine getrocknete Bohne, außen glatt und innen hart. Lass jetzt den Unsinn und komm mit!« Und er schlug wieder zu.

Ich schrie auf: »Ein kostbarer menschlicher Körper ist sehr schwer zu erlangen, aber so ein Körper wie deiner, der wird einem nachgeworfen, du bist nicht mal menschlich! Mach, was du willst, ich werde nicht mitkommen!« Aber die Metalldornen an der Peitsche zerfetzten meinen Rücken, die Schmerzen wurden unerträglich, und ich konnte nicht anders und gab auf.

Die Männer nahmen mich mit, sie schlugen ein Lager auf und fingen an, ihren Sieg über die schöne Beute zu feiern. Gerstenbier floss in Strömen, sie grölten und tanzten um das Feuer, ich in meiner Ecke im Halbdunkel, halb bewusstlos vor körperlichen Schmerzen, weinte Tränen aus Blut. Da stieg aus der Tiefe meines Wesens ein Gebet in mir auf: »Ich will in diesem einen Leben Erleuchtung erlangen, aber diese Teufel halten mich in Samsara gefangen, ihr Buddhas voller Mitgefühl, rettet mich!« Und ich spürte wieder Vertrauen.

Irgendwann waren die Feuer niedergebrannt, nur noch ein paar vereinzelte Gestalten taumelten zwischen den Zelten umher. Dann schliefen sie alle, betäubt vom Bier und vom Hochgefühl des Erfolgs. Ich aber war wach, und mein Vertrauen in die Buddhas verlieh mir Kraft. Vorsichtig schlich ich mich zwischen den Zelten zu meinem Pferd, und im Schutz der Dunkelheit konnte ich entkommen. Ich fand ein einsames Tal in den Bergen, die ich am Morgen von Weitem gesehen hatte, und versteckte mich. Die Bäume und die Erde gaben mir reichlich Nahrung, und aus Blättern und Zweigen machte ich mir eine Hütte. In diesem Tal war ich aufgehoben, und zum ersten Mal in meinem Leben fühlte ich mich frei.

Aber es sollte nicht lange dauern, bis ich wieder aus meinem Versteck gezerrt wurde. Diesmal war es die andere Sippe, die mich aufgespürt hatte. Sie legten mich in Ketten und schleppten mich fort. Jetzt entbrannte wütender Streit zwischen den rivalisierenden Gruppen: Wer darf Yeshe Tsogyal behalten? Der, der sie zuerst einfing, oder der, der sie wiederfand? Keiner wollte sich zufriedengeben, und die Anführer der Sippen rüsteten zum Krieg. Die ganze Region geriet in Aufruhr. Da hörte auch der König Trisong Detsen, der im fernen Samye sein erstes buddhistisches Kloster einrichtete, von dem Streit. Der König wunderte sich: das alles nur wegen einer Frau?

Als man ihm aber berichtete, ich hätte immer wieder von den Buddhas gesprochen, ließ er meinem Vater ausrichten: »Ich habe gehört, Ihr habt eine außergewöhnliche Tochter, die sich nichts mehr wünscht, als aus Samsara zu entfliehen. Sie ist würdig, meine Frau zu sein, bringt sie zu mir. Richtet den streitenden Parteien aus, wer dem Befehl des Königs zuwiderhandelt, wird schnell und ausnahmslos bestraft.«

Hören und lernen

Und wieder wurde ich auf ein Pferd gesetzt, diesmal würdevoll in herrliche Brokatroben eingekleidet, und man geleitete mich feierlich im gemessenen Schritttempo zum Königspalast in Lhasa. Drei Monate dauerten die Hochzeitsfeierlichkeiten, dann kehrte der Alltag am Königshof ein. Ich war jetzt dreizehn Jahre alt, und obwohl ich noch so jung und ungebildet war, setzte der König mich als Hüterin der buddhistischen Lehre im Königreich ein. Bei den Gelehrten des Klosters Samye, das Padmasambhava gegründet hatte, konnte ich jetzt endlich lesen und schreiben lernen. Ich begann damit, die Schriften zu studieren, und sie bildeten mich auch in den Künsten und Wissenschaften aus. So vergingen drei Jahre.

Eines Tages war es so weit. Ein Ereignis, auf das das Kloster jahrelang gewartet hatte, stand vor der Tür. Padmasambhava aus Uddiyana, verehrter Lehrer des Königs, würde endlich wieder das Kloster Samye und den Königshof besuchen. Alles, was Arme und Beine hatte, war mit den Vorbereitungen beschäftigt. Ein edelsteinbesetzter Thron wurde errichtet, die silbernen Platten bogen sich unter Bergen von köstlichsten Speisen, und Besucher strömten aus dem ganzen Land herbei. Schon am frühen Morgen stellten sich die Mönche und der Hofstaat in langen Reihen am Wegrand auf, um den hohen Gast zu empfangen. Dann stand er plötzlich vor dem Tor, eine mächtige Erscheinung mit buschigen Augenbrauen und einem verwegen geschwungenen, schwarzen Schnurrbart, auf dem Kopf einen hohen Hut. Ich stand in den Reihen des Hofstaats hinter dem König und als ich Padmasambhava zum ersten Mal in diesem Leben sah, erkannte ihn etwas in mir. Seine blitzenden Augen hatten mich auch sofort entdeckt, und er ließ seinen Blick lange auf mir ruhen.

Der König verbeugte sich tief vor seinem Lehrer und führte ihn zu seinem Ehrensitz. Dann bat er ihn, wieder das Rad der Lehre in diesem Land zu drehen und diesmal auch die Tantras zu enthüllen. Zum Zeichen seiner Ergebenheit und dafür, wie ernst es ihm mit seiner Bitte war, brachte er ihm ein Mandala dar, das sein gesamtes Reich darstellte. Für die tantrischen Lehren ist kein Preis zu hoch, alles in seinem Reich sollte dem Lehrer gehören, auch sein kostbarster Besitz, die Königin Yeshe Tsogyal. Daraufhin nickte Padmasambhava ihm zu: »Danke für die Geschenke. Ja, die tantrischen Lehren werden in dieses Land kommen. Hab nur Geduld!«

Padmasambhava nahm mich mit und wir verließen bald darauf den Königshof. Wir zogen uns in die Höhlen oberhalb des Klosters Samye, nach Chimphu, zurück. Voller Freude und Dankbarkeit, endlich meinen Herzenslehrer gefunden zu haben, begann ich meine Übung. Eine ganze Zeit lang beschäftigte ich mich mit den buddhistischen Grundlagen. Ich studierte die Sutras, bis ich vollkommen verstand, was sie bedeuten, und bis das wieder in mir lebendig wurde, was ich eigentlich schon wusste. Dann erschien mir Sarasvati und schenkte mir, Yeshe Tsogyal, die eigentlich niemand anderes war als sie selbst, untrügbares Erinnerungsvermögen und Klarsicht.

Ich wünschte mir weitergehende Unterweisung von Padmasambhava und bat ihn: »Ich bin zwar noch jung, aber in diesen wenigen Jahren meines Lebens habe ich schon so viel Leid erlebt wie eine alte Frau. Darum kann ich Leiden sehr gut verstehen und das Wohl aller Wesen, die ebenso leiden müssen wie ich, liegt mir am Herzen. Es muss eine tiefere Wirklichkeit geben, die allen Dingen zugrunde liegt! Bitte führe mich in die tantrischen Lehren ein!«

Padmasambhava hatte mir aufmerksam zugehört. Er lächelte mich strahlend an: »So sei es. Hör mir gut zu, verehrte Samantabhadri[448]. Die Grundlage der tantrischen Lehren ist die unauflösliche Verbindung zwischen Lehrenden und Schülern, diese Gelübde[449] müssen mit größter Entschlossenheit geachtet werden!« Er erklärte mir, was es mit dieser Verbindung auf sich hatte, und ich versprach, sie niemals zu verletzen. Dann führte er mich in das Mandala der tantrischen Lehren ein.

Reifen im Verborgenen

Zur gleichen Zeit versammelte sich der Hofstaat im Kloster Samye, um das neue Jahr zu feiern. Die Gäste, die aus allen Ecken Tibets herangereist waren, vermissten bei den Feierlichkeiten die Königin Yeshe Tsogyal. Sie bedrängten den König mit Fragen nach meinem Verbleib, bis er schließlich verriet, er habe mich seinem buddhistischen Lehrer vorgestellt, und wir wären zusammen in die Berge gegangen, um zu praktizieren. Für solche Ehearrangements hatten die Fürsten der wichtigen Familien kein Verständnis. Dieser ausländische Lehrer war ihnen schon lange suspekt, und solch ein Akt von Selbstlosigkeit, einem anderen Mann einfach die eigene Frau zu überlassen – das ging entschieden zu weit. Sollten das die neuen Sitten in Tibet werden? Außerdem war wieder Yeshe Tsogyal, diese unmögliche Frau, der Anlass für die Verstimmung. Der Hofstaat ließ kein gutes Haar an mir: Hatte Yeshe Tsogyal zuerst ihren Eltern das Leben schwer gemacht, schaffte sie es jetzt auch bei ihrem rechtmäßigen Ehemann! Vielleicht plante sie mit diesem ausländischen Zauber einen Aufstand? War dieser König eigentlich noch zurechnungsfähig oder war er diesem Fremden schon hörig?

In hitzigen Streitereien spalteten sich die Minister in zwei Lager, diejenigen, die noch dem Bön-Kult, der alten tibetischen Religion, anhingen, und jene, die mit der buddhistischen Lehre sympathisierten. Beide Parteien wetzten schon die Messer, um bis zum letzten Blutstropfen für ihre Überzeugungen zu kämpfen. Um den Frieden wiederherstellen, versprach der König, Padmasambhava und mich zu trennen. Man vereinbarte, der Lehrer solle reich beschenkt aus dem Land gelobt werden, man wolle ja kein Unheil auf sich laden und ihn nicht allzu sehr verärgern. Ich, die Königin, sollte in einen abgelegenen Teil Tibets verbannt werden. So wurde es verfügt und uns mitgeteilt. Und wir gehorchten.

Zumindest sah es so aus. In Wirklichkeit versetzte uns Padmasambhava mit seinen magischen Kräften in eine verborgene Höhle in Tidro. Diese Höhle heißt auch »Versammlungshalle der Dakinis« und ist ein Kraftort der

Grünen Tara in einer zornvollen Manifestation. Auf diese Weise geschützt, verborgen im Schoß der Erde, verschwunden für die Welt, konnten wir ungestört üben.

Ich erhielt in dieser Zeit drei der vier Einweihungen des Tantra. Nach der letzten intensiven Übungsphase wollte Padmasambhava mich in die Welt hinaus schicken: »Menschliche Frau und Dakini, Große Mutter der Weisheit, Sarasvati, du Dakini mit dem Saugesicht, Herrin des Geheimnisses, das Elixier aus Ich und dem anderen ist gebraut, und die Tür der Reifung öffnet sich für dich, große Bodhisattva: Nimm dir einen Gefährten.«

Ich erschrak. Gerade jetzt sollte ich die gemeinsame Praxis unterbrechen? Es fehlte doch nur noch ein Schritt! Musste ich wirklich die Höhle verlassen und allein in die Welt hinausziehen? Ich konnte nicht anders, ich musste widersprechen: »Oh, Lotosgeborener, deiner Großzügigkeit kann ich nicht genug danken. Alles, was dir Freude macht, will ich dir geben, sei es auch mein Leben. Aber bitte, gewähre mir schon jetzt die letzte Einweihung, die Einführung in das Maha-Ati! Bitte, gib sie mir heute noch!«

Aber Padmasambhava ließ sich nicht erweichen. »Die Zeit ist noch nicht reif. Geh nach Nepal, dort wirst du einen jungen Mann finden, sechzehn Jahre alt, sein Name ist Atsara Sale. Er kommt aus Indien und hat ein Muttermal auf der rechten Brust, daran kannst du ihn erkennen. Mach ihn zu deinem Gefährten, und du wirst bald das Reich des reinen Entzückens entdecken.«

Die Macht der Stimme

Ich machte mich auf den Weg. Die ersten Schritte aus der schützenden Höhle waren nicht einfach. Bis jetzt hatte Alleinsein für mich immer bedeutet, auf der Flucht zu sein. Jetzt aber war es anders. Ich hatte ein Ziel und spürte, dass die Zeit der Übung mit meinem Lehrer mein Vertrauen vertieft hatte. Allmählich schritt ich mutiger aus. Viele Tage lang wanderte ich über Bergpässe und durch Schluchten, nachts rollte ich mich unter einem Felsvorsprung zusammen. Ich hatte keine Angst mehr. Meine einzige Sorge war mein wertvolles Gepäck, eine goldene Almosenschale und ein Pfund Goldstaub. Mit diesen Gaben sollte ich meinen zukünftigen Gefährten beschenken. Nach einiger Zeit unterwegs in der Wildnis spürte ich, dass ich beobachtet wurde. Eine Gruppe Räuber hatte sich auf meine Fährte gesetzt, und sie warteten auf einen geeigneten Augenblick, um zuzuschlagen. Sicherlich dachten sie, dass sie mit mir leichtes Spiel haben würden, aber ich bereitete mich darauf vor, diesen Räubern angemessen zu begegnen.

Ich bat die Buddhas um ihren Segen. Dann nahm ich mir vor, die Räuber, wenn sie mich angreifen würden, als meine Meditationsgottheit zu sehen. Mein Gold würde ich ihnen in dieser Meditation als Gabe an die Gottheit anbieten.

Als mich der Weg eines Morgens auf eine kreisrunde Waldlichtung führte, sprangen plötzlich aus dem Unterholz sieben Männer hervor, umringten mich und kamen drohend auf mich zu. Diesmal war ich nicht so schwach und hilflos wie damals, als die Bewerber mich jagten. Ich war wach und voller Vertrauen. Sofort trat ich in das Mandala der Meditationsgottheit ein, und ich sang:

»O, ihr sieben Yidam von Erong[450],
Wie glückverheißend ist es, euch hier zu treffen,
Sodass ich Buddhaschaft erlangen kann, zum Wohle aller Wesen,
Mögen alle durch Gaben in Großzügigkeit befreit werden.«

Ich legte ihnen das Gold zu Füßen. Die sieben Räuber hatten kein Wort verstanden, sie kannten nur ihren Heimatdialekt. Und doch standen sie staunend da, hatten keinen Finger bewegt und das Gold zu ihren Füßen nicht gesehen. Mit jeder Faser ihres Seins hingen sie an meinen Lippen. So eine Stimme, so einen Gesang, so etwas Wunderbares hatten sie noch nie gehört. Alle sieben erlebten spontan die erste Versenkungsstufe und konnten ihren Blick nicht von dieser geheimnisvollen Frau wenden.

Kaum hatte ich geendet, flehten sie mich an weiterzusingen und schon als ich Luft holte, überströmte die Räuber tiefer Frieden und solch eine Glückseligkeit, dass sie sich einfach zu meinen Füßen hinsetzten und mit offenen Mündern staunten. Sie fassten meinen Rocksaum und wollten alles über mich wissen, meinen Namen und wer meine Eltern seien und woher ich denn käme. Ich sang für sie in der Sprache, die sie verstanden:

»Mein Heimatland ist überfließende Freude,
Mit Wiesen aus Leerheit und Meditationsentzücken,
Namen und Formalitäten sind nicht meine Sache,
Also, wenn euch das Land der Herrin eurer Herzen gefällt,
Dann führe ich euch dorthin!«

Gerne folgten die Räuber mir überallhin, und ich gab ihnen Zuflucht und die Bodhisattva-Gelübde. Sie flehten mich an, mit in ihre Heimat zu kommen, um dort die Menschen zu belehren, aber ich musste sie enttäuschen. Ich hatte einen Auftrag in Nepal zu erfüllen und musste weiterziehen. Zum Abschied ermahnte ich die ehemaligen Räuber noch, von Gewalt und Zorn abzulassen, dann nahm ich mein Bündel mit dem Gold wieder auf und wanderte weiter.

Das Lied der Liebe und des Lebens

Aus den Schneebergen führte mich der Weg allmählich hinunter in die fruchtbaren, wärmeren Täler Nepals. Da ich nicht wusste, wo in diesem Land ich nach meinem zukünftigen Gefährten suchen sollte, ließ ich mich von einem Ort zum anderen treiben. Ich wanderte über die Märkte und saß auf den Stufen der Tempel. Als ich in der Stadt Bhaktapur über den Markt schlenderte, stand plötzlich ein junger Mann vor mir. Er lächelte mich auf eine ganz besondere Weise an, so als würden wir uns kennen. Er hatte blaue Augen, schwarze Locken, und auf seiner rechten Brust leuchtete ein Muttermal. »Herrin, seid Ihr gekommen, um mich zu befreien?«, fragte er mich mit vertrauensvollem Blick. War das der Gefährte, den mir Padmasambhava angekündigt hatte?

Ich lächelte zurück: »Ich komme von weit her, aus Tibet. Und du, was machst du hier?«

»Ich bin aus Indien und wurde als Kind hierher in die Sklaverei verkauft, mein Name ist Atsara Sale.«

Alles stimmte, der Name, die Herkunft und das Muttermal, diesen Mann also musste ich mit nach Tibet bringen. Ich versprach ihm: »Atsara Sale, ich werde dich befreien«, und begleitete ihn zum Haus seiner Herrschaft. Atsara verschwand im Inneren des Hauses. Ich blieb auf der Türschwelle sitzen. Als es Abend wurde, war die Herrin des Hauses neugierig geworden und kam zur Tür: »Warum sitzt du da? Was willst du?«

Ich verbeugte mich höflich und sagte: »Ich möchte Atsara Sale, der bei Euch in Diensten ist, mitnehmen. Mein Lehrer hat mir diesen Mann als Gefährten genannt, er ist wichtig für mich. Bitte gebt ihn frei.«

»Dieser junge Mann ist nicht nur ein Diener hier im Haus, er ist wie ein Sohn für mich«, entgegnete die Hausherrin. »Außerdem haben wir einen großen Batzen Gold für ihn bezahlt. Ich kann ihn nicht einfach freilassen, das verstehst du doch? Aber, wenn du so vernarrt bist in diesen Jungen, dann komm doch mit ins Haus, wir könnten noch eine Dienerin gebrauchen.«

Als Anwort darauf begann ich zu singen – ein Lied über die Sehnsucht zu erwachen. Meine Stimme schwang sich durch den Abendhimmel weit hinauf, die Vögel verstummten, um mir zuzuhören. Alle, die im Haus wohnten, strömten zur Türschwelle und lauschten meinem Lied. Nachdem der letzte Laut verklungen war, kam die Hausherrin auf mich zu. Sie hatte Tränen in den Augen. »Was willst du denn von unserem Diener Atsara Sale, wenn du ihn befreit hast? Du bist schön und intelligent, wenn du willst, dann werde ich dich mit Atsara Sale verheiraten, und ihr könnt als meine Erben hier im Haus leben.«

»Liebe Frau, danke für das Angebot, aber das geht nicht. Mein Lehrer hat Atsara in einer Vision gesehen, und wir brauchen ihn für einen heiligen Zweck. Ich habe Gold dabei, vielleicht kann ich ihn auslösen. Was verlangt Ihr denn für ihn?«

»Ich gebe Atsara nur ungern her, aber gut, wenn du 500 Goldtaler bezahlst, dann kannst du ihn haben.«

»Ich habe ein Pfund Goldstaub, aber das wird wahrscheinlich nicht mehr als hundert Taler ausmachen.«

»Was, nur hundert? Dafür bekommst noch nicht mal einen Arm von dem Mann!«

»Was soll ich denn tun?«

»Wenn du ihn haben willst, dann wird dir nichts anderes übrig bleiben, als mehr Gold zu besorgen!« Und damit schlug mir die Hausherrin die Türe vor der Nase zu. Wie sollte ich an mehr Gold kommen? Ich war eine Yogini und keine Kauffrau!

In derselben Nacht schon bot sich mir wie von selbst die richtige Gelegenheit: In einem anderen Haus der Stadt war ein junger Mann, aus reichem Haus seinen Wunden erlegen. Er war bei einem Streit rivalisierender Banden tödlich verletzt worden. Die Eltern waren untröstlich, er war ihr einziger Sohn, und ihre Jammerschreie hallten durch die Gassen. Ich war dem Klagen und Weinen gefolgt und klopfte an ihre Haustür. Den Verwandten, die öffneten, sagte ich, dass ich Hilfe anzubieten hätte. Sie brachten mich zum Vater des Getöteten. »Ich möchte Euch etwas vorschlagen. In dieser Stadt gibt es einen jungen Sklaven, Atsara Sale, und wenn Ihr mir genug Gold gebt, um ihn freizukaufen, dann werde ich Euren Sohn wieder ins Leben zurückholen.«

Ungläubig starrte der Vater mich an. Aber was hatte er schon zu verlieren: »Wenn du unseren Sohn wieder lebendig machen kannst, dann geben wir dir alles, was du willst.«

Wir einigten uns also über den Preis. Dann trat ich an den Leichnam, der im Innenhof aufgebahrt war. Ich nahm ein weißes Seidentuch, faltete es, bedeckte seinen Körper damit und begann zu singen:

»Der allesumfassende Grund ist der Dharmakaya,
Ohne Verwirrung, aus sich selbst heraus rein.
Ich bin die Yogini, die Herrin des Tantra,
Das Mitgefühl meines Lehrers hält mich umfangen,
Weder Leben noch Tod schrecken mich.
Die Beeinträchtigungen anderer kann ich sofort auflösen.
Betet und der Segensstrom wird fließen.«

Obwohl im Innenhof die Menschen dicht gedrängt hocken, hörte man nicht einen Laut. Alle hielten die Luft an. Mit einer machtvollen Geste richtete ich den ausgestrecktem Finger auf das Herz des Toten, und es begann zu glühen. Ich ließ einen Tropfen Speichel aus meinem Mund in den Mund des Toten fallen und flüsterte in sein Ohr das Mantra: »Ayu Jñana Brum!« Die Messerstiche, die den Körper des Mannes zerfetzt hatten, berührte ich sanft mit den Händen, sie heilten. Allmählich kehrte Bewusstsein in den Körper des jungen Mannes zurück. Sein Herz blieb warm, und die Atmung setzte ein. Als er schließlich die Augen öffnete, fielen die Eltern weinend vor mir auf die Knie. Alle, die Zeugen dieses Wunders wurden, verneigten sich tief vor mir, und über Nacht war ich die neue Heilige von Bhaktapur geworden.

Sie gaben mir genug Gold, um Atsara Sale freizukaufen, und richteten ein großes Fest für uns aus. Mein Ruhm breitete sich in solcher Windeseile im ganzen Königreich aus, dass selbst der nepalesische König mich anflehte, in seinem Reich zu bleiben und zu lehren. Ich aber bedankte und verabschiedete mich, wir hatten Besseres zu tun. Atsara Sale und ich machten uns sofort auf den Heimweg nach Tibet. Einen Umweg aber machten wir noch. In ihrer Höhle in Yanglesho suchten wir die Dakini Sakya Dema auf. Sie hatte als junges Mädchen Unterweisungen von Padmasambhava erhalten und lebte seit vielen Jahren dort als Einsiedlerin. Vom ersten Augenblick unserer Begegnung an waren wir voneinander begeistert. Sakya Dema bat mich, meine Erkenntnisse mit ihr zu teilen. Sie bestätigte mich auf meinem Weg. Und als ich sie meinerseits darum bat, ihre Weisheit mit mir zu teilen, schenkte sie mir Lehren über Mahamudra, über Traumyoga und über mystische Hitze. Sie weihte mich in die vier Arten des Sehens ein, die zum Regenbogenkörper führen. Zuletzt ließen wir unsere Geistesströme im offenen Raum der Wirklichkeit miteinander verschmelzen.

Dakini-Land

Als ich mit Atsara Sale nach Tibet zurückkam, wurden wir von unseren Landsleuten misstrauisch beäugt. Wieder einmal dachten sie das Schlimmste von mir: »Yeshe Tsogyal hat sich von ihrem Lehrer losgesagt und hat jetzt einen dahergelaufenen Inder angeschleppt«, so tuschelten sie. »Sie ist durch und durch maßlos, und ihre buddhistische Praxis, auf die sie so stolz war, hat sie anscheinend auch über Bord geworfen!«

Ich war froh, als wir die Höhle in Tidro erreichten, wo Padmasambhava uns erwartete. Sobald ich ihn erblickte, warf ich mich vor meinem Lehrer auf den Boden: »Ich habe getan, was Ihr mir aufgetragen habt. Jetzt bitte ich Euch um die vierte Einweihung.«

Er sah mich belustigt an: »Erzähl doch erst einmal, wie war die Reise? Hattest du große Schwierigkeiten? Wie lange warst du unterwegs?«

Ich berichtete, was auf der Reise geschehen war. »Gut, gut!« Padmasambhava strahlte.

»Alle Mühen, die du auf dich genommen hast, reinigen karmische Verwirrung. Aber eins merke dir: die Macht, einen Toten wiederaufzuwecken, gehört nur zu den weltlichen Siddhi, bilde dir also nicht zu viel darauf ein.«

Wir blieben in Tidro und bereiteten uns auf gemeinsame Praxis vor. Padmasambhava brachte Atsara Sale durch seinen mächtigen Einfluss in kurzer Zeit zur Reife. Dann gab er uns Einweihungen und die Praxisanleitungen. Er trug uns auf, so lange zu üben, bis sich Zeichen des Erfolgs einstellen. Nach sieben Monaten stellte ich fest, dass Materie für meinen Körper kein Hindernis mehr war und der Alterungsprozess angehalten hatte. In dieser Zeit der intensiven Übung erschien mir einmal ein helles Licht.

In diesem Lichtschein konnte ich in das Land der Dakinis blicken. Was ich sah, erschreckte mich. Die Bäume in diesem Land waren aus messerscharfen Klingen, der Boden mit Fleischstücken bedeckt, und die Berge bestanden aus Haufen blanker Skelette. Ein Ring aus Vulkanen umgab das Land, ebenso ein Kreis niedersausender Vajras, dahinter acht Begräbnisstätten und ganz außen ein weiter Kranz Lotosblüten. In der Mitte des Landes erhob sich ein Palast aus Schädeln, dessen Türen aus menschlicher Haut gemacht waren. Mit klopfendem Herzen trat ich in den Palast ein. Im zentralen Saal brachten die Dakinis der Meisterin in ihrer Mitte Gaben dar. Wie sie das aber taten, ließ mir den Atem stocken: Sie schnitten sich Fleisch aus ihren eigenen Körpern, sie hackten sich ihre Glieder ab oder rissen sich Nieren, Leber und Herzen heraus. Voller Entsetzen schaute ich mich im Saal um und rief: »Warum fügt ihr euch denn solche Schmerzen zu? Ihr könntet euch leicht umbringen, wenn ihr so weiter macht, und ohne Körper werdet ihr gewiss nicht Buddhaschaft erlangen!«

Die Dakinis antworteten mir: »Du Frau mit zögerlichem Gemüt, wenn du nicht Gewahrsein darbringst, in dem Augenblick, in dem du gewahr wirst, weil du zögerst, verlierst du alle positiven Kräfte. Die Erkenntnis der letztendlichen Wahrheit geschieht auch plötzlich und ohne jedes Zögern, wie ein Blitz tiefen Vertrauens. Wir haben diesen Körper nur kurze Zeit, wir haben nur einen Augenblick, um den Pfad zum Erwachen zu feiern. Wenn du es nicht schaffst, deinen Körper darzubringen, während du ihn hast, vervielfältigen sich die Hindernisse und Widerstände.«

Als ich diese Antwort hörte, schämte ich mich. Da tauchte vor jeder Dakini eine Vajrayogini aus rotem Licht auf. Sie schnippte mit den Fingern, und alle Frauen waren wieder heil und unversehrt. Sie setzten sich geschwind zu den Füßen ihrer Meisterin nieder, empfingen Belehrungen und zogen sich dann zur Meditation zurück. Zwölfmal am Tag wiederholten sie diesen Ablauf: Darbringung des Körpers, Heilung, Belehrung und Meditation. Diese Vision des Dakini-Landes hatte mich zutiefst ergriffen, und ich erzählte meinem Lehrer davon: »Ich wünschte, ich könnte auch so üben. Es erscheint mir das Beste und Wirkungsvollste, was ich je gesehen habe!«

Padmasambhava strich sich bedächtig den Bart: »Das war eine Vision, du solltest das nicht allzu wörtlich nehmen und dir jetzt nicht auch ein Stück Fleisch aus dem Körper hacken. Es ist viel besserer, wenn du die acht großen Entsagungen praktizierst.« Diese Entsagungsübungen beinhalten unter anderem, sich von fester Nahrung auf mineralische Essenzen und Elixiere von Heilkräutern umzustellen, innere Hitze erzeugen zu lernen, sodass man keine Kleidung mehr braucht, und ohne Unterlass zu rezitieren, laut zu beten, zu singen und Niederwerfungen zu machen. Zuletzt gelobt man, im Schweigen und ohne Regung in der Meditationshaltung auszuharren, bis sich Zeichen des Erfolgs zeigen. »Vor allem solltest du die Entsagung des Mitgefühls üben. Das bedeutet, andere mehr als dich selbst zu lieben, Angreifer wie deine eigenen Kinder zu behandeln und Gold und Exkremente wie ein und dieselbe Sache anzusehen.«

Ohne zu zögern, gelobte ich, diese Übungen auf mich zu nehmen: »Die Lehren des Buddha sind in dieses böse Land gekommen, eine Lampe aus leuchtendem Feuerkristall scheint in diesem dunklen Land. Jetzt da ich, Yeshe Tsogyal, eine Frau, das Geheimste der tantrischen Mandalas betreten habe, möge ich tot umfallen, wenn ich auch nur einen Bruchteil meines Gelübdes breche.«

»Wenn du so übst«, antwortete mein Lehrer, »wirst du eins mit dem Buddha und seinen Lehren. Lass dich aber nicht zu einem Verhalten verleiten, bei dem du dich selbst verletzt. Das ist ein Irrweg und fördert nur Fanatismus!«

Herzenslieder und Schweigen

Zusammen mit Atsara Sale stieg ich weiter den Berg Tidro hinauf, und wir ließen uns am Gletscherrand, wo Geröll und Eis zusammenstoßen, nieder.

Weil wir sofort mit der Übung der inneren Hitze beginnen wollten, hatten wir nur ein dünnes Baumwolltuch dabei, um uns gegen Wind und Kälte zu schützen. Zu Anfang war es schwer, mit der Übung voranzukommen. Der eisige Wind bläst auf dieser Höhe unablässig, und Atsara, der die indische Hitze gewohnt war, konnte die Kälte schon bald nicht mehr ertragen. Nach einigen Tagen gab er zerknischt auf und stieg in die Höhle hinab. Jetzt war ich allein, und obwohl mir Frostbeulen und ständiger Schluckauf zu schaffen machten, war ich entschlossen, einen Weg zu finden, die innere Hitze in mir zu entfachen. Aber es wollte einfach nicht gelingen. Zuletzt war ich so schwach und verzagt, dass ich mich dem Tod nahe fühlte. Mit letzter Kraft sang ich ein Lied der Hingabe an meinen Lehrer:

»Sonne des Mitgefühls, scheine auf mich,
Dieses verlassene, nackte Mädchen in ihrer Geröllhütte,
Die den Wind einlädt.
Ich bin eine Frau aus Eis, wenn die Schneestürme wehen,
Ich sitze hier, starr, wie ein Steinhaufen,
Bitte segne mich mit den Sonnenstrahlen deines Mitgefühls,
Hilf mir, das innere Feuer zu entzünden!«

Da spürte ich mit einem Mal eine Welle der Wärme in mir aufsteigen. Die innere Bewegung des Vertrauens hatte meinem Atem einen Impuls gegeben, und die lange ersehnte innere Hitze begann sich in mir auszubreiten. Von Stunde zu Stunde wurde ich wieder kräftiger, und die frostzerfressene Haut schälte sich von mir ab wie Schlangenhaut. Bald konnte ich das Baumwolltuch wegwerfen. Nackt, nur mit Knochenschmuck um Hüften und Brust, saß ich in Sturm und Eis. Ich reduzierte jetzt auch die Nahrungsaufnahme und nahm nur noch Mineralien und Wasser zu mir. So übte ich fast ein Jahr. Dann bemerkte ich, wie meine Konzentration bröckelte und der Geist sich trübte.

Meine Kräfte ließen nach, und schließlich wurde ich so schwach, dass die Beine mich nicht mehr tragen konnten und mein Atem fast zum Stillstand kam. Was konnte mich noch vor dem sicheren Tod retten? Mit den letzten Kräften visualisierte ich einen nicht abreißenden Strom von Gaben an die Dakinis und sang:

»Werde ich ins Nirvana eingehen oder das Rad der Lehre drehen?
Die Wesen brauchen meine Hilfe!
Aber, was auch immer geschieht, ob in Nirvana oder Samsara,
Es ist mir recht!«

Im schimmernden Abendlicht stand plötzlich eine rote Frau vor mir. Weisheitsfeuer umsprühten sie, und ihr nackter Körper leuchtete. Sie trat ganz nahe an mich heran und und bot mir ihren Schoß dar. Ein Strahl heißen Bluts aus ihrer Vagina schoss in mich, das Herzblut der Dakini, die Essenz der Wirklichkeit. Sofort fühlte ich, wie meine Kräfte zurückkehrten, und ich wurde stark wie eine Schneelöwin. Mein Geist klärte sich, und die Wahrheit jenseits aller Vorstellungen schien deutlich und ohne jeden Zweifel in ihm auf. Dann verließ mich die rote Frau.

Auf diese Weise gestärkt, begann ich mit der nächsten Stufe der asketischen Übungen. Ich legte auch den Knochenschmuck ab und ernährte mich nur noch von Substanzen aus der Luft. Die ersten Wochen hielt der Zustand der Klarheit an und vertiefte sich weiter, dann aber, ganz unmerklich, kroch ein leiser Schatten von Zweifel in mir hoch. Täglich wurde ich schwächer und lustloser, die Atemwege schwollen an und verstopften sich. Jeder Atemzug kostete unsägliche Mühe. Das Atmen war so anstrengend, dass es mir einfacher schien, ganz damit aufzuhören. Aber ein Rest von Mut lebte noch in mir und daraus strömte ein Lied:

»Du kamst aus dem Raum jenseits der Zeit
Und hast diesen Frauenkörper angenommen,
Du hast viel gelitten, aber jetzt
Steht dir die Essenz der menschlichen Existenz offen.
Erwachen wird schnell durch den tantrischen Pfad verwirklicht,
Darum ertrage, was auch immer geschieht,
Der Tod ist keine Alternative!
Nur Mut Tsogyalma!«

Und mit dem Klang der Stimme fiel mir mein Lehrer wieder ein. Wie oft hatte er zu mir gesagt hat, wie wichtig es sei, Widrigkeiten in den Weg zu verwandeln. Es war mir, als würde ich im brausenden Bergwind seine Stimme hören: »Yeshe Tsogyal, du übertreibst, sei nicht so ehrgeizig!« Da erinnerte ich mich, wie man aus Bergkräutern Elixiere bereiten kann, die den Geist schärfen und den Körper kräftigen, und mit letzter Kraft sammelte ich die geigneten Pflanzen. Nachdem ich die Elixiere zu mir genommen hatte, fühlte ich mich wieder lebendig und klar.

Versuchung in Bhutan

Für den letzten Teil der Praxis zog ich mit Atsara Sale und einer weiteren Schülerin, Dewamo, auf einen Berg in Buthan. Ich stellte weiter Kräuterelixiere her und spürte, wie diese Substanzen meinen Körper so stärkten, dass Waffen ihn nicht verletzen konnten. Auch meine Stimme wurde stark und so schön, dass sich selbst die stolze Tigerin davon besänftigen ließ. Ich setzte die Reinigung der Stimme und des Körpers fort. Ohne Unterlass rezitierte ich Mantras, Sutras und Tantra-Texte. Nach einer Phase des Stammelns, Stotterns, der Verspannung und Entzündung lösten sich alle Blockaden in meiner Stimme auf.

Während dieser Zeit besuchte mich eine junge Frau, Khyidren, die Tochter des Königs von Buthan, in meinem Retreat und brachte mir Honig und Milch. Diese Gabe stärkte mich für die Körperübungen, Niederwerfungen und das besondere Yoga, das die Energiebahnen reinigt. Nachdem diese Übungen abgeschlossen waren, suchte ich mir einen geigneten Platz auf dem Berg, auf dem ich schweigend und ohne mich zu rühren sitzen konnte, bis sich Zeichen des Erfolgs zeigen würden. Ich ließ mich nieder, gelobte, in dieser Weise zu üben, und versenkte meinen Geist in Samadhi.

Lokale Geister und Dämonen, die die Schönheit meiner Versenkung nicht ertragen konnten, versuchten, mich mit Trugbildern zu plagen. Sie ließen köstliche Speisen vor mir auftauchen, auch wunderschöne Kleider und Luxusgegenstände. Ich aber durchschaute diese erbärmlichen Versuche sofort als Illusion, denn nichts davon löste in mir auch nur den geringsten Wunsch, es haben zu wollen, aus. Alles löste sich in Luft auf, als ich betete: »Mögen diese Erscheinungen sich in Zukunft als Reichtum dieses Landes zeigen.«

Plötzlich standen bezaubernde junge Männer vor mir. Männer, auf die eine Frau nur einen einzigen Blick werfen muss, und schon breitet sich erotische Vorfreude in ihr aus. Ihre starken und geschmeidigen Körper duf- teten, ihre Haut glühte vor Leidenschaft. Ich aber blieb gelassen, ich hatte keine Wünsche. Da wurden sie zudringlich, sie flüsterten mir Obszönitäten ins Ohr und zeigten ihre erigierten Penisse, sie streichelten und küssten mich an meinen empfindlichsten Körperstellen. Ich hielt mich an die Kraft der Versenkung und erkannte diese Erfahrungen als reine Fantasiegebilde. Alle Erscheinungen sind nichts anderes als Illusion und ohne Substanz, das erkannte ich mit aller Schärfe, und die erotischen Bilder verschwanden.

Als dann mit einem Mal Schreckensgestalten und Monster auf mich einstürmten, hätte ich diese Erkenntnis, die einen Moment zuvor noch so glasklar gewesen war, fast wieder vergessen. Doch dann erinnerte ich mich an die Entsagung des Mitgefühls, die mein Lehrer mir besonders ans Herz gelegt hatte. Ich ließ den furchterregenden Gestalten einen Strom von Freundlichkeit entgegenfließen, und sie verschwanden. Als Nächstes aber krochen Myriaden von Insekten, Würmern und Spinnen aus allen Richtungen auf mich zu. Sie krabbelten und wimmelten über meine Haut, sie ließen sich in meinen Haaren, den Ohren und der Nase nieder. Diese Kreaturen ließen nichts unversucht, um mich aus der Haltung des Gleichmuts zu locken. Mich schauderte es, aber schließlich konnte ich auch für diese Wesen Mitgefühl in mir entdecken und ich erkannte:

> Alles, was erscheint, ist nur eine Spiegelung in meinem Geist,
> In meinem Inneren sehe ich nichts, was ich fürchten müsste.
> All das ist nichts anderes als das natürliche Leuchten
> Des klaren Lichts,
> Es gibt überhaupt keinen Grund, zu reagieren.
> Da jede Handlung mein Schmuck ist,
> Kann ich ebenso gut schweigend in Samadhi verweilen.

In einem letzten Aufgebot, mich zu versuchen, bäumten sich jetzt die Elemente auf, Feuerbrände loderten neben meinem Sitz, Regen peitschte auf mich ein und spülte einen Teil des Berges in einem riesigen Erdrutsch ins Tal. Schwarzer Nebel senkte sich undurchdringlich über das Land, und Hagel zerstörte die Felder der Bauern in den umliegenden Dörfern. »Warum stößt uns solches Unheil zu?«, heulten die Menschen. »Es ist wegen dieser blöden Tibeterin dort oben auf dem Berg, sie ist schuld. Kommt, wir bringen sie um.« Die Bauern zogen, mit Messern, Speeren und Knüppeln bewaffnet, auf den Berg. Vorsichtig näherten sie sich meinem Sitz und brüllten mich wütend aus sicherem Abstand an: »Na, du lebender Leichnam, du bist bestimmt eine Hexe, was? Das ganze Land ist mit Dunkelheit gestraft, der Hagel hat unsere Ernte vernichtet, was willst du eigentlich von uns? Hebe deine Verwünschungen auf und verschwinde von hier!«

Fast wäre ich aufgesprungen, so sehr zerriss es mir das Herz, dass andere Menschen wegen mir leiden mussten. Gerade noch rechtzeitig erinnerte ich mich daran, dass auch das ein Trugbild meines Geistes sein konnte, und ich hielt mit letzter Kraft an meinem Gelübde fest, schweigend sitzen zu bleiben, was auch immer geschehen möge.

»Ha, schaut euch das an, die Schuld hat sie gelähmt!«, feixten die Menschen aus dem Dorf und sie warfen mit Asche und Steinen nach mir. Als ich auch darauf nicht reagierte, begannen sie mich zu schlagen und versuchten, mich mit den Messern und Speeren zu verletzen. Mein Körper aber blieb durch die Kraft meiner früheren Übungen unversehrt. Da gaben die Leute verunsichert auf und liefen nach Hause.

Danach wendete sich das Blatt. Meine Entschlossenheit trug Früchte, und ich konnte die Jahre der Übung erfolgreich abschließen. Die Dämonen, die mich zuvor belästigt und gequält hatten, erschienen vor mir und boten mir ihre Dienste an. Ein frischer Wind blies den undurchdringlichen Nebel fort. Die Bauern stiegen wieder auf den Berg, diesmal aber, um meinen Segen zu erbitten. Auch der König von Bhutan reiste an, um mir, dieser außergewöhlichen Yogini, Tribut zu zollen. Ich bat ihn, mir seine Tochter anzuvertrauen. Sie hatte mich während der Zeit auf dem Berg versorgt und unterstützt, und es lag mir daran, sie weiter auszubilden.

Widerspruch

Dann machte ich mich mit meinen Schülerinnen und Schülern auf den Weg, um Padmasambhava davon zu berichten, wie die Übung verlaufen war. Als wir uns nach dieser langen Zeit wiedersahen, war mein Herz von Dankbarkeit erfüllt. Unter Tränen umklammerte ich seine Füße. Er schaute amüsiert auf mich herunter und sagte: »Ach, da bist du ja, große Dakini, das ist wirklich eine Überraschung, ich dachte, du wärest tot!« Das war eine Lehre für mich, auch nicht an den geliebtesten Lehrern anzuhaften.

Dann gab er uns allen Weissagungen darüber, wie wir uns in anderen Leben wiederbegegnen würden, um zum Wohl aller Wesen zu wirken. Wieder quoll mein Herz über vor Dankbarkeit, und ich gelobte, ihm nie wieder zu widersprechen oder auch nur den geringsten Zweifel zu hegen. Das allerdings war ein bisschen voreilig.

Padmasambhava riet mir, mit einer Praxis des langen Lebens zu beginnen, währenddessen würde er die anderen in das Tantra des Phurba[451] einführen. Damit war ich ganz und gar nicht einverstanden, und ich rief aus: »Frauen haben es schon schwer genug. Es ist fast unmöglich, als Frau die Praxis aufrechtzuerhalten. Haben wir nichts und müssen Almosen erbitten, dann hetzen sie die Hunde auf uns, besitzen wir etwas, verfolgen uns Diebe. Wenn wir schön sind, werden wir belästigt, wenn wir hart arbeiten, sind die Landsleute neidisch. Tun wir aber gar nichts, werden wir mit bösem Klatsch überzogen. Was wir als Frauen auch tun, es ist ein Elend. Darum bitte ich Euch, gebt auch mir die geheimen Unterweisungen des Phurba.«

Padmasambhava schwieg eine Weile, dann stimmte er mir zu. Manchmal lohnt es sich, ein Gelübde zu brechen.

Lehren und schützen

In der Zwischenzeit war das Kloster in Samye weiter gewachsen. Es gab aber immer noch große Teile der Bevölkerung, die der alteingesessenen Bön-Religion anhingen. Auch einige Minister und einflussreiche Leute am Königshof standen dem Buddhismus skeptisch gegenüber. Um die Menschen vom Buddhismus zu überzeugen, setzte der König eine große Schaudebatte an. Die besten und mächtigsten Bön-Praktizierenden sollten gegen uns, die Schülerinnen und Schüler Padmasambhavas, antreten. Im Laufe dieser Auseinandersetzung, in der sich die beiden Parteien mit magischen Kräften zu übertrumpfen versuchten, debattierte ich mit einer Yogini der alten Bön-Religion, die Bonmo Tso aus der Chokro-Sippe, und ich konnte sie erfolgreich zum Schweigen bringen. Neun junge Mönche aus Samye, die durch feindliche Zaubersprüche niedergestreckt worden waren, erweckte ich wieder zum Leben. Ihre Angreifer besiegte ich, indem ich mit ausgestreckem Zeigefinger neun mal PHAT[452] rief. Daraufhin fielen sie in Ohnmacht. Mit HUNG weckte ich sie wieder auf, erhob mich in Luft und zeigte meine Macht über die Elemente. An den Fingerspitzen meiner rechten Hand ließ ich fünffarbige Lichträder kreisen und von den Fingerspitzen meiner linken Hand fünffarbiges Wasser in weitem Bogen in den nahe gelegenen See fließen. Dann brach ich ein Stück Felsen aus dem Berg, als wäre es Butter, und formte daraus verschiedene Gestalten.

Als neun Bön-Magier versuchten, mit Donnergewalt das Kloster zu zerstören, wickelte ich mir ihre Donnerkräfte um den Zeigefinger, hielt die Energien in einer Geste des Drohens und warf sie wieder auf die Zauberer zurück. Reumütig lenkten sie ein. Aber die Tibeter hatten wieder kein gutes Wort für mich: »Schaut euch diese Bönpos an«, sagten sie. »Die können noch nicht mal eine Frau besiegen.«

Der König verbannte die Bön-Minister, die sich seinen buddhistischen Vorstellungen weiter widersetzten. Sie zogen sich in die Berge zurück und drohten, das Kloster und den Königshof bei nächster Gelegenheit zu zerstören. Der König rief alle Gelehrten, Übersetzer und Mönche zusammen, um zu beraten, wie man sich dagegen wehren könnte. Padmasambhava beauftragte mich, alle zu beschützen. Sieben Tage lang praktizierte ich im Kloster ein besonders machtvolles Phurba-Ritual, und die Gefahr wurde gebannt.

Als der König Trisong Detsen, mit dem ich als junges Mädchen verheiratet worden war, starb, brach am Königshof Unruhe über die Nachfolge aus. Die anderen Königinnen hatten keine großen Sympathien für die Lehren des Buddhismus, und wieder gab es Streit. Mit Geschick und Mitgefühl gelang es mir, die verfeindeten Parteien miteinander zu versöhnen. Eine der Frauen aber, die ich schon als junges Mädchen gekannt hatte, versuchte mich aus dem Weg zu schaffen und vergiftete meinen Tee. Obwohl ich es merkte, trank ich das Gift, weil ich ihr eine Lehre erteilen wollte. Ich sang: »Hör zu, Freundin meines Herzens, dieser Nektar ist köstlich. Ich selbst, mein unzerstörbarer Vajra-Körper, ist in seiner Essenz Nektar, ist das nicht wunderbar? Was du wolltest, erfüllt sich nicht, mein Wunsch aber geht in Erfüllung. Lass dich nicht durch Eifersucht verderben, du Frau voller Mitgefühl, lass diese Machtspielchen sein.« Dann verwandelte sich mein Körper in strahlendes Regenbogenlicht mit einem Vajra in jeder Zelle. Aber was ich auch versuchte, den Frauen am Hof war ich einfach ein Dorn im Auge, sie veranlassten, dass ich nach Tsang verbannt wurde.

Dort versammelte ich eintausend tantrische Yogis und Mönche um mich, ebenso eintausend Yoginis und Nonnen, von denen hundert die tantrischen Kräfte entwickelten und sieben mir selbst gleichkamen. Dann reiste ich weiter nach Nepal. Dort erreichten mich die Boten des neuen tibetischen Königs, der mich inständig bat, wieder zurückzukehren. Diesmal wurde ich wirklich mit großen Ehren empfangen, und alle begrüßten mich, als wäre ich von den Toten wieder auferstanden. Der König setzte mich offiziell als Hauptlehrerin ein, und ich blieb elf Jahre in Chimpu, dem Meditationsretreat oberhalb des Klosters Samye.

Bewahren und erzählen

Diese Jahre waren damit angefüllt, die Lehren Padmasambhavas zu dokumentieren und zu vervielfältigen. Vierundzwanzig Schülerinnen und Schüler unterstützten mich dabei. Alle steuerten ihre ganz besonderen Fähigkeiten bei, wie Schnellschreiben, Kalligrafie und Rechtschreibung. Mein Beitrag bestand darin, die Lehren zu diktieren. Durch das untrügliche Erinnerungsvermögen, das mir von Sarasvati verliehen worden war, konnte ich jedes Wort, das ich von meinem Lehrer im Laufe der Jahre gehört hatte, genau so widergeben, wie er es gesagt hatte.

Padmasambhava hatte mich schon vor einiger Zeit darauf vorbereitet, dass er Tibet bald verlassen würde. Als wir die Schreibarbeiten beendet hatten, reiste ich mit ihm noch ein letztes Mal durch Tibet. Wir besuchten alle Kraftorte und verbargen dort Unterweisungen, Ritualgegenstände und Texte. Zum richtigen Zeitpunkt werden sie wieder entdeckt werden. Dann verließ mich mein Lehrer. Trotz unserer inständigen Bitten, doch zu bleiben, ritt Padmasambhava auf einem Sonnenstrahl davon und verschwand in das Land der Dakinis. Ich blieb zurück, denn ich war für den König und die buddhistischen Gemeinden in Tibet verantwortlich.

Späte Anerkennung und heilsames Wirken

Mit meinen nahen Schülerinnen und Schülern wanderte ich weiter durch das Land. Meine Weisheit war jetzt vollständig ausgereift, meine Handlungsfähigkeit zum Wohl aller Wesen auf ihrem Höhepunkt. An allen Orten, die Padmasambhava gesegnet hatte, wollte ich noch einmal meditieren, Fußabdrücke im Felsen und wunscherfüllende Gebete hinterlassen. Jetzt, nachdem Padmasambhava aus Tibet fortgegangen war, wurde ich überall mit großer Hingabe und Verehrung empfangen. Die Leute sagten: »Padmasambhava hat uns verlassen, aber du bist zu uns zurückgekommen, dafür sind wir dankbar.«

Nach diesen Jahren der Pilgerschaft zog ich mich in die Höhle Phukmoche im Osten Tibets zurück. Von diesem Retreat-Ort aus manifestierte ich mich in den unterschiedlichsten Formen, um allen Wesen zu nützen. Den Hungernden war ich Nahrung, für die Kinderlosen war ich ein Kind, den Armen erschien ich als Reichtum. Den Männern, die sich eine Frau wünschten, war ich eine Frau, den Frauen, die sich einen Mann wünschten, war ich Mann. Allen, die sich nach Verwirklichungen auf dem Weg zum Erwachen sehnten, verlieh ich die Fähigkeit, sie zu erlangen.[453]

Ich war 190 Jahre alt, als mich Mandarava besuchte. Ich hatte schon viel von ihr gehört, und es war eine ganz besondere Freude, dass wir beide uns begegnen konnten. Mandarava nannte mich »Große Weisheitsmutter Prajñaparamita, Meisterin des Tantra und Himmelstänzerin«. Ich besang sie als »Herrin über Leben und Tod, als Mutter aller Wesen und Befreierin«. Neununddreißig Tage verbrachten wir miteinander, tauschten Unterweisungen aus und freuten uns an der Schönheit des Dharma.[454]

Zum Abschied sang Mandarava: »Möge ich eins sein mit dir, du Meisterin der magischen Kräfte. Du und ich, wir werden von jetzt an Manifestationen der erwachten Handlungskräfte hervorbringen. Mögen wir die Tiefen von Samsara leerfegen!«

Letzte Lieder

Dann kam auch für mich die Zeit, diese Welt zu verlassen. Meine Schülerinnen und Schüler flehten mich an zu bleiben, und wenn das nicht möglich wäre, wenigstens noch weitere Belehrungen zu erteilen. Sie baten mich so inständig, dass ich einwilligte: »Bereitet ein großes Ganachakra-Fest vor, ich werde euch Einweihungen und Unterweisungen geben. Noch acht Tage, dann wird von Yeshe Tsogyal nur noch ihr Name in dieser Welt sein.« Alle versammelten sich um mich, die Schar der Schülerinnen und Schüler und meine Dharma-Geschwister. Sie machten lange Gesichter und schauten mit verweinten Augen zu mir auf. Ich aber sang für sie:

»Hört mir gut zu, ihr, die ihr gemeinsam übt,
Neigt euer Ohr und den Geist dem Klang.
Ihr braucht nicht zu verzweifeln, fasst Mut!
Betet aus vollem Herzen zu mir, eurer Mutter,
Und ich werde euch mit dem reinen Entzücken
Des lebendigen Raums segnen.
Es gibt keine Trennung und kein Wiedersehen –
Die, die eine karmische Verbindung mit mir
Hergestellt haben,
Werden von selbst meine Führung haben,
Und die anderen werden durch meine nächsten
Manifestationen gerettet werden.
Seht, eure Mutter hat keine Angst vor dem Tod
Und dem Zwischenzustand,
Also gibt es auch keinen Grund, traurig zu sein,
Schwestern und Brüder!«

Dann führte ich sie in das Maha Ati der Dzogchen-Lehren ein.

Mit meinen elf Hauptschülerinnen und -schülern und etwa fünfzig weiteren Anhängern bestiegen wir dann den Berg Zapu. In einer Höhle, die wie zwei in Ehrfurcht zusammengelegte Hände geformt war, ließ ich mich nieder. Die Schülerinnen und Schüler baten mich weiter um Belehrungen und Rat. Khyidren, die mich aus Buthan begleitet hatte, war die erste.

Ich antwortete ihr: »Es gibt unzählige Menschen auf der Welt, die oben auf dem Kopf schwarz sind, aber die, denen die Lehren wirklich am Herzen liegen, kann man zählen.

Richtet euch nach dem Grundsatz: ›Das Dharma leben!‹«

Eine andere Herzensschülerin, Kalasiddhi, verbeugte sich und bat um Rat, wie sie üben solle. Ich führte sie in das sexuelle Yoga ein. Die Schülerin Dorje Tso konnte vor Schluchzen kaum sprechen. Ihr konnte ich ihre Reinkarnation als bedeutende Yogini und Lehrerin vorhersagen.[455] Die Schülerschar flehte mich weiter an, sie doch nicht zu verlassen: »Wie sollen wir üben, wenn du nicht mehr da bist? Wie können wir mit dir verbunden bleiben?« Und ich sang für sie:

»Wenn ihr mich kennt, mich, die Dakini Yeshe Tsogyal,
Herrscherin über Samsara und Nirvana,
Findet ihr mich im Herzen aller Wesen.
Ich manifestiere mich als die fünf Elemente
Und die fünf Sinne.
Von dort wiederum erscheine ich als die zwölf Glieder
Des abhängigen Entstehens.
Also sind wir letztlich nie getrennt.
Erkennt ihr mich jedoch nicht,
Haltet ihr mich für ein Objekt im Außen.
Aber wenn ihr mich dann entdeckt,
Den Geist, so wie er ist, von selbst entstanden,
Erfüllt die große Weisheit Prajñaparamita
Das ganze Universum.«

Am Abend des achten Tages schließlich versammelten sich Scharen von Dakinis auf dem Berg, zornvolle und friedvolle, manche auf Löwen reitend oder von einem Garuda getragen. Viele von ihnen hatten Musikinstrumente dabei, Knochentrompeten, Glöckchen und Trommeln aus menschlichen Schädeln. In der Morgendämmerung leuchtete der ganze Himmel in Regenbogenlicht, während alle Dakinis im Himmel tanzten und ihre Gesänge darbrachten. Im ersten Tageslicht gab ich letzte Prophezeihungen, die das Schicksal Tibets und meine weiteren Manifestationen in die Welt betrafen.

Mittlerweile hatten sich viele tausend Menschen auf dem Berg versammelt. Sie weinten verzweifelt und riefen: »Was sollen wir denn den Tibetern dort unten erzählen? Was willst du ihnen mitgeben?« Und ich antwortete ihnen:

»Hört mir zu, ihr Tibeter mit Vertrauen, sagt den Leuten,
Die Großmutter Tsogyal ist in das uranfängliche AH eingegangen –
Sagt ihnen, dass dieses störrische Weib, diese unbeherrschte,
Schamlose Frau
Das Unmögliche erreichte.
Diese Tochter Tibets, diese alte Jungfer, die keiner mochte,
Ist jetzt Königin des Dharmakaya, nacktes Sein.
Diese leidenschaftliche Frau, immer wieder verstrickt,
Ist jetzt frei im offenen Raum des Herzens,
Dieses Weib, das die tibetischen Männer verschmähten,
Hat jetzt Buddhaschaft erlangt.
Also, weint nicht, sondern wünscht euch meinen Segen!«

Dann strahlte gleißendes Regenbogenlicht von Yeshe Tsogyal aus, das Licht verdichtete sich in einen schimmernden Tropfen aus blauem Licht und verschwand im Raum.

Überlegungen zur Lebensgeschichte von Yeshe Tsogyal

Die Geschichte von Yeshe Tsogyal hinterlässt den Eindruck von unglaublicher Kraft, ihr Körper und ihre Stimme vibrieren voller Energie. Immer wieder, in der größten Bedrängnis, findet sie Entschlossenheit, Mut und Vertrauen. Das ist umso beeindruckender, wenn man bedenkt, welche Widrigkeiten sie in ihrem Leben überwinden musste.

Widrigkeiten

Schon als junges Mädchen muss sie sich mit Leib und Seele gegen einen Lebensweg wehren, der ihrem Innersten zuwiderläuft. Als sie endlich bei ihrem Lehrer Padmasambhava auf dem richtigen Weg angekommen ist, könnte sie sich eigentlich zurücklehnen.

Sie wird geschützt, gefördert und kann in Ruhe lernen. Das Leiden der Wesen lässt ihr jedoch keine Ruhe, gerade auch deshalb, weil sie dieses Leiden sehr gut nachvollziehen kann. Sie spürt, dass sie bereit ist für den nächsten Schritt, die tantrischen Lehren, und bringt diese Überzeugung selbstbewusst vor. Ihrer inneren Wahrheit getreu geht sie damit das Risiko ein, von ihrem Lehrer zurückgewiesen zu werden. Sie wird ihrem Lehrer im Laufe der Ausbildung immer wieder widersprechen und damit gegen die Vorgaben eines richtigen Verhaltens verstoßen.

Aber Yeshe Tsogyal ist eine entschlossene Yogini, die vor allen Dingen der Wahrheit verpflichtet ist. Dafür ist sie bereit, vieles auf sich zu nehmen, selbst den Grimm des Lehrers. Sie stellt sich in seine Obhut, aber sie ist keine Jasagerin und schon gar nicht die »reizende Assistentin«, die den großen Meister umschwirrt, um mitzustenografieren, was er von sich gibt. Sie vertraut ihrem Lehrer, weil er ihr den Zugang zur Wahrheit zeigt. Dieses Vertrauen ermöglicht ihr, furchtlos und geschickt in der Welt zu wirken. Die Episode mit den sieben Räubern und die Erweckung des toten Jünglings zeigen das.

Zwar beklagt sich Yeshe Tsogyal, dass für Frauen das Leben mühsam ist, aber an keiner Stelle der Geschichte plagen sie Minderwertigkeitsgefühle. Die abwertende und beleidigende Haltung der tibetischen Landsleute ihr gegenüber schüttelt sie einfach von sich ab. Erst am Ende ihres Lebens gibt sie ihnen mit einer gesalzenen, ironischen Abschiedsrede eins hinter die Ohren. Sie nennt sich »starrsinnig und unbeugsam«. Ich denke, die Tibeter können von Glück sagen, dass sie so war. Eine andere Frau hätte die Feindseligkeit ihrer Landsleute nicht so lange ausgehalten. Denn ihr eigenes, patriarchal verblendetes Volk hat für sie, solange Padmasambhava im Land ist, nur Verachtung übrig. Selbst als sie im Schaukampf die Bön-Zauberer triumphal besiegt, kommentieren die Tibeter herablassend: »Ach, die Bönpos, die können ja nicht einmal eine Frau besiegen.« Dass diese Frau gerade eben die anwesenden Männer in die Tasche gesteckt hatte, hat für sie keinen Wert. Erst nachdem Padmasambhava Tibet verlassen hat, beginnen die Leute zu ahnen, was für einen Schatz sie in dieser hingebungsvollen und starrsinnigen Yogini haben. Es passt gut zu Yeshe Tsogyal, dass sie in Tibet bleibt und dort lehrt, obwohl andere Länder sie heiß umwerben. Sie bleibt, gerade weil ihre Landsleute ihr so ablehnend und mitrauisch gegenüberstehen. Es ist eine Herausforderung, die sie annimmt und der sie ihre ganze Energie widmet.

Frauenbilder, Frauenrolle, Mutterland

In Yeshe Tsogyals Welt gibt es, anders als bei Mandarava, fast keine positiven weiblichen Vorbilder. Anfangs gibt es sogar überhaupt keine Frauen. Die Mutter ist, wie so oft in patriarchalen Gesellschaften, beklagenswert unsichtbar. Ihre erste wirkliche Familie scheinen der Königshof und die Gelehrten von Samye zu sein, die sie ausbilden – eine reine Männerwirtschaft. Hier wird zumindest ihr Wissensdurst erkannt und gestillt. Dann tritt ein neuer Mann in ihr Leben. Sie wird Padmasambhava im Rahmen eines Rituals von ihrem Ehemann, dem König, »geschenkt«. Offensichtlich aber hatte sie nichts dagegen, mit ihm zu gehen, sie hätte sich sicher zu wehren gewusst.

Padmasambhava ist für Yeshe Tsogyal »der Richtige«. Die alte karmische Verbindung aus der Vorgeschichte wird wirksam, und es besteht kein Zweifel an der Stimmigkeit dieser Beziehung. In ihrer Entwicklung steht er für den »guten Vater«, der hütet, fordert und fördert. So kann sie heranreifen. Es passt zur tibetischen Kultur dieser Zeit, dass diese Funktion einem Mann zugesprochen wird und er der Hüter des Wissens und des Vorgangs des Reifens ist. In der Geschichte drängen jedoch immer wieder Symbole alter weiblicher Kraft nach vorne. So verbringt Yeshe Tsogyal diese Zeit des Reifens in einer schützenden Höhle, ein uraltes Symbol weiblicher Wandlungskräfte.

Dann wird sie auf »Gesellenfahrt« geschickt und muss draußen erproben, was sie gelernt hat. Sie erfährt die große Macht des Vertrauens und probiert wie ein weiblicher Zauberlehrling ihre

Kräfte aus. »Ich bin die Yogini, die Meisterin des Tantra, weder Leben noch Tod schrecken mich!«, singt sie, als sie in Nepal den Jüngling wieder zum Leben erweckt, und sie beweist, dass sie halten kann, was sie verspricht. Hier steht eine Königin, eine Frau, der niemand widerstehen kann.

Sakya Dema

In Nepal trifft Yeshe Tsogyal mit der Yogini Sakya Dema[456] zusammen, ein bedeutsamer Impuls für die junge Frau. Sakya Dema ist die erste Frau, der sie begegnet, die das lebt, was sie sich selbst für ihr eigenes Leben vorgenommen hat. Dem Treffen der beiden Yoginis schenkt die Biografie keine besondere Aufmerksamkeit, sie wird in zwei Seiten abgehandelt. Ich denke aber, dass die Begegnung mit Sakya Dema entscheidende Inspiration und Bestätigung für Yeshe Tsogyal bedeutete. Hier ist endlich eine Frau, die über spirituelle Autorität verfügt und die ihrerseits Yeshe Tsogyal als spirituell kompetent erkennt. Ein weibliches Vorbild tritt auf. Sakya Dema begegnet der jüngeren Frau mit Respekt und großer Freude. Die Erzählung schlägt damit einen ganz neuen Ton an.

Zurück in Tibet, steht Yeshe Tsogyal als Frau wieder allein da. Die Geschichte weiß zwar im Weiteren von Frauen in Machtpositionen zu berichten, es sind aber Frauen, die Yeshe Tsogyal und dem Buddhismus böse gesonnen sind, wie die Bön-Priesterin zum Beispiel und die neidische Nebenfrau des Königs, die sie vergiften will. Mächtige Frauen werden zu dieser Zeit in der tibetischen Kultur negativ gezeichnet.

Schülerinnen

Als sie spirituell weiter heranreift, hat Yeshe Tsogyal ihre eigenen Schüler und Schülerinnen und die Gelegenheit, es anders zu machen. Unter ihren Schülerinnen gibt es einige, mit denen sie eine tiefe und fruchtbare Beziehung eingeht. Ihre erste Schülerin ist

Dewamo, die sie nach Buthan ins Retreat begleitet. Die zweite ist Tashi Khyidren, die bhutanesische Prinzessin. Von ihr erhält sie, wie Gautama Siddharta von der Kuhhirtin Sujata, die entscheidende Stärkung durch Nahrung.[457] Aus Tashi Khyidren wird eine machtvolle tantrische Yogini. In einem anderen Leben erscheint sie als Drupchungma[458], Tochter der Yogini Machig Labdrön. Von Khyidren wird sich Yeshe Tsogyal nie mehr trennen. Als sie in den Dharmakaya eingeht, nimmt sie die Schülerin als blaue Utpalablüte in ihrer rechten Brust mit sich.

Eine weitere wichtige Schülerin ist die nepalesische Yogini Kalasiddhi. Ihre außergewöhnlichen Verwirklichungen sind das Ergebnis der Fürsorge zweier symbolischer Mütter, Mandarava und Yeshe Tsogyal. Kalasiddhis leibliche Mutter trägt den Namen Nagini, der eine Verbindung mit der uralten weiblichen Weisheit der Wasserwesen (Nagas) herstellt. Ihre Eltern sind Weber. Das Weben spielt auf das Wesen des Tantra selbst an, das alle Fäden zu einem Gewebe zusammenfügt. Kalasiddhi erhält bei ihrer Geburt den Namen Dakini – auch das schon ein Omen. Sie wird wie Sakya Dema mit ihrer im Kindbett verstorbenen Mutter zusammen auf den Leichenplatz gebracht. Dort findet sie Mandarava, die in Gestalt einer Tigerin das Baby stillt und wärmt. Als Dakini zu einem jungen Mädchen heranwächst, bleibt sie auf dem Leichenplatz und arbeitet auch als Weberin. Am Tag spinnt sie Baumwolle und nachts verwebt sie sie. Ein Bild für das abwechselnde Üben von Sutra und Tantra.

Yeshe Tsogyal entdeckt sie, als sie das zweite Mal nach Nepal reist. Sie nennt das Mädchen Kalasiddhi. *Kala* bedeutet »die Essenz der Elemente im menschlichen Körper und der umgebenden Welt«, *siddhi* »die Kräfte, die aus dem Erkennen dieser Essenz erwachsen«. Kalasiddhi wird Verwirklichungen dadurch erreichen, dass sie erkennt, was der Körper, was Form und Materie, wirklich ist. Sie begleitet Yeshe Tsogyal nach Tibet und erhält von ihr die Übertragung des sexuellen Yoga. Sie wird zu einer roten Lotosblüte in der linken Brust ihrer Lehrerin und geht mit ihr in den Dharmakaya ein.

Lehrerinnen

Als Lehrer in der Welt bezieht sich Yeshe Tsogyal zwar ausschließlich auf Padmasambhava, in der meditativen Schau aber prägen sie entscheidende Begegnungen mit weiblichen Lehrenden. Ihr visionärer Besuch im Dakini-Land zeigt ihr zum ersten Mal im Leben eine Dharma-Situation, in der alle Rollen von Frauen besetzt sind: Praktizierende, Lehrerin und Göttin. Yeshe Tsogyal erfährt dadurch eine bis dahin unbekannte Dimension der Hingabe und Heilung.[459] Sie ist so tief beeindruckt, dass sie einen ganz neuen Kurs in der Praxis einschlagen wird. Dieser neue Kurs, die Übung der Askese auf dem Berg, ist mit vielfältiger Symbolik durchtränkt, die auf die Wiedergewinnung weiblicher Weisheitsquellen hinweist.

Besonders sticht die Begegnung der Yogini mit der roten Frau, wahrscheinlich eine Manifestation der Vajrayogini, heraus. Diese Dakini der leidenschaftlichen und feurigen Art erscheint, als Yeshe Tsogyal ihren sicheren Tod vor Augen hat. Es ist ein Endpunkt, nichts geht mehr. In dieser ausweglosen Situation verfällt sie nicht in Panik oder Apathie, sondern sie wendet sich, getreu ihrer buddhistischen Übung, der Schwierigkeit zu. Sie öffnet sich, visualisiert »Gabenströme« an die Buddhas und lässt alle Ängstlichkeit um ihr Überleben hinter sich. Diese Bewegung bringt ihr auf wundersame Weise eine Retterin.

Die rote Dakini, diese Frau, deren Element die Leerheit und das »Nicht-Ich« ist, schenkt Yeshe Tsogyal durch ihr Blut den Weisheitsaspekt, der ihr fehlte. Diese Lehrerin lehrt ganz direkt, ohne Worte, mit dem Lebenselixier. Das Blut, das die Dakinis in vielen Darstellungen in der Schädelschale halten, wird als ihr »Herzblut« bezeichnet. Es ist der lebendige Strom, der aus dem Herzen der Wirklichkeit fließt und alle inspiriert, die sich ihm öffnen. Hier fließt er ohne Umweg von einem Frauenkörper in den anderen. Die Dakini nährt Yeshe Tsogyal aus ihrem Schoß. Im Sanskrit heißt das Wort dafür *Bhaga* und bedeutet auch »Schönheit, Glück und Reichtum«.[460] Viele buddhistische Texte beginnen mit dem Satz: *Evam maya srutam* – »So habe ich gehört«. Das »E« zu Beginn wird in alten indischen Schriften als auf der Spitze stehendes Dreieck geschrieben[461], es ist das uralte Symbol der Weiblichkeit und bedeutet im übertragenen Sinn auch »Raum und Öffnung«. Der Lehrer Trungpa Rinpoche bezeichnete dieses Symbol als »kosmischen Muttermund«[462]. Der Weg zum Erwachen, so bilden es auch die Schriften sinnlich ab, entspringt diesem offenen Raum der Lebendigkeit, symbolisiert durch den Schoß der roten Dakini.

Das Bild der Yogini, die aus dem Schoß der roten Frau Blut trinkt, setzt eine ganze Reihe weiterer Assoziationen frei. Zum einen erinnert es an die Wandlungsmysterien der Großen Göttin.[463] Man könnte Yeshe Tsogyal als externen »Buddha-Embryo« des kosmischen Schoßes verstehen. Das Menstruationsblut, so die Vorstellung vieler Urvölker, verwandelt sich in der Schwangerschaft, in der es nicht mehr ausfließt, zur Nahrung für das ungeborene Kind. Zum anderen lässt das Bild auch an die Vision der Vajrayogini mit dem abgeschlagenen Kopf denken.[464] Der Blutfluss scheint eine besondere Art weiblicher Weisheitsvermittlung und Weisheitsnahrung darzustellen. Eine vergleichbare Szene zwischen zwei Frauen, in der Weisheit auf solch direkte körperliche Weise geschenkt und empfangen wird, ist mir nirgendwo sonst begegnet.

Symbole weiblicher Weisheit

In Yeshe Tsogyals Geschichte finden sich bei genauerem Hinsehen eine ganze Reihe von Symbolen, die mit weiblicher Weisheit und ihren uralten Wandlungsmysterien in Verbindung stehen. Da sind der Berg und der Fels, beides Symbole für die große Mutter, die innere Hitze, die mit dem Prozess der Schwangerschaft, des Kochens und Reifens assoziiert ist, und schließlich auch die Heilpflanzenelixiere und Mineralien, mit denen sich Yeshe Tsogyal stärkt. Das Wissen um die Heilwirkung von Pflanzen ist von jeher Frauensache. Yeshe Tsogyal stellt Extrakte her, das heißt, sie konzentriert die pflanzlichen Kräfte in ihre Essenz, so wie es auch in ihrer meditativen Übung darum geht, die Essenz der Elemente und des eigenen Seins zu ergründen. Als Endpunkt dieser Entwicklung steht auf der körperlichen Seite die Unverletzlichkeit und auf der geistigen der unverrückbare Gleichmut. Man könnte sagen, Yeshe Tsogyal ist durch ihre Übung selbst zum Berg geworden.

Dieses Bild weist auf eine andere Ebene der Erzählung hin, in der Yeshe Tsogyal mit dem Land selbst, der Erde, den Steinen und den Pflanzen, verschmilzt. Schon als junges Mädchen auf der Flucht verleiht ihr der Felsen Standfestigkeit gegen ihre Peiniger. Danach verkriecht sie sich in einem einsamen Tal und wohnt in einer Blätterhütte. Das Land und seine Vegetation verbünden sich mit ihr. Später meditiert sie an unzähligen Kraftorten und in Höhlen und durchtränkt das Land mit ihrem Segen. Die *Termas*, die sie dort verbirgt, heißen in wörtlicher Übersetzung »Mutterschätze«, die Schätze der Mutter Erde oder der Mutter Yeshe Tsogyal, die die Termas kreierte. Sie sind eine intensive Verbindung von Erde und Weisheit, in der das Dharma im Stein selbst steckt. In der vom Buddhismus geprägten Kultur der Tibeter, die mit Yeshe Tsogyal und Padmasambhava begann, werden viele Berge, Seen und andere Landschaftsformen als der Körper der Buddhas selbst angesehen und auch so verehrt. Sie betend zu umwandern ist eine tiefe Form der Praxis. Aus Felsvorsprüngen können spontane Buddha-Bildnisse hervortreten[465] und verwirklichte Praktizierende können auch heute noch Fuß- und Handabdrücke im Gestein hinterlassen.[466]

Askese

Zu dieser Verwebung der Figur von Yeshe Tsogyal mit dem Land selbst passt auch die Art ihrer asketischen Praxis. Sie legt die Kleider und dann sogar ihre alte Haut ab, sodass nichts mehr die Elemente im Außen von ihrem Körper trennt, sie isst Mineral- und Pflanzenessenzen und verwandelt sich dadurch auch von innen in die Elemente in ihrer reinsten Form. In der ersten Phase ihrer asketischen Übung wird sie dreimal vor dem sicheren Tod gerettet. Dies geschieht durch die Wirksamkeit subtiler Energien.

Als die Übung der »inneren Hitze« nicht gelingen will, singt sie mit letzter Kraft ein Lied an ihren Lehrer. Der Text weiß, was die Wende herbeiführt: »Durch eine leichte Atembewegung, die karmische Kräfte hervorgebracht hatten, wurde die mystische Hitze entfacht.« Die Atembewegung ensteht aus der Hingabe und dem Vertrauen, auf das sie sich in ihrem Lied besinnt. In der zweiten lebensbedrohlichen Situation nimmt die Yogini ihren Tod an und verwirklicht damit die Bodhisattva-Kraft des *Kshanti*, »der Geduld oder des Annehmens«. Diese innere Bewegung ruft die Dakini herbei. Beim dritten Mal geht sie noch einen Schritt weiter. Obwohl sie den Tod vor Augen hat, erkennt sie haarscharf, dass für eine tantrische Praktizierende der Tod kein Ausweg ist. Die guten Bedingungen für den tantrischen Weg haben sich jetzt in diesem Leben manifestiert, und es ist möglich, in einem Leben zu erwachen. Diese seltene Möglichkeit gilt es auszuschöpfen. Yeshe Tsogyal spricht diese Erkenntnis mit machtvollen Worten vor sich aus und ruft damit ihre innere Lehrerin auf, die ihr Mut schenkt und die Lösung zeigt.

Der zweite Teil ihrer asketischen Übungen spielt auf einem Berg in Bhutan. Sie legt ein Gelübde ab, schweigend sitzen zu bleiben, was auch immer geschehen mag. Kaum hat sie sich gesetzt, bricht die Hölle los. Jede und jeder, die oder der irgendwann einmal versucht hat zu meditieren, kennt diesen Effekt. Das stille Sitzen bringt die inneren Dämonen, seien sie nun verführerisch oder erschreckend, auf den Plan. Sieht man Yeshe Tsogyals Anfechtungen aus dieser Perspektive, ergibt sich ein spannendes Bild innerer Logik. Die psychischen Kräfte, die zum Handeln drängen, treten nacheinander an, um die Übende von ihrem Sitz zu jagen. Dem Wunsch nach angenehmen Sinneseindrücken folgen aufflackernde sexuelle Fantasien, danach Gewaltbilder, Ekel- und Katastrophenszenarien. Die letzte Anfechtung ist die perfideste: Es erscheint so, als sei die Meditierende durch ihr Verhalten am Leiden anderer Menschen schuld. Yeshe Tsogyal kann kraft ihrer Sammlung all diese Erlebnisse als Fantasiegebilde entlarven. Alle, die es selbst schon einmal ausprobiert haben, können ermessen, welche Klarheit dazu gehört. Damit schließt der Bericht über ihre Übung an die Erfahrungen des Buddha Shakyamuni an. Auch er setzte sich in der Nacht seines Erwachens mit einem Gelübde unter den Baum und konnte alle Anfechtungen als substanzlos entlarven.[467] Yeshe Tsogyals Entwicklung wird dadurch der des Buddha gleichgesetzt.

Warum aber lässt sich die Yogini auf diese unmenschlich anmutenden Übungen ein? Die beschriebenen Übungen haben das Ziel, die eine Essenz in allem zu verwirklichen. Das war es, was Yeshe Tsogyal an der Übung der Dakinis, die ihr in der Vision erschienen waren, faszinierte. Dass Yeshe Tsogyal ebenso wie jene Dakinis dieses Ziel erreichte, macht ihre Abschiedsrede deutlich. Sie tröstet ihre Schülerinnen und Schüler: »Wenn ihr mich kennt, findet ihr mich im Herzen aller Wesen.«[468]

Die Paarbeziehung

Die Beziehung zwischen Yeshe Tsogyal und Padmasambhava könnte man oberflächlich als hierarchisches Gefälle missverstehen: Hier der große Lehrer und tantrische Meister und auf der anderen Seite die ahnungslose Schülerin, die der Führung bedarf, die brav alles für den Meister aufschreibt und sich vor allem um die Dokumentation seiner Herrlichkeit bemüht. In Wirklichkeit stellt die Geschichte von Anfang an klar, dass beide, Yeshe Tsogyal und Padmasambhava, in dieser Geschichte nur Rollen spielen. Beide sind erwacht, und beide entschließen sich aus Mitgefühl, dieses Spiel in der Welt der Menschen zu spielen. Das Tantra kann nur in der Verbindung von männlicher und weiblicher Weisheit in die Welt kommen. Also müssen sie in vollkommener Weise zusammenwirken, um die Lehren nach Tibet zu bringen. Dieses Mal spielt der Mann den Part des Lehrers, das ist aber nur eine der möglichen Spielarten.

Dass es auch andersherum geht, macht eine Legende deutlich, in der diesmal Padmasambhava den Schüler spielt und er bei einer erwachten Meisterin lernt.

Die Legende von der Lehrerin Suryachandrasiddhi

Padmasambhava sucht in der Gestalt eines Mönchs die Lehrerin Suryachandrasiddhi auf. Ihr Name bedeutet »Sonne-Mond-vollkommene-Kräfte« und weist darauf hin, dass ihr die Weisheit des Tages und der Nacht zur Verfügung steht und sie alle Gegensätze in sich vereinigt hat. Sie lebt in einem Sandelbaumhain inmitten einer Leichenstätte. Als Padmasambhava vor das Schloss kommt, das aus menschlichen Schädeln gemacht ist, findet er das Tor verschlossen. Einer Dienerin, die vorbeikommt, trägt er auf, eine Botschaft an die Meisterin zu übermitteln. Eine ganze Weile steht er weiter vor dem verschlossenen Tor, nichts tut sich. Da kommt die Dienerin mit Namen Kumari[469] wieder vorbei. Sie trägt ein Kristallgefäß und ist gerade dabei, Wasser zu holen. Als sie an ihm vorübergeht, ruft er ihr zu: »Hast du meine Nachricht vergessen?« Sie setzt den Krug ab und antwortet: »Ich habe die Botschaft überbracht.« Dann will sie den Krug wieder aufnehmen und fortgehen, aber Padmasambhava hält ihn durch seine magischen Kräfte am Boden fest, und es gelingt ihr nicht, das Gefäß zu bewegen. Da tritt Kumari vor ihn, nimmt ein Kristallmesser aus ihrem Gürtel, spaltet sich damit die Brust und zeigt ihm die Mandalas der friedvollen und der zornvollen Gottheiten, die in ihrem Körper zu sehen sind. »Du bist wirklich ein Yogi mit großen magischen Kräften«, sagt sie zu ihm, »aber was hältst du von den Herrlichkeiten, die ich zu bieten habe?«

Da verbeugt sich Padmasmabhava tief, umkreist die Dakini Kumari mehrere Male respektvoll und bittet sie um Unterweisungen. Sie aber sagt: »Ich bin nur die Dienerin, komm mit!« Er betritt mit ihr das Schloss und sieht sich der Meisterin gegenüber, die sich ihm als Nonne zeigt.[470] Sie sitzt auf einem Thron aus Sonne und Mond.

Padmasambhava verneigt sich und bittet sie um Einweihung und Belehrung: »Alle Buddhas sind zu Buddhas geworden, weil sie sich auf ihre Lehrerinnen und Lehrer stützten. Die Lehrerin ist ein Meer von Verdiensten.

Ich bitte dich: Blicke voll Mitgefühl auf deinen Schüler. Ich bitte nicht die Gottheit, die Lehrerin bitte ich um Unterweisung!«

Sie antwortet: »Du weißt, wie man die Einweihung erbittet. Alle Gottheiten sind in meinem Herzen versammelt.« Dann verwandelt sie Padmasambhava in die Silbe HUM und isst ihn auf. Als Klangsilbe lässt sie ihn durch den Kosmos ihres Körpers reisen. In ihrem Mund erhält er den Segen, ein Weisheitshalter zu werden, in ihrem Bauch wird er befähigt, Mahamudra zu verstehen. Durch ihren geheimen Lotos gebiert sie ihn. Dieser Segen reinigt Körper, Rede und Geist des Schülers vollständig, und er hat jetzt die Fähigkeit, Götter und Dämonen zu bändigen.[471]

Jenseits des Rollenspiels von Schülerin und Lehrer sind Yeshe Tsogyal und Padmasambhava als der weibliche und männliche Aspekt des Erwachens untrennbar miteinander verbunden. Yeshe Tsogyal ist eine Erscheinungsform von Padmasmabhava, und er ist eine Erscheinungsform von ihr. Und obwohl die beiden auf der weltlichen Ebene ihrer Beziehung alles andere als symbiotisch agieren, lassen doch die Geschichten keinen Zweifel daran: Den Grundstein zum buddhistischen Tibet legten ein erwachter Mann und eine erwachte Frau gemeinsam.

Yeshe Tsogyal folgt auf ihrem Lebensweg in keiner Weise den traditionellen Vorgaben der tibetischen Gesellschaft. Sie weigert sich zu heiraten, und als der König sich für sie interessiert, ist es nicht ihre Schönheit, sondern es sind ihre spirituellen Fähigkeiten, die ihn aufmerksam werden lassen. Wenig später verlässt sie diese gute Partie, und auch die bittersten Intrigen können sie nicht dazu bewegen, wieder zurückzukommen. Sie hat keine Kinder, aber mehrere Gefährten, die sie selbst gesucht und ausgebildet hat. Yeshe Tsogyal wandert und meditiert allein in der Wildnis, sammelt Schülerinnen und Schüler um sich und wird sogar mit einem königlichen Amt ausgestattet.

Die Yogini, die mit dafür verantwortlich war, dass der Buddhismus in Tibet Wurzeln schlagen konnte, zeigt mit ihrem Lebensweg ungeahnte Möglichkeiten für Frauen auf. Dass die Geschichte von Yeshe Tsogyal über Jahrhunderte hinweg erzählt wurde, spiegelt ein Bedürfnis wider, die Geschichte einer Frau zu hören, die sich in kein Raster pressen ließ, die Widerstand leistete und beispielhaft zeigte, dass Erwachen für Frauen auf dem tantrischen Weg möglich ist. Sie eröffnete Frauen die Perspektive, das Leben einer Yogini zu wählen. Viele Frauen beschritten nach ihr diesen Weg, und das macht auch heute noch Mut.

Viele Geschichten weiblicher Übender der Vergangenheit sind in diesem Buch zusammengetragen. Die Tradition hat sie überliefert, auch wenn sie diese Juwelen bisweilen in den dunklen Ecken einseitiger Sicht verstauben ließ, bis sie selbst nicht mehr wusste, das es sie gab.

Diese Sammlung der Befreiungsgeschichten ist ein dickes Buch geworden, angefüllt mit vielen Details, und trotzdem sind noch lange nicht alle Geschichten der Frauen, die vor uns übten und erwachten, erzählt. Und während ich dies schreibe, formen sich bereits neue Geschichten, denn auch jetzt machen sich Frauen auf den Weg zum Erwachen und werden zu Vorbildern für andere. Diese Fülle ist köstlich und vielversprechend.

Die Essenz aller Befreiungsgeschichten ließe sich jedoch auch ohne viele Worte auf den Punkt bringen, so wie es die letzte Geschichte dieses Buches tut:[472]

Melong Za Rinchen Tso, Yogini des juwelengleichen Spiegelsees

Die Yogini Melong Za Rinchen Tso
Hing ihre weißen Gewänder an die Strahlen der Sonne
Und tanzte nackt in den Bergen.
Nur noch Regenbogenlicht war von da an ihr Kleid.

Anmerkungen

1 Die Zen-Meisterin Sensei Wendy Egyoku Nakao leitet das Zen Center Los Angeles. Das Zitat stammt aus ihrem Artikel »Women aquiring the essence«, *Sakyadhita*, Volume 17, No. 1.

2 Verschiedene Zen-Zentren in den USA rezitieren mittlerweile eine *matriarchs lineage*, wie z. B. das Village Zendo in New York. Der Text ist auf diesem Internet-Link zu finden: *villagezendo.org/pdfs/village_zendo_sutra_book.pdf*
Ein anderer Rezitationstext wird in diesem Zendo rezitiert:
cloudsinwater.org/matriarchs.htm

3 Wie zum Beispiel eines der wenigen deutschsprachigen Bücher zu diesem Thema: Adelheid Hermann-Pfandt, *Dakinis,* (im Folgenden AHP).

4 Keith Dowman, *Sky Dancer* (im Folgenden KD), S. 86.

5 Dipa Ma lebte von 1911 bis 1989. Joseph Goldstein, amerikanischer Meditationslehrer, hat diesen Ausspruch von ihr aufgeschrieben. Siehe A. Schmidt: *Kneedeep in Grace.* S. 120.

6 Bokar Rinpoche: *Tara. Le Divin au Feminin.* S. 151 f.

7 S. Wetzel: *Das Herz des Lotos.* S. 139.

8 Ceres und Persephone in der römischen Mythologie.

9 Die folgenden Gedanken verdanke ich Adriana Cavarero, besonders ihrem Aufsatz »Demeter« in *Platons Töchter.* Cavarero gehört zu den Gründungsfrauen der italienischen Philosophinnengruppe »Diotima«. Sie ist eine Denkerin der Philosophie der »sexuellen Differenz«.

10 »Die Demeter scheint mir von dem Verleihen der Nahrung, weil sie diese als Mutter gibt, *didousa meter*, Demeter, genannt zu sein.« Platon, Kratylos, 404 b, zit. n. Cavarero, *Platons Töchter*, S. 93.

11 A. Cavarero, *Platons Töchter*, S. 104.

12 Hannah Arendt: *Vita Activa.* S. 174.

13 Aus dem, was geschehen ist.

14 H. Arendt: *Vita Activa.* S. 178.

15 Wie auch im Titel des hierzulande als Tibetisches Totenbuch bekannten Textes *Bardo thö gröl* ersichtlich wird: *thö gröl* heißt »Befreiung durch Hören«.

16 Vimalakirtinirdesa-Sutra. Vgl. Paul, Diana Y., *Die Frau im Buddhismus*, S. 231 ff.

17 Carola Meier-Seethaler, *Gefühl und Urteilskraft*, S. 186.

18 Miranda Shaw, *Passionate Enlightenment* (im Folgenden MS), S. 178.

19 Luce Irigaray, »Das Göttliche zwischen uns«, in: *Der Atem von Frauen*, S. 217.

20 Beata Grant, *Daughters of Emptiness*, S. 37. Dieses und alle weiteren Zitate aus der englisch- bzw. französischsprachigen Sekundärliteratur wurden von der Autorin ins Deutsche übersetzt.

21 Es ist auch eine entsprechende Textsammlung mit Versen der ersten Mönche, die Theragatha, erhalten. In den Theragatha, sind, wie wäre es anders zu erwarten, weit mehr Texte enthalten als in der Sammlung der Nonnen.

22 »Die Therigatha umfassen eine Zeitspanne von 500 v. Chr. bis nach 200 n. Chr., also von der Lebenszeit des Buddha bis hin zur Herrschaft des Königs Ashoka. Das würde die Therigatha mit unter den frühesten buddhistischen Texte ansiedeln (…), die zurück bis in die Zeit des Buddhismus reichen, zu der es noch keinen Orden gab.« R. A. Ray, *Buddhist Saints in India*, S. 79.

23 Die Bezeichnung *Hinayana*, das »kleine Fahrzeug« ist ein Begriff, der aus der Abgrenzung des späteren *Mahayana* (»großes Fahrzeug«) zum frühen Buddhismus stammt.

24 Reginald A. Ray, *Buddhist Saints in India*, S. 65 f. und S. 78.

25 Susan Murcott, *The First Buddhist Women* (im Folgenden SM), S. 49.

26 In diesem Abschnitt stütze ich mich vor allen Dingen auf die Untersuchungen von Susan Murcott, SM, S. 39–46 und S. 57–63.

27 SM, S. 57.

28 Ebd.

29 Sanskrit *Varna*, »Farbe, Kaste«. 1. Brahmanen (Priester, Gelehrte), 2. Kshatriyas (Kriegerkaste), 3. Vaishyas (Händler und Bauern), 4. Shudras (Arbeiter und Diener).

30 SM, S. 59 f.

31 »Wie Männer haben auch Frauen das Recht, die Vollkommenheit oder die Befreiung der höchsten Art zu erreichen«, lautete sein berühmter Ausspruch. SM, S. 60.

32 Die Asketen und Asketinnen der Jains hießen die »Luftbekleideten«. Sie lebten nackt, nur mit einem Lendentuch bekleidet. Yogananda schreibt in seiner Autobiografie über eine Yogini mit Namen Shankari Mai Jiew, die als Luftbekleidete lebte und die, als er sie im Jahr 1938 traf, 112 Jahre alt gewesen sein soll. Sie hatte über 40 Jahre allein in verschiedenen Höhlen des Himalaya gelebt. P. Yogananda, *Autobiography of a Yogi*, S. 333.

33 Unter Parsavantha sollen 20.000 Frauen die höchste Verwirklichung erreicht haben (im Vergleich dazu nur 1000 Männer!). Zur Zeit des Buddha gab es 36.000 weibliche Asketen und 14.000 männliche. 318.000 Frauen und 159.000 Männer übten als Laien. Siehe SM, S. 60.

34 Schaut man sich diese Beschreibung aber genauer an, wird deutlich, dass es sich dabei auch nicht um einen gewöhnlichen Mann handeln kann. Diana Paul, *Die Frau im Buddhismus*, S. 223 f. Siehe auch: *Können Frauen erwachen? Antworten des Mahayana. Kap. 2.*

35 Im Sanskrit existiert keine weibliche grammatikalische Form des Begriffs »Arhat«, obwohl viele Frauen diese Befreiung erreichten.

36 Judyth Collin, »The Laymans Lament«, in *What Book!? Buddha Poems from Beat to Hiphop*. Von Gary Gach, Peter Coyote, S. 52 f.

37 Diese Überlegungen sind durch Kathryn Blackstone's Buch *Women in the Footsteps of the Buddha* angeregt.

38 A. Schelling und A. Waldman, *Songs of the Sons and Daughters of Buddha*, S. 57 (Ambaphalis Lied).

39 AHP, S. 53.

40 A. Schelling und A. Waldman, *Songs of the Sons and Daughters of Buddha*, S. 48.

41 SM, S. 71.

42 SM, S. 183.

43 Nirvana.

44 Dieses Zitat sammt aus dem Samyutta-Nikaya, zitiert nach Friedrich Heiler, *Die Frau in den Religionen der Menschheit.*

45 Allison Banks Findly, »Women Teachers of Women: Early Nuns ›Worthy of my Confidence‹«, in: *Women's Buddhism – Buddhism's Women*, S. 150: »Die Beweislage der Therigatha zeigt, dass die Nonnen, wenn sie nicht direkt vom Buddha selbst Unterweisung empfangen, diese eher von anderen hochqualifizierten Nonnen empfangen als von Mönchen.«

46 »Eine Voraussetzung für weibliche Lehrende scheint aber ausschließlich im Fall von Nonnen gebraucht zu werden. In den Therigatha erscheint zweimal eine bestimmte Formulierung, die eine Nonne beschreibt, auf die eine Frau zugeht, um von ihr Belehrungen zu erbitten: ›… eine, die meines Vertrauens würdig ist‹. Diese Formulierung erscheint in den Theragatha nicht. (…) Normalerweise setzt man Vertrauen in oder verlässt sich auf die buddhistische Lehre, nur hin und wieder in eine Person – die Person des Tathagata oder des Buddha. Dass die Sammlung der Therigatha, anscheinend als einziger Text, verlangt, dass Vertrauen in bestimmte Lehrerinnen gesetzt wird, dass man sich auf sie verlässt (…), fügt nicht nur eine weitere Qualifikation zur leitenden Lehrfunktion im Nonnenorden hinzu, sondern auch eine Qualifikation, die sich ganz spezifisch eher auf die Entwicklung einer individuellen persönlichen Erfahrung ausrichtet als auf die technische Abwicklung des Sangha-Lebens.« Allison Banks Findly, a. a. O., S. 142.

47 SM, S. 40.

48 Die Lebensgeschichte der Lehrerin Dipa Ma aus dem 20. Jahrhundert hört sich recht ähnlich an, nachzulesen in *Dipa Ma. Furchtlose Tochter des Buddha* von Amy Schmidt.

49 SM, S. 42.

50 Thomas Cleary, *Twilight Godess* (im Folgenden TC), S. 153, übersetzt *Mahaprajapati* als »große Hervorbringerin«.

51 Alle Geschichten in diesem Kapitel, wenn nicht anders angegeben, beziehen ihre Informationen aus S. Murcott, *The First Buddhist Women.*

52 In neuerer Zeit raten manche tibetischen Lamas Frauen davon ab, als Nonnen zu praktizieren. Lama Shenpen erinnert sich: »Einmal habe ich für einen tibetischen Lama übersetzt, der mit einer buddhistischen Nonne sprach. Er riet ihr dringend davon ab, die vollständige Bhikshuni-Ordination zu nehmen. Wenn sie Frauen im Buddhismus unterstützen wollte, so sagte er, dann wäre dies das Letzte, was sie tun sollte, denn die Regeln dieser Ordination stellen die weiblichen Ordinierten unter die Kontrolle der männlichen. Er erklärte, dass wir im Westen solche Regeln nicht bräuchten und dass man sie auch im Mahayana- und Vajrayana-Buddhismus überhaupt nicht bräuchte. Das war für mich damals eine völlige Kehrtwendung in meiner bisherigen Erfahrung mit der Tradition.« Aus einem unveröffentlichten Manuskript eines Vortrags mit dem Titel »Women and Buddhism« für das *European Network of Buddhist-Christian Studies*, gehalten 1997 in München.

53 Sherab Chödzin Kohn, *The Awakened One. A Life of the Buddha*, S. 86. Michael Kohn war ein naher Schüler von Chögyam Trungpa und ist Dharma-Lehrer in Shambhala-Zentren weltweit.

54 Sallie Joko Tisdale, »Lost Stories«, in ***Tricycle 45***, S. 35.

55 SM, S. 16, meine deutsche Version des Zitats aus dem Cullavagga.

56 Wörtlich »der so Gegangene«, Bezeichnung des Buddha.

57 *Cullavagga*, nach SM, S. 17, Anm. 3.

58 Ähnliche Geschichten gibt es von anderen männlichen buddhistischen Heiligen, zum Beispiel von Shariputra, Maudgalyayana und von Zen-Meister Bankei.

59 Maudgalyayana und Purna, erzählt in der Legende von Purna, Purnavadana. Serenity Young, *Courtesans and Tantric Consorts* (im Folgenden SY), S. 44.

60 SY, S. 10 f.

61 Andere Schriften nennen Sujata als Einzige. Ihr Bild ist auf vielen frühen buddhistischen Bauwerken zu finden, zum Beispiel in Sanchi, Amaravati und Ajanti, SY, S. 19. Ihre Essensgabe als Symbol für Dana, Großzügigkeit und Geben, war auf einem tibetischen Geldschein abgebildet.

62 Der Buddha kleidet sich in das Gewand einer toten Frau, das er auf einem Friedhof findet. Eine Naga-Prinzessin schenkt ihm beim Baden im Fluss einen Löwenthron. Der Buddha ruft die Erdgöttin als Zeugin an, als Mara ihm vorwirft, er hätte nicht das Recht, Erwachen anzustreben. SY, S. 11.

63 SY, S. 10 f.

64 SM, S. 19.

65 *Kisa* bedeutet »dünn«.

66 SM, S. 87 f.

67 SM, S. 82 f.

68 SM, S. 34.

69 A. Schelling und A. Waldmann, *Songs of the Sons and Daughters of Buddha*, S. 89.

70 SM, S. 64.

71 Siehe Vasumitra im 2. Teil, Kap.3.

72 SM, S. 123.
73 Lehrlinie des Dzogchen, die in Tibet überliefert wurde. Tsültrim Allione, »One Ground, Two Paths, Two Results«.
74 SY, S. 123.
75 Asvagosha nimmt das zum Anlass, dem Buddha eine frauenfeindliche Rede in den Mund zu legen, in der er die Mönche vor den Reizen der Frauen warnt. Diese Stelle findet sich aber in anderen Texten nicht. SY, S. 130, Anm. 9.
76 Buddha ruht sich dort mit achtzig Jahren aus, vier Monate vor seinem Tod.
77 Ihr Name bedeutet »frei von Unreinheit«, TC, S. 155.
78 SM, S.126 f
79 In »Nagarjunakonda und Sancher«, SY, S. 50 f.
80 SY, S. 30.
81 SM, S. 158.
82 Eine andere Übersetzung für *Salabhanjika* ist »Kurtisane«. Ein alter Brauch verheiratete eine Kurtisane rituell mit einem Baum. SY, S. 144. Man sagte auch, der Blick einer Frau bringe Blüten auf dem Sala-Baum hervor, ein Tritt von ihr Blüten des Ashoka-Baums, ihr Lachen Jasminblühten. SM, S. 158.
83 SY, S. 38.
84 Vergleiche die Geschichten von Mugai Nyodai im 2. Teil, Kap. 6, und Manibhadra im 3. Teil, Kap. 8.
85 In vielen Sutras wird der Jeta-Hain als der Ort des Geschehens genannt. Auch der Königin Shrimala erscheint der Buddha direkt aus dem Jeta-Hain und kehrt dann auch wieder dorthin zurück.
86 SM, S. 175 ff.
87 Auch nach ihrer Ordination scheint Baddha ihr unabhängiges Wanderleben beibehalten zu haben, ein Indiz dafür, dass sie eine der frühen Schülerinnen des Buddha war und zu einer Zeit in den Orden eintrat, als den Nonnen das freie Umherwandern noch erlaubt war. Nach ersten Vergewaltigungen von allein lebenden Waldasketinnen wird den Frauen verboten, allein in der Abgeschiedenheit zu leben. Übende Frauen sollten nie ohne Freundin sein, heißt es in den Regeln. SM, S. 177. Diese »Zwangsverordnung« von Frauenfreundschaften bringt schon in den ersten Anfängen unter den Nonnen eine Kultur der Bezogenheit und der Zusammenarbeit hervor. Auch in späteren Jahrhunderten sind gewalttätige Übergriffe immer wieder eine Herausforderung für praktizierende Frauen (siehe die Geschichte von Yeshe Tsogyal, Kap. 9).
88 Indra: Gott und Weltenherrscher der indischen Mythologie.
89 The *Samantabhadracharyapranidhana*, aus dem Avatamsaka-Sutra, »Entry into the Realm of Reality«, 39. Kapitel, übersetzt von Lama Shenpen Hookham, S. 35 f.
90 *Bodhi* bedeutet »Erleuchtung«, *sattva* »Wesen«.
91 R. A. Ray, *Buddhist Saints in India*, S. 256 (das Ratnagunasamcayagatha).
92 R. A. Ray, a. a. O., S. 407, 413.
93 *Shunyata* ist der Sanskrit-Begriff für »Leerheit«.
94 In den tantrischen Geschichten tauchen dann die Gelehrten der großen Klöster

auf, die sich in diesem Spiel der Logik und der Schriften verloren haben. Oft bringt die Begegnung mit einer Yogini sie wieder auf den richtigen Kurs, siehe die Geschichten von Tiloma und Sahajayoginicinta; Kap. 8.

95 Khenpo Tsültrim Gyamtso Rinpoche und Shenpen Hookham, *Stufenweise Meditationsfolge über Leerheit.*

96 In der indischen Mythologie sind Nagas schlangenartige Wesen, deren Element das Wasser ist. Das Fließende und die Tiefe des Wassers ist von jeher ein Bild für das Weibliche und für unbewusste Schichten des Bewusstseins.

97 Stephen Batchelor, *Verse aus der Mitte*, Theseus Verlag, S. 3.

98 Wörtlich: der Geist, der sich Erwachen wünscht oder Erwachen in sich trägt.

99 Im Vajrayana stellen das auf bildlicher Ebene weibliche und männliche Buddhas in sexueller Vereinigung dar.

100 Auch wenn es ungewohnt scheinen mag: Ich verwende in diesem Buch bewusst die Formulierung: »die« oder »eine« Buddha, Bodhisattva.

101 Im Gegensatz zur jüdisch-christlichen Vorstellung, in der die Dinge erschaffen werden und nicht geboren.

102 Auf Tibetisch wird »garbha« als *nying po*, Herzessenz, übersetzt. Damit ist der wertvollste Anteil einer Substanz gemeint, den man gewinnen möchte, wie zum Beispiel die Butter aus der Milch oder das Öl aus dem Sesamkorn oder das Gold aus dem Gestein der Goldmine.

103 L. R. Shikpo und L. S. Hookham, *Mahayana Sutra Principles*, S. 34 f.

104 Diese Praxis wird »Reines-Land-Praxis« genannt. Amitabhas Reines Land heißt auf Sanskrit *Sukhavati*, auf Tibetisch *Dewachen.*

105 L. R. Shikpo und L. S. Hookham, *Mahayana Sutra Principles*, S. 34 f.

106 Abhirati.

107 Siehe die Geschichte von Mahaprajapati, Kap. 1.

108 Die 32 körperlichen Hauptmerkmale eines Buddha sind im Pali-Kanon im Digha Nikaya aufgeführt. »Der Buddha verbirgt sein Geschlechtsorgan, so sagt uns das zehnte seiner zweiunddreißig Merkmale eines Erleuchteten, in einer Umhüllung. Dies wird gewöhnlich in einem Sinn interpretiert, der die Frauen der Möglichkeit zur Buddhaschaft beraubt – sie haben kein männliches Geschlechtsorgan, das sie ›verbergen‹ könnten. (…) Das Diamant-Sutra, eines der Haupt-Sutras des Mahayana, legt aber deutlich dar, dass ein Buddha nicht männlichen Geschlechts sein muss. (…) Deswegen ist ein Tathagata nicht aufgrund bestimmter Merkmale zu erkennen. (…) Nur durch das Dharma sind die Buddhas sichtbar (…)« D. Y. Paul, *Die Frau im Buddhismus*, S. 223 f.

109 *Tathagata:* wörtlich »der So-Gegangene«, ein Synonym für eine(n) Erwachte(n).

110 Unter den Wissenschaftlerinnen wird immer noch diskutiert, ob das Mahayana tatsächlich in Südindien entstand. Eindeutig kann man aber sagen, dass es im 3. Jahrhundert n. Chr. dort lebendig war.

111 Siehe 1. Kapitel.

112 D. Y. Paul, *Die Frau im Buddhismus*, S.193 ff., und Gene Reeves, »The Lotos Sutra can be Good News for Women«.

113 Dr. Gene Reeves führt das in ihrem erhellenden Artikel noch weiter aus.
114 TC, S. 198.
115 Siehe Kapitel 7 über Kuan-yin.
116 Elftes oder zwölftes Kapitel, je nach Textversion.
117 Oder, in der chinesischen Übersetzung, das 24. Kapitel.
118 CY, S. 294.
119 Ich beziehe mich auf die Übersetzung von D. Y. Paul, *Die Frau im Buddhismus*, S. 231 ff. Das Vimalakirtinirdeshta-Sutra, das Sutra von den Lehren des Vimalakirti, war seit dem 5. Jahrhundert in China und in Japan seit dem 6. Jahrhundert beliebt. Das Sutra wurde siebenmal ins Chinesische übersetzt. D. Y. Paul schreibt: »Die Popularität dieses Textes ging so weit, dass während der Tang-Dynastie Passagen aus dem Sutra auf Volksfesten und auf Marktplätzen von Balladensängern laut vorgetragen wurden.« *Die Frau im Buddhismus*, S. 226.
120 Die frühen Schriften überliefern meist, dass der Buddha über das letztendliche Erwachen nichts sagte und schwieg. Ein paar Mal aber legte er dar, dass eine letztliche, erwachte Wirklichkeit Grundlage der Befreiung ist, wie zum Beispiel in folgendem bekannten Zitat: »Es gibt, ihr Mönche, ein Ungeborenes, ein Nichtgewordenes, das durch nichts bedingt ist. Wenn dieses Ungeborene, Nichtgeborene, Unerschaffene, das keine Bedingung hat, ihr Mönche, nicht sein würde, so wäre auch für dieses Geborene, Gewordene, Geschaffene, aus der Bedingung Erwachsene kein Entrinnen zu finden. Und weil es dieses gibt«, so heißt es weiter, »kann Erlösung erkannt werden« (Udana, 8,3). *Reden des Buddha. Aus dem Pali-Kanon.* Übersetzt von I.-L.Gunsser, S. 72.
121 TC, S. 13 f.
122 Dies ist übrigens auch eine Deutung des Begriffs *Dakini*, im Tibetischen als *Khandroma* (»Himmelsläuferin«) übersetzt. Sie ist eine Frau, die durch den Himmel geht. Der Himmel ist hier Symbol für Leerheit und ihr Gehen bedeutet Verstehen. J. B. Robinson, *Buddha's Lions*, S. 394, schreibt dazu: »Es ist wichtig, daran zu denken, dass Dakinis, obwohl sie Weisheit und Leerheit personifizieren, auch wirkliche Wesen sind. Dafür gibt es schon einen Präzedenzfall in der Gestalt der Prajñapramita, die gleichzeitig vollkommene Erleuchtung, eine bestimmte Klasse der Mahayana-Sutras und eine Gottheit darstellt, über die Lobpreisungen geschrieben werden.«
123 Shariputra schweigt nicht etwa, weil er erst gestern Befreiung erlangt und angegeben hat. Nein, er schweigt, weil Befreiung nicht im Zeitlichen festgemacht werden kann. Darauf hat Shunyatadevi ihren Finger gelegt.
124 Mit dem goldenen Sari der Protagonistin spiele ich natürlich auf den goldenen Glanz von Prajñaparamita an.
125 Sanskrit: *Kalyanamitra.*
126 Im Park der Laienpraktizierenden Asa, D. Y. Paul, *Die Frau im Buddhismus*, S. 148.
127 A. a. O., S. 156.

128 Ebd.

129 So wie das Sandmandala der tibetischen Tradition.

130 Eigentlich *Maya*, die große Illusion. Sie ist auch die Mutter des Buddha, der Buddha ist also ein Kind der großen Illusion, aus ihr heraus geboren, durch sie hindurch gegangen.

131 Siehe auch Ambaphali und Vimala.

132 *Durga* ist der Name der »unnahbaren Göttin«, der transzendenten Gebärerin der Göttin Kali. Der Süden weist wieder auf alte Göttinnenverehrung hin; TC, S. 162.

133 D. Y. Paul, *Die Frau Im Buddhismus*, S. 11, 15.

134 D. Y. Paul, *Die Frau im Buddhismus*, S. 169, und *The Flower Ornament Scripture* , Th. Cleary, S. 1270 ff.

135 Dargelegt in den Lehren zu den Mandalas der fünf Buddha-Familien: Norden/Grün ist die Karma-Familie.

136 Th. Cleary, *The Flower Ornament Scripture* , S. 1598 ff.

137 Yü Chün-fang, *Kuan Yin. The Chinese Transformation of Avalokitesvara*, (im Folgenden CY), S. 548, Anm. 11.

138 *The Shrimaladevisutra*, übersetzt ins Englische von Lama Shenpen Hookham, S. 26, deutsche Version von der Autorin.

139 Im 3. Jahrhundert n. Chr.

140 Lama Shenpen Hookham, *Shrimaladevisutra*, S. 8 ff.

141 Blumengirlandenmacher gehörten zu einer niederen Kaste. Es ist interessant, dass das Sutra versucht, Mallika gesellschaftlich aufzuwerten, indem es ihren Vater zum »Oberblumenkranzmacher« erklärt. Im indischen, nichtbuddhistischen Tantra, gehört eine Frau, die Blumengirlanden herstellt, zu den neun Arten von Frauen, die sich laut der vorhandenen Texte als Partnerinnen für »Yoni-Puja« oder die Verehrung des weiblichen Geschlechts durch einen männlichen Praktizierenden eignen. Sieben Arten der dafür genannten Frauen sind aus niederen Kasten. TC, S. 30. Siehe dazu auch Kap. 8, »Die Frauen des tantrischen Buddhismus«.

142 Lama Shenpen Hookham, *The Shrimaladevisutra*, S. 27.

143 A. a. O., S. 28.

144 A. a. O., S. 27.

145 Sanskrit: *Viyakarana*.

146 Lama Shenpen Hookham, *The Shrimaladevisutra*, S. 30.

147 *Zen:* buddhistische Praxisform aus Japan, China und Korea, ist eine Mahayana-Tradition. Siehe Kap. 4, 5 und 6.

148 Siehe *Tathagatagarbha*.

149 Lama Shenpen Hookham, *The Shrimaladevisutra*, S. 65 f.

150 Kathryn Ann Tsai, *Lives of the Nuns. Biographies of Chinese Buddhist Nuns from the Fourth to Sixth Centuries* (im Folgenden KT), S. 138.

151 KT, S. 2 f.

152 CY, S. 411 f. Auf eine starke weibliche Mitwirkung am religiösen Leben im alten China weist laut Thomas Cleary der Begriff »Wu« hin. *Wu* bedeutet »Scha-

manin« und war ursprünglich ausschließlich als weibliche Form in der chinesischen Sprache vorhanden.

153 Siehe Naga-Prinzessin, Kap. 3, S. 138.

154 Siehe Kap. 2, »Reine Länder«, S. 131.

155 *Shan nü-jen chuan* von Peng Shao-sheng (1740–1796), zitiert bei CY, S. 337. Eine Übersetzung ins Englische ist in Arbeit, aber noch nicht erschienen.

156 Tan-yang-tzu, geboren 1558, war so eine Frau. Ihr Vater und ihr Bruder, wie auch andere gebildete Männer ihrer Bekanntschaft, sahen sie als ihre Lehrerin an. Sie hatte Visionen von Kuan-yin und der königlichen Mutter des Westens, die ihr Lehren über die Unsterblichkeit vermittelte. Tan-yang-tzu praktizierte ihre religiösen Übungen zu Hause und führte davon abgesehen ein Leben als pflichtbewusste Tochter, fertigte Handarbeiten an und sorgte für ihre Eltern. CY, S. 373 f.

157 516 n. Chr. erschienen, ins Englische übersetzt von Kathryn Ann Tsai.

158 Siehe »Zwei Frauen und ein Tiger«, Kap. 4, S. 177.

159 Nachzulesen in Bil Porters Buch *Road to Heaven.*

160 Sie lebte etwa 292 bis 361 n. Chr. Ihr Name weist darauf hin, dass sie von einem indischen Mönch die Ordination erhielt. Die frühen buddhistischen Lehrenden aus dem Ausland erhielten in China Namen, die auf ihr Herkunftsland hinwiesen. Chu ist die Silbe für Indien, und es war üblich, dass Schüler ihre spirituellen Beinamen von ihren Lehrmeisterinnen und Lehrmeistern übernahmen. KT, S. 116.

161 Fa-sheng, 368–439, wurde erst mit siebzig Jahren Nonne. »Nur indem sie tief in die Geheimnisse des Dharma eintauchte, war es ihr möglich, allen Kummer hinter sich zu lassen und das Leid des Alters zu vergessen«, schreibt der Biograf. KT, S. 38.

162 Die Bodhisattva Kuan-yin wird in einer ihrer Erscheinungsformen als das Lotos-Sutra verehrt, sie ist selbst der heilige Text.

163 In der Lebensgeschichte der tibetischen Yogini Machig Labdrön wird ihre Fähigkeit, schnell zu rezitieren, besonders hervorgehoben.

164 Ähnliche asketische Übungen sind auch im tibetischen Vajryana bekannt (vergleiche die Geschichte von Yeshe Tsogyal, Kap. 9, S. 364 ff.). Auch im Taoismus wird auf diese Weise geübt. »Nur von Zedernnadeln, Pinienkernen oder anderen sehr reduzierten Nahrungsmitteln zu leben ist ein verbreitetes Bild in den Geschichten der Unsterblichen. Dieser Art des Fastens (...) geht aber immer eine geistige und körperliche Vorbereitungszeit voraus«, merkt Thomas Cleary an, und weiter: »Jäger-und-Sammler-Kulturen sowie Asketen wussten immer schon, welche Pflanzen und Mineralien sie in Notzeiten gesund halten konnten. Pinienkerne sind sehr reich an Vitamin C und besonders ölhaltig.« Taoistische Texte heben außerdem hervor, dass für Frauen auf dem Weg der Verfeinerung des Körpers und körperlichem Training höchste Wichtigkeit zukommt. TC, S. 105.

165 Er lebte zu Beginn des 6. Jahrhunderts.

166 KT, S. 15 f.

167 Sie lebte von 422 bis 504 n. Chr.

168 Alle Geschichten dieses Kapitels beziehen ihre Infomationen aus KT.

169 Sie lebte von 418 bis 506 n. Chr.

170 Yeh-shou war zu diesem Zeitpunkt bereits 75 Jahre alt. Die Kaiserliche Familie hielt große Stücke auf sie. Die enge Verbindung mit dem Kaiserhof war wahrscheinlich auch der Grund dafür, dass es in diesem Kloster ziemlich unruhig war.

171 Sie lebte von etwa 375 bis 459 n. Chr. In ihrer Lebensgeschichte heißt es allerdings, dass sie mit über 90 Jahren starb.

172 Sie lebte in der ersten Hälfte des 5. Jahrhunderts. Das *Shih* vor ihrem Namen ist ein Ehrentitel für Nonnen und bedeutet »aus der Linie des Shakyamuni«.

173 Amitayus ist eine Manifestation des Buddha Amitabha.

174 Auch sie lebte in der ersten Hälfte des 5. Jahrhunderts.

175 Alle Nicht-Chinesen, die noch dazu unbekannten Religionen folgten, waren für die Chinesen Barbaren.

176 Ching-cheng starb mit 93 Jahren bei bester Gesundheit.

177 Im Japanischen dann »Zen« genannt und so bei uns bekannter.

178 Siehe Kapitel 2, »Der Schoß des Erwachens«.

179 Zum Beispiel die Prajñaparamita-Sutras, das Shrimaladevi-Sutra, das Avatamsaka-Sutra.

180 In der Lehre des Tao gibt es zum Beispiel spezielle Übungsansätze für weibliche Praktizierende, die spezifisch Frauen bessere Ergebnisse ermöglichen. TC, S. 88 f.

181 1089–1163.

182 Zitiert nach Heng-Ching Shih, »Women in Zen Buddhism – Chinese Bhikshunis in the Ch'an Tradition«, Artikel auf der Website *geocities.com.* Der Autor gibt einen guten Überblick über die ersten Frauen des Ch'an.

183 Zum Beispiel in der Sammlung *Cheng-te ch'uan-teng lu* und *Hsu-chuan-teng lu*; hier sind die fünf verschiedenen Ch'an-Schulen der Sung-Dynastie aufgezeichnet. Genaue chinesische Quellenangaben auch auf der oben genannten Website.

184 Beide Geschichten bei Heng-Ching Shih, »Women in Zen Buddhism – Chinese Bhikshunis in the Ch'an Tradition«, siehe Anm. 183.

185 Dogen lebte von 1200–1253. Das 28. Kapitel seines Hauptwerks, des *Shobogenzo,* heißt *Raihai-tokuzui,* »Die Essenz durch Verehrung erlangen«. Es stellt herausragende Praktizierende vor, darunter auch einige Frauen, wie Mo-shan und Myo-shin. Einer der bekanntesten Aussprüche von Dogen zur Frage, ob auch Frauen die höchsten Fähigkeiten auf dem Weg erreichen können, stammt aus diesem Kapitel: »Weshalb sollten Männer [einer solchen Nonne] überlegen sein? Der Raum ist der Raum, die vier Elemente sind die vier Elemente, die fünf Skandhas sind die fünf Skandhas. Bei den Frauen ist es auch so. Was das Erlangen der Wahrheit betrifft, so erlangen beide [Männer und Frauen] die Wahrheit. Ihr solltet jedem Menschen, der Dharma erlangt hat, eure tiefe Ver-

ehrung erweisen.« Zitiert aus Dagmar Doko Waskönig, »Weshalb sollten Frauen Männern überlegen sein?«

186 Es ist in der chinesischen Tradition üblich, die Praktizierenden nach den Orten zu benennen, wo sie leben. »Mo-shan Liao-jan« bedeutet also: Liao-Jan vom Berg Mo.

187 S. Tisdale, *Women of the Way*, S. 143 f.

188 Heng-Ching Shih, »Women in Zen Buddhism – Chinese Bhikshunis in the Ch'an Tradition«, siehe Anm. 183. und S. Tisdale, *Women of the Way*, S. 136 ff.

189 S. Tisdale, *Women of the Way*, S. 145 ff.

190 Zitiert nach S. Tisdale, *Women of the Way*, S. 145 ff.

191 Te Shan lebte zwischen 782 und 865 n. Chr.; sein Kommentar hieß der »Blaue Drachen-Kommentar«.

192 Es braucht noch einen weiteren Anstoß bis zu seinem Erwachen. Siehe Fall 28 des *Mumonkan*, »Das Ausblasen der Kerze«. Dann wird er alle seine Texte verbrennen und das Kloster verlassen.

193 Diese Geschichten finden sich bei CY, S. 484 f.; sie stammen aus einer noch nicht veröffentlichten Übersetzung dieser Biografiensammlung; Angaben dazu CY, S. 554, Anm. 21.

194 In den achtziger Jahren des letzten Jahrhunderts hat der Amerikaner Bill Porter weibliche Übende aufgesucht. Viele von ihnen rezitieren auch täglich das Diamant-Sutra. Sie leben in den Chungnan-Bergen an der Seidenstraße im Nordwesten Chinas, einer unzugänglichen Bergregion, in der schon seit fast 2000 Jahren chinesische Einsiedler ihrem kontemplativen Leben nachgehen. Nachzulesen in Bill Porters *Road to Heaven.*

195 Im Vajrayana ist die Krähe eine Erscheinungsform der Dakini.

196 Kami und Shinto.

197 Zum Beispiel auch die Dame Tachibana Kachiko, die um 824 n. Chr. den ersten Tempel Japans, den Danrinji, gründete.

198 1200–1253, siehe Anm. 185.

199 »Rahai Tokuzui« in Dogens *Shobogenzo*, verfasst 1240, siehe Anm. 188.

200 Gegründet von der Rinzai-Zen-Priesterin Shido im Jahr 1285.

201 In der Tokugawa-Zeit 1603–1868.

202 Er lebte von 1622 bis1693.

203 Ikkyu lebte im 15. Jahrhundert. Er war Mönch und Abt und verliebte sich mit 70 Jahren in die blinde Sängerin Mori. Sie hatten zusammen eine Tochter, der er ein wunderschönes Gedicht schrieb.

204 Ihre Geschichte ist im Buch *Shaseki-shu,* (Sammlung von Steinen und Sand), aus dem 13. Jahrhundert überliefert. Sie lebte von 1223 bis 1298. Nach S. Tisdale, *Women of the Way*, S. 213. Ihre Gedichte: *www.angelfire.com/realm/bodhisattva/chiyono.html*

205 Khenpo Tsultrim Gyamtso, Einleitung zu *The Sun of Wisdom*, S. XIV f.

206 Es ist nur der Name ihres Vaters bekannt: Adachi Yasumori.

207 Wu-hsüeh Tsuyüan kam im Jahr 1281.

208 Sanskrit: die *Skandhas*, die fünf »Gruppen«, aus denen alle Wesen bestehen.

209 Die Mahasiddha Manibhadra.

210 Die Meditationslehrerin Dipa Ma des 20. Jahrhunderts unterrichtete die Hausfrauen in ihrem Wohnblock in Kalkutta und unterwies sie, alle Haushaltstätigkeiten wie Bügeln, Stillen und Kochen als Meditation zu sehen.

211 Er lebte von 1686 bis 1769.

212 »Amida« ist der japanische Name des Buddha Amitabha. Eine viel genutzte Anrufung lautet: *Namo Amida butsu.*

213 Alle Geschichten über die Schülerinnen von Hakuin nach J. Stevens, *Zen Masters.*

214 Siehe Kap. 4, »Buddhismus in China und die Frauen«.

215 J. Stevens, *Zen Masters.*

216 J. Stevens, *Zen Masters.*

217 J. Stevens, *Zen Masters.*

218 J. Stevens, *Zen Masters,* und S. Tisdale, *Women of the Way,* S. 264 f.

219 Obaku: die jüngste und »chinesischste« Zen-Schule Japans. Ingen Ryuki bringt sie 1654 aus China mit, um die japanischen Schulen zu reformieren. Elemente der Schule des Reinen Landes sind in ihr integriert, Sutras werden auf Chinesisch rezitiert, ihre Klöster sind berühmt für ihre Kalligrafiekunst.

220 Kensho.

221 S. Tisdale, *Women of the Way,* S. 252 ff., und bei *www.cloudsinwater.org/matriarchs.htm* Dort stehen auch ihre Gedichte.

222 Ryonens Kalligrafien waren berühmt und ihre Gedichte weit verbreitet. Sie erschienen unter dem Titel *Wakamurasaki,* »helles Violett«.

223 In der japanischen Kultur galt es als Zeichen tiefer Verwirklichung der Zen-Lehre, wenn jemand fähig war, im Angesicht des Todes, mit dem letzten Atem, ein Gedicht zu verfassen. Viele solcher Gedichte sind über die Jahrhunderte aufgezeichnet worden, auch einige von Frauen. Siehe: Yoel Hoffmann, *Die Kunst des letzten Augenblicks.*

224 Paul Reps, *Zen flesh, Zen bones*; und S. Tisdale, *Women of the Way*, S. 252–259.

225 Sie lebte ungefähr von 1362 bis 1430, S. Tisdale, *Women of the Way*, S. 242.

226 Paul Reps, *Zen flesh, Zen bones*; Heng-Ching Shih, *Women in Ch'an Buddhism*, und S. Tisdale, *Women of the Way*, S. 241 ff.

227 1791–1875.

228 »Möge ich denen, die ans andre Ufer wollen, ein Boot, ein Damm, eine Brücke (…) sein«, heißt es im Bodhicaryavatara, das den Weg der Bodhisattvas beschreibt. Santideva, *Eintritt in das Leben zur Erleuchtung,* Diederichs Gelbe Reihe, 1997, Kapitel 3, Vers 17 und 18, S. 39.

229 Die Gedichte Ryonens, die ich hier auf Deutsch vorstelle, sind in englischer Übesetzung bei Bonnie Myotai Treace Sensei, in ihrem Vortrag »Hermitage Heart«, nachzulesen. Von dort stammt auch ihre Lebensgeschichte.

230 Lied, das zum Geburtstag von Kuan-yin gesungen wird. Es ist in den »täglichen Liturgien der Ch'an-Schule« enthalten. Obwohl im Jahr 1834 herausgegeben, enthält es viele ältere Texte. Man rezitiert den Namen »Kuan-yin« dreimal, dann das große Mitgefühls-Dharani siebenmal und singt dannach diese Verse,

begleitet von Instrumenten. Chün-fang Yü, *Kuan-yin. The Chinese Transformation of Avalokitesvara* (im Folgenden CY), S. 80.

231 *Avalokiteshvara*, wörtlich, »der Herr, der sieht«, wurde zunächst als *Kuan-tzu-tsai* übersetzt, als »der Meisterwahrnehmer«. Schnell verbreitete sich aber die kürzere Form seines Namens, *Kuan-yin*, »der, der die Klänge der Welt sieht«.

232 Siehe die Naga-Prinzessin; Kapitel 3, S. 138.

233 Die früheste Darstellung der weiblichen Kuan-yin ist auf 940 n. Chr. datiert.

234 Diese Überlegungen zur Lotosgöttin verdanke ich June Campbell und ihrem Buch *Traveller in Space*.

235 Th. Cleary, *The Flower Ornament Scripture*, S. 1437.

236 CY, S. 491.

237 Buddha, Dharma und Sangha.

238 Die Erzählung speist sich aus dem Text einer Steinstele aus dem 11. Jahrhundert. Eine englische Übersetzung ist bei CY, Appendix A, zu finden.

239 Der 19. Tag des zweiten Monats des chinesischen Kalenders.

240 Zum Beispiel die der heiligen Agnes, der heiligen Katarina von Alexandria.

241 *Keku*, CY, S. 339. Der Ursprung von *keku* liegt in Textquellen zur chinesischen Heilkunst, die davon sprechen, dass menschliches Fleisch bestimmte Krankheiten heilen kann. Dieser Akt der Selbstlosigkeit von Seiten der Kinder gilt später als höchste Form der Verehrung für die Eltern.

242 *Jataka:* die Geschichten der Bodhisattva-Manifestationen des Buddha Shakyamuni.

243 In der griechischen Mythologie soll Iphigenie von ihrem Vater Agamemnon geopfert werden, um günstige Winde zu erbitten. ihre Mutter Klytaimnestra kämpft dagegen an, wird aber von der männlichen Macht überrollt. Die Göttin Artemis entrückt Iphigenie im letzten Moment vom Opferalter und bringt sie auf die Insel Tauris, wo sie ihren Tempel hüten wird.

244 CY, S. 333.

245 CY, S. 305.

246 CY, S. 458.

247 Noch bis in die siebziger Jahre des letzten Jahrhunderts gibt es Frauengemeinschaften, sog. »vegetarische Häuser« in Hongkong. Diese Frauen beziehen sich stark auf Kuan-yin und identifizieren sich mit ihr. CY, S. 335.

248 Siehe auch *Garbha*, Kap. 2, »Der Schoß des Erwachens«.

249 R. Wilhelm, *I Ging*, S. 30.

250 Das Kapitel des Lotos-Sutra, das Avalokiteshvara auch in seinen weiblichen Manifestationen beschreibt.

251 Ma-lang-fu wird manchmal auch »die Bodhisattva mit den verketteten Knochen« genannt. Dieses Element kommt auch in anderen chinesischen Legenden um weibliche Heilige vor, zum Beispiel bei der »Frau von Yen-chou«. Hier wird eine junge Prostituierte von allen Dorfbewohnern verkannt, sie aber, so heißt es in der Legende, schenkt sich allen Männern, um sie für immer von der Gier zu befreien. Nach ihrem Tod öffnet ein vorbeikommender Wanderasket ihr Grab und findet auch ihre Knochen mit Goldketten verbunden.

252 Der Ausdruck »Kannon verehren« ist vom Mann aus synonym mit dem Liebesakt; in dieser Ausdrucksweise kommen noch Reste der Verehrung für das Göttliche in der Frau zum Ausdruck. TC, S. 214.

253 Seit dem 11. Jahrhundert sind die 100 Stäbe, 100 Verse und Lebensratschläge als Orakel von Kuan-yin bekannt. Stephen Karcher, *The Kuan Yin Oracle.*

254 Aus dem Roman *Die Reise nach Westen* von Wu Cheng, 16. Jh., vgl. CY, S. 392.

255 Der Buddhismus breitete sich in Tibet in zwei großen Schritten, bezeichnet als »frühere und spätere Verbreitung«, aus. Zunächst – etwa ab dem 7. Jahrhundert – gab es nur die Schule, die später die *Nyingmapa*, die »Alten«, genannt wurde. Sie bezieht sich auf Laien-Meister und -Meisterinnen und kennt die »Schatztexte« (tib. *Terma*), die zum Beispiel von der Yogini Yeshe Tsogyal und anderen verborgen wurden. Im 11. Jahrhundert kommt es zu einer zweiten Welle der Ausbreitung der buddhistischen Lehre in Tibet, es entstehen die *Sakya*- und die *Kagyü*-Schule. Die *Gelug*-Schule kam als Reformbewegung, die den Status der Ordination und des Klosterlebens wieder aufwertete, im 14. Jahrhundert hinzu. Bereits vor dem Buddhismus existierte in Tibet die Bön-Religion, deren moderne Form dem Buddhismus sehr ähnlich ist.

256 Diese Ansicht wird mittlerweile von vielen Forschern und Forscherinnen vertreten, nachzulesen unter anderem bei TC, S. 192 ff., oder bei Tsültrim Allione, *Women of Wisdom*, S. 89 ff., oder bei P. Gäng, *Tantrischer Buddhismus*, S. 95 f.

257 Nach Thomas Cleary.

258 P. Gäng, *Tantrischer Buddhismus*, S. 98.

259 Die Yogini Kalasiddhi, Schülerin von Yeshe Tsogyal, kommt aus einer Weberfamilie und webt später selbst, auch in der Geschichte der Dakini Vetali spielt der Faden, der alles verbindet, eine große Rolle.

260 TC, S. 209.

261 Tibetisch: *myur-lam.*

262 P. Gäng, *Tantrischer Buddhismus*, S. 105 f.

263 Mit dabei sind oft ausdrücklich auch Speisen, die im brahmanischen Kodex tabu sind, wie zum Beispiel bestimmtes Fleisch und Alkohol.

264 Der Vajra symbolisiert Unzerstörbarkeit; der Mantrayana bezieht sich auf die im Vajrayana verbreitete Praxis, Mantras zu rezitieren.

265 Zum Beispiel Kyungpo Naljor, der die Shangpa-Linie einführte, Marpa, der später Milarepa ausbildete.

266 *Gurvi* ist die grammatikalisch korrekte weibliche Form des Sanskrit-Wortes *Guru*, das einen männlichen Lehrer bezeichnet. In den Schriften ist nirgends und niemals von einer »Gurvi« die Rede, selbst wenn von einer lehrenden Frau gesprochen wird. Wenn von einer Lehrerin die Rede ist, wird sie meist »Dakini« oder »Yogini« genannt.

267 Trungpa Rinpoche plädiert dafür, im Westen besser die Bezeichnung »spiritueller Freund/spirituelle Freundin« zu verwenden, weil sich um den Begriff *Guru* bereits so viele Vorurteile ranken.

268 Dzongsar Jamyang Khyentse Rinpoche in Dilgo Khyentse Rinpoche, *Guru Yoga*, S. 17.
269 A. a. O., S. 18.
270 Nämlich das Guru-Yoga.
271 Dzongsar Jamyang Khyentse Rinpoche in Dilgo Khyentse Rinpoche, *Guru Yoga*, S. 18. Ich habe das Zitat aus dem Englischen übertragen und für das eigentlich geschechtsneutrale *master* und *disciple* hier für dieses Buch die weibliche Form im Deutschen gewählt.
272 Chögyam Trungpa, *The Myth of Freedom and the Way of Meditation*, S. 154.
273 Zum Beispiel die Yogini Sukhasiddhi; auch männliche Übende, wie zum Beispiel Kambala, Anangavajra, Luipa, Tilopa, Padmavajra, Atisha, um nur einige zu nennen.
274 Siehe Sahajayoginicinta, Sukhasiddhi, Niguma.
275 Mit Uddiyana werden weibliche Buddhas in Verbindung gebracht, unter die zornvolle rote Tara, Pitheshvari, die »Königin des großen heiligen Ortes«, deren Praxis zuerst von der Yogini Vajravati enthüllt worden war. Diese Yogini gab ihre Lehren in erster Linie an die Frauen Uddiyanas weiter. Siehe Miranda Shaw, *Passionate Enlightenment. Women in Tantric Buddhism* (im Folgenden MS), S. 102–105.
276 In der Praxislinie des Sems-de der Dzogchen-Tradition in Uddiyana waren Frauen und Männer als Lehrende und Linienhalter gleichgestellt. Frauen und Männer wechselten sich ganz selbstverständlich ab. Tsültrim Allione, »One Ground, Two Paths, Two Results«.
277 *Maha* (Sanskrit) bedeutet »groß«.
278 Der »Regenbogenkörper« markiert ein Stadium auf dem Weg zum vollkommenen Erwachen, in dem der oder die Übende die Elemente und *Skandhas* als das strahlende Licht des reinen Gewahrseins erkannt hat. Die Person hinterlässt dann, wenn sie diese Welt verlässt, nichts außer ein paar Haaren und den Fingernägeln. Meist sehen andere Menschen während dieses Übergangs regenbogenfarbige Lichter ausstrahlen.
279 Die Geschichten der Siddhas waren eine wichtige Quelle der Inspiration für den tibetischen Buddhismus. Es ist ein Kriterium für die Gültigkeit einer Unterweisung; dafür, eine Verbindung zu den indischen Lehren des Buddha nachweisen zu können. Die Siddhas verkörpern diese Lehre, und auf sie gründen sich Lehrlinien des tibetischen Buddhismus, die bis jetzt lebendig sind.
280 MS, S. 102.
281 So ermahnt Padmasambhava Yeshe Tsogyal, nicht zu stolz darauf zu sein, dass sie einen Toten wieder zum Leben erwecken konnte, dies seien nur sekundäre Siddhis.
282 MS, S. 41 ff.
283 Ebd.
284 Tsültrim Allione im Mai 2000 in einem Interview mit der Autorin.
285 TC, S. 207.
286 Eine verpönte Tätigkeit in einem buddhistischen Land.

287 MS, S. 194.

288 Eine Auswahl von Tantras mit weiblicher Autorinnenschaft: Sahajayoginicinta und Lakshminkara verfassten philosophische Schriften, Lakshminkara schuf Praxistexte zur Vajrayogini mit dem abgeschlagenen Kopf, ihre Schülerinnen Makhala und Kankala schrieben Kommentare dazu. Vajravati, eine ehemalige Brahmanin aus Uddiyana, enthüllte eine Praxis, in deren Zentrum die rote furchterregende Tara stand. Sie gab besondere Anweisungen, dass diese Belehrungen hauptsächlich an Frauen weitergegeben werden sollten. Siddharajni entwickelte ein Yoga des Buddha Amitayus, des Buddha des grenzenlosen Lichts, und Lakshmi, Prinzessin aus Kaschmir und spätere Bhikshuni, rief einen Fastenritus zur Reinigung und Heilung ins Leben, in dessen Zentrum Buddha Avalokiteshvara steht. In den Texten zu diesem Ritus wird aber besonders betont, wie sich Avalokiteshvara auch als Frau manifestiert. Niguma, die Gründerin der Shangpa-Kagyü-Linie, hat Texte zum Mahamudra hinterlassen, Machig Labdrön verfasste das Sadhana des Chöd, ausführliche Erklärungen dazu und Schriften zur Natur des Geistes. Yeshe Tsogyal dokumentierte alle Übungen, die sie unter der Anleitung ihres Lehrers durchführte. Ihre Belehrungen wurden wiederum von ihren Schülerinnen und Schülern aufgeschrieben und weitergegeben.

289 Mit dem Sadhana des tantrischen Paars Sabari und Sabara ist ein gemeinsam geschaffener Text auch deutlich als solcher erkennbar dokumentiert. Er beschreibt das Erleben der sexuellen Vereinigung als religiöse Übung sowohl von weiblicher wie auch von männlicher Seite aus. Mehr dazu bei Peter Gäng, *Tantrischer Buddhismus*, S. 217 ff.

290 Mündliche Belehrung von Tsültrim Allione, Dakini-Retreat 2003, im Seminarhaus Engl. Auch Dr. Martin Kalff findet Beweise für eine spätere patriarchale Usurpation der Texte. Reste weiblicher Endungen sind in frühen Texten noch vorhanden; die weibliche Mitwirkung wird durch spätere Entfernung des Suffix bei Abschriften getilgt, zitiert bei AHP, S. 309.

291 MS, S. 136.

292 *Ganachakra*, eine Festversammlung von Yoginis und Yogis, siehe Abschnitt »Die Weisheitsfeste der Yoginis«, Kap. 8.

293 Wir wissen, dass die Yogini Lakshminkara eine der Lehrerinnen von Sahajayoginicinta war.

294 Sie nimmt den Schüler Padmavajra, einen ehemaligen Priester des Königs, zum Gefährten. Der König findet dieses Verhalten dermaßen provokant, dass er die beiden verbrennen lässt. Das Feuer des Scheiterhaufens brennt sieben Tage, dann zeigt sich ein See, in dessen Mitte die beiden in Vereinigung sitzen. Dasselbe Motiv findet sich auch in der Legende von Mandarava: Es ist das Feuer der Reinigung oder auch der Reifung. Aus ihm bleibt ein See zurück, weibliches Symbol der Weisheit und der gebärenden Buddha-Natur, aus dem die unauflösliche Verbindung von Weisheit und Mitgefühl, dem weiblichen und männlichen Aspekt, erwächst.

295 Padampa Sangye, einer der Lehrer von Machig Labdrön, hatte selbst eine ganze Reihe von Lehrerinnen: Gangabhadri, die ihn in die Natur des Geistes einführte, dann Kumuda, Laksmi, Padmapada, Sahajayoginicinta, Sukhara, Sukhasiddhi, Sabari, Vimala und Vrikshapani.

296 Aro Lingma war *Tertön*, wörtlich »Schatzentdeckerin«, sie lebte von 1886 bis 1923. Die Schätze, die ein oder eine Tertön findet, sind buddhistische Lehren, meist Tantras. Mehr darüber in der Geschichte von Yeshe Tsogyal. Die Lehren, die Aro Lingma fand, stammten von Yeshe Tsogyal und sollten zunächst an Aro Lingmas eigene Tochter weitergegeben werden, die sie wiederum auch an eine eigene Tochter übertragen sollte. Erst in dieser dritten Generation sollten sie öffentlich gelehrt werden. Aro Lingma gebar jedoch nur einen Sohn. Durch ihre besonderen Fähigkeiten gelang es ihr aber, die Situation zu retten. Ihr Sohn wuchs mit fünf Frauen auf, die seine geistigen Mütter waren, und als Erwachsener lehrte er nur mit zwei Yoginis zusammen. Die beiden übernahmen dabei das Sprechen, während er schweigend dabei saß. Mehr über sie und andere Frauen ihrer Lehrlinie: *www.AroBuddhism.org* unter »encyclopaedia, Aro Lineage«.

297 Auch AHP weist darauf hin, S. 379.

298 Marpa, Kyungpo Naljor, Milarepa, um nur einige zu nennen.

299 Oder Vajra-Meisterin.

300 Die Dakini Niguma ist auch als Leiterin eines Ganachakras dokumentiert, und Marpa berichtet von einem tantrischen Fest der Schülerinnen von Naropa, bei dem drei Männer anwesend sein durften. AHP, S. 233.

301 Wir wissen auch von solch einem Fest auf dem Attahasa-Verbrennungsplatz. Dort erklangen Lieder von einundzwanzig Frauen, die bis heute in einer Antologie des tibetischen Textkanons enthalten sind. MS, S. 110.

302 MS, S. 120 f.

303 Beide MS, S. 90.

304 Diese Lehren wurden allerdings nicht mit in den tibetischen Kanon übernommen und sind nicht erhalten. Ein Grund dafür könnte sein, dass sie sich besonders von Frauen an Frauen richteten und solche Mitteilungen für tibetische Männerklöster nicht sehr viel Sinn machten. MS, S. 144.

305 MS, S. 258.

306 MS, S. 259.

307 MS, S. 131 f.

308 Sie kreierte das noch heute vielfach ausgeführte Langlebensritual »Tsewang«.

309 Einer der Hauptschüler von Milarepa.

310 MS, S. 134.

311 So eine Konstellation ist gar nicht so selten, ein besonders berühmtes Beispiel ist Machig Labdrön, die ihre leiblichen Söhne ausbildete.

312 MS, S. 265.

313 Die Beschreibung dieses Wegs beschränkt sich allerdings traditionellerweise auf die Konstellation eines zweigeschlechtlichen Paars.

314 Sexuelle Vereinigung als religiöses Ritual wird in taoistischen Zirkeln schon praktiziert, bevor diese Übungen im indischen oder tibetischen Tantra auftauchen. TC, S. 25.

315 Die sexuellen Übungen haben ihre Wurzeln zum Teil im shivaistischen Kult. Der Gott Vishnu brachte das Tantra unter die Menschen und diese geheime Praxis macht es möglich, die Welt zu transzendieren, während man in ihrer Mitte lebt. TC, S. 26

316 R. Shikpo, *Practice of the Five Buddhas*, S. 34.

317 MS, S. 264.

318 MS, S. 262.

319 Tantrisch Praktizierende praktizierten in den ersten Jahrhunderten in Tibet eher als Siddhas oder wandernde Yogis und Yoginis und weniger als Ordinierte. In Tibet wurde erst ab dem 14. Jahrhundert das Zölibat und die Ordination als Ausgangsbasis für ernsthaft Praktizierende die Voraussetzung in den meisten Schulen. Die sexuelle Praxis wird als Folge davon verdrängt. Mündliche Belehrung von R. Shikpo.

320 *Prajña:* die transzendente Weisheit, der offene lebendige Raum, weiblich. *Upaya:* die Mittel, diese Weisheit auszudrücken, zu lehren, männlich. P. Gäng, *Tantrischer Buddhismus*, S. 229.

321 Zum Beispiel Darstellungen der Pandaravilasini, der Vajravarahi nach dem Abhidhanottara Tantra, stehend sogar bei der sechsarmigen und zweiarmigen Vajravarahi, AHP, S. 325–331.

322 Siehe unter »Lehrerinnen« den Abschnitt »Frauen unterweisen Frauen«.

323 Diese Regel ist Teil der tantrischen Gelübde, die man bei einer Einweihung in höhere Tantraklassen auch heute noch nimmt.

324 MS, S. 275.

325 Internetbelehrung vom Oktober 2006.

326 In tibetischen Texten findet sich *khandro* auch ohne das weibliche Suffix *ma*, trotzdem ist hier keine männliche Dakini gemeint, es handelt sich um eine verkürzte Form der »Khandroma«.

327 Im sexuellen Yoga heißt die Partnerin auch »Karma-Mudra«. *Karma* bedeutet »Handlung«, sie ist also der handelnde Teil. *Mudra* ist die »Geste«, ihre Ausdrucksform ist die Bewegung, der Tanz.

328 Vajravarahi, die »Diamantsau«, ist die Urform der tantrischen weiblichen Gottheit. In der Bildwelt des Buddhismus steht das Schwein für Unwissenheit oder Verblendung im unerleuchteten Zustand. Eine Buddha hat die Unwissenheit besiegt, aber das bedeutet nicht, dass damit ein Teil der Person zerstört oder unterdrückt wurde. Die Unwissenheit ist ein guter Nährboden für die Weisheit, aus ihrem Kompost wachsen Ich-Bezogenheit und alle verwirrten Leidenschaften, die auf dem Weg in Weisheit und große Seligkeit verwandelt werden. Der Sau-Kopf verbindet Vajravarahi aber auch mit uralten weiblichen Symbolen. Schon aus vorbuddhistischer Zeit ist das weibliche Schwein ein Symbol für die Macht der großen Göttin. Vajravarahi trägt das Gesicht der Sau stolz in ihrer Krone und zeigt sich damit selbstbewusst in der Tradition weiblicher

Weisheit von alters her. Weitere Manifestationen von Vajravarahi sind Vajrayogini, Tröma Nagmo, Arya Tara, Simhamukha, Nairatmya und andere.

329 Mit »Heruka« wird ein männliches erwachtes Wesen bezeichnet. Meistens steht »Heruka« als Synonym für die männliche Gottheit in einem Mandala. Er erscheint im zornvollen Aspekt, sehr kraftvoll, ist oft auch ausgesprochen sexuell dargestellt, zum Beispiel mit erigiertem Phallus. *Heruka* bedeutet »Bluttrinker« und weist auch darauf hin, dass er das Blut seiner Dakini-Partnerin aus ihrer Schädelschale trinkt.

330 Es gibt »Dakas«, sie sind aber in keiner Weise Dakinis in Männerkörpern. Sanskrit *Daka* ist ein Synonym des tibetischen *Pawo*, des Helden, einer Person, die auf dem Weg zum Erwachen siegreich ist.

331 Ausgenommen ist Buddha Tara, die durch ihren Schwur festlegte, ausschließlich weibliche Körper anzunehmen.

332 Luce Irigaray, »Die Geste in der Psychoanalyse«, in: *Genealogie der Geschlechter*, S. 145–168.

333 Luce Irigaray, a. a. O., S. 158.

334 Lama Chonam, Sangye Khandro, *The Lives and Liberation of the Princess Mandarava. The Indian Consort of Padmasambhava* (im Folgenden LS), S. 34.

335 L. Irigaray, »Die Geste in der Psychoanalyse«, S. 161 f.

336 J. Campbell, *Traveller in Space*, S. 144.

337 L. Irigaray, »Die Geste in der Psychoanalyse«, S. 158.

338 J. Simmer-Brown, *Dakini's Warm Breath*, S. 90.

339 Damaru, es sieht wie ein überdimensionales Stundenglas aus und soll eigentlich aus zwei menschlichen Schädeln bestehen, was allerdings sehr selten der Fall ist. Die Fäden, an denen die Klöppel schwingen, sind an dem Verbindungsstück befestigt, das die beiden Hälften zusammenhält. Durch die Drehung des Handgelenks schwingen die Klöppel und berühren gleichzeitig beide Seiten der Trommel. Meist haben friedvolle Dakinis eine Trommel in der rechten Hand, zornvolle das Hackmesser.

340 Man singt und begleitet die Übung des Chöd meist auf diese Weise. Dabei sollte die Trommel in der Geschwindigeit des Herzschlags geschlagen werden.

341 Das gilt besonders für Termas, verborgene Belehrungen, die nicht als Schatztexte gefunden, sondern im Traum oder in einer Vision durch eine Dakini übermittelt werden. Bemerkenswert dabei ist, dass ein männlicher Tertön, ein Finder solcher Belehrungen, in den meisten Fällen eine Frau als Gefährtin braucht, um empfänglich für diese Sprache zu werden. Weibliche Tertöns scheinen vielmehr allein agieren zu können.

342 Einer der Haupttexte des Chöd in der Nyingma-Tradition des tibetischen Buddhismus.

343 J. Simmer-Brown hat diese Themen in ihrem Buch *Dakini's Warm Breath* ausführlich dargestellt.

344 Hevajra ist eine zornvolle Gottheit mit vielen Armen, meist in Yab-Yum-Vereingung dargestellt. Seine Praxis war im indischen buddhistischen Tantra sehr beliebt.

345 Die Übung der vier unermesslichen Haltungen: Liebe, Mitgefühl, Mitfreude und Gleichmut.

346 Die Geschichte von Vetali steht auch in der Sammlung der 84 Mahasiddhas von Abhayadatta, nachzulesen bei Dowman, *Masters of Mahamudra*, und bei Robinson, *Buddha's Lions*, allerdings nicht unter ihrem Namen, sondern unter dem ihres Schülers Kantali.

347 Der Pfeil symbolisiert kristallklares Gewahrsein, Energie, die sich zielsicher und schnell bewegt.

348 Ihre Belehrung entspricht der Anweisung des Dzogchen-Lehrers Jigme Lingpa: »Ein Bodhisattva, der nicht die wirkliche Bedeutung der Einsamkeit kennt, auch wenn er oder sie viele Jahre lang in einem abgelegenen Tal voller giftiger Schlangen meditiert, fünfhundert Kilometer von der nächsten Wohnstatt entfernt, würde doch anmaßenden Stolz entwickeln. (...) Wenn Meditierende in der Lage sind, was immer in ihrem Leben geschieht, als Weg zu nutzen, dann wird ihr Körper zur Retreat-Hütte. Sie brauchen nicht die Zahl der Jahre aufzurechnen, die sie meditiert haben, und geraten nicht in Panik, wenn schockierende Gedanken auftauchen. Ihre Bewusstheit bleibt ungebrochen, wie bei einer Großmutter, die Kindern beim Spielen zuschaut.« Zitiert nach Chögyam Trungpa, *Mudra*, S. 26.

349 Aus der Sammlung der 84 Mahasiddhas von Abhayadatta, nachzulesen bei Dowman, *Masters of Mahamudra*, und Robinson, *Buddha's Lions*. Meine Version ist inspiriert durch die mündliche Übermittlung von Lama Tsültrim Allione, Zollikon, 2003.

350 Meine Version, kombiniert aus der Fassung der Verse bei P. Gäng und M. Shaw, letzter Vers.

351 Ganachakra.

352 Doha.

353 Takpo Tashi Namgyal, *Clarifying the Natural State*.

354 Sie heißt bei mir Tiloma.

355 Mehr dazu bei MS, S. 138.

356 Abhayadatta, der die Sammlung der 84 Mahasiddhas zusammenstellte, beschreibt die Frau Pfeilmacherin ganz anders als Sarahas Biograf. Abhayadatta bezeichnet sie lediglich als Dienerin, die Saraha bei seinen Retreats versorgte. Beide Autoren aber sind sich darin einig, dass diese Frau Saraha die entscheidenden Lehren über Nichtdualität erteilt und dass der Auslöser das Rettich-Curry war, das Saraha zwölf Jahre nicht vergessen konnte.

357 Die erste war Mugai Nyodai, siehe 2. Teil, Japan, Kap. 6.

358 Ihr Name bedeutet »glückverheißend wie ein Juwel«.

359 Es sind insgesamt 84. Wie schon erwähnt, gibt es in den Geschichten der 80 männlichen Siddhas weit mehr erwachte Frauen und Lehrerinnen als die vier, denen eine eigene Geschichte gewidmet ist.

360 Chakrasamvara, eine männliche Gottheit, wird oft in Vereinigung mit Vajrayogini dargestellt. Das Chakrasamvara-Tantra ist ein Grundlagen-Tantra des Vajrayana.

361 Erschaffungsstufe: Die Visualisierung der Meditationsgottheit und das zugehörige Mandala dienen zur Reinigung und sollen den Geist geschmeidig machen. Vollendungsstufe: Mandala und Gottheit sind spontan anwesend, alle Formen werden als die Gottheit und ihr Mandala gesehen, alle Klänge als ihr Mantra, alle Geistesbewegungen als ihr erwachter Geist.

362 Aus der Sammlung der 84 Mahasiddhas von Abhayadatta, in englischen Versionen bei Dowman, *Masters of Mahamudra*, und Robinson, *Buddha's Lions.*

363 »Diese für den Weltmenschen unheimlichen Orte waren gerade dem Yogi [oder der Yogini! Anm. d. A.] geheiligte Stätten einsamer Betrachtung und religiöser Erhebung. (…) Was den Weltmenschen mit Furcht erfüllte, erfüllte den Yogi mit Ruhe und Zielbewusstsein, wurde ihm zur Stärke und Antrieb.« L. A. Govinda, *Grundlagen tibetischer Mystik*, S. 227.

364 Aus der Sammlung der 84 Mahasiddhas von Abhayadatta, nachzulesen bei Dowman, *Masters of Mahamudra*, und Robinson, *Buddha's Lions.* Und bei MS, S. 152 ff.

365 J. B. Robinson weiß zwei Erklärungen für ihren Namen: *Mekhala* von »Mahakhala«, älteres böses Mädchen, oder von »Mekhala«, Band, heiliger Gurt.

366 Aus der Sammlung der 84 Mahasiddhas von Abhayadatta, nachzulesen bei Dowman, *Masters of Mahamudra*, und Robinson, *Buddha's Lions*, und MS, S. 157 ff.

367 Siehe auch Sahajayoginicinta.

368 Zwei traditionelle Versionen der Geschichte von Naropa auf:
www.ka-gyu.org/kagyulineage/lineage/kag03.php und
www.kagyu-asia.com/l_nar_life1.html
Inspiriert zu meiner Version der Erzählung hat mich die mündliche Übermittlung von Lama Tsültrim Allione, Zollikon, 2003.

369 Auch diese Dakini erscheint als furchterregende Alte: »Eines Tages, als der Vater ausgegangen war und die Mutter, den Rücken gegen die Sonne gewandt, dabei war, den Sohn zu stillen und ihn mit verschiedenen liebevollen Worten zur Ruhe zu bringen, kam Vajrayogini, um den Sohn zum Dharma zu berufen. Auf den Sohn fiel ein furchteregender Schatten, und die Mutter (…) erblickte eine alte Frau, die sie nie zuvor gesehen hatte. (…) Die Mutter erschrak furchtbar und rief: »Du, bleibe nicht hier, geh fort!« Die Frau jedoch sprach: »Wie liebevoll du deinen Sohn auch beschützt, einen Ort der Unsterblichkeit gibt es auch für ihn nicht auf der Erde.« »Nun, wenn das so ist, was soll ich tun?«, fragte die Mutter. Die Dakini gibt Anweisung, den Jungen im Dharma zu erziehen, und zwar so, wie er in der Dakini-Sprache gelehrt wird. AHP, S. 179 f.

370 Vergleiche Vasumitra, 2. Teil, 3. Kapitel. Die Bodhisattva Vasumitra lebt als Kurtisane, um so alle Wesen zur Befreiung zu führen. Die ganze Stadt ist von ihrer Ausstrahlung erfüllt. Sie fügt alle Bedingungen, die für das Erwachen günstig sind, in ihrem Wirkungsbereich zusammen.

371 So erzählt es Taranatha. Eine andere Erzählung über Tilopa bei Dowman, *Masters of Mahamudra*, und Robinson, *Buddha's Lions.*

372 *Til*, bengalisch für »Sesamkorn«.

373 *Phowa:* die Bewusstseinsübertragung zur Zeit des Todes, entweder in ein Reines Land oder direkt in den ursprünglichen Zustand.

374 *Tummo:* Die Praxis, Hitze im Körper zu erzeugen. Diese Übung hat, wenn man in kalten Gegenden übt, ganz praktische Hintergründe, dient aber auf tieferer Ebene auch der Auflösung von Energieblockaden in Körper und Geist.

375 *Sahaja,* die spontane Gemeinsamkeit, von Erscheinung und Leerheit, das Geheimnis, das es unter anderem im sexuellen Yoga zu entdecken gibt. Diese Lehren sind ein Spezialgebiet der Yogini.

376 Auch unter dem Namen Saroruha, AHP, S. 310.

377 MS, S. 257 ff. und inspiriert durch die mündliche Übermittlung von Lama Tsültrim Allione, Zollikon, 2003.

378 Siehe Sahaja.

379 Der Weg des Tantra der sexuelllen Vereinigung.

380 In Rechungpa, *Tibetan Medicine,* zitiert nach SY, S. 163, Anm. 44.

381 So formuliert es der Gelehrte Taranatha aus dem 16. Jahrhundert. AHP, S. 277.

382 Weitere Bedeutungen der Wurzel *div* weisen auf Schlaf und Wünschen hin. Damit verbinden sich Erscheinungen der Gottheit oder der Dakini im Traum, Eingebungen von Belehrungen im Traum und die Assoziation zur traumartigen, illusionshaften Natur der Welt. TC, S. 14.

383 TC, S. 14.

384 Zum Beispiel Sukkasiddhi und Yid Thogma, Kap. 8.

385 Sanskrit *Kapala.*

386 Tsültrim Allione, *Tibets weise Frauen,* S. 111 f., ausführlicher bei Erich Neumann, *Die Große Mutter.*

387 Zum Beispiel die Geschichte der Manimakhalai.

388 Siehe Mahayana, Kap. 2.

389 Sanskrit *Bhikshuni* bzw. tib. *Gelongma* bezeichnet eine Nonne, die alle Gelübde vollständig abgelegt hat.

390 Manjushri schwingt das Schwert der Weisheit in seiner rechten Hand.

391 Kleine handgerollte Kügelchen, die tibetische Ärzte aus Heilpflanzen und Essenzen herstellen.

392 Über ihr Leben und die Fastenpraxis: *Rest for the Fortunate. The Extraordinary Practice of Nyungne: Its History, Meaning and Benefits,* Bardor Tulku Rinpoche, Rinchen Publications 2004, und bei MS, S. 175 ff.

393 MS, S. 130, über »die Mütter der Gründerväter«. Der deutsche Titel des Buches: »Frauen, Tantra und Buddhismus« ist leider nur halb so schön.

394 Leider bisher nur von männlichen Lehrern.

395 Berühmter Lehrer der Rime-Bewegung, die im 18. Jahrhundert in Tibet traditionsübergreifend arbeitete.

396 *Advadhuti* bezeichnet den zentralen Kanal im inneren Energiesystem des feinstofflichen Körpers. In tantrischen Übungen wird die Energie dort konzentriert, wodurch Blockaden beseitigt werden können. Auch sexuelles Yoga wird zu diesem Zweck geübt, vermutlich hat die Yogini darum diesen Namen angenommen.

397 *Mahamudra:* wörtlich »das große Siegel«; der Übungsweg, der anleitet, wie man die Natur des Geistes direkt in der eigenen Erfahrung entdecken kann.

398 Jamgon Kongtrul, *Timeless Rapture*, S. 235 ff., ausführlicher bei: kscashland.org/sukhasiddhi.html, lamapalmo.googlepages.com/thestoryofsukhasiddhi, simhas.org/teaching7.html (Website der Shangpa-Linie).

399 »Das Drama des Erleuchtungserlebnisses wird umso größer, je frustrierter man vorher war.« Sylvia Wetzel, mündliche Belehrung, Seminarhaus Engl, Dezember 2006.

400 Tibetisch: *Phurba*, siehe dazu auch Kap. 9, Yeshe Tsogyal.

401 MS, S. 113.

402 Jamgon Kongtrul, *Timeless Rapture*, S. 49. Ihre Geschichte ist Teil der Lebensgeschichte von Kyungpo Naljor, *Timeless Rapture*, S. 71 ff.

403 A. a. O., S. 229.

404 Es heißt, sie sei in Kaschmir geboren, sicherlich ein Hinweis auf Uddiyana.

405 J. Kongtrul, *Timeless Rapture*, S. 230.

406 Eine genaue Beschreibung in MS, S.108–110. Sie bezeichnet diese Sadhana als Heilpraxis. Andere Texte von Niguma sind in der »Sammlung der Tantras« der Sakya-Linie erhalten.

407 Dazu gehören: Mahamudra, Traumyoga, innere Hitze, Illusionskörper, die Übertragung des Bewusstseins im Sterbeprozess und die Praxis des Klaren Lichts.

408 Niguma singt hier ein Lehrlied. Die *Doha*, die längeren Lieddichtungen und *charyagiti (vajragiti)*, die Praxislieder, sind in einer späteren indischen Sprache abgefasst. Hier kann das Wort *sunna* (eigentlich Sanskrit *suvarna*) »Gold« bedeuten, aber auch »offen/ leer« (Sanskrit: *shunya*). Die Zweideutigkeiten in der Sprache sind sicherlich gewollt. Die Dichtungen spielen damit. P. Gäng, S. 102.

409 Mehr über ihn in Tilomas Geschichte, Kap. 8.

410 Siehe Tiloma, Kap. 8. Zum Status von Niguma: J. Kongtrul, *Timeless Rapture*, S. 228.

411 MS, S. 88 f.

412 Ihre Lebensdaten variieren, T. Allione gibt sie mit 1055–1145 n. Chr. an. Machig Labdrön ist eine Manifestation von Yeshe Tsogyal, der Mutter des tibetischen Buddhismus.

413 Erklärungen zur Praxis auf Deutsch finden sich zum Beispiel in *Tibets weise Frauen* von Tsültrim Allione; weiterhin in dem neuen Buch von Tsültrim Allione, *Die eigenen Dämonen füttern*, und in den *Gesängen der Weisheit*, herausgegeben von G. Orofino im Garuda Verlag 1998.

414 Ihre Tochter Drupchungma, »verwirklichtes Mädchen«, ist die Manifestation der Yogini Tashi Kidren, einer der Hauptschülerinnen von Yeshe Tsogyal.

415 Andere Varianten ihrer Lebensgeschichte auf Englisch bei J. Edou, *Machig Labdron and the Foundations of Chod.*

416 Diese Geschichte entstammt der Textsammlung von Chimed Rigdzin. Sie ist eine »geheime« Lebensgeschichte. Sie wurde, wie es im Kolophon heißt, aufgeschrieben, damit große Meditierende daraus Nutzen ziehen können. Aus: *The Yogins of Ladakh*, J. Crook, J. Low, S. 297–315.

417 Es ist wichtig, dem Lehrer oder der Lehrerin eine Gabe zu bringen, wenn man um Belehrungen bittet. Siehe dazu die Geschichte der Niguma, Kap. 8.

418 Das sind körperliche Zeichen einer zornvollen Gottheit, wie zum Beipiel Vajravarahi.

419 Oder *Guru Rinpoche*, »kostbarer Lehrer«, wie er meist genannt wird.

420 Reg. 755–797.

421 Das »Gebet in sieben Zeilen«. In Yeshe Tsogyals Biografie heißt es, Guru Rinpoche hätte 70.000 verwirklichte Schülerinnen gehabt.

422 Mündliche Belehrung von Lama Shenpen, Hermitage, Wales 2004.

423 Tibetisch: »Rigdzin«, von *rigpa*, »Weisheit/Wissen«, und *'dzinpa*, »halten«. Ein Ehrentitel für Verwirklichung.

424 Ein Terma-Text von Samten Lingpa, der im 19. Jahrhundert gefunden und im 20. Jahrhundert von Lama Chönam und Sangye Khandro übersetzt wurde: *The Lives and Liberation of Princess Mandarava.*

425 Genaue Erläuterung siehe Yeshe Tsogyal, Kapit. 9, S. 364 ff.; siehe auch Anm. S. 436.

426 Der »So-Gegangenen«, also der Buddhas.

427 *Dharmakaya:* die drei *Kayas*, drei Körper oder Ebenen des Erleuchtungszustands, Dharmakaya ist der formlose Bereich, reines Gewahrsein, im Sambogbhakaya erscheinen die Buddhas in der Meditation, es ist der »gemeinsam genossene Zustand«, Nirmanakaya ist die körperliche Erscheinung der Buddhas in der Welt.

428 LS, S. 26.

429 Der Lotosgeborene, Guru Rinpoche, der die tantrischen Lehren zuerst nach Tibet brachte.

430 Zahor gilt als eines der Ursprungsländer des Tantra.

431 Ausruf.

432 Die 64 Künste des Kama-Sutra, TC, S. 16.

433 Siehe Siddhis, Kap. 8.

434 Simhamukha, eine Ausstrahlung der Vajrvarahi.

435 Tibetisch: *Ja-lü*, eine Form, wie sich Erwachen bei Wesen ausdrücken kann, die in einem Leben erleuchtet werden. Der Körper verwandelt sich in einen Regenbogen, das heißt, er zeigt seine immer schon vorhandene illusionshafte Natur. Oft werden Fingernägel und Haare zurückgelassen, die dann als Reliquien verehrt werden.

436 Termas können auch im Geist verborgen werden, im sogenannten »Speicherbewusstsein«, das überperönlich ist. Wenn die richtigen Bedingungen zusammenkommen, wird dieses Wissen wieder aktiviert, oft im Traum oder einer visionären Begegnung.

437 Eine andere Sichtweise ist, dass, schon Buddha Shakyamuni das allererste Terma verbarg. Nagarjuna fand dann diese Lehren der Prajñaparamita, die der Buddha bei den Nagas verborgen hatte, zum richtigen Zeitpunkt wieder.

438 Yeshe Tsogyal verbarg die Lehren, die sie mit Padmasmabhava übte, der Legende nach an 108 Orten, darunter waren auch Lehren, die er von seinen Lehrerinnen aus Uddiyana erhalten hatte.

439 Die Biografie wurde dann als Terma versteckt. Der Tertön Taksham fand sie im 18. Jahrhundert. Keith Dowman hat diesen Text ins Englische übersetzt in *Sky Dancer*. Eine andere Version der Biografie von Yeshe Tsogyal ist nachzulesen bei *Lady of the Lotus-Born. The Life and Enlightenment of Yeshe Tsogyal*, Gyalwa Changchub, N. Nyinpo, Shambhala 1999.

440 Gangadevi wird auch als Manifestation der Mandarava in der Gegenwart des Buddha Shakyamuni genannt.

441 Anderer Name für Uddiyana.

442 Siehe Mahayana, Kap. 2, »Schoß des Erwachens«, S. 130.

443 *Mahasukha*, siehe »Sexueller Yoga«, Kap. 8, S. 271.

444 Ausdruck der Weisheit, weibliche Energie. Nach mündlichen Unterweisungen von Lama Shenpen Hookham.

445 Ausdruck des leidenschaftlichen Mitgefühls, männliche Energie. Wie Anm. 437. Die Vereinigung von beiden ist die Einheit von Weisheit und Methode, bzw. Mitgefühl. Kap. 2.

446 »Yeshe Tsogyal war eine der fünf Dakinis (der fünf Buddha-Familien), eine Ausstrahlung der Vajrayogini und zugleich eine Manifestation von Guru Rinpoche. (...) Der Urgrund aller männlichen Gottheiten ist der Dharmakaya-Buddha Samantabhadra, der Urgrund aller weiblichen Gottheiten Samantabhadri. (...) Samantabhadri ist der Leerheitsaspekt innerhalb der Wahrnehmung. (...) Eine ihrer Ausstrahlungen ist die weibliche Buddha Prajñaparamita, die große Mutter des Dharamakaya. Vajravarahi ist eine Sambhogakaya-Ausstrahlung der Prajñaparamita, desgleichen auch die fünf weiblichen Buddhas Dhatvishvari, Mamaki, Buddhalochana, Pandaravasini und Samayatara. (...) Die Nirmanakaya-Ausstrahlung der Prajñaparamita ist Arya Tara. Dies sind die Weisheitsdakinis der drei Kayas. (...) Yeshe Tsogyal ist ebenfalls eine Ausstrahlung der Arya Tara, Arya Tara wiederum ist eine Emanation der Vajravarahi; Prajñaparamita und Samantabhadri sind der Urgrund, aus dem Vajravarahi hervorgeht. Da Prajñaparamita und Samantabhadri vollkommene Buddhas sind, ist die Behauptung, dass ausschließlich Männer Buddhas werden können, unsinnig. (...) Männliche Buddhas können sich als weiblich und weibliche als männlich manifestieren.« Urgyen Tulku in den einführenden Unterweisungen zu *Die geheimen Dakini-Lehren*, herausgegeben von Erik Pema Kunzang, S. 36–38.

447 Der See ist ein Symbol für die weibliche Weisheit.

448 Die »Ur-Buddha«, in der Festhalten und Verwirrung nie entstanden sind, Yeshe Tsogyal ist eine ihrer Manifestationen.

449 Sanskrit: *Samaya*.

450 Yidam, der oder die »Meditationsgottheit« oder -Buddha, die im Zentrum eines Meditationsmandalas steht und über die meditiert wird; Erong ist eine Gegend im Grenzgebiet Tibets.

451 *Phurba:* Ein ritueller Dolch, ebenso eine Praxis mit einer mächtigen Schutzgottheit, aber auch eine Übung, in der der Geist »festgenagelt« wird. Es gibt Blockdruckbilder auf denen Yeshe Tsogyal mit einem solchen Dolch in der Hand abgebildet ist.

452 PHAT wird ausgesprochen wie »PHÄ!«

453 Wie kann das funktionieren? Die Formel dazu hört sich einfach an: Da, wo Kleshas sind, da sind auch fühlende Wesen. Wo fühlende Wesen sind, da sind die fünf Elemente. Wo die fünf Elemente sind, da ist auch Raum, und da das Mitgefühl so weitreichend wie der Raum ist, durchdringt es alle Kleshas! Darum funktioniert die Übung des Tonglen, das »Geben und Nehmen« wirklich! Mündliche Unterweisung von Lama Shenpen Hookham, 1999.

454 Yeshe Tsogyal verbirgt auch einige von Mandaravas Lehren als Terma.

455 Der Gefährte von Dorje Dechen Pema Tso ist Namkai Nyingpo; sie wird sich unter anderem als Damema, Dakini und Ehefrau des Übersetzers Marpa manifestieren.

456 Sakya Dema, oder Sakya Devi, stammt aus dem nepalesischen Ort Sankhu. Hier existiert ein uralter Tempel, der die Pilgerinnen und Pilger, die aus Tibet herunterwanderten, aufnahm. Auch heute noch wird dort eine Statue der Vajrayogini verehrt, die ein Schwert schwingt. Ihre Mutter war bei ihrer Geburt gestorben und gemäß einer alten Sitte wurde das todbringende Baby mit der Mutter auf den Leichenplatz gebracht. Das Kind überlebte, weil Affenmütter es fütterten, und es wuchs zunächst in ihrer Horde auf. Guru Rinpoche fand das Mädchen dort und nahm sie mit in die Höhle Yanglesho. Sie erhielt von ihm umfassende Belehrungen und lebte danach allein als Yogini in der Höhle, in der sie später auch Yeshe Tso aufsucht. Unter den Tibetern ist die Überzeugung weit verbreitet, dass die Raj Kumari, die sogenannte »Lebende Göttin«, die in Nepal verehrt wird, eine Manifestation von Sakya Dema ist.

457 Milch und Honig.

458 Auch *Ladüma* genannt. Machig bringt sie mit dreißig Jahren zur Welt, direkt nach einem Ganachakra, das sie zusammen mit ihrem Mann und den zwei älteren Söhnen auf einem Bergpass abgehalten hatte und bei dem viele Dakinis anwesend gewesen waren. Daher der Name *Ladüma*: »Das Mädchen der Zusammenkunft auf dem Berpass«. Ladüma übte schon mit zehn Jahren die Praxis des roten Manjushri und des Chenresig (Avalokiteshvara). Sie konnte auch die »Fünfundzwanzigtausend Verse« und die »Einhunderttausend Verse« der Prajñaparamita-Schriften lesen. J. Edou, *Machig Labdron and the Foundations of Chod.* S. 145, 154.

459 Das Zerstückeln und Darbieten in dieser Szene erinnert auch an schamanistische Vorstellungen. Heilerinnen und Heiler lassen sich in der magischen Welt auffressen oder zerreißen, um die Kräfte der Heilung in sich zu aktivieren. Hier

sind auch Verbindungen zur Praxis des Chöd, bei der die Praktizierenden ebenfalls ihren Körper als kostbarste Gabe zum Wohle aller Wesen darbringen.

460 P. Gäng, S. 113.

461 P. Gäng, S. 114.

462 Tibetisch: *Chöjung*. Mündliche Belehrung von Tsültrim Allione, Seminarhaus Engl, Mai 2003.

463 Siehe E. Neumann, *Die Große Mutter*.

464 Siehe die Geschichte von Lakshminkara, Kap. 8.

465 Zum Beispiel von Buddha Tara. Tsültrim Allione erzählt von einem solchen Tara-Bildnis, das erst in letzter Zeit an einem Wasserfall in der Nähe ihres Zentrums Taramandala in Colorado erschien.

466 Mündliche Erzählung und Zeugnis von Tsültrim Allione über ihren Lehrer Adzom Rinpoche.

467 Seine letzte Versuchung war der Zweifel, er könnte nicht das Recht haben, dort unter dem Baum zu sitzen und die Erleuchtung anzustreben. Um diesen Zweifel auszuhebeln, rief der Buddha die Erdgöttin an, die ihm sein Recht dazu bestätigte.

468 Bis heute werden Teile der asketischen Praxis, wie sie in der Befreiungsgeschichte von Yeshe Tsogyal beschrieben ist, von tibetischen Übenden durchgeführt. Die »innere Hitze«, *tummo* auf Tibetisch, steht zum Beispiel auf dem Lehrplan der meisten Dreijahresretreats und ist auch Teil der Yogas, die Niguma lehrte.

469 Prinzessin.

470 Auch Padmasmabhava wird in dieser Geschichte als Ordinierter beschrieben. »Die Ehrenbezeigung des Mönches gegenüber der Nonne sowie ihre Lehrerinnenfunktion steht in einem sicherlich nicht unbeabsichtigten (tantratypischen) Widerspruch zu allen Regeln des Vinaya, die die grundsätzliche weibliche Unterordnung fordern.« AHP, S. 222, Anm. 11.

471 Zitiert nach AHP, S. 221–223. Adelheid Hermann-Pfandt weist auch darauf hin, dass gerade die Wiedergeburt durch den Lotos der Meisterin die Reinigung bewirkt, ein Gegenkonzept zur Sichtweise der brahmanischen Kultur, die Geborenwerden als rituell verunreinigend ansah.

472 Melong Za Rinchen Tso, eine Zeitgenossin von Yeshe Tsogyal, war ebenso Schülerin von Padmasambhava. Sie wird zusammen mit 21 anderen verwirklichten Schülerinnen von ihm genannt. Siehe: *www.AroBuddhism.org* unter *encyclopaedia, Aro Lineage*.

Literatur

Abkürzungen

AHP Adelheid Hermann-Pfandt: *Dakinis*
CY Yü Chün-fang: *Kuan-yin*
KD Keith Dowman: *Sky Dancer*
KT Kathryn Ann Tsai: *Lives of the Nuns*
LS Lama Chonam, Sangye Khandro: *The Lives and Liberation of the Princess Mandarava*
MS Miranda Shaw: *Passionate Enlightenment*
SM Susan Murcott: *The First Buddhist Women*
SY Serenity Young: *Courtesans and Tantric Consorts*
TC Thomas Cleary und Sartaz Aziz: *Twilight Godess*

Allione, Tsültrim: *Tibets weise Frauen.* Berlin: Theseus 2001 (Engl. *Women of Wisdom,* Ithaka: Snow Lion 2000).

Dies.: »One Ground, Two Paths, Two Results«, Artikel bei *www.Taramandala.org.*

Arendt, Hannah: *Vita Activa oder vom tätigen Leben.* München, Zürich: R. Piper Verlag 1981.

Banks Findly, Allison (Hrsg.): *Women's Buddhism – Buddhism's Women. Tradition, Revision, Renewal.* Boston: Wisdom Publications 2000.

Batchelor, Stephen: *Verses from the Center. A Buddhist Vision of the Sublime.* New York: Riverhead Books 2000 (Deutsch: *Verse aus der Mitte. Eine buddhistische Version des Lebens.* Berlin: Theseus 2002).

Bessermann, Perle: *Verrückte Wolken. Zen-Meister, Zen-Rebellen.* Berlin: Theseus 1999.

Blackstone, Kathryn R.: *Women in the Footsteps of the Buddha: Struggle for Liberation in the Therigatha.* Richmond (UK): The Curzon Press 1998.

Bokar Rinpoche: *Tara. Le Divin Au Feminin.* Vernègues: Editions Claire Lumière 1997.

Campbell, June: *Traveller in Space. In Search of Female Identity in Tibetan Buddhism.* New York: George Braziller 1996 (Deutsch: *Göttinnen, Dakinis und ganz normale Frauen.* Berlin: Theseus 1997).

Cavarero, Adriana: *Platons Töchter. Frauengestalten der antiken Philosophie.* Berlin: Rotbuch Verlag 2003.

Chonam Lama/Sangye Khandro: *The Lives and Liberation of the Princess Mandarava. The Indian Consort of Padmasambhava.* Boston: Wisdom Publications 1998 (siehe Abk. LS).

Cleary, Thomas: *The Flower Ornament Scripture. A Translation of the Avatamsaka Sutra.* Boston: Shambhala 1993.

Ders. und Sartaz Aziz: *Twilight Godess. Spiritual Feminism and Feminine Spirituality.* Boston, London: Shambhala 2002 (siehe Abk. TC).

Crook, John/Low, James: *The Yogins of Ladakh. A Pilgrimage Among the Hermits of the Buddhist Himalayas.* Delhi: Motilal Banarsidass Publishers 1997.

Dilgo Khyentse Rinpoche: *Guru Yoga. According to the Preliminary Practice of the Longchen Nyingtik.* Ithaka: Snow Lion 1999.

Dogen, Shobogenzo: »Soto Zen Project«, siehe unter *www.Stanford.edu/Sztp3/translations/shobogenzo*

Doko-Waskönig, Dagmar: »Weshalb sollten Frauen Männern überlegen sein? Erfahrungen einer Frau auf dem Zen-Weg.« *Buddhismus aktuell* 3/2006.

Dowman, Keith: *Masters of Mahamudra. Songs and Histories of the Eighty-four Buddhist Siddhas.* Albany, New York: State University of NewYork Press 1986.

Ders.: *Sky Dancer. The Secret Life and Songs of the Lady Yeshe Tsogyel.* Ithaca: Snow Lion 1996 (siehe Abk. KD).

Edou, Jerome: *Machig Labdron and the Foundations of Chod.* Ithaca: Snow Lion 1996.

Gach, Gary (Hrsg.): *What Book!?, Buddha Poems from Beat to HipHop.* Berkeley: Parallax Press 1998.

Gäng, Peter: *Tantrischer Buddhismus. Experimentelle Mystik – Radikale Sinnlichkeit.* Berlin: Theseus 2001.

Govinda, A. Lama: *Grundlagen tibetischer Mystik. Die geheime Lehre des Großen Mantra.* München: Otto Wilhelm Barth 1991.

Grant, Beata: *Daughters of Emptiness. Poems of Chinese Buddhist Nuns.* Boston: Wisdom Publications 2003.

Heiler, Friedrich: *Die Frau in den Religionen der Menschheit.* Berlin: de Gruyter 1977.

Hermann-Pfandt, Adelheid: *Dakinis. Zur Stellung und Symbolik des Weiblichen im Tantrischen Buddhismus.* Marburg: Indica et Tibetica 2001 (siehe Abk. AHP).

Hofmann, Yoel (Hrsg.): *Die Kunst des letzten Augenblicks. Todesgedichte japanischer Zenmeister.* Freiburg: Herder Spektrum 2000.

Horner, B.: *The Book of Discipline.* London: Pali Text Society 1975.

Irigaray, Luce: *Der Atem von Frauen. Luce Irigaray präsentiert weibliche Credos.* Rüsselsheim: Christel Göttert Verlag 1997.

Dies.: *Genealogie der Geschlechter.* Freiburg: Kore 1989.

Jamgon Kongtrul und Ngawang Zangpo: *Timeless Rapture. Inspired Verse of the Shangpa Masters.* Ithaka: Snow Lion 2003.

Karcher, Stephen: *The Kuan Yin Oracle. The Voice of the Godess of Compassion.* London: Time Warner 2003.

Khenpo Tsültrim Gyamtso: *The Sun of Wisdom. Teachings on the Noble Nagarjuna's Fundamental Wisdom of the Middle Way.* London, Boston: Shambhala 2003.

Ders. und Shenpen Hookham: *Stufenweise Meditationsfolge über Leerheit.* Mechernich: Kagyü-Dharma-Verlag Peter Wägerle 1994.

Kohn, Sherab Chödzin: *The Awakened One. A Life of the Buddha.* Boston: Shambala 2000.

Kunsang, Erik Pema (Hrsg.): *Die geheimen Dakini-Lehren.* München: O. W. Barth 1995.

Ders. und Marcia Binder Schmidt: *Blazing Splendour. The Memoirs of Urgyen Tulku Rinpoche.* Hongkong: Rangjung Yeshe 2005.

Kuon Roshi, Yamada: *Die torlose Schranke – Zen-Meister Mumons Koan-Sammlung.* München: Kösel 2004.

Meier-Seethaler, Carola: *Gefühl und Urteilskraft. Ein Plädoyer für die emotionale Vernunft.* München: Verlag C. H. Beck 2001.

Miller, Constance: *Arya Tara – ein Vergleich. Eine Studie in analytischer Psychologie und tibetischem Buddhismus.* München: Aryatara Institut 1982.

Murcott, Susan: *The First Buddhist Women.* Berkeley: Parallax Press 1991 (siehe Abk. SM).

Neumann, Erich: *Die Große Mutter. Die weibliche Gestaltung des Unbewussten.* Düsseldorf: Patmos 2003.

Paul, Diana Y.: *Die Frau im Buddhismus. Das Bild des Weiblichen in Geschichten und Legenden.* Hamburg: Papyrus 1981.

Porter, Bill: *Road to Heaven. Encounters with Chinese Hermits.* San Francisco: Mercury House 1993.

Ray, Reginald A.: *Buddhist Saints in India.* Oxford University Press 1994.

Reeves, Dr. Gene: »The Lotus Sutra can be Good News for Women« in *Sakyadhita,* Spring 2001, Vol. 11 no. 2.

Reps, Paul: *Zen Flesh, Zen Bones.* Boston: Shambhala 1994.

Rigdzin Shikpo: *Practice of the Five Buddhas.* Oxford: Longchen Foundation 1998.

Ders. mit Lama Shenpen Hookham: *Mahayana Sutra Principles.* Oxford: Longchen Foundation 1996.

Robinson, J. B.: *Buddha's Lions: The Lives of Eight-Four Diddhas.* Cazadero, CA: Dharma Publishing 1979.

Rohr, Wulfing von: *Kuan Yin – die weibliche Fürsprecherin.* Darmstadt: Schirner 2007. (Dies ist eine deutsche Version des Kuan-yin-Orakels.)

Schelling, Andrew/Waldmann, Anne: *Songs of the Sons and Daughters of Buddha.* Boston: Shambhala Publications 1996.

Schmidt, Amy: *Kneedeep in Grace. The extraordinary Life and Teaching of Dipa Ma.* Lake Junaluska, NC (USA): Present Perfect Books 2002 (Deutsch: *Dipa Ma. Furchtlose Tochter des Buddha.* Freiburg: Arbor 2004).

Shaw, Miranda: *Passionate Enlightenment. Women in Tantric Buddhism.* Princeton

University Press 1994 (siehe Abk. MS) (Deutsch: *Frauen, Tantra und Buddhismus.* Frankfurt: Fischer 2000).

Shenpen Hookham, Lama: *The Samantabhadracharyapranidhana.* Criccieth: Awakened Heart Sangha, The Shrimala Trust 2004.

Dies.: *The Shrimaladevisutra.* Awakened Heart Sangha, Shrimala Trust Criccieth 2006.

Simmer-Brown, Judith: *Dakini's Warm Breath. The Feminine Principle in Tibetan Buddhism.* Boston, London Shambhala 2002.

Stevens, John: *Zen Masters.* Tokyo: Kodansha International 1999.

Tisdale, Sallie Joko: »Lost Stories«, *in Tricycle 45,* Herbst 2002. Siehe auch die Website der *Mountain Source Sangha* www.mtsource.org

Dies.: *Women of the Way. Discovering 2500 Years of Buddhist Wisdom.* New York: Harper Collins 2006.

Treace, Bonnie Myotai Sensei: »Hermitage Heart, Rengetsu.« *mro.org/zmm/teachings/myotai22.php*

Trungpa, Chögyam: *The Myth of Freedom and the Way of Meditation.* Berkeley, London: Shambhala 1976.

Tsai, Kathryn Ann: *Lives of the Nuns. Biographies of Chinese Buddhist Nuns from the Fourth to Sixth Centuries.* Honolulu: University of Hawaii Press 1994 (siehe Abk. KT).

Wetzel, Sylvia: *Das Herz des Lotos. Frauen und Freiheit.* Frankfurt: Fischer 1999.

Wilhelm, Richard (Hrsg. u. Übers.): *I Ging. Das Buch der Wandlungen.* München: Diederichs 1956.

Yogananda Paramahansa: *Autobiography of a Yogi.* London: Rider 1946.

Young, Serenity: *Courtesans and Tantric Consorts. Sexualities in Buddhist Narrative, Iconography, and Ritual.* New York: Routledge 2004 (siehe Abk. SY).

Yü, Chün-fang: *Kuan-yin. The Chinese Transformation of Avalokitesvara.* New York: Columbia University Press 2001 (siehe Abk. CY).

Websites zum Thema

- *www.geocities.com*
  Hier unter »zennun« oder »chanwomen«, besonders der Artikel von Heng-Ching Shih: »Women in Zen Buddhism. Chinese Bhikshunis in the Ch'an Tradition.« Dort finden sich auch Hinweise auf die chinesischen Originaltexte.

- *Stanford.edu/Sztp3/translations/shobogenzo*
  Dogen, Shobogenzo, Soto Zen Project

- *mtsource.org/chants/Stories_of_Women_Ancestors.html*
  »Stories of the Women Ancestors.« Es handelt sich um die Liste einer Linie weib-

licher Übender, die von Joko Tisdale angefangen wurde und die die Grundlage für ihr Buch bildet.

- *ub.uni-konstanz.de/Kops/volltexte/2000/571*
  Therigatha: Auf Deutsch gibt es keine Übersetzung der Therigatha in Buchform. Eine gute Alternative ist die Website der Universität Konstanz mit einer Version als PDF von Ekkehard Saß auf der angegebenen Website der Universität Konstanz.

Danksagung

Mein allererster Dank geht an meine Lehrerin Sylvia Wetzel. Als Sylvia eines Tages im gemeinsamen Gespräch den Satz in meine Richtung fallen ließ: »Es wäre sehr gut, wenn es diese Geschichten als Buch gäbe ...«, war meine erste Reaktion ein lautes und deutliches: »Nein! Das kann ich nicht!« Aber so ein Satz der Lehrerin, einmal in den Raum gestellt, verschwindet nicht einfach, und irgendwann fand ich mich zu meiner Überraschung am Schreibtisch wieder, im Begriff, etwas zu tun, was ich bis zu diesem Zeitpunkt für völlig unmöglich gehalten hätte: Ich fing an, ein Buch zu schreiben. Die Arbeit an dem Buch entpuppte sich als ein Geschenk für mich.

Sylvia Wetzel, der es so am Herzen liegt, dass Frauen offene Türen im Dharma finden, hat mich, seit ich bei ihr lerne, unablässig ermutigt, dem nachzugehen, was mich im Dharma fasziniert und das tiefer zu erforschen, was mich irritiert. Sie hat mich auch mit den westlichen Denkerinnen Luce Irigaray, Luisa Muraro und den italienischen Philosophinnen der Gruppe Diotima bekannt gemacht und mir Hannah Arendt ans Herz gelegt. Diesen Frauen verdanke ich befreiende Denkanstöße. Sylvia Wetzel ist selbst eine große Geschichtenerzählerin und auch immer neugierig auf die Geschichten anderer, sie weiß um die Macht der Legenden und der Bilder und darum, wie dringend Geschichten weiblicher Vorbilder im Dharma benötigt werden. Die Ermutigung und das Vorbild meiner Lehrerin Sylvia Wetzel sind die Grundmauern für dieses Buch. Danke.

Besonderen Dank auch an meine Lehrerin Lama Shenpen. Ihre Erläuterungen dazu, was Geschichten eigentlich bedeuten und wie man mit ihnen übt, sind ein großer Schatz, und vieles davon ist in dieses Buch eingeflossen. Auch sie ist ein großes Vorbild weiblicher Weisheit auf dem buddhistischen Weg für mich.

Danke an Lama Tsültrim Allione. Ihre entspannte und würdevolle Art, die Bedeutung der Frauen für die buddhistische Lehre darzustellen, hat mich sehr inspiriert.

Viele Menschen haben mich auf unterschiedlichsten Ebenen unterstützt:

Danke an meine Lebensfreundin Marita Loosen, sie hat die Krisen und Euphorien des Werdens liebevoll begleitet, ob ich mich nun beschwerte oder gerade im siebten Himmel schwebte, ihre freundschaftliche Zuversicht kannte keinen Zweifel daran, dass das Buch gelingen würde.

Danke an meine Dharma-Schwester Sabine Hayoz-Kalff für viele Gespräche und Begleitung, von ihr bekam ich außerdem Feedback zu allem, was die tantrischen Yoginis betrifft.

Danke an meine Dharma-Freundin Ingrid Strobl. Sie, die erfahrene Autorin, willigte ein, meine erste Leserin zu sein. Durch ihre Ermutigung: »Du kannst schreiben!«, und ihren Ansporn konnte ich Zögerlichkeit und Angst ablegen.

Danke an jede einzelne Frau, die in den letzten vier Jahren zu mir sagte: »Wann wird dein Buch fertig? Ich möchte es lesen!« Oder: »Wir warten auf das Buch, wir brauchen es.« Es war eine enorme Unterstützung, zu spüren, dass viele sich auf dieses Buch freuen.

Danke an die Tara-Gruppe Köln, an die vielen Frauen in Kursen und Retreats und meinen Dharma-Schwestern im engeren Kreis von Tara Libre, mit denen ich wachsen durfte und die mir immer wieder zugehört haben, wenn ich begeistert eine neue Entdeckung anschleppte.

Danke an meine Eltern, Sigrid und Andreas Pollner. Sie haben mir die ersten wunderbaren Geschichten erzählt, meine Lust daran genährt und sie mit Melodien und Bildern geschmückt. Sie weckten und förderten meine Begeisterung für die deutsche und die englische Sprache. Beides konnte ich für dieses Buch sehr gut gebrauchen. Ich danke auch meiner großen Schwester Anette, mit der ich so viele Jahre lang die besten Geschichten schmiedete und in die Welt setzte. Mit ihr habe ich gelernt, der Kraft der Kreativität und dem eigenen roten Faden zu vertrauen. Ich danke meiner kleinen Schwester Katarina für die Eigenwilligkeit, mit der sie ihre Geschichten schreibt, Szenen und Beziehungen einfängt. Das hat mich erstaunt und mir Mut gemacht, es auch zu versuchen.

Großen Dank an die Kölner Künstlerin Petra Genster für ihre Zeichnungen. Sie machen das Buch rund und öffnen hinein in die Geschichten, die sich aus Bildern entfalten können. Danke für das Wagnis, sich auf die Gradwanderung zwischen strenger Form der klassischen Ikonografie und einem heutigen Blick einzulassen.

Gertrud Boden und Bernd Christ haben mir für das erste Schreib-Retrat ihr Haus in der Eifel zur Verfügung gestellt, ein Jahr später konnte ich eine intensive Zeit des Schreibens im Haus von Erika und Gebhardt Streicher, alten Freunden meiner Familie, verbringen, Sylvia Göldel und ihre Freundin Claudia Schulte haben im dritten Jahr mit einem Refugium geholfen. Vielen Dank.

Im Juli 2004 machte ich erste stolpernde Schreibversuche. Es war anstrengend, mich jeden Tag neu zu motivieren, irgendetwas aufs Papier zu bringen, was ich selbst am nächsten Morgen nur noch peinlich fand. Nach zwei Wochen zeigte ich meinem Mann Dr. Ralf Peters mit flauem Gefühl, was ich fabriziert hatte. Während er in seinem Sessel las, ging ich im Zimmer auf und ab. Ich spürte genau, irgendetwas an dem, was ich geschrieben hatte, war falsch, ich konnte aber nicht sagen, was. Nach einer Weile räusperte sich Ralf und schaute mich über den Blätterrand an: »Weißt du, was ich mich frage: Warum schreibst du nicht einfach, was du denkst?« Das war der entscheidende Satz! Immer wieder habe ich mich in den letzten vier Jahren daran erinnert, wenn ich zögerte oder den Faden verlor: Warum schreibe ich nicht, was ich denke? Danke für diesen und viele andere Anstöße, danke für das Vertrauen in meine Fähigkeiten und dass du mich in den Zeiten des Schreibens und Schaffens nicht nur ertragen, sondern auch mit deinem großen Herzen und klugen Geist getragen hast.

Voller Dankbarkeit denke ich an all die Frauen und Männer, die über hunderte von Jahren die Geschichten der Frauen auf dem Weg bis zum heutigen Tag bewahrt und überliefert haben. In Dankbarkeit bin ich allen verbunden, die ich persönlich treffen konnte und allen, denen ich durch Schriften und Texte begegnen konnte. Danke an alle Frauen, die vor uns den Weg zur Befreiung gingen. Ihr Leben, ihr Üben und ihr Erwachen ist lebendige Inspiration. Sie sind unsere Verbindung zur Quelle des Erwachens, zu Buddha Shakyamuni und darüber hinaus, sie formen eine Linie weiblicher Praktizierender, von der ich getragen bin und der ich vertraue.